Die einseitige Änderung von Arbeitsbedingungen

Europäische Hochschulschriften
Publications Universitaires Européennes
European University Studies

Reihe II
Rechtswissenschaft

Série II Series II
Droit
Law

Bd./Vol. 3854

PETER LANG
Frankfurt am Main · Berlin · Bern · Bruxelles · New York · Oxford · Wien

Philipp Ballering

Die einseitige Änderung von Arbeitsbedingungen

Eine Systematik der verschiedenen Änderungsinstrumente unter besonderer Berücksichtigung der §§ 8, 9 TzBfG

PETER LANG
Europäischer Verlag der Wissenschaften

Bibliografische Information Der Deutschen Bibliothek
Die Deutsche Bibliothek verzeichnet diese Publikation in der Deutschen Nationalbibliografie; detaillierte bibliografische Daten sind im Internet über <http://dnb.ddb.de> abrufbar.

Zugl.: Bochum, Univ., Diss., 2003

D 294
ISSN 0531-7312
ISBN 3-631-52106-5

www.peterlang.de

Meiner Mutter

Vorwort

Diese Arbeit lag der Juristischen Fakultät der Ruhr-Universität Bochum im Sommersemester 2003 als Dissertation vor. Das Manuskript wurde im März 2003 abgeschlossen. Die mündliche Prüfung fand im Juli 2003 statt.
Mein besonderer Dank gilt Herrn Prof. Dr. *Rolf Wank*. Sein methodischer Ansatz bei der Beantwortung rechtlicher Fragestellungen hat mein wissenschaftliches Arbeiten wesentlich beeinflusst und insoweit zum Gelingen der Dissertation beigetragen. Herrn Rechtsanwalt Prof. Dr. *Heinz Josef Willemsen* danke ich für die Erstellung des Zweitgutachtens.
Meiner Mutter möchte ich die Arbeit in Dankbarkeit widmen. Darüber hinaus danke ich Herrn Dr. *Jan Link*, der die Arbeit durch viele anregende Gespräche sowie durch Korrekturarbeiten gefördert hat.
Schließlich gebührt mein Dank dem Land Nordrhein-Westfalen und der Ruhr-Universität Bochum. Durch die Gewährung eines großzügigen Stipendiums haben sie mein Promotionsvorhaben in finanzieller Hinsicht abgesichert.

Bochum, im Oktober 2003 *Philipp Ballering*

Inhaltsverzeichnis

1. Kapitel: Einführung in die Problemstellung

Das Recht der Änderung von Arbeitsverhältnissen wird anders als das ihrer Beendigung durch gesetzliche Vorschriften nur bruchstückhaft ausgestaltet.[1] Den zahlreichen Bestimmungen zur Beendigung von Arbeitsverhältnissen stehen lediglich vereinzelte Regelungen zur Änderung von Arbeitsbedingungen gegenüber.[2] Diese normieren die Möglichkeiten und Grenzen der Veränderung von Arbeitsverhältnissen in Teilbereichen zwar sehr ausführlich,[3] die Änderung von Arbeitsbedingungen wird insgesamt allerdings nicht in angemessenem Umfang gesetzlich geregelt. Der Gesetzgeber hat die wenigen bestehenden Vorschriften zudem in keiner Weise aufeinander abgestimmt.[4]

Bestrebungen, die Möglichkeiten und Grenzen der Änderung von Arbeitsbedingungen nicht nur in hinreichendem Ausmaß, sondern zudem im gesetzlichen Zusammenhang zu regeln, existierten allerdings. Zwar beinhalteten in den Jahren vor 1992 weder die verschiedenen Entwürfe zur Schaffung eines einheitlichen Arbeitsvertragsgesetzes noch sonstige Gesetzgebungsvorschläge Vorschriften zur Änderung von Arbeitsverhältnissen,[5] der im Jahr 1992 vom *Arbeitskreis Deutsche Rechtseinheit im Arbeitsrecht* vorgelegte Diskussionsentwurf eines Arbeitsvertragsgeset-

---

1 Die Begriffe der „Anpassung" und der „Änderung" von Arbeitsbedingungen werden durch das überwiegende arbeitsrechtliche Schrifttum synonym verwendet. Anders als die „Anpassung" setzt die „Änderung" von Arbeitsverhältnissen allerdings nicht voraus, dass die Arbeitsbedingungen einem bestimmten Umstand angeglichen werden. Da die Vorschriften der §§ 8, 9 TzBfG den Arbeitnehmer zur Einwirkung auf den Inhalt seines Arbeitsverhältnisses berechtigen, ohne dass es der Existenz eines die Veränderung der Arbeitsbedingungen rechtfertigenden Umstandes bedarf, wird im Folgenden der Oberbegriff der „Änderung" von Arbeitsverhältnissen verwendet.

2 Vgl. § 2 KSchG (Änderungskündigung des Arbeitgebers), § 313 BGB (Störung der Geschäftsgrundlage), §§ 305 bis 310 BGB (Änderungsvorbehalt zugunsten des Arbeitgebers). Mit Wirkung vom 1. 1. 2003 wird durch § 106 GewO zudem das Weisungsrecht des Arbeitgebers gesetzlich geregelt (s. Art. 1, 10 des Dritten Gesetzes zur Änderung der Gewerbeordnung und sonstiger gewerberechtlicher Vorschriften v. 24. 8. 2002, BGBl. I, S. 3412 ff.).

3 Vgl. die detaillierten Vorgaben der §§ 305 bis 310 BGB zur Wirksamkeit der Vereinbarung von Änderungsvorbehalten zugunsten des Arbeitgebers in Gestalt allgemeiner Geschäftsbedingungen.

4 *Arbeitskreis Deutsche Rechtseinheit im Arbeitsrecht*, Gutachten für den 59 DJT. 1992, D 122 f.

5 Zu den verschiedenen Entwürfen eines Arbeitsvertragsgesetzes vor 1992 vgl. *Ramm*, Arbeitsvertragsgesetz, S. 11 ff.; *Yu*, Arbeitsvertragsrecht, S. 7 ff.

zes (EArbVG) veränderte diesen Zustand jedoch.[6] Am Ende des Abschnitts zum „Inhalt des Arbeitsverhältnisses" wurde durch die §§ 112 bis 116 EArbVG der Bereich der „Änderung von Arbeitsbedingungen" erstmalig mittels mehrerer Bestimmungen systematisch geregelt. Diese bezogen sich sowohl auf Veränderungen durch Betriebs- oder Sprechervereinbarungen (§ 116 EArbVG) als auch auf Änderungen durch die Individualarbeitsvertragsparteien (§§ 112 bis 115 EArbVG).[7] Bei letzteren wurde danach differenziert, ob die Veränderung des Arbeitsverhältnisses bereits im ursprünglichen Arbeitsvertrag angelegt war oder ob es der Änderung des bisherigen bzw. des Abschlusses eines neuen Arbeitsvertrages bedurfte. Nachfolgende Vorschläge zur Schaffung eines Arbeitsvertragsgesetzes orientierten sich an diesen Vorgaben. Die allgemeinen Fragen der Änderung von Arbeitsbedingungen wurden stets durch mehrere Vorschriften normiert.[8] Bis heute ist allerdings keiner der verschiedenen Entwürfe zur Schaffung eines einheitlichen Arbeitsvertragsgesetzes tatsächlich auch Gesetz geworden. Entweder waren die gegensätzlichen Vorstellungen der Interessenverbände und Parteien im Hinblick auf die Lösung einer derart umfangreichen Thematik unüberbrückbar oder faktisch bestehende Gesetzgebungsmöglichkeiten blieben ungenutzt.[9] Eine separate Kodifikation des Rechts der Änderung von Arbeitsverhältnissen wurde aufgrund des fortdauernd angestrebten Fernziels der einheitlichen Regelung des gesamten Arbeitsvertragsrechts zudem nicht in Erwägung gezogen.[10]

Infolge der fehlenden gesetzlichen Regelung des Rechts der Änderung von Arbeitsbedingungen „hat sich im Laufe der Zeit ein selbst für den Fachmann nur schwer durchschaubares Gestrüpp von Rechtsprechung

---

6 Der Diskussionsentwurf eines Arbeitsvertragsgesetzes (EArbVG) wurde vom *Arbeitskreis Deutsche Rechtseinheit im Arbeitsrecht*, Gutachten für den 59. DJT 1992, D 19 ff. anlässlich des 59. Deutschen Juristentages im Jahre 1992 vorgelegt.

7 Gemäß § 162 S. 2 EArbVG sind die Vorschriften über Betriebs- und Sprechervereinbarungen auch auf Dienstvereinbarungen anzuwenden.

8 Vgl. die §§ 112 bis 116 des Entwurfs eines Arbeitsvertragsgesetzes des Freistaates Sachsen (BR-Drs. 293/95, S. 55 ff., 136 ff. der Anlage) und die §§ 112 bis 114 des Entwurfs eines Arbeitsvertragsgesetzes mehrerer Bundesländer, welcher durch das Bundesland Brandenburg in den Bundesrat eingebracht wurde (BR-Drs. 671/96, S. 80 ff., 219 ff. der Anlage).

9 *Kühl*, AuA 2000, 68, 68.

10 Die Schaffung eines einheitlichen Arbeitsvertragsgesetzes fordern – stellvertretend für das überwiegende arbeitsrechtliche Schrifttum – auch weiterhin zu Recht GK-*U. Preis*, Grundl. B Rdn. 9; *Wank*, RdA 1992, 225, 225 ff. Kritisch äußert sich demgegenüber *Wisskirchen*, DB 2002, 1886, 1886.

entwickelt".[11] Der entscheidende Arbeitsrichter kann den Anforderungen an eine sachgerechte Lösung des Einzelfalls und dem Postulat der Schaffung allgemeiner Grundsätze zur Strukturierung der in Rede stehenden Rechtsmaterie unmöglich gleichermaßen nachkommen.[12] Zwar würde auch im Fall des Bestehens entsprechender gesetzlicher Grundsätze die richterliche Rechtsfortbildung weiterhin eine bedeutende Rolle spielen, die verschiedenen Vorschriften könnten jedoch zumindest einen Rahmen für die Änderung von Arbeitsverhältnissen bilden.[13] Dieser würde die Ausführungen der arbeitsgerichtlichen Rechtsprechung systematisieren und nicht zuletzt dadurch Arbeitgebern und Arbeitnehmern den Zugang zur Thematik der Änderung von Arbeitsbedingungen erheblich erleichtern.[14]

Eine Kodifikation der Grundsätze der Änderung von Arbeitsbedingungen würde darüber hinaus der besonderen praktischen Bedeutung dieses Bereichs des Arbeitsvertragsrechts gerecht.[15] Die Begründung, die Veränderung und die Beendigung von Arbeitsverhältnissen können heute in weiten Teilen weder juristisch noch ökonomisch getrennt voneinander betrachtet werden. Wie insbesondere die Instrumente der Änderungskündigung und des Änderungsvorbehalts verdeutlichen, sind die verschiedenen Materien inhaltlich äußerst eng miteinander verknüpft.[16] Bestehen zugunsten des Arbeitgebers beispielsweise sehr weit reichende Mittel zur Einwirkung auf den Inhalt von Arbeitsverhältnissen, so ist der Arbeitgeber prinzipiell eher zur Neubegründung von Arbeitsverhältnissen bereit, als wenn ausschließlich stark eingeschränkte Änderungsmöglichkeiten existieren.[17] Der Arbeitgeber wird zudem zur Reaktion auf veränderte Umstände – nicht zuletzt zu seinem eigenen Vorteil – Arbeitsverhältnisse deutlich seltener beenden, als wenn seine Änderungsbefug-

---

11 *Arbeitskreis Deutsche Rechtseinheit im Arbeitsrecht*, Gutachten für den 59. DJT 1992, D 122. Ähnlich auch *Fischermeier*, NZA 2000, 737, 744.

12 *Yu*, Arbeitsvertragsrecht, S. 2.

13 *Weiss*, Referat für den 59. DJT 1992, P 13, 17 f.

14 *U. Preis*, NZA 1998, 449, 449 f. bezeichnet die Umsetzung beabsichtigter Änderungen von Arbeitsbedingungen infolge des Fehlens eines „stimmigen Gesamtkonzepts" als „außerordentlich schwierig".

15 So auch *Hanau*, RdA 1999, 159, 164; *Wank*, RdA 1992, 225, 225.

16 GK-*U. Preis*, Grundl. B Rdn. 9 f., 32; *Hanau*, Deregulierung, S. 17 f; *Wank*, RdA 1992, 225, 225; *Zöllner*, NZA 1997, 121, 122.

17 *Isenhardt*, in: FS Hanau, 221, 222; *Kraft*, ZfA 1995, 419, 429; *Richardt*, Flexibilisierung, S. 2.

nisse lediglich von geringem Umfang sind.[18] Zugunsten bereits beschäftigter Arbeitnehmer wird demnach der Druck vom Bestand des Arbeitsverhältnisses auf dessen Inhalt gelenkt.[19] Die Position Arbeitssuchender wird dadurch gestärkt, dass Neueinstellungen von Arbeitnehmern zulasten des Arbeitgebers Arbeitsbedingungen nicht zwangsläufig dauerhaft festschreiben.[20]

Ein Automatismus des Inhalts, dass mit der Erweiterung der Änderungsbefugnisse des Arbeitgebers auch zwingend mehr Arbeitnehmer neu eingestellt bzw. weniger Arbeitnehmer entlassen werden, kann zwar aufgrund der Bedeutung zahlreicher weiterer Faktoren nicht angenommen werden,[21] die dargelegten Auswirkungen der Existenz effektiver Änderungsmöglichkeiten des Arbeitgebers auf dessen Handlungsmotivation lassen sich dem Grunde nach jedoch nicht leugnen.[22]

§ 1 Notwendigkeit der Änderung von Arbeitsbedingungen

Das Arbeitsverhältnis stellt ein Dauerschuldverhältnis dar,[23] dessen Inhalt maßgeblich durch den Arbeitsvertrag, eine Unterform des Dienstvertrages i. S. des § 611 BGB,[24] bestimmt wird.[25] Der dem Dauerschuldverhältnis zugrunde liegende Vertrag zeichnet sich dadurch aus, dass der Umfang der Leistungspflichten im Voraus nicht abschließend bestimmt

---

18 *Fastrich*, in: FS Wiedemann, 251, 251; *Richardt*, Flexibilisierung, S. 2. Zu den Vorteilen der Weiterbeschäftigung bereits betriebs- bzw. unternehmensangehöriger Arbeitnehmer gegenüber der Einstellung von neuen Mitarbeitern s. KSchR-*Däubler*, Einl. Rdn. 963.

19 *Hanau*, Deregulierung, S. 17 f.; *ders.*, Gutachten für den 63. DJT 2000, C 73 ff.; *Heinze*, Referat für den 63. DJT 2000, L 35 f.; *v. Hoyningen-Huene*, in: FS Arbeitsgerichtsbarkeit Rheinland-Pfalz, 215, 217 f.; *Katzenstein*, Abweichende Meinung zu BVerfG v. 16. 11. 1982, AP Nr. 16 zu § 622 BGB; *Löwisch*, JZ 2000, 806, 806.

20 S. dazu *Hanau*, Gutachten für den 63. DJT 2000, C 10 f., 15 f.

21 GK-*U. Preis*, Grundl. B Rdn. 31 ff.; *Glaubitz*, Sitzungsberichte des 63. DJT 2000, L 78 f.; *Isenhardt*, in: FS Hanau, 221, 222; *Kraft*, ZfA 1995, 419, 429; *U. Preis*, in: Bayer-Stiftung für Deutsches und Internationales Arbeits- und Wirtschaftsrecht, Arbeitsförderung, 71, 73; *Zachert*, WSI-Mitteilungen 2000, 283, 284.

22 So auch *Bauer*, NZA 2002, 529, 530; *Hanau*, Deregulierung, S. 17 f.; *Hiersemann*, ArbRGeg. Bd. 6. (1968), 67, 69; *Isenhardt*, in: FS Hanau, 221, 222; *Schiefer*, NZA 2002, 770, 770. Kritisch hingegen *Däubler*, AuR 2000, 7, 7; *Franz*, ZfA 1994, 439, 459 f.

23 Münch-ArbR-*Richardi*, § 8 Rdn. 18; *Söllner*, Arbeitsrecht, § 28, III., 2. (S. 256); *Zöllner/Loritz*, Arbeitsrecht, § 11, II., 7., a. (S. 155).

24 Münch-ArbR-*Richardi*, § 6 Rdn. 2; *Schaub*, Arbeitsrecht, § 29 Rdn. 3.

25 *Söllner*, Arbeitsrecht, § 3, I., 1. (S. 17 f.).

wird. Während der Laufzeit des Vertrages schulden die Parteien die versprochenen Leistungen entweder fortdauernd oder wiederkehrend.[26] Inhalt und Bestand der vertraglichen Verpflichtungen werden von äußeren Umständen prinzipiell ebenso wenig berührt wie von einzelnen Leistungshandlungen und dem damit verbundenen Leistungserfolg.[27] Der einmal geschlossene Arbeitsvertrag besteht infolgedessen grundsätzlich mit seinem ursprünglichen Inhalt dauerhaft fort. Trotz seines üblicherweise sehr langfristigen Bestandes bildet er folglich ein Rechtsverhältnis statischer Natur.[28]

Der Statik des Arbeitsvertrages steht die Dynamik der sich während seiner Laufzeit wandelnden Außenwelt unmittelbar gegenüber. Die für den Abschluss des Vertrages entscheidenden Tatsachen verändern sich im Laufe der Jahre ebenso wie die maßgeblichen rechtlichen Rahmenbedingungen.[29] Der Inhalt des Arbeitsvertrages wird dadurch zunehmend in Frage gestellt. Aus der Perspektive von Arbeitgeber und Arbeitnehmer erscheinen Änderungen oftmals zwingend erforderlich.[30] Einzelne oder mehrere Arbeitsbedingungen stimmen aus verschiedenen Gründen mit den Vorstellungen und Bedürfnissen der Parteien nicht weiter überein. Der ursprünglich dem Arbeitsvertrag innewohnende Interessenausgleich wird nicht mehr gewährleistet.[31] Die Gründe für das Streben nach Veränderungen sind ebenso zahlreich und verschiedenartig wie die im Einzelfall intendierte Ausgestaltung der Änderung. Auf der Seite des Arbeitgebers begründen vor allem wirtschaftliche Motive (wie z. B. das Nachlassen der Nachfrage nach dem bisherigen Produktangebot, die Erhöhung der Kosten für die Herstellung von Produkten oder die Umstrukturierung des Unternehmens) den Wunsch nach Änderungen von Arbeitsverhält-

---

26 Palandt-*Heinrichs*, Einl. vor § 241 BGB Rdn. 17 spricht in diesem Zusammenhang vom Element einer „ständigen Pflichtenanspannung" als wesentlichem Merkmal des Dauerschuldverhältnisses. Ähnlich auch *Schwerdtner*, Jura 1985, 207, 207. Grundlegend zum Begriff und zu den Merkmalen des Dauerschuldverhältnisses vgl. *Oetker*, Dauerschuldverhältnis, S. 181 ff.

27 *Oetker*, Dauerschuldverhältnis, S. 115 f., *Urban*, Kündigungsschutz, S. 34 f.

28 *Urban*, Kündigungsschutz, S. 34 f. Der *Arbeitskreis Deutsche Rechtseinheit im Arbeitsrecht*, Gutachten für den 59. DJT 1992, D 122 spricht davon, dass Arbeitsverhältnisse „Jahrzehnte währen". *Hromadka*, RdA 1992, 234, 235 betont zudem, dass Arbeitsverhältnisse „möglicherweise 30 bis 40 Jahre" andauern.

29 Münch-ArbR-*Wank*, § 114 Rdn. 1.

30 *Köbl*, Referat für den 59. DJT 1992, P 37 hebt hervor, dass Arbeitnehmer während ihres Erwerbslebens von Änderungen der Arbeitsbedingungen üblicherweise „in großer Zahl" und vor allem auch „mehrfach" betroffen werden.

31 *Hromadka*, in: U. Preis/Willemsen, Umstrukturierung, 266, 267; *Isenhardt*, in: FS Hanau, S. 221, 222.

nissen. Auf der Seite des Arbeitnehmers führen hingegen zunehmend Tendenzen der stärkeren Selbstverwirklichung (in den Bereichen Arbeit und Freizeit) zu einem gesteigerten Bedarf an Veränderungen.[32] Inhaltlich betreffen dabei die Änderungswünsche des Arbeitgebers eine Vielzahl von Arbeitsbedingungen. Neben der Veränderung der Tätigkeit und der Arbeitszeit des Arbeitnehmers begehrt der Arbeitgeber nicht selten auch die Reduzierung des zu zahlenden Entgelts. Die vom Arbeitnehmer angestrebten Änderungen beziehen sich hingegen überwiegend auf den Bereich der Arbeitszeit.

Auch die Möglichkeit der Beendigung des Arbeitsverhältnisses stellt für die Vertragsparteien in der Regel weder tatsächlich noch rechtlich eine praktikable Alternative zur Änderung der Arbeitsbedingungen dar. In tatsächlicher Hinsicht entspricht die Beendigung häufig nicht dem Interesse des handlungswilligen Vertragspartners. Dieser will das Arbeitsverhältnis nicht beenden, sondern vielmehr grundsätzlich aufrechterhalten. In rechtlicher Hinsicht lässt die Möglichkeit der Beendigung des Arbeitsverhältnisses ebenfalls nicht die Notwendigkeit der Änderung von Arbeitsbedingungen entfallen. Dies belegen neben der gesetzlichen Verpflichtung des Arbeitgebers, vor Ausspruch der Beendigungskündigung die Möglichkeit der Weiterbeschäftigung des Arbeitnehmers zu veränderten Arbeitsbedingungen zu überprüfen (§ 1 Abs. 2 S. 2 Nr. 1 lit. b, Nr. 2 lit. b, S. 3 Alt. 2 KSchG),[33] die Verpflichtungen von Arbeitgeber und Arbeitnehmer, die Beendigung des Arbeitsverhältnisses und die damit nicht selten verbundene Arbeitslosigkeit des Arbeitnehmers durch Flexibilisierung des Arbeitsverhältnisses unter allen Umständen zu vermeiden (§ 2 Abs. 1 S. 1, 2 Nr. 2, Abs. 3 Nr. 2 SGB III).[34]

Die Veränderung von Arbeitsbedingungen ist damit insbesondere in der sich im Zeitalter der Globalisierung immer schneller wandelnden Arbeitswelt notwendige Bedingung für die fortdauernde Existenz bestehen-

---

[32] Zu den Änderungsbedürfnissen des Arbeitnehmers vgl. die Begründung des Gesetzentwurfs der Bundesregierung zum Teilzeit- und Befristungsgesetz, BT-Drs. 14/4374, S. 11. Zur Schutzwürdigkeit derartiger Interessen des Arbeitnehmers s. *Heinze*, Referat für den 63. DJT 2000, L 39, 53.

[33] *Hanau*, Gutachten für den 63. DJT 2000, C 73; *U. Preis*, NZA 1998, 449, 455 ff. Ausführlich zu den Möglichkeiten der Weiterbeschäftigung des Arbeitnehmers äußert sich *Kassen*, Weiterbeschäftigung, S. 28 ff.

[34] Zur Bedeutung des § 2 SGB III für das Arbeitsvertragsrecht vgl. *Hanau*, Gutachten für den 63. DJT 2000, C 39; Lohre/Mayer/Stevens-Bartol-*Mayer*, § 2 SGB III Rdn. 4; *U. Preis*, NZA 1998, 449, 451 ff.

der Arbeitsverhältnisse.[35] Um auf zukünftige Entwicklungen angemessen reagieren zu können, dürfen Arbeitsverhältnisse nicht „versteinern".[36] Änderungen müssen grundsätzlich für beide Vertragsparteien möglich sein.[37] Das Flexibilisierungsbedürfnis der einen und das Interesse am unveränderten Fortbestand des Arbeitsverhältnisses der anderen Partei sind dazu in ein ausgewogenes Verhältnis zu bringen. *Hanau* spricht insoweit vom Streben nach „flexurity". Der Begriff steht für einen sachgerechten Ausgleich von Flexibilität („flexibility") und Sicherheit („security") im Arbeitsverhältnis.[38]

§ 2 Gegenstand der Arbeit

Das Recht der Änderung von Arbeitsbedingungen wird im Rahmen dieser Arbeit nicht umfassend untersucht. Dazu besteht infolge des Ausmaßes der in einzelnen Bereichen bestehenden Forschungsergebnisse keine Veranlassung.[39] Die nachfolgenden Ausführungen konzentrieren sich stattdessen auf einige wenige, für die arbeitsrechtliche Praxis wesentliche Fragestellungen, welche durch das arbeitsrechtliche Schrifttum bislang nur unzureichend bearbeitet wurden.

Arbeitsverhältnisse unterliegen innerhalb des deutschen Rechts verschiedenen Gestaltungsfaktoren.[40] Neben dem Individualarbeitsvertrag können auch Tarifverträge, Betriebs-, Sprecher- oder Dienstvereinbarungen und Gesetze das einzelne Arbeitsverhältnis inhaltlich ausgestalten. Werden diese Rechtsquellen verändert, beseitigt oder neu geschaffen,

---

35 *Fastrich*, in: FS Wiedemann, 251, 256; *Junker*, in: Bopp/Düwell/Färber/Junker, Änderung, 13, 15; *Hanau*, Deregulierung, S. 17 f.; *Hromadka*, RdA 1992, 234, 234; *Zöllner*, NZA 1997, 121, 122. Den Aspekt „der Internationalisierung der Arbeitsmärkte" betonen in diesem Zusammenhang *Franz/Rüthers*, RdA 1999, 32, 36 besonders.

36 ErfK-*U. Preis*, § 611 BGB Rdn. 524; *Hromadka*, RdA 1992, 234, 235.

37 *Arbeitskreis Deutsche Rechtseinheit im Arbeitsrecht*, Gutachten für den 59. DJT 1992, D 122 f.; *Boemke*, Schuldvertrag, S. 248.

38 *Hanau*, Gutachten für den 63. DJT 2000, C 13 ff. Andere Vertreter des arbeitsrechtlichen Schrifttums verwenden hingegen – ohne damit etwas anderes ausdrücken zu wollen – den Begriff der „flexicurity" (s. *Keller/Seifert*, WSI-Mitteilungen 2000, 291, 291 ff.; *Zachert*, WSI-Mitteilungen 2000, 283, 283 ff.).

39 Vgl. beispielsweise die zahlreichen Dissertationen zum Instrument der Änderungskündigung (*Amtrup* (1964); *Gerstner* (1969); *Kleemann* (1970); *Betz* (1972); *Kaup* (1975); *Steinhäuser* (1979); *Ratajczak* (1984); *Barth* (1990); *Walden* (1993); *Precklein* (1995); *Hilbrandt* (1996); *Pollmann* (1996); *Brenneis* (1998); *Berkowsky* (2000); *Otto* (2001); *Wallner* (2001)).

40 Zu den unterschiedlichen arbeitsrechtlichen Gestaltungsfaktoren s. Münch-ArbR-*Richardi*, § 8 Rdn. 23 ff.

so ändern sich auch die Arbeitsbedingungen der betroffenen Arbeitnehmer.[41] Die vorliegende Arbeit setzt sich ausschließlich mit den Befugnissen der Individualarbeitsvertragsparteien zur Veränderung von Arbeitsverhältnissen auseinander. Änderungen von Arbeitsbedingungen auf kollektivrechtlicher Ebene oder unmittelbar durch Gesetz werden nicht näher erörtert.[42] Als arbeitsrechtlicher Gestaltungsfaktor wird demzufolge der Arbeitsvertrag in den Vordergrund gerückt. Anders als andere Rechtsquellen stellt er die Grundlage eines jeden Arbeitsverhältnisses dar.[43] Nicht alle Möglichkeiten der Vertragsparteien zur Änderung von Arbeitsbedingungen werden im Folgenden diskutiert. Der Änderungsvertrag ist als Instrument, welches das Einvernehmen von Arbeitgeber und Arbeitnehmer voraussetzt, nicht Gegenstand der Arbeit.[44] Diese konzentriert sich stattdessen auf die verschiedenen Mittel zur einseitigen Änderung von Arbeitsbedingungen. Hier stehen sich die widerstreitenden Interessen der Parteien – das Streben nach freiheitlicher Neugestaltung des Arbeitsverhältnisses und das Streben nach fortdauernder Bindung – unmittelbar gegenüber.

Die praktische Bedeutung der Instrumente zur einseitigen Veränderung von Arbeitsverhältnissen wird innerhalb des arbeitsrechtlichen Schrifttums teilweise in Zweifel gezogen. Es wird darauf hingewiesen, dass einvernehmlich nicht zu verwirklichende und demzufolge gegen den Willen des Vertragspartners durchzusetzende Maßnahmen die weitere Zusammenarbeit von Arbeitgeber und Arbeitnehmer in erheblichem Maße schädigen. Die unterschiedlichen Änderungsinstrumente seien demnach zwar mittelbar zur Beendigung, nicht aber zur bloßen Inhaltsänderung von Arbeitsverhältnissen geeignet. Einseitige Änderungen würden das Vertrauensverhältnis zwischen Arbeitgebern und Arbeitnehmern üblicherweise derart stark in Mitleidenschaft ziehen, dass an eine fortlaufende Koope-

---

41 *Söllner*, Arbeitsrecht, § 6, IV. (S. 46 f.).

42 An dieser Stelle sind zwei verschiedene Arten von Gesetzen zu unterscheiden. Zum einen wirken sich Gesetze „unmittelbar“ auf die Arbeitsbedingungen von Arbeitnehmern aus (z. B. die §§ 3 ff. ArbZG), zum anderen führen sie erst durch das Hinzutreten bestimmter Verhaltensweisen der Vertragsparteien – und somit lediglich „mittelbar“ – zur Veränderung des Inhalts von Arbeitsverhältnissen (beispielsweise die §§ 8, 9 TzBfG). Im letztgenannten Fall bestimmt demzufolge nicht der Gesetzgeber, sondern vielmehr der Arbeitgeber oder der Arbeitnehmer den Inhalt des Arbeitsverhältnisses.

43 *Berkowsky*, Änderungskündigung, S. 25; Münch-ArbR-*Richardi*, § 8 Rdn. 20; *Söllner*, Arbeitsrecht, § 3, I., 1. (S. 17 f.).

44 Zu den Einzelheiten dieses Änderungsinstruments s. *Wank*, in: Hromadka, Änderung, 35, 53 ff.

ration der Vertragsparteien nicht mehr gedacht werden könne.[45] Darüber hinaus wird behauptet, dass insbesondere der Arbeitnehmer einen „ernsthaften Konflikt“ mit seinem Arbeitgeber regelmäßig scheue, soweit ein intaktes Arbeitsverhältnis noch besteht. Im Zweifel werde zugunsten der eigenen Karriere oder aber zur Sicherung des Bestandes des Arbeitsverhältnisses auf die gerichtliche Durchsetzung individueller Änderungsrechte verzichtet. Dies belege u. a. der Umstand, dass nur selten während eines bestehenden Arbeitsverhältnisses vor dem Arbeitsgericht prozessiert wird.[46]

Dieser Argumentation ist entgegenzuhalten, dass sie für einen erheblichen Teil von Arbeitsverhältnissen keine Geltung beanspruchen kann. Insbesondere im Rahmen solcher Arbeitsverhältnisse, die nicht durch den unmittelbaren Kontakt zwischen Arbeitgeber und Arbeitnehmer geprägt werden, modifizieren einseitige Maßnahmen des Arbeitgebers die Arbeitsbedingungen des Arbeitnehmers zwar gegen dessen Willen, sowohl die fortdauernde Zusammenarbeit mit den anderen Beschäftigten als auch die Produktivität des betroffenen Arbeitnehmers werden dadurch allerdings nicht zwangsläufig beeinträchtigt. Gerade in größeren Unternehmen spielt der mögliche Vertrauensverlust der einen in die andere Vertragspartei letztendlich nur eine untergeordnete Rolle. Zudem werden verständige Arbeitgeber und Arbeitnehmer auch unerwünschte Änderungen von Arbeitsbedingungen häufig hinnehmen, ohne das Verhalten des Vertragspartners zu kritisieren. Beeinträchtigungen der fortlaufenden Kooperation der Vertragsparteien verursacht die einseitige Veränderung von Arbeitsverhältnissen demzufolge in zahlreichen Fällen nicht.[47] Die besondere Relevanz der Instrumente zur einseitigen Änderung von Arbeitsbedingungen für die arbeitsrechtliche Praxis belegt darüber hinaus die Möglichkeit ihres Einsatzes als strategische Mittel zur Verfolgung anderer Ziele als der Veränderung von Arbeitsverhältnissen. Sowohl Arbeitgeber als auch Arbeitnehmer können beispielsweise im Rah-

---

45 *Berkowsky*, Änderungskündigung, S. 51; *ders.*, NZA 2000, 1129, 1130 f.

46 Dementsprechend äußert sich *Däubler*, ZIP 2000, 1961, 1963 im Hinblick auf die Durchsetzung des Teilzeitanspruchs des Arbeitnehmers nach § 8 TzBfG. Ähnlich auch *Schüren*, AuR 2001, 321, 323.

47 *Däubler*, ZIP 2000, 1961, 1963, schließt ebenfalls „Unkorrektheiten oder gar Repressalien“ der von der Änderung betroffenen Vertragspartei in zahlreichen Fällen aus.

men von Abfindungsverhandlungen ihre Position durch die Androhung einseitiger Änderungen durchaus verbessern.[48]

Die allgemeinen Änderungsinstrumente der Änderungskündigung, der ergänzenden Vertragsauslegung, der Störung der Geschäftsgrundlage, der Teilkündigung und des Änderungsvorbehalts sind durch das Schrifttum in Teilbereichen bereits weitgehend untersucht worden. Die arbeitsrechtliche Diskussion bezieht sich insoweit vor allem auf die rechtlichen Voraussetzungen der Änderung von Arbeitsbedingungen. Diese sind im Rahmen zahlreicher Bearbeitungen nahezu umfassend erörtert worden.[49] Die darüber hinausgehende, besonders praxisrelevante Frage, inwieweit sich die verschiedenen Instrumente infolge ihrer rechtlichen Ausgestaltung auch tatsächlich zur Veränderung von Arbeitsbedingungen eignen, wurde in der Vergangenheit durch die Literatur hingegen nur stiefmütterlich behandelt. Lediglich für einzelne Änderungsinstrumente ist die Effektivität zur Änderung von Arbeitsverhältnissen überhaupt thematisiert worden. Entsprechende Arbeiten beschränken sich zudem ausschließlich auf die Analyse der Änderungsmöglichkeiten des Arbeitgebers.[50] Eine kritische Beurteilung der Praktikabilität der allgemeinen Mittel zur einseitigen Änderung von Arbeitsbedingungen aus der Perspektive beider Vertragsparteien steht folglich noch aus. Dazu soll diese Arbeit innerhalb ihres zweiten Kapitels einen Beitrag leisten.

Das dritte Kapitel beschäftigt sich mit den besonderen Änderungsinstrumenten der §§ 8, 9 TzBfG. Anders als die allgemeinen Mittel zur Veränderung von Arbeitsbedingungen berechtigen diese Instrumente von Gesetzes wegen allein die Partei des Arbeitnehmers zur Einwirkung auf den Inhalt von Arbeitsverhältnissen. Der Arbeitnehmer kann zudem gegen den Willen des Arbeitgebers allein auf seine Arbeitszeit einwirken. Nachdem zunächst die Verfassungsmäßigkeit der innerhalb der Literatur intensiv diskutierten Bestimmungen überprüft wird, stellt sich anschließend die Frage, ob sich die §§ 8, 9 TzBfG in das System der Instrumente zur einseitigen Änderung von Arbeitsbedingungen einfügen oder aber vielmehr darin einen Fremdkörper bilden. Darüber hinaus wird entsprechend dem Vorgehen innerhalb des zweiten Kapitels erläutert, inwieweit

---

48 *Beckschulze*, DB 2000, 2598, 2599; *Berkowsky*, Änderungskündigung, S. 51; *Kliemt*, NZA 2001, 63, 67.

49 Lückenhaft erscheint allerdings die Auseinandersetzung des arbeitsrechtlichen Schrifttums mit dem Instrument der Teilkündigung. Vgl. dazu die Ausführungen in § 5, C.

50 Vgl. die Dissertationen von *Krauß*, Widerruf, S. 1 ff.; *Otto*, Änderungskündigung, S. 1 ff.

die verschiedenen Voraussetzungen der Vorschriften die Effektivität der Änderungsinstrumente beeinträchtigen.

Die Auseinandersetzung des arbeitsrechtlichen Schrifttums mit den Möglichkeiten der Vertragsparteien zur einseitigen Änderung von Arbeitsbedingungen zeichnet sich vor allem dadurch aus, dass die verschiedenen Änderungsinstrumente ausschließlich punktuell betrachtet werden.[51] Dies wird den Interessen von Arbeitgebern und Arbeitnehmern in der arbeitsrechtlichen Praxis nicht gerecht. Für die änderungswillige Vertragspartei ist das „Wie" der intendierten Veränderung weitaus weniger relevant als das „Ob". Entscheidend ist allein, dass die angestrebte Veränderung des Arbeitsverhältnisses auch gegen den Willen des Vertragspartners durchsetzbar ist – im Idealfall unter möglichst geringen Voraussetzungen. Im Rahmen des vierten Kapitels wird folglich der Frage nachgegangen, inwieweit die Gesamtheit der Änderungsinstrumente den Vertragsparteien praktikable Befugnisse zur einseitigen Änderung von Arbeitsbedingungen einräumt. Erst danach ist erkennbar, in welchem Umfang das Recht der einseitigen Änderung von Arbeitsverhältnissen der Reform bedarf. Das vierte Kapitel endet mit einem Vorschlag sowohl zur Neuregelung der Änderungsbefugnisse des Arbeitnehmers als auch des Arbeitgebers. Innerhalb des fünften Kapitels werden die Ergebnisse der Arbeit zusammengefasst.

---

[51] Vgl. aber *Hromadka*, RdA 1992, 234, 234 ff., *Richardt*, Flexibilisierung, S. 138 ff.

2. Kapitel: Allgemeine Änderungsinstrumente

Im Rahmen dieses Kapitels wird die Effektivität der allgemeinen Änderungsinstrumente der Individualarbeitsvertragsparteien näher untersucht. Dazu werden die Anforderungen der verschiedenen Mittel an die einseitige Änderung von Arbeitsbedingungen im Einzelnen erörtert. Im Vordergrund steht dabei die Interpretation der Instrumente und ihrer Voraussetzungen durch die Rechtsprechung des Bundesarbeitsgerichts. Für eine praxisorientierte Beurteilung der Änderungsbefugnisse von Arbeitgebern und Arbeitnehmern ist allein dieses Verständnis maßgeblich. Darüber hinaus werden aber auch einzelne von der arbeitsgerichtlichen Rechtsprechung abweichende Vorstellungen diskutiert. Die Auseinandersetzung mit dem arbeitsrechtlichen Schrifttum erscheint insbesondere zur Beantwortung der Frage nach der Notwendigkeit einer Reform des gegenwärtigen Rechts zwingend geboten.

Die einzelnen Voraussetzungen der allgemeinen Änderungsinstrumente wirken sich auf unterschiedliche Art und Weise auf deren Praktikabilität aus. In Betracht kommt neben der für die änderungswillige Vertragspartei besonders folgenschweren Verhinderung einer angestrebten Veränderung vor allem die zeitliche Verzögerung intendierter Änderungen. Zudem kann die Effektivität der verschiedenen Mittel dadurch eingeschränkt werden, dass einzelne Anforderungen an die Veränderung von Arbeitsbedingungen einen erheblichen Prüfungsaufwand zulasten der änderungswilligen Vertragspartei verursachen und damit ein beachtliches Maß an Rechtsunsicherheit erzeugen.

Im Folgenden werden zunächst die Instrumente der nachträglichen Veränderung von Arbeitsverhältnissen – die Änderungskündigung, die ergänzende Vertragsauslegung, die Störung der Geschäftsgrundlage und die Teilkündigung – untersucht. Anschließend wird erörtert, welche Möglichkeiten die vorausschauende Vereinbarung vertraglicher Änderungsvorbehalte Arbeitgebern und Arbeitnehmern eröffnet.

§ 3 Änderungskündigung

„Über die Änderungskündigung ist schon viel geschrieben worden, und doch ist nach wie vor nicht klar, was dieses Institut zu leisten vermag und was nicht." Mit dieser Aussage eröffnete *Hromadka* im Jahr 1996 einen Beitrag zur Frage nach den „Möglichkeiten und Grenzen der Änderungskündigung".[52] Auch heute – im Jahr 2003 – beansprucht dieser

---

[52] *Hromadka*, NZA 1996, 1, 1.

Satz weiterhin Geltung. Zwar sind nach 1996 weitere umfangreiche Arbeiten zur Änderungskündigung hinzugekommen,[53] insbesondere das für die arbeitsrechtliche Praxis maßgebliche Leistungsvermögen des Änderungsinstruments wurde jedoch noch nicht hinreichend verdeutlicht.

A. Grundstruktur des Änderungsinstruments

Die arbeitsrechtliche Änderungskündigung setzt sich entsprechend ihrer gesetzlichen Ausgestaltung in § 2 S. 1 KSchG aus der Kündigung eines Arbeitsverhältnisses und dem Angebot zusammen, das Arbeitsverhältnis zu geänderten Bedingungen fortzusetzen. Die Änderungskündigung verknüpft damit die Beendigung eines bestehenden mit der Option des Abschlusses eines neuen Arbeitsvertrages.[54] Der Fortbestand des Arbeitsverhältnisses wird allein von der Reaktion des Vertragspartners abhängig gemacht. Die Grundstruktur des Änderungsinstruments bewirkt somit eine Gefährdung des Arbeitsverhältnisses.[55]

Das Kündigungs- und das Änderungselement können im Rahmen der Änderungskündigung auf zwei verschiedene Arten miteinander verbunden werden. Einerseits kann in Anlehnung an die gesetzliche Konstruktion des § 2 S. 1 KSchG die Beendigung des Arbeitsvertrages durch eine unbedingte Kündigung ausgesprochen und gleichzeitig der Abschluss eines Arbeitsvertrages zu geänderten Arbeitsbedingungen angeboten werden. Andererseits ist auch anerkannt, dass die Kündigung gemäß § 158 Abs. 1 BGB unter der aufschiebenden Bedingung der Nichtannahme der vorgeschlagenen Änderung erklärt werden kann.[56]

Das Mittel der Änderungskündigung kann prinzipiell in fünf verschiedenen Varianten in Erscheinung treten. Zu nennen ist neben der ordentlichen und der außerordentlichen Änderungskündigung des Arbeitnehmers vor allem die ordentliche Änderungskündigung des Arbeitgebers.

---

53 Vgl. die Dissertationen von *Brenneis*, Änderungskündigung (1998); *Berkowsky*, Änderungskündigung (2000); *Otto*, Änderungskündigung (2001); *Wallner*, Änderungskündigung (2001).

54 Zu Recht hebt *Berkowsky*, Änderungskündigung, S. 26 in diesem Zusammenhang hervor, dass der „Arbeitsvertrag" durch die Änderungskündigung nicht verändert, sondern vielmehr beseitigt wird. Den Gegenstand der Änderung bildet allein das fortbestehende „Arbeitsverhältnis".

55 GK-*Künzl*, § 2 KSchG Rdn. 273; KR-*Rost*, § 2 KSchG Rdn. 9.

56 BAG v. 30. 5. 1980, AP Nr. 8 zu § 611 BGB Arzt-Krankenhaus-Vertrag; GK-*Künzl*, § 2 KSchG Rdn. 11 f.; *v. Hoyningen-Huene/Linck*, § 2 KSchG, Rdn. 10 f.; KR-*Rost*, § 2 KSchG Rdn. 13 ff.; *Ratajczak*, Änderungskündigung, S. 41 ff.; *Schaub*, in: Hromadka, Änderung, 73, 74.

Bei dieser ist danach zu differenzieren, ob das Kündigungsschutzgesetz Anwendung findet oder nicht. Zudem steht auch der Vertragspartei des Arbeitgebers ein Recht zur außerordentlichen Änderungskündigung zu. Die Begriffsbestimmung des § 2 S. 1 KSchG reicht insoweit über den praktischen Hauptanwendungsfall der Änderungskündigung des Arbeitgebers innerhalb des Anwendungsbereichs des Kündigungsschutzgesetzes hinaus.[57]

B. Änderungskündigung des Arbeitnehmers

Die Änderungskündigung des Arbeitnehmers ist zwar zulässig, sie stellt jedoch üblicherweise ein vollkommen ungeeignetes Mittel zur Veränderung von Arbeitsbedingungen dar. Durch die Abhängigkeit des Fortbestands des Arbeitsverhältnisses von der freien Entscheidung des Arbeitgebers, das Änderungsangebot des Arbeitnehmers anzunehmen oder abzulehnen, wird die Existenzgrundlage des Arbeitnehmers in der Regel nicht nur theoretisch, sondern auch praktisch erheblich gefährdet.[58] Anders als der Arbeitnehmer ist der Arbeitgeber – gerade in Zeiten der Massenarbeitslosigkeit – auf das Bestehen eines konkreten Arbeitsverhältnisses prinzipiell nicht angewiesen. Es ist vielmehr davon auszugehen, dass der Arbeitgeber bis zum Ablauf der Kündigungsfrist eine Ersatzkraft findet, welche die vertraglich vereinbarten Arbeitsbedingungen nicht in Frage stellt.

Berkowsky ist folglich zuzustimmen, dass die Änderungskündigung in den Händen des Arbeitnehmers ausschließlich dann als effektives Mittel zur Änderung von Arbeitsbedingungen in Betracht kommt, wenn der Arbeitgeber ein außergewöhnlich hohes Interesse an der Weiterbeschäftigung des konkreten Arbeitnehmers hat.[59] Infolge des Ausnahmecharakters dieser Situation innerhalb der gegenwärtigen Arbeitswelt findet eine nähere Auseinandersetzung mit dem Änderungsinstrument weder in Gestalt der ordentlichen noch der außerordentlichen Änderungskündigung des Arbeitnehmers statt.

---

[57] *Schaub*, in: Hromadka, Änderung, 73, 73; *Urban*, Kündigungsschutz, S. 198.

[58] GK-*Künzl*, § 2 KSchG Rdn. 13; *v. Hoyningen-Huene/Linck*, § 2 KSchG Rdn. 3; *Hromadka*, RdA 1992, 234, 261; *U. Preis*, Vertragsgestaltung, S. 434; TZA-*Buschmann*, § 8 TzBfG Rdn. 7.

[59] *Berkowsky*, Änderungskündigung, S. 49.

C. Änderungskündigung des Arbeitgebers

Die Grundstruktur des Änderungsinstruments wirkt sich auch auf die Effektivität der Änderungskündigung des Arbeitgebers in erheblichem Maße aus. Anders als für die Änderungskündigung des Arbeitnehmers kann insoweit allerdings nicht allein auf die prinzipielle Gefährdung des Fortbestands des Arbeitsverhältnisses abgestellt werden.

Die Gefahr des unfreiwilligen Verlusts eines Arbeitnehmers infolge der Erklärung einer Änderungskündigung durch den Arbeitgeber ist in der arbeitsrechtlichen Praxis insgesamt gering. Unbeschadet der oftmals ohnehin bestehenden Möglichkeit, einen ausscheidenden Arbeitnehmer ohne besondere Belastungen im Betrieb zu ersetzen, werden durch die Änderungskündigung nur wenige Arbeitsverhältnisse tatsächlich beendet. Besonders in wirtschaftlich schwierigen Zeiten lehnt der von einer Änderungskündigung betroffene Arbeitnehmer das Änderungsangebot des Arbeitgebers regelmäßig nur dann ab, wenn er im Anschluss an eine qualifizierte rechtliche Beratung mit hinreichender Sicherheit von der Unwirksamkeit der Änderungskündigung ausgehen kann. Sein Arbeitsverhältnis besteht demzufolge üblicherweise fort. Der Arbeitnehmer erklärt in der Regel die Annahme des Änderungsangebots – soweit möglich unter dem Vorbehalt der sozialen Rechtfertigung der Änderung der Arbeitsbedingungen.[60] Die Gefahr, den betroffenen Arbeitnehmer infolge des Ausspruchs einer Änderungskündigung zu verlieren, ist somit zwar grundsätzlich vorhanden, in der Praxis allerdings gering. Die Eignung des Instruments zur Änderung von Arbeitsverhältnissen wird durch dessen Grundstruktur insoweit nicht beeinflusst.

Der Ausspruch einer Änderungskündigung könnte jedoch „das Arbeitsklima" zwischen Arbeitgeber und Arbeitnehmer „vergiften". Der Arbeitgeber erklärt mit der Änderungskündigung nicht nur seinen Willen, die Arbeitsbedingungen des betroffenen Arbeitnehmers zu verändern, sondern darüber hinaus die Beendigung des Arbeitsverhältnisses im Fall der Ablehnung des Änderungsangebots.[61] Zu berücksichtigen ist allerdings, dass der Arbeitgeber einer potenziellen Verschlechterung des Verhältnisses zum betroffenen Arbeitnehmer in der Regel entgegenwirken

---

[60] Zur Möglichkeit, das Änderungsangebot des Arbeitgebers auch außerhalb des Anwendungsbereichs des Kündigungsschutzgesetzes unter dem Vorbehalt der Rechtfertigung der Änderung der Arbeitsbedingungen anzunehmen, s. *Urban*, Kündigungsschutz, S. 209 ff.

[61] *Wank*, in: Junker/Oechsler/Steckhan/Wank, Zukunft, 87, 105.

kann.[62] Es besteht die Möglichkeit dem Arbeitnehmer bereits vor Ausspruch der Änderungskündigung nicht nur die Notwendigkeit der Veränderung seiner Arbeitsbedingungen zu erläutern, sondern außerdem zu erklären, dass ein anderes Mittel als die Änderungskündigung zur Änderung seines Arbeitsverhältnisses nach der Rechtsprechung des Bundesarbeitsgerichts nicht zur Verfügung steht. Der Arbeitgeber kann zudem besonders hervorheben, dass er das Arbeitsverhältnis grundsätzlich aufrechterhalten will. Es offenbart sich zwar somit bereits hier der „verfehlte Ansatz" der Änderungskündigung,[63] eine nennenswerte Beeinträchtigung der Eignung des Instruments zur Änderung von Arbeitsbedingungen kann an dieser Stelle daraus jedoch noch nicht hergeleitet werden.

Obwohl die Grundstruktur des Änderungsinstruments somit weder der Effektivität der ordentlichen noch der außerordentlichen Änderungskündigung des Arbeitgebers entgegensteht, wird die außerordentliche Änderungskündigung im Folgenden nicht näher behandelt. Die Veränderung von Arbeitsbedingungen ist zwar auch auf diesem Wege grundsätzlich möglich,[64] als Mittel zur Einwirkung auf den Inhalt von Arbeitsverhältnissen hat die außerordentliche Änderungskündigung innerhalb der arbeitsrechtlichen Praxis allerdings kaum Bedeutung. Üblicherweise kann einem Arbeitgeber, der ein Arbeitsverhältnis nicht beenden, sondern ausschließlich verändern will, das Festhalten an den bestehenden Arbeitsbedingungen bis zum Ablauf der jeweiligen Kündigungsfrist zugemutet werden. Die außerordentliche Änderungskündigung hat daher allein für die Änderung der Arbeitsbedingungen gesetzlich, tarif- oder einzelvertraglich unkündbarer Arbeitnehmer praktische Relevanz.[65] Im Vordergrund der nachfolgenden Untersuchung steht somit allein die ordentliche Änderungskündigung des Arbeitgebers. Deren Voraussetzungen werden

---

62 A. A. *Wank*, in: Junker/Oechsler/Steckhan/Wank, Zukunft, 87, 105. Dieser geht vielmehr davon aus, dass „das Arbeitsklima" selbst dann „auf jeden Fall vergiftet" wird, „wenn es dem Arbeitgeber gelingt, dem Arbeitnehmer klarzumachen, das alles anders gemeint ist als es klingt".

63 *Wank*, in: Junker/Oechsler/Steckhan/Wank, Zukunft, 87, 105.

64 BAG v. 7. 6. 1973, AP Nr. 1 zu § 626 BGB; BAG v. 17. 5. 1984, AP Nr. 3 zu § 55 BAT; BAG v. 6. 3. 1986, AP Nr. 19 zu § 15 KSchG 1969; GK-*Künzl*, § 2 KSchG Rdn. 41; KR-*Rost*, § 2 KSchG Rdn. 30.

65 *Hromadka*, RdA 1992, 234, 257; KR-*Rost*, § 2 KSchG Rdn. 30; *Küttner*, in: Henssler/Moll, Kündigungsschutz, 171, 176; *Wank*, in: Junker/Oechsler/Steckhan/Wank, Zukunft, 87, 111 Zur außerordentlichen Kündigung tarif- oder einzelvertraglich unkündbarer Arbeitnehmer vgl. im Einzelnen *v. Koppenfels*, Unkündbare Arbeitnehmer, S. 1 ff.

im Hinblick auf die Praktikabilität des Änderungsinstruments im Einzelnen durchleuchtet.

Die fortwährende Aktualität der Frage nach der Effektivität der ordentlichen Änderungskündigung des Arbeitgebers wird durch verschiedene Stellungnahmen des arbeitsrechtlichen Schrifttum verdeutlicht. Einerseits wird festgestellt, das Änderungsinstrument lasse in seiner derzeitigen Ausgestaltung „eine beachtliche Flexibilisierung des Arbeitsverhältnisses" zu. Insbesondere die Anforderungen an den Kündigungsgrund seien zwar „nicht gerade gering, aber erfüllbar".[66] Andererseits wird betont, die Änderungskündigung stelle entweder insgesamt oder aber zumindest in Teilbereichen der arbeitsrechtlichen Praxis gerade kein praktikables Mittel zur Einwirkung auf den Inhalt von Arbeitsverhältnissen dar.[67] Besondere Beachtung verdienen in diesem Zusammenhang die von der arbeits- und sozialrechtlichen Abteilung des 63. Deutschen Juristentages im Jahr 2000 angenommenen Beschlüsse Nr. 18a und Nr. 18b. Darin wird nicht nur allgemein die „Erleichterung von Änderungskündigungen" des Arbeitgebers zur Ausweitung der „Möglichkeiten zur Anpassung von Arbeitsbedingungen an eine veränderte wirtschaftliche Situation im Unternehmen" vorgeschlagen (Beschluss Nr. 18a), sondern im Besonderen zusätzlich die Anpassung der sozialen Rechtfertigung der Änderungskündigung „an die Zumutbarkeitskriterien des SGB III" gefordert (Beschluss Nr. 18b).[68] Darauf wird im Rahmen der Überlegungen zu einer Reform der Änderungsbefugnisse des Arbeitgebers noch näher einzugehen sein.

I. Individualänderungskündigung

Der Gesetzgeber ging bei der Kodifikation der Änderungskündigung des Arbeitgebers in Gestalt des § 2 KSchG vom Leitbild der einzelnen, aus-

---

[66] *Isenhardt*, in: FS Hanau, 221, 245. Vgl. auch *Krauß*, Widerruf, S. 212. Ähnlich äußert sich zudem *Schaub*, in: Hromadka, Änderung, 73, 73. Er stellt fest, dass „die Änderungskündigung vor allem zur Änderung singulärer Arbeitsbedingungen geeignet" ist.

[67] ErfK-*U. Preis*, § 611 BGB Rdn. 525; *Fischermeier*, NZA 2000, 735, 735; *Henssler*, RdA 2002, 129, 139; *Hiersemann*, ArbRGeg. Bd. 6. (1968), 67, 73; *Joachim*, RdA 1957, 326, 326; *Wank*, RdA 1992, 225, 226; *ders.*, in: Junker/Oechsler/Steckhan/Wank, Zukunft, 87, 112 f.

[68] Abgedruckt in: Sitzungsberichte des 63. DJT 2000, L 61 (Beschluss Nr. 18a: angenommen mit 82 Stimmen, bei 65 Gegenstimmen und fünf Enthaltungen; Beschluss Nr. 18b: angenommen mit 82 Stimmen, bei 65 Gegenstimmen und sechs Enthaltungen).

schließlich gegenüber einem einzigen Arbeitnehmer erklärten Kündigung aus.[69] Die praktische Bedeutung der verschiedenen gesetzlichen und von der Rechtsprechung (fort-) entwickelten Voraussetzungen des Änderungsinstruments wird folglich zunächst für die Individualänderungskündigung des Arbeitgebers untersucht. Erst im Anschluss daran werden die Besonderheiten der Massenänderungskündigung erörtert.

1. Soziale Rechtfertigung

Die Frage der Rechtfertigung der Änderungskündigung bildet „das Kernstück" der Auseinandersetzung der arbeitsgerichtlichen Rechtsprechung und des arbeitsrechtlichen Schrifttums mit den Anforderungen an eine wirksame und durchsetzbare Änderungskündigung des Arbeitgebers.[70] Sowohl innerhalb als auch außerhalb des Anwendungsbereichs des Kündigungsschutzgesetzes kann der Arbeitgeber den Inhalt von Arbeitsverhältnissen nicht willkürlich modifizieren.

Von besonderer Relevanz sind dabei die Voraussetzungen der sozialen Rechtfertigung der Änderungskündigung nach dem Kündigungsschutzgesetz. Sobald dessen sachlicher Anwendungsbereich infolge der Beschäftigung von mehr als fünf Arbeitnehmern im Betrieb gemäß § 23 Abs. 1 S. 2 KSchG eröffnet ist, findet dieses in der arbeitsrechtlichen Praxis auf die ordentliche Änderungskündigung des Arbeitgebers nahezu unvermeidlich Anwendung. Dies wird dadurch verursacht, dass die sechsmonatige Wartefrist des § 1 Abs. 1 KSchG bei der Erklärung der Änderungskündigung in den allermeisten Fällen bereits abgelaufen ist. Das Bedürfnis zur Änderung von Arbeitsbedingungen entsteht üblicherweise erst mit zunehmender Dauer von Arbeitsverhältnissen.

Im Folgenden wird zunächst erörtert, ob die Kündigung des Arbeitsverhältnisses („das Kündigungselement") oder die vom Arbeitgeber angebotene Änderung der Arbeitsbedingungen („das Änderungselement") den Ausgangspunkt der Prüfung der Rechtfertigung der Änderungskündigung bildet.[71] Die Beantwortung dieser Frage ist nicht allein für die anschließende Konkretisierung des Prüfungsmaßstabs der Rechtfertigung und somit für die Effektivität der Änderungskündigung von Relevanz, sondern

---

69 Vgl. die entsprechende Begründung des Gesetzentwurfs der Bundesregierung, BT-Drs. 5/3913 S. 8. Ähnlich urteilt auch *Gerstner*, Massenänderungskündigung, S. 60, 70 f. im Hinblick auf den Zeitraum vor der gesetzlichen Regelung der Änderungskündigung.

70 *U. Preis*, Prinzipien, S. 56.

71 Zur entsprechenden Begriffsbildung s. *Berkowsky*, Änderungskündigung, S. 23.

hat darüber hinaus Bedeutung für das Verhältnis der Änderungskündigung zu den sonstigen allgemeinen Änderungsinstrumenten. Diese zeichnen sich dadurch aus, dass sich die Überprüfung ihrer wirksamen Ausübung auf die intendierte Veränderung der Arbeitsbedingungen konzentriert.

a. Ausgangspunkt der Prüfung

Für die Änderungskündigung des Arbeitgebers innerhalb des Anwendungsbereichs des Kündigungsschutzgesetzes wurde die Frage nach dem Ausgangspunkt der Kontrolle ihrer sozialen Rechtfertigung in der Vergangenheit in Rechtsprechung und Schrifttum ausführlich diskutiert.[72] Überwiegend wird heute angenommen, dass in Anlehnung an die Vorschriften des Kündigungsschutzgesetzes, welche auf die soziale Rechtfertigung der „Änderung der Arbeitsbedingungen" abstellen, die vom Arbeitgeber angebotene Änderung des Arbeitsverhältnisses den Ausgangspunkt der in Rede stehenden Prüfung bildet.[73] Die Kontrolle der sozialen Rechfertigung der Änderungskündigung weicht insoweit von der Überprüfung der Wirksamkeit der Beendigungskündigung ab.[74]

Außerhalb des Anwendungsbereichs des Kündigungsschutzgesetzes kann die Frage nach dem Ausgangspunkt der Rechtfertigung der Änderungskündigung nicht durch den Rückgriff auf die entsprechenden Vorschriften beantwortet werden. In diesem Bereich führen stattdessen allgemeine Erwägungen zur Lösung des Problems. Der Argumentation *Urbans* ist zuzustimmen, dass es sachgerecht erscheint, auch außerhalb des Kündigungsschutzgesetzes diejenigen Maßstäbe bei der Bestimmung des Ausgangspunkts der sozialen Rechtfertigung der Änderungskündigung anzulegen, die im Rahmen des § 2 KSchG Geltung beanspruchen. Gegenüber der Beendigungskündigung zeichnet sich das Instrument der Änderungskündigung schließlich insgesamt dadurch aus, dass

---

72 Vgl. insoweit den historischen Abriss bei KR-*Rost*, 5. A., § 2 KSchG Rdn. 79 ff.

73 Auf die Regelung des § 2 S. 1 KSchG verweisen in diesem Zusammenhang *Ascheid*, Kündigungsschutzrecht, Rdn. 465; ErfK-*Ascheid*, § 2 KSchG Rdn. 46; *Urban*, Kündigungsschutz, S. 212. Die Vorschrift des § 4 S. 2 KSchG wird von *Wank*, in: Junker/Oechsler/Steckhan/Wank, Zukunft, 87, 108 f. zusätzlich herangezogen. *Hromadka*, RdA 1992, 234, 252 nimmt außerdem auf § 8 KSchG Bezug.

74 Kritisch äußert sich demgegenüber insbesondere *Berkowsky*, BB 1999, 1266, 1267; *ders.*, NZA 2000, 1129, 1129 f.; *ders.*, Änderungskündigung, S. 29 ff.; Münch-ArbR-*Berkowsky*, § 145 Rdn. 35 ff. Vgl. zudem *Boewer*, BB 1996, 2618, 2619 ff., *Schwerdtner*, in: FS 25 Jahre BAG, 555, 562 ff.

nicht die Auflösung, sondern vielmehr die Fortsetzung des Arbeitsverhältnisses im Vordergrund des Interesses steht. Ein Spezifikum des Kündigungsschutzgesetzes stellt die Ausrichtung der Prüfung der Rechtfertigung an der Änderung der Arbeitsbedingungen folglich nicht dar.[75] Die verschiedenen Änderungsinstrumente unterscheiden sich in diesem Zusammenhang nicht.

b. Prüfungsmaßstab

Nachdem der Ausgangspunkt und damit die Grundlage der Kontrolle der Rechtfertigung der Änderungskündigung bestimmt worden ist, wird im Rahmen dieses Abschnitts der Prüfungsmaßstab der Rechtfertigung näher untersucht. Allein dieser ist für die Beurteilung der Effektivität der Änderungskündigung entscheidend.

Für den Fall der Änderungskündigung des Arbeitgebers innerhalb des Anwendungsbereichs des Kündigungsschutzgesetzes wurde auch der Maßstab der Überprüfung der sozialen Rechtfertigung der Änderungskündigung in der Vergangenheit intensiv diskutiert.[76] Bezüglich der Grundzüge des Prüfungsmaßstabs besteht heute in Rechtsprechung und Literatur weitgehend Einigkeit. Aufgrund der gesetzlichen Verweisung des § 2 S. 1 KSchG orientiert sich die Prüfung an den Vorgaben der Vorschrift des § 1 Abs. 2 S. 1 bis 3, Abs. 3 S. 1, 2 KSchG.[77] Im Rahmen eines zweistufigen Prüfungsverfahrens ist danach auf der ersten Stufe festzustellen, ob ein Grund in der Person oder im Verhalten des Arbeitnehmers oder ein dringendes betriebliches Erfordernis eine Veränderung der Arbeitsbedingungen bedingt. Der Kündigungsgrund muss in diesem Zusammenhang zum Wegfall der bisherigen vertragsgemäßen Beschäftigungsmöglichkeit führen (sog. „Ob" der Änderungskündigung).[78] Obergrenze für die Anforderungen an den Kündigungsgrund

---

[75] *Urban*, Kündigungsschutz, S. 212 f. Ähnlich äußert sich zudem KR-*Rost*, § 2 KSchG Rdn. 7. Entsprechend der gegenwärtig überwiegenden Auffassung äußerten sich Rechtsprechung und Schrifttum auch bereits vor der gesetzlichen Ausgestaltung der Änderungskündigung durch die §§ 2, 4 S. 2 KSchG und § 8 KSchG. Vgl. BAG v. 26. 2. 1957, AP Nr. 23 zu § 1 KSchG; BAG v. 12. 1. 1961, AP Nr. 10 zu § 620 Änderungskündigung; KR-*Rost*, 5. A., § 2 KSchG Rdn. 79 ff.

[76] Vgl. allein die Dissertationen zur Änderungskündigung von *Amtrup* (1964); *Kaup* (1975); *Ratajczak* (1984); Barth (1990); *Walden* (1993); *Precklein* (1995); *Brenneis* (1998); *Berkowsky* (2000); *Wallner* (2001), welche sich mit dieser Frage schwerpunktmäßig auseinander setzen.

[77] GK-*Künzl*, § 2 KSchG Rdn. 179; *Isenhardt*, in: FS Hanau, 221, 233; *Kiel/Koch*, Kündigung, Rdn. 427; *Krämer*, Widerruf, S. 79.

[78] KR-*Rost*, § 2 KSchG Rdn. 98; KSchR-*Zwanziger*, § 2 KSchG Rdn. 134.

sind solche Umstände, die auch die Beendigung des Arbeitsverhältnisses rechtfertigen könnten.[79] Im Hinblick auf eine Untergrenze kann festgestellt werden, dass bloße Bagatellgründe selbst für die Rechtfertigung minimaler Veränderungen der Arbeitsbedingungen nicht genügen.[80] Auf der zweiten Stufe ist zu untersuchen, ob sich der Arbeitgeber bei dem an sich anerkennenswerten Anlass für eine Veränderung des Arbeitsverhältnisses darauf beschränkt hat, nur eine solche Änderung anzubieten, die der Arbeitnehmer ihrem Umfang nach billigerweise hinnehmen muss.[81] Die angebotene Vertragsänderung ist danach am Grundsatz der Verhältnismäßigkeit zu messen (sog. „Wie" der Änderungskündigung).[82]

Außerhalb des Kündigungsschutzgesetzes weichen die Anforderungen an die Rechtfertigung der Änderungskündigung ebenfalls von denen an die Beendigungskündigung ab. Die Voraussetzungen der Änderung von Arbeitsbedingungen mittels einer Kündigung liegen danach noch unterhalb des ohnehin nur sehr schwach ausgeprägten Kündigungsschutzes im Fall der Beendigung von Arbeitsverhältnissen.[83] Die für die Beendigungskündigung weitgehend anerkannte bloße Missbrauchskontrolle auf der Basis des § 242 BGB führt dazu, dass die Änderung der Arbeitsbedingungen ausschließlich in Ausnahmefällen ungerechtfertigt ist.[84] Die Änderung von Arbeitsverhältnissen darf nur nicht auf sachfremden Erwägungen beruhen.[85]

Vor diesem Hintergrund erscheint es angemessen, im Hinblick auf die übergeordnete Fragestellung nach der Effektivität des Instruments der Änderungskündigung außerhalb des Anwendungsbereichs des Kündigungsschutzgesetzes die Prüfung der Rechtfertigung der Änderung der Arbeitsbedingungen nicht im Einzelnen zu erörtern. Infolge der Geringfü-

---

79 *Berger-Delhey*, DB 1991, 1571, 1573.

80 Vielmehr ist ein Kündigungsgrund „von einigem Gewicht" erforderlich. S. dazu BAG v. 6. 3. 1986, AP Nr. 19 zu § 15 KSchG 1969; *Isenhardt*, in: FS Hanau, 221, 236; *Wank*, RdA 1993, 79, 81. Zu den Rechtsgrundlagen und der Bestimmung einer möglichen Untergrenze vgl. *Hromadka*, NZA 1996, 1, 7.

81 *Kittner*, NZA 1997, 968, 969; KPK-*Bengelsdorf*, Teil H, § 2 KSchG Rdn. 91 ff.; KR-*Rost*, § 2 KSchG, Rdn. 106a; KSchR-*Zwanziger*, § 2 KSchG Rdn. 134; Stahlhacke/U. Preis/Vossen-*U. Preis*, Kündigungsschutz, Rdn. 1270. Kritisch gegenüber dieser Voraussetzung äußert sich *Wank*, in: Junker/Oechsler/Steckhan/Wank, Zukunft, 87, 111.

82 *Von Hoyningen-Huene/Linck*, § 2 KSchG Rdn. 65.

83 Zum Schutzniveau im Fall der Beendigungskündigung s. BVerfG v. 27. 1. 1998, AP Nr. 17 zu § 23 KSchG 1969; Münch-ArbR-*Wank*, § 122 Rdn. 19 ff.; *Urban*, Kündigungsschutz, S. 115 ff.; *Wank*, in: FS Hanau, 295, 315.

84 Vgl. dazu im Einzelnen *Urban*, Kündigungsschutz, S. 213 ff.

85 *Wank*, in: FS Hanau, 295, 305.

gigkeit der Anforderungen wird das Handeln des änderungswilligen Arbeitgebers nur unwesentlich beeinträchtigt. Die Darstellung konzentriert sich daher im Folgenden auf die Untersuchung der sozialen Rechtfertigung der Änderungskündigung nach dem Kündigungsschutzgesetz.

Entsprechend § 1 Abs. 1 KSchG bewirkt die fehlende soziale Rechtfertigung der angestrebten Veränderung die Unwirksamkeit der Änderungskündigung. Auf der Grundlage der zum Zeitpunkt der Kündigung maßgeblichen Umstände kann der Arbeitgeber die intendierte Änderung der Arbeitsbedingungen folglich nicht herbeiführen. Die für die soziale Rechtfertigung der Änderungskündigung entscheidenden Umstände kann der Arbeitgeber zudem ausschließlich in engen Grenzen beeinflussen.[86] Anders als im Rahmen einzelner nachfolgend zu untersuchender Voraussetzungen des Änderungsinstruments ist der Arbeitgeber nicht in der Lage, auf die maßgeblichen Umstände derart einzuwirken, dass bei ansonsten unveränderten Bedingungen eine erneut ausgesprochene Änderungskündigung wirksam wäre.[87] Ist die Änderung der Arbeitsbedingungen sozial ungerechtfertigt, so kann der Arbeitgeber dem nur schwerlich etwas entgegensetzen. Die Verwirklichung der angestrebten Änderung wird demnach üblicherweise nicht nur zeitlich verzögert, sondern regelmäßig dauerhaft verhindert. Die einzelnen Merkmale der sozialen Rechtfertigung der Änderungskündigung sind für die Praktikabilität des Änderungsinstruments gerade deshalb von erheblicher Bedeutung.

aa. Kündigungsgrund

Die Änderungskündigung des Arbeitgebers bedarf auf der ersten Stufe der Prüfung ihrer sozialen Rechtfertigung eines Kündigungsgrundes i. S. des § 1 Abs. 2 S. 1 KSchG. An diesen werden im Grundsatz die gleichen Anforderungen gestellt wie an einen die Beendigung des Ar-

---

86 Für den Fall der Änderungskündigung zur Entgeltreduzierung vgl. die Ausführungen *Hensslers*, in: Henssler/Moll, Kündigungsschutz, 89, 109. Danach kann der Arbeitgeber dadurch auf die für die soziale Rechtfertigung der Änderungskündigung maßgeblichen Umstände einwirken, dass er zunächst beschließt, den Betrieb stillzulegen, im Anschluss daran mit der Umsetzung dieses Beschlusses beginnt, sich sodann aber von Belegschaft und Betriebsrat „umstimmen“ lässt und sich abschließend mit der bloßen Absenkung des Lohnniveaus zufrieden gibt.

87 Im Fall der Verletzung des Schriftformgebots des § 623 BGB (§ 3, C., I., 3., a.) oder aber des Anhörungserfordernisses des § 102 BetrVG (§ 3, C., I., 4., a.) kann der Arbeitgeber hingegen die für die Wirksamkeit der Änderungskündigung maßgeblichen Umstände insoweit bestimmen, als dass er den gesetzlichen Anforderungen im Rahmen einer erneuten Änderungskündigung nachkommt.

beitsverhältnisses rechtfertigenden Kündigungsgrund.[88] In Abgrenzung zur Beendigungskündigung ist allerdings zu berücksichtigen, dass lediglich die Beschäftigung des Arbeitnehmers zu den bisherigen arbeitsvertraglichen Bedingungen ausgeschlossen sein muss.[89] Das Ausmaß der vom Arbeitgeber intendierten Änderung der Arbeitsbedingungen spielt für das Merkmal des Kündigungsgrundes keine Rolle. Alle denkbaren Veränderungen des Arbeitsverhältnisses werden insoweit rechtlich gleich behandelt. Die vor der Schaffung des § 2 KSchG von Teilen des arbeitsrechtlichen Schrifttums befürwortete bloße Billigkeitskontrolle, welche auf einen vom Änderungsangebot des Arbeitgebers unabhängig zu beurteilenden Kündigungsgrund verzichtet,[90] konnte sich infolge der gesetzlichen Vorgaben des § 1 Abs. 2 S. 1 KSchG nicht durchsetzen.[91] Für die soziale Rechtfertigung der Änderungskündigung genügt es folglich nicht, dass dem Arbeitnehmer die angestrebte Änderung des Arbeitsverhältnisses zuzumuten ist.[92]

Bereits an dieser Stelle kann somit festgehalten werden, dass die Befugnis zur Änderung von Arbeitsbedingungen im Wege der Änderungskündigung durch das Erfordernis eines Kündigungsgrundes i. S. des § 1 Abs. 2 S. 1 KSchG nicht unerheblich beeinträchtigt wird. Zum einen gelten für den Kündigungsgrund weitgehend die strengen Voraussetzungen der Beendigungskündigung, zum anderen wird anders als bei den sonstigen allgemeinen Änderungsinstrumenten im Rahmen der Frage nach der Rechtfertigung der Veränderung des Arbeitsverhältnisses nicht unmittelbar auf deren konkretes Ausmaß abgestellt.

---

88 *Von Hoyningen-Huene/Linck*, § 2 KSchG Rdn. 64.

89 *Löwisch*, § 2 KSchG Rdn. 53.

90 S. dazu *Wiedemann*, RdA 1961, 1, 5.

91 An dieser Stelle zeigt sich bereits die besondere Komplexität der sozialen Rechtfertigung der Änderungskündigung. Durch das Erfordernis eines losgelöst vom konkreten Änderungsangebot des Arbeitgebers zu betrachtenden Kündigungsgrundes findet die angestrebte „Änderung der Arbeitsbedingungen" auf der ersten Stufe der Rechtfertigungsprüfung keine Berücksichtigung. Relevant wird das Änderungsangebot dagegen auf der zweiten Stufe der Prüfung der sozialen Rechtfertigung.

92 KR-*Rost*, § 2 KSchG Rdn. 106; Stahlhacke/U. Preis/Vossen-*U. Preis*, Kündigungsschutz, Rdn. 1270. Zum Begriff der Zumutbarkeit im Arbeitsrecht s. *Bornhagen*, Zumutbarkeit, S. 1 ff.

(1) Prognoseprinzip und personenbedingte Änderungskündigung

Die Praktikabilität der Änderungskündigung wird vor allem durch das Prognoseprinzip beeinflusst.[93] Die Kündigungsgründe des § 1 Abs. 2 S. 1 KSchG sind ihrer Natur nach zukunftsbezogen. Den Arbeitgeber trifft demnach die Verpflichtung, vor Ausspruch der Änderungskündigung die zukünftige Entwicklung der für die Änderung maßgeblichen Umstände nach objektiven Gesichtspunkten vorausschauend zu ermitteln.[94] Allein in der Vergangenheit liegende Ereignisse – waren sie für den Arbeitgeber auch von allergrößter Bedeutung – können eine Änderungskündigung nicht rechtfertigen.[95]

Besondere Bedeutung kommt dem Prognoseprinzip im Rahmen der personenbedingten Änderungskündigung zu.[96] Als Kündigungsgrund kommt hier vor allem das krankheits- oder altersbedingte Nachlassen der Leistungsfähigkeit des Arbeitnehmers in Betracht.[97] Der Arbeitgeber hat in solchen Fällen mittels medizinischer Gutachten nicht nur die voraussichtliche Dauer der eingeschränkten Leistungsfähigkeit festzustellen,[98] sondern darüber hinaus auch die konkrete Bedeutung der verminderten Leistungsfähigkeit für die Möglichkeit des Arbeitnehmers zur Erfüllung seiner arbeitsvertraglichen Pflichten zu ermitteln.[99] Außerdem

---

[93] Zum Begriff und zur Bedeutung des Prognoseprinzips s. grundlegend *U. Preis*, Prinzipien, S. 322 ff.

[94] ErfK-*Ascheid*, § 1 KSchG Rdn. 125 f. Zu den sich aus dem Prognoseprinzip ergebenden Vorteilen des Arbeitgebers s. *Wank*, RdA 1993, 79, 83.

[95] *U. Preis*, Prinzipien, S. 322.

[96] Vgl. BAG v. 25. 11. 1982, AP Nr. 7 zu § 1 KSchG 1969 Krankheit; BAG v. 16. 2. 1989, AP Nr. 20 zu § 1 KSchG 1969 Krankheit; BAG v. 29. 7. 1993, AP Nr. 27 zu § 1 KSchG 1969 Krankheit. KPK-*Schiefer*, Teil H, § 1 KSchG, Rdn. 80 f. weist zutreffend darauf hin, dass das Prognoseprinzip zwar prinzipiell für alle Kündigungsgründe Geltung beansprucht, die Intensität der Überprüfung der Prognose des Arbeitgebers jedoch in Abhängigkeit von dem jeweiligen Kündigungsgrund differiert.

[97] KR-*Rost*, § 2 KSchG, Rdn. 100; KSchR-*Kittner*, § 1 KSchG Rdn. 144 f.; *Schaub*, Arbeitsrecht, § 137 Rdn. 22.

[98] Die Feststellung der voraussichtlichen Dauer der eingeschränkten Leistungsfähigkeit des Arbeitnehmers stellt im Fall des altersbedingten Nachlassens für den Arbeitgeber kein Problem dar. Er kann dann regelmäßig davon ausgehen, dass die Fähigkeit des Arbeitnehmers zur arbeitsvertraglichen Leistung in der Zukunft nicht wiederhergestellt werden wird. Zum Erfordernis der Verwendung medizinischer Gutachten bei der alters- oder krankheitsbedingten Kündigung vgl. *U. Preis*, Prinzipien, S. 327.

[99] Zu berücksichtigen ist an dieser Stelle, dass es den medizinischen Gutachten zur Vorbereitung einer Prognoseentscheidung im Hinblick auf eine bloße Änderung der Arbeitsbedingungen häufig an der erforderlichen Präzision fehlt (s. dazu

muss er – wie auch im Rahmen der Beendigungskündigung – die zukünftigen Auswirkungen der eingeschränkten Leistungsfähigkeit des Arbeitnehmers auf seinen Betrieb im Voraus bestimmen.[100] Ein Prognosespielraum wird dem Arbeitgeber trotz der beträchtlichen Unsicherheiten eines entsprechenden Wahrscheinlichkeitsurteils nicht eingeräumt.[101] Auch wenn vom Arbeitgeber in diesem Zusammenhang nach der Rechtsprechung des Bundesarbeitsgerichts keine „hellseherischen Fähigkeiten" verlangt werden,[102] kann die Prognoseentscheidung – unabhängig vom Ausmaß der angestrebten Änderung – in der Regel nur durch einen erheblichen Arbeitsaufwand zuverlässig erstellt werden.[103] Und selbst eine derart sorgfältig vorbereitete Prognoseentscheidung gewährleistet im Streitfall nicht zwingend die gewünschte richterliche Anerkennung.[104]

Schaub, Arbeitsrecht, § 98 Rdn. 143 f.). Aufgrund der Tatsache, dass der Arbeitnehmer oftmals nicht schlechthin arbeitsunfähig ist, sondern stattdessen auch weiterhin bestimmte Tätigkeiten verrichten kann, bedarf das Gutachten bezüglich der Benennung der nicht mehr vom Arbeitnehmer wahrzunehmenden Tätigkeiten besonderer Detailgenauigkeit. Dies scheint vor dem Hintergrund einer Untersuchung *Stückmanns*, AuA 1996, 197, 198 problematisch. Danach halten es fast 60 % der von ihm befragten Ärzte für „unzumutbar", „die einzelnen Tätigkeiten eines Arbeitnehmers vor der Krankschreibung genau zu ermitteln" (vgl. auch *Lepke*, Krankheit, S. 231).

100 *U. Preis*, Prinzipien, S. 326 f.; *v. Hoyningen-Huene/Linck*, § 1 KSchG Rdn. 130 ff.; *Wank*, RdA 1993, 79, 83 zweifeln daran, dass diese Verpflichtung des Arbeitgebers dem Prognoseprinzip entnommen werden kann. Grundlage dieser Voraussetzung der sozialen Rechtfertigung der Kündigung sind nach ihrer Ansicht stattdessen soziale Erwägungen zur Erhöhung des Bestandsschutzes des Arbeitnehmers.

101 BAG v. 29. 8. 1979, BAGE 32, 85, 94 f. S. dazu *U. Preis*, Prinzipien, S. 337 ff.

102 So zu Recht ErfK-*Ascheid*, § 1 KSchG Rdn. 126.

103 *Kraft*, ZfA 1995, 419, 429. Ähnlich zudem *Fischermeier*, NZA 2000, 737, 744, der die besondere „Schwierigkeit" von Prognoseentscheidungen einräumt.

104 Vgl. in diesem Zusammenhang die Ausführungen KPK-*Schiefers*, Teil H, § 1 KSchG Rdn. 81, 83. Dieser weist darauf hin, dass insbesondere bei der krankheitsbedingten Kündigung das Erfordernis der negativen Prognose „in der Praxis nicht selten nahezu unüberwindbare Schwierigkeiten" aufwirft und sich die Anforderungen der Rechtsprechung an das Handeln des Arbeitgebers „zunehmend als unerfüllbar" erweisen. *Diller*, in: U. Preis/Willemsen, Umstrukturierung, 157, 157 stellt fest, dass im Bereich der personen- und verhaltensbedingten Kündigung „jegliche Rechtssicherheit verlorengegangen" ist. Zur Verdeutlichung der Problematik wird an dieser Stelle auf die Entscheidung des BAG v. 21. 2. 2001, NZA 2001, 107, 108 f. verwiesen. Danach kann sich der Arbeitgeber auf die aus einem ärztlichen Attest hervorgehende, negative Gesundheitsprognose in Zukunft kaum noch verlassen. „Sprechen entgegen der Ansicht des behandelnden Arztes objektive Umstände dafür, dass die Wiederherstellung der Arbeitsfähigkeit in absehbarer Zeit sicher oder zumindest möglich ist, ist die Kündigung mangels

Die verminderte Leistungsfähigkeit des Arbeitnehmers muss zudem „eine erhebliche Beeinträchtigung betrieblicher oder wirtschaftlicher Interessen" des Arbeitgebers erwarten lassen.[105] Für eine solche fordert die arbeitsgerichtliche Rechtsprechung zwar weder die Verringerung der Leistungsfähigkeit des Arbeitnehmers um ein Drittel noch Fehlzeiten von über sechs Wochen,[106] eine Leistungsminderung um wenige Prozent genügt jedoch ebenso wenig wie wenige Krankheitstage im Jahr.[107] Klare, deutlich konturierte Grenzen der „erheblichen Beeinträchtigung" bestehen für den Arbeitgeber nicht.[108] Maßgeblich sind allein die konkreten Gegebenheiten des betrieblichen Einzelfalls.[109] Die daraus resultierende Unbestimmtheit des richterrechtlich geprägten Begriffs der „erheblichen Beeinträchtigung" verhindert folglich nicht selten eine adäquate Beurteilung der Rechtslage durch den Arbeitgeber. Das Merkmal des Kündigungsgrundes wird zwar auch im Rahmen der Beendigungskündigung durch ein ähnliches Maß an Unbestimmtheit gekennzeichnet, dort verfolgt der Arbeitgeber aber auch ein für die Partei des Arbeitnehmers regelmäßig weitaus einschneidenderes Ziel. Die Änderungskündigung dient dagegen auch der Durchsetzung geringer Veränderungen von Arbeitsbedingungen. Ob der Arbeitgeber dazu die sich aus der Notwendigkeit einer Prognose im Einzelnen ergebenden Hindernisse aus dem Weg räumt oder nicht vielmehr versucht auf einem anderen Weg die ange-

---

negativer Prognose sozial ungerechtfertigt." Dies erscheint zwar grundsätzlich sachgerecht, im entschiedenen Fall waren „die objektiven Umstände" für den Arbeitgeber allerdings nur äußerst schlecht erkennbar.

105 GK-*Künzl*, § 2 KSchG Rdn. 229; *v. Hoyningen-Huene/Linck*, § 2 KSchG Rdn. 70b.

106 BAG v. 29. 7. 1993, AP Nr. 27 zu § 1 KSchG 1969 Krankheit; BAG v. 26. 9. 1991, AP Nr. 28 zu § 1 KSchG 1969 Krankheit.

107 *Hromadka*, NZA 1996, 1, 11; KSchR-*Kittner*, § 1 KSchG Rdn. 145.

108 Nach KPK-*Bengelsdorf*, Teil H, § 2 KSchG Rdn. 92 mangelt es im Hinblick auf die Prüfung der sozialen Rechtfertigung der personenbedingten Änderungskündigung insgesamt an konkretisierenden Aussagen der Rechtsprechung des Bundesarbeitsgerichts. Im Detail bleibe offen, unter welchen Voraussetzungen ein Grund in der Person des Arbeitnehmers die Änderungskündigung des Arbeitgebers rechtfertigen kann. Ähnlich kritisch äußert sich auch ErfK-*Ascheid*, § 1 KSchG Rdn. 217.

109 ErfK-*Ascheid*, § 1 KSchG Rdn. 219; GK-*Künzl*, § 2 KSchG Rdn. 229. GK-*Dörner*, § 1 KSchG Rdn. 221 betont zudem, dass die hohen Anforderungen an die „erhebliche Beeinträchtigung betrieblicher oder wirtschaftlicher Interessen" kaum zu rechtfertigen sind.

strebte Änderung der Arbeitsbedingungen zu verwirklichen, ist somit mehr als fraglich.[110]

(2) Verhaltens- und betriebsbedingte Änderungskündigung

Für die in der arbeitsrechtlichen Praxis nur selten in Erscheinung tretende verhaltensbedingte Änderungskündigung kommt als Kündigungsgrund vor allem in Betracht, dass infolge persönlicher Unverträglichkeiten mehrerer Arbeitnehmer und daraus resultierender Streitereien der Betriebsablauf gestört wird.[111] Die soziale Rechtfertigung der Änderungskündigung bedarf auch hier einer Prognoseentscheidung des Arbeitgebers.[112] Eine solche ist allerdings nicht mit ähnlich großen Schwierigkeiten verbunden wie im Rahmen der personenbedingten Änderungskündigung.[113] Die für die Änderung der Arbeitsbedingungen maßgeblichen Umstände können vom Arbeitgeber üblicherweise selbst und ohne besondere Mühen ermittelt werden. Insbesondere die Einholung externer Gutachten ist grundsätzlich nicht erforderlich.[114] Zudem bedarf die Prognoseentscheidung nicht der Feststellung einer über die Vertragsverletzung des Arbeitnehmers hinausgehenden „erheblichen Beeinträchtigung betrieblicher oder wirtschaftlicher Interessen".[115]

Die betriebsbedingte und damit häufigste Form der Änderungskündigung bedarf gemäß § 1 Abs. 2 S. 1 KSchG eines „dringenden betrieblichen Erfordernisses",[116] welches die Möglichkeit des Arbeitgebers entfal-

---

[110] Ähnlich auch *Buchner*, NZA 2002, 533, 533 f.; KPK-*Schiefer*, Teil H, § 1 KSchG Rdn. 83; *Kraft*, ZfA 1995, 419, 429.

[111] BAG v. 22. 7. 1982, AP Nr. 5 zu § 1 KSchG 1969 Verhaltensbedingte Kündigung; BAG v. 10. 11. 1988, AP Nr. 3 zu § 1 KSchG 1969 Abmahnung; Stahlhacke/U. Preis/Vossen-*U. Preis*, Kündigungsschutz, Rdn. 1281d. Weitere Beispiele finden sich bei *Schaub*, in: Hromadka, Änderung, 73, 89.

[112] ErfK-*Ascheid*, § 2 KSchG Rdn. 51; *v. Hoyningen-Huene/Linck*, § 1 KSchG Rdn. 130 f.

[113] Anders äußert sich hingegen *Diller*, in: U. Preis/Willemsen, Umstrukturierung, 157, 157 f., der die personen- und die verhaltensbedingte Kündigung insoweit zu Unrecht gleichstellt. Grundlegend zur Erforderlichkeit der Prognoseentscheidung bei der verhaltensbedingten Kündigung äußert sich *U. Preis*, Prinzipien, S. 328 ff.

[114] ErfK-*Ascheid*, § 1 KSchG Rdn. 127.

[115] Liegt eine derartige Beeinträchtigung allerdings vor, so findet sie im Rahmen der später vorzunehmenden Interessenabwägung Berücksichtigung. S. dazu BAG v. 17. 3. 1988, AP Nr. 99 zu § 626 BGB; BAG v. 17. 1. 1991, AP Nr. 27 zu § 1 KSchG 1969 Verhaltensbedingte Kündigung; *v. Hoyningen-Huene/Linck*, § 1 KSchG Rdn. 275; § 2 KSchG Rdn. 70c.

[116] Zur besonderen Bedeutung der betriebsbedingten Änderungskündigung innerhalb der arbeitsrechtlichen Praxis s. ErfK-*Ascheid*, § 2 KSchG Rdn. 52; GK-

len lässt, den von der Änderungskündigung betroffenen Arbeitnehmer zukünftig zu dessen vertraglichen Arbeitsbedingungen weiterzubeschäftigen.[117] Die in diesem Zusammenhang erforderliche unternehmerische Entscheidung des Arbeitgebers wird mit Rücksicht auf dessen Berufsfreiheit von den Arbeitsgerichten nur in eingeschränktem Maße kontrolliert.[118] Bezüglich ihrer sachlichen Richtigkeit und Zweckmäßigkeit findet ausschließlich eine Willkürkontrolle statt.[119] Weitergehender – nämlich vollständig – überprüfen die Arbeitsgerichte hingegen, inwieweit die Umsetzung der unternehmerischen Entscheidung der Veränderung des jeweiligen Arbeitsverhältnisses tatsächlich bedarf. Den Arbeitgeber trifft insoweit die Pflicht, das Änderungsbedürfnis substantiiert nachzuweisen und sein Konzept zur Verwirklichung der unternehmerischen Entscheidung offen zu legen – eine infolge der hohen Anforderungen an die Darlegungslast oftmals sehr schwierige Aufgabe.[120]

Die Dringlichkeit des betrieblichen Erfordernisses spielt für die Beurteilung des Kündigungsgrundes dagegen keine Rolle. Eine Einschränkung der unternehmerischen Entscheidungsfreiheit kann dem Merkmal weder nach der Rechtsprechung des Bundesarbeitsgerichts noch nach der überwiegenden Literatur entnommen werden. Die Notwendigkeit des Vorliegens eines „dringenden betrieblichen Erfordernisses“ weist vielmehr darauf hin, dass im weiteren Verlauf der Prüfung der Grundsatz der Verhältnismäßigkeit zu berücksichtigen ist.[121]

Künzl, § 2 KSchG Rdn. 224; *Isenhardt*, in: FS Hanau, 221, 236; KR-*Rost*, § 2 KSchG Rdn. 99; *Schaub*, Arbeitsrecht, § 137 Rdn. 22; Stahlhacke/U. Preis/Vossen-*U. Preis*, Kündigungsschutz, Rdn. 1271.

117 BAG v. 18. 1. 1990, AP Nr. 27 zu § 2 KSchG 1969; ErfK-*Ascheid*, § 2 KSchG Rdn. 52; *Hromadka*, NZA 1996, 1, 7; *Isenhardt*, in: FS Hanau, 221, 237 f.

118 BAG v. 24. 4. 1997, EzA Nr. 16 zu § 2 KSchG; *Isenhardt*, in: FS Hanau, 221, 237. Eine entsprechende Regelung beinhaltet die Vorschrift des § 123 Abs. 2 EArbVG (*Arbeitskreis Deutsche Rechtseinheit im Arbeitsrecht*, Gutachten für den 59. DJT 1992, D 60). Kritisch im Hinblick auf die „unzureichende Anerkennung der freien unternehmerischen Entscheidung durch das geltende Kündigungsschutzrecht“ äußert sich *Henssler*, in: Henssler/Moll, Kündigungsschutz, 89 ff.

119 *Von Hoyningen-Huene/Linck*, § 2 KSchG Rdn. 68 ff. stellen insoweit fest, dass die unternehmerische Entscheidung „grundsätzlich nicht nachprüfbar“ und damit „hinzunehmen“ ist. Stahlhacke/U. Preis/Vossen-*U. Preis*, Kündigungsschutz, Rdn. 1271 spricht davon, dass „das Bundesarbeitsgericht die der Kündigung zugrunde liegende unternehmerische Entscheidung respektiert“.

120 So auch *Wank*, RdA 1993, 79, 87.

121 BAG v. 27. 9. 1984, AP Nr. 8 zu § 2 KSchG 1969; ErfK-*Ascheid*, § 1 KSchG Rdn. 425 f.; *v. Hoyningen-Huene/Linck*, § 1 KSchG Rdn. 378 ff.; § 2 KSchG Rdn. 68; *Schaub*, Arbeitsrecht, § 131 Rdn. 26; *Wank*, RdA 1987, 129, 136.

Insgesamt beeinträchtigt das Erfordernis eines Kündigungsgrundes die Praktikabilität der betriebsbedingten Änderungskündigung vorwiegend durch die von der arbeitsgerichtlichen Rechtsprechung vorgenommene Ausgestaltung der Darlegungslast des Arbeitgebers. Zugunsten des Arbeitgebers ist insoweit allerdings zu berücksichtigen, dass er anders als bei der personen- oder verhaltensbedingten Änderungskündigung mittels seiner unternehmerischen Entscheidung „eigene Fakten setzt". Er kann damit – im Fall entsprechender juristischer Beratung – „die zu belegenden Vorgänge selbst steuern".[122]

bb. Verhältnismäßigkeit der Änderung

Liegt ein anerkennenswerter Grund für eine Änderung der Arbeitsbedingungen des Arbeitnehmers im oben genannten Sinne vor, so stellt sich auf der zweiten Stufe der Rechtfertigungsprüfung die Frage, ob sich der Arbeitgeber darauf beschränkt hat, ausschließlich eine solche Veränderung des Arbeitsverhältnisses anzubieten, welche der Arbeitnehmer billigerweise hinzunehmen hat.[123] Die beabsichtigte Änderung der Arbeitsbedingungen ist dazu am Maßstab der Verhältnismäßigkeit zu messen.[124]

(1) Erforderlichkeit

Der von der Änderungskündigung betroffene Arbeitnehmer muss die vom Arbeitgeber angebotene Veränderung seines Arbeitsverhältnisses ausschließlich dann hinnehmen, wenn sie die geringst mögliche Beeinträchtigung seiner Rechtsposition darstellt. Objektiv gleich geeignete, den Arbeitnehmer weniger belastende Änderungsmöglichkeiten dürfen dem Arbeitgeber folglich nicht zur Verfügung stehen.[125]

---

[122] *Bauer*, NZA 2002, 529, 529; *Diller*, in: U. Preis/Willemsen, Umstrukturierung, 157, 158; ErfK-*Ascheid*, § 1 KSchG Rdn. 126.

[123] BAG v. 18. 1. 1980, AP Nr. 27 zu § 2 KSchG 1969; BAG v. 19. 5. 1993, AP Nr. 31 zu § 2 KSchG 1969; *Kittner*, NZA 1997, 968, 969; KPK-*Bengelsdorf*, Teil H, § 2 KSchG Rdn. 91 ff; KR-*Rost*, § 2 KSchG Rdn. 98; Stahlhacke/ U. Preis/Vossen-*U. Preis*, Kündigungsschutz, Rdn. 1270.

[124] *Von Hoyningen-Huene/Linck*, § 2 KSchG, Rdn. 65. Grundlegend zur Bedeutung des Verhältnismäßigkeitsprinzips für das Kündigungsschutzrecht äußern sich *U. Preis*, Prinzipien, S. 254 ff., *Wank*, RdA 1987, 129, 134 ff.

[125] GK-*Künzl*, § 2 KSchG Rdn. 112; *Löwisch*, § 2 KSchG Rdn. 38. Die gesetzlich geregelten, milderen Mittel i. S. des § 1 Abs. 2 S. 2, 3 KSchG werden innerhalb der vorliegenden Arbeit nicht näher untersucht (vgl. dazu im Einzelnen *Kassen*, Weiterbeschäftigung, S. 28 ff.). Fehlt es an einem ordnungsgemäßen Widerspruch des Betriebsrats und liegt damit ein absoluter Sozialwidrigkeitsgrund i. S. der Vorschrift nicht vor, so finden die der Vorschrift zugrunde liegenden Erwägungen

(a) Ausmaß der Änderung

Zunächst kommt in Betracht, dass bereits eine gegenüber der Änderungskündigung geringere Veränderung der Arbeitsbedingungen dem Änderungsbedürfnis des Arbeitgebers gerecht wird.[126] Dem änderungswilligen Arbeitgeber stellt sich folglich die Aufgabe, vor Ausspruch der Änderungskündigung zu ermitteln, inwieweit die beabsichtigte Einwirkung auf das Arbeitsverhältnis zur Verfolgung seines Ziels tatsächlich erforderlich ist.[127] Unbeschadet der Intensität der angestrebten Änderung muss er sich demzufolge umfassend über die betrieblichen Gegebenheiten und Möglichkeiten informieren und alle in Betracht kommenden Änderungen vergleichend gegenüberstellen.[128]

(b) Art und Weise der Umsetzung der Änderung

Auch die Möglichkeit des Arbeitgebers, die angestrebte Veränderung der Arbeitsbedingungen auf einem anderen Weg als mittels der Änderungskündigung gegen den Willen des Arbeitnehmers durchzusetzen, kann prinzipiell bewirken, dass eine Änderungskündigung sozial ungerechtfertigt ist.[129] Es sind insofern verschiedene Maßnahmen des Arbeitgebers denkbar, welche die Rechtsposition des Arbeitnehmers weniger stark beeinträchtigen als das Instrument der Änderungskündigung.[130]

---

im Rahmen der Verhältnismäßigkeitprüfung Berücksichtigung (s. GK-*Dörner*, § 1 KSchG Rdn. 94, 187; *Schaub*, Arbeitsrecht, § 128 Rdn. 21).

126 *Löwisch*, § 2 KSchG Rdn. 38.

127 GK-*Künzl*, § 2 KSchG Rdn. 231. Allein infolge des Unterlassens der Suche nach milderen Maßnahmen ist die vom Arbeitgeber angestrebte Veränderung der Arbeitsbedingungen nicht sozial ungerechtfertigt. Der Arbeitgeber ist zur Suche nach alternativen Handlungsoptionen nicht im rechtlichen Sinne verpflichtet. Er trägt im Rahmen eines arbeitsgerichtlichen Prozesses allerdings das Risiko der Existenz derartiger Möglichkeiten (vgl. BAG v. 10. 3. 1977, AP Nr. 4 zu § 1 KSchG 1969 Krankheit).

128 Kann der Arbeitgeber nicht oder nur mit großen Unsicherheiten beurteilen, welche der in Betracht kommenden Änderungen den Arbeitnehmer insgesamt am geringsten belastet, so hat er die Möglichkeit, diesem verschiedene Änderungsoptionen anzubieten (ErfK-*Ascheid*, § 2 KSchG Rdn. 3).

129 BAG v. 26. 1. 1995, AP Nr. 36 zu § 2 KSchG 1969; KR-*Rost*, § 2 KSchG Rdn. 106a ff.; KSchR-*Zwanziger*, § 2 KSchG Rdn. 199 ff.

130 Stahlhacke/U. Preis/Vossen-*U. Preis*, Kündigungsschutz, Rdn. 1278 spricht insofern von der „Vorrangigkeit, die erstrebte Änderung durch vertragliche Instrumentarien durchzusetzen". Zu nennen sind insoweit die Ausübung des Weisungsrechts des Arbeitgebers oder aber die Ausübung eines individualarbeitsvertraglich vereinbarten Änderungsvorbehalts. Der Bestand des Arbeitsverhältnisses wird durch diese Maßnahmen nicht gefährdet.

Nach der neueren Rechtsprechung des Bundesarbeitsgerichts kommt eine Verletzung des Grundsatzes der Erforderlichkeit in diesem Zusammenhang allerdings lediglich dann in Betracht, wenn der Arbeitnehmer das Änderungsangebot des Arbeitgebers ablehnt.[131] Im Fall der Annahme des Änderungsangebots unter Vorbehalt geht es im Rahmen der Änderungsschutzklage des Arbeitnehmers ausschließlich um den Inhalt der intendierten Veränderung der Arbeitsbedingungen. Das Mittel zur Änderung ist dem Streit der Parteien folglich entzogen. Soweit die angestrebte Veränderung des Arbeitsverhältnisses auch nach dem bisherigen Arbeitsvertrag zulässig wäre, belastet sie den Arbeitnehmer allein in dem erforderlichen Ausmaß und kann damit nicht sozial ungerechtfertigt sein.[132]

Die Existenz vertraglicher Änderungsinstrumente des Arbeitgebers wirkt sich danach auf die Wirksamkeit der Änderungskündigung ausschließlich in den innerhalb der arbeitsrechtlichen Praxis eher seltenen Fällen der Ablehnung des Änderungsangebots aus. Da der Arbeitgeber vor Ausspruch der Änderungskündigung im Einzelfall jedoch oftmals nicht vorhersehen kann, wie der Arbeitnehmer auf die Änderungskündigung reagieren wird, bleibt er faktisch auch in allen sonstigen Fällen zur Überprüfung der Möglichkeit des Rückgriffs auf weniger belastende Gestaltungsmittel verpflichtet. Dies stellt zwar in solchen Fällen, in denen beispielsweise der Grenzbereich einer noch zulässigen Ausübung des Direktionsrechts oder die Reichweite vorbehaltener Änderungsmöglichkeiten zwischen den Parteien streitig ist, eine schwierige Aufgabe des Arbeitgebers dar; um die beabsichtigte Änderung der Arbeitsbedingungen sicherzustellen, kann er die Änderungskündigung allerdings auch neben einer milderen Maßnahme aussprechen.[133]

(c) Vermeidung von Änderungen

In Anlehnung an § 1 Abs. 2 S. 3 KSchG kommt außerdem in Betracht, dass die vom Arbeitgeber intendierte Veränderung des Arbeitsverhältnis-

---

[131] BAG v. 26. 1. 1995, AP Nr. 36 zu § 2 KSchG 1969; BAG v. 15. 11. 1995, AP Nr. 20 zu § 1 TVG Tarifverträge: Lufthansa; BAG v. 9. 7. 1997, AP Nr. 233 zu §§ 22, 23 BAT 1975. Zur Kritik des überwiegenden Schrifttums an dieser Rechtsprechung vgl. GK-*Künzl*, § 2 KSchG Rdn. 106; *v. Hoyningen-Huene/Linck*, § 2 KSchG Rdn. 32c ff; KSchR-*Zwanziger*, § 2 KSchG Rdn. 199 ff.; Stahlhacke/ U. Preis/Vossen-*U. Preis*, Kündigungsschutz, Rdn. 1278.

[132] *Fischermeier*, NZA 2000, 737, 739; KPK-*Bengelsdorf*, Teil H, § 2 KSchG Rdn. 19.

[133] BAG v. 27. 3. 1987, AP Nr. 29 zu § 242 BGB Betriebliche Übung.

ses durch „zumutbare Umschulungs- oder Fortbildungsmaßnahmen" des Arbeitnehmers abgewendet werden kann.[134] Vor der Erklärung einer personenbedingten Änderungskündigung könnte durch entsprechende Maßnahmen beispielsweise die zur Wahrnehmung der arbeitsvertraglichen Aufgaben erforderliche Leistungsfähigkeit des Arbeitnehmers wiederhergestellt werden. Ähnliches ist auch im Fall der betriebsbedingten Änderungskündigung denkbar.[135]

Problematisch erscheint in diesem Zusammenhang, dass die Rechtsbegriffe der Umschulung, der Fortbildung und der Zumutbarkeit weder durch das Gesetz noch durch die Gesetzesmaterialien konkretisiert werden. Durch die arbeitsgerichtliche Rechtsprechung sind zudem ebenfalls keine Rechtssätze entwickelt worden, die eine zuverlässige Prüfung des Einzelfalls ermöglichen.[136] Der Arbeitgeber wird vielmehr dazu verpflichtet, seine technischen und wirtschaftlichen Möglichkeiten dem Qualifizierungsbedarf des Arbeitnehmers im Rahmen einer umfassenden Einzelfallabwägung gegenüberzustellen.[137] Der damit verbundene Prüfungsaufwand belastet die Effektivität der Änderungskündigung zur einseitigen Änderung von Arbeitsbedingungen ebenso wie die dargelegte Rechtsunsicherheit.

(2) Interessenabwägung und Sozialauswahl

Sowohl bei der personen- als auch bei der verhaltensbedingten Änderungskündigung werden im Anschluss an die Überprüfung der Erforderlichkeit der beabsichtigten Änderung die Interessen von Arbeitgeber und Arbeitnehmer im Rahmen einer umfassenden Abwägung gegenübergestellt.[138] Dabei ist zu ermitteln, ob die personen- oder verhaltensbedingten betrieblichen Beeinträchtigungen aufgrund der Besonderheiten des

---

[134] GK-*Künzl*, § 2 KSchG Rdn. 231; *Hromadka*, NZA 1996, 1, 11. S. auch *Kassen*, Weiterbeschäftigung, S. 158 ff.

[135] Vgl. BAG v. 29. 3. 1990, AP Nr. 50 zu § 1 KSchG 1969 Betriebsbedingte Kündigung; BAG v. 7. 2. 1991, AP Nr. 1 zu § 1 KSchG 1969 Umschulung.

[136] Kritisch deshalb auch GK-*Kiel*, § 1 KSchG Rdn. 616.

[137] BAG v. 29. 7. 1976, AP Nr. 1 zu § 373 ZPO; ErfK-*Ascheid*, § 1 KSchG Rdn. 568; GK-*Kiel*, § 1 KSchG Rdn. 621; *v. Hoyningen-Huene/Linck*, § 1 KSchG Rdn. 539.

[138] BAG v. 20. 10. 1954, AP Nr. 6 zu § 1 KSchG. S. auch *Hromadka*, NZA 1996, 1, 7 f.; *Isenhardt*, in: FS Hanau, 221, 236. Kritisch gegenüber dem Erfordernis einer umfassenden und damit in der Regel auch „undifferenzierten Interessenabwägung" äußern sich vor allem *U. Preis*, Prinzipien, S. 184 ff., 224 ff.; *v. Hoyningen-Huene/Linck*, § 1 KSchG Rdn. 180 ff.; *Wank*, RdA 1987, 129, 144 f. Grundlegend zur Interessenabwägung im Rahmen des Kündigungsschutzgesetzes s. *Dassau*, Interessenabwägung, S. 1 ff.

Einzelfalls vom Arbeitgeber hinzunehmen sind oder nicht.[139] Betriebsbedingte Änderungskündigungen bedürfen einer solchen Interessenabwägung prinzipiell nicht.[140] Zwar wird auch hier darauf verwiesen, dass sich im Rahmen etwaiger Härtefälle eine ausnahmsweise vorzunehmende Interessenabwägung zugunsten des betroffenen Arbeitnehmers auswirken kann,[141] ein derartiger Fall ist in der Rechtsprechung des Bundesarbeitsgerichts bislang allerdings noch nicht bekannt geworden.[142] Das Erfordernis der Interessenabwägung ist im Rahmen der betriebsbedingten Änderungskündigung demnach faktisch „leer gelaufen".[143] Stattdessen ist zu berücksichtigen, dass wie auch die betriebsbedingte Beendigungskündigung die Änderungskündigung aus betrieblichen Gründen der Sozialauswahl nach § 1 Abs. 3 S. 1, 2 KSchG unterliegt.

(a) Personen- und verhaltensbedingte Änderungskündigung

Die Interessenabwägung bei personen- und verhaltensbedingten Änderungskündigungen zeichnet sich vor allem dadurch aus, dass weder ein abschließender Katalog für die Vielzahl der im Einzelfall zu berücksichtigenden Umstände besteht,[144] noch die Art und Weise der Gewichtung einzelner Aspekte im Rahmen der Abwägung abstrakt bestimmt werden kann.[145] Generelle Maßstäbe zur Ermittlung der zeitlichen, betrieblichen und wirtschaftlichen Beeinträchtigungen, welche der Arbeitgeber hinneh-

---

[139] BAG v. 25. 11. 1982, AP Nr. 7 zu § 1 KSchG 1969 Krankheit; BAG v. 6. 9. 1989, AP Nr. 21 zu § 1 KSchG 1969 Krankheit; BAG v. 20. 1. 2000, AP Nr. 38 zu § 1 KSchG 1969 Krankheit.

[140] BAG v. 18. 1. 1990, AP Nr. 27 zu § 2 KSchG 1969; *v. Hoyningen-Huene/Linck*, § 2 KSchG, Rdn. 65; *Kittner*, NZA 1997, 968, 970; Stahlhacke/U. Preis/Vossen-*U. Preis*, Kündigungsschutz, Rdn. 1281.

[141] BAG v. 30. 4. 1987, AP Nr. 42 zu § 1 KSchG Betriebsbedingte Kündigung; BAG v. 18. 1. 1990, AP Nr. 27 zu § 2 KSchG 1969.

[142] GK-*Kiel*, § 1 KSchG Rdn. 652.

[143] BAG v. 17. 5. 1984, AP Nr. 21 zu § 1 KSchG 1969 Betriebsbedingte Kündigung; *Schaub*, Arbeitsrecht, § 131 Rdn. 37. GK-*Kiel*, § 1 KSchG Rdn. 653 weist in diesem Zusammenhang zutreffend darauf hin, dass auch betriebsbedingte (Änderungs-) Kündigungen nicht frei von Interessenabwägungen sind. Im Rahmen der Erforderlichkeitsprüfung sind auch hier – beispielsweise bei der Bewertung der Zumutbarkeit von Umschulungs- oder Fortbildungsmaßnahmen – die Interessen von Arbeitgeber und Arbeitnehmer gegenüberzustellen.

[144] BAG v. 4. 11. 1981, AP Nr. 4 zu § 1 KSchG 1969 Verhaltensbedingte Kündigung; BAG v. 7. 9. 1983, AP Nr. 7 zu § 1 KSchG 1969 Verhaltensbedingte Kündigung. S. auch KR-*Etzel*, § 1 KSchG Rdn. 210 f.

[145] *Löwisch*, § 1 KSchG Rdn. 64.

men muss, existieren nicht.[146] Zudem sind zugunsten des Arbeitnehmers nicht ausschließlich solche Aspekte in die Abwägung einzustellen, die mit dem Arbeitsverhältnis in einem unmittelbaren Zusammenhang stehen. Vielmehr berücksichtigt die arbeitsgerichtliche Rechtsprechung auch verschiedene, lediglich mittelbar von der Änderung der Arbeitsbedingungen berührte Interessen des Arbeitnehmers.[147] Die Interessenabwägung soll auf diesem Wege den Umständen des Einzelfalls insgesamt gerecht werden.

Für den änderungswilligen Arbeitgeber gestaltet sich die Durchführung einer rechtlich nicht zu beanstandenden Interessenabwägung demnach in zahlreichen Fällen äußerst schwierig. Innerhalb der Literatur wird insbesondere für die krankheitsbedingte Kündigung zu Recht darauf hingewiesen, dass aufgrund des Erfordernisses der umfassenden Interessenabwägung eine Prognose des Prozessausgangs kaum mehr möglich sei.[148] Es werden außerdem die Unberechenbarkeit der Sozialwidrigkeit von Kündigungen infolge der vollständigen Ausrichtung der Rechtfertigungsprüfung am Einzelfall und die insoweit konturenlose Rechtsprechung des Bundesarbeitsgerichts gerügt.[149] Grundsätzlich kann danach festgestellt werden, dass die Effektivität der Änderungskündigung zur Veränderung von Arbeitsbedingungen durch das Erfordernis einer die Prüfung der sozialen Rechtfertigung abschließenden Interessenabwägung erheblich beeinträchtigt wird. Die insgesamt nicht zu leugnenden Probleme des Arbeitgebers, die Interessen von Arbeitgeber und Arbeitnehmer ordnungsgemäß miteinander abzuwägen, stellen sich eben nicht

---

146 GK-*Dörner*, § 1 KSchG Rdn. 221.

147 BAG v. 6. 9. 1989, AP Nr. 21 zu § 1 KSchG 1969 Krankheit; BAG v. 20. 1. 2000, AP Nr. 38 zu § 1 KSchG 1969 Krankheit. Kritisch äußern sich deshalb vor allem ErfK-*Ascheid*, § 1 KSchG Rdn. 185; GK-*Dörner*, § 1 KSchG Rdn. 435 ff.

148 So KPK-*Schiefer*, Teil H, § 1 KSchG Rdn. 84, der zudem darauf hinweist, dass das Erfordernis der umfassenden Interessenabwägung „häufig zu überraschenden Ergebnissen" führt. *Wank*, RdA 1993, 79, 88 betont die Schwierigkeit der Durchführung einer den Anforderungen der Rechtsprechung gerecht werdenden Interessenabwägung, indem er von der Notwendigkeit „einer Kaskade von Abwägungen" spricht. Auch *Weber/Ehrich*, BB 1996, 2246, 2246 heben die „Unwägbarkeiten" der Änderungskündigung ebenso deutlich wie *Heinze*, Referat für den 63. DJT 2000, L 39 ff.; *Lemhöfer*, Sitzungsberichte des 63. DJT 2000, L 83 hervor.

149 *Bauer*, Aufhebungsverträge, Rdn. 168; *ders.*, NZA 2002, 529, 529; *Buchner*, NZA 2002, 533, 534; *Reuter*, in: FS Wiedemann, 449, 464 f.; KPK-*Schiefer*, Teil H, § 1 KSchG Rdn. 85 f. Skeptisch gegenüber diesen kritischen Ausführungen äußern sich ErfK-*Ascheid*, § 1 KSchG Rdn. 320; *Lepke*, Krankheit, S. 222 f.

nur bei der Beendigungs-, sondern auch bei der Änderungskündigung des Arbeitgebers.[150]

(b) Betriebsbedingte Änderungskündigung

Bei der betriebsbedingten Änderungskündigung ist anstelle der genannten Interessenabwägung aufgrund der Verweisung des § 2 S. 1 KSchG auf die Vorschrift des § 1 Abs. 3 S. 1, 2, KSchG eine Auswahl des betroffenen Arbeitnehmers nach sozialen Gesichtspunkten durchzuführen. Entsprechend der Sozialauswahl bei der Beendigungskündigung ist dazu in drei Prüfungsschritten vorzugehen. Diese weisen aufgrund der von der Beendigungskündigung abweichenden Zielsetzung der Änderungskündigung einige Besonderheiten auf.[151]

Zunächst sind in die Sozialauswahl lediglich solche Arbeitnehmer einzubeziehen, die nicht nur nach ihrer bisherigen Tätigkeit miteinander verglichen werden können, sondern darüber hinaus auch eine dem Änderungsangebot des Arbeitgebers entsprechende Tätigkeit zufriedenstellend ausüben können („erster Schritt").[152] Im Anschluss daran ist zu ermitteln, wem die angebotene Änderung der Arbeitsbedingungen unter sozialen Gesichtspunkten am ehesten zuzumuten ist („zweiter Schritt"). Nach der Rechtsprechung des Bundesarbeitsgerichts ist dazu umfassend zu überprüfen, „welchem Arbeitnehmer eine Umstellung auf die neue Tätigkeit nach seiner Vorbildung und seinen persönlichen Eigenschaften leichter oder schwerer fällt". Dabei sind insbesondere „Wendigkeit, schnelle Auffassungsgabe, Anpassungsfähigkeit und Gesundheitszustand" der verschiedenen Arbeitnehmer in die Abwägung mit einzube-

---

[150] Zur Voraussetzung der vorherigen Abmahnung im Rahmen der verhaltensbedingten Änderungskündigung vgl. KR-*Rost*, § 2 KSchG Rdn. 100a; KSchR-*Kittner*, Einl. Rdn. 92. Zur Diskussion um das Erfordernis einer Abmahnung im Fall der personenbedingten Kündigung s. Stahlhacke/U. Preis/Vossen-*U. Preis*, Kündigungsschutz, Rdn. 1173 f., 1200. Zum „Abmahnungsverfahren" als „eigenständigem Vorverfahren" im Rahmen des Kündigungsschutzrechtes vgl. *Wank*, RdA 1987, 79, 85 f. Die Auswirkungen der Schuldrechtsmodernisierung auf die Notwendigkeit der Abmahnung beschreibt *Berkowsky*, AuA 2002, 11, 12 ff.

[151] BAG v. 13. 6. 1986, AP Nr. 13 zu § 1 KSchG 1969 Soziale Auswahl; KR-*Rost*, § 2 KSchG Rdn. 103; *Löwisch*, § 2 KSchG Rdn. 48 ff. Grundlegend zur Sozialauswahl nach § 1 Abs. 3 KSchG im Rahmen der Änderungskündigung s. *Pollmann*, Änderungskündigung, S. 1 ff.

[152] BAG v. 13. 6. 1986, AP Nr. 13 zu § 1 KSchG 1969 Soziale Auswahl; *Hromadka*, NZA 1996, 1, 8; *Isenhardt*, in: FS Hanau, 221, 241; KR-*Rost*, § 2 KSchG Rdn. 103.

ziehen.[153] Abschließend ist festzustellen, ob ausnahmsweise nach § 1 Abs. 3 S. 2 KSchG berechtigte betriebliche Bedürfnisse die Weiterbeschäftigung des bis dahin für die Änderungskündigung ausgewählten Arbeitnehmers bedingen und folglich auf einen anderen Arbeitnehmer zurückgegriffen werden muss („dritter Schritt").[154]

Der Aspekt der sozialen Auswahl gehört auch heute noch zu den zentralen Streitpunkten im Bereich der betriebsbedingten Kündigung. *Bauer* bezeichnet die ausreichende soziale Auswahl als „ein Buch mit sieben Siegeln" und beurteilt die Vorschrift des § 1 Abs. 3 KSchG folglich als „Stolperstein" betrieblich veranlasster Kündigungen. Insbesondere die mangelnde Vorhersehbarkeit gerichtlicher Entscheidungen lasse dem Arbeitgeber in der Praxis oftmals keine andere Möglichkeit, „als sich vernünftig gerichtlich oder außergerichtlich zu vergleichen".[155] Zuzustimmen ist dieser sehr kritischen Bewertung der Sozialauswahl zumindest im Hinblick auf die oftmals fehlende Vorhersehbarkeit gerichtlicher Entscheidungen.[156] Die bestehende Rechtsunsicherheit ist dabei vor allem auf die in jeder Weise fehlende gesetzliche Konkretisierung der vom Arbeitgeber bei der Auswahlentscheidung zu berücksichtigenden Sozialdaten zurückzuführen.[157] Die im Zeitraum zwischen dem 1. Oktober 1996 und dem 1. Januar 1999 geltende Gesetzesfassung erscheint insoweit gegenüber der heutigen Rechtslage vorzugswürdig.[158]

---

[153] BAG v. 18. 10. 1984, AP Nr. 6 zu § 1 KSchG 1969 Sozialauswahl; BAG v. 19. 5. 1993, EzA Nr. 73 zu § 1 KSchG Betriebsbedingte Kündigung; *v. Hoyningen-Huene/Linck*, § 2 KSchG Rdn. 76 f.; KR-*Rost*, § 2 KSchG Rdn. 103a. Zur Kritik an dieser „Bestrafung des Tüchtigen" s. *Isenhardt*, in: FS Hanau, 221, 241 f.; *Löwisch*, § 2 KSchG Rdn. 50.

[154] *Hromadka*, NZA 1996, 1, 8.

[155] *Bauer*, in: Henssler/Moll, Kündigungsschutz, 117, 139 f.

[156] So auch *Buchner*, NZA 2002, 533, 534; *Wank*, RdA 1987, 129, 148. Dass der Arbeitgeber lediglich eine „ausreichende" Sozialauswahl durchführen muss, steht diesem Ergebnis nicht entgegen. S. zu dem in engen Grenzen anerkannten Beurteilungsspielraum des Arbeitgebers BAG v. 18. 10. 1984, AP Nr. 6 zu § 1 KSchG 1969 Soziale Auswahl; BAG v. 25. 4. 1985, AP Nr. 7 zu § 1 KSchG 1969 Soziale Auswahl; BAG v. 13. 6. 1986, AP Nr. 13 zu § 1 KSchG 1969 Soziale Auswahl.

[157] Vgl. insoweit auch die vom *Arbeitskreis Deutsche Rechtseinheit im Arbeitsrecht*, Gutachten für den 59. DJT 1992, D 56 vorgeschlagene Regelung der Sozialauswahl in § 114 Abs. 3 EArbVG. Danach mangelt es ebenfalls an gesetzlich bestimmten Auswahlkriterien.

[158] *Fischermeier*, NZA 2000, 737, 738; *Schiefer*, NZA 2002, 770, 774 f. Der Vorzugswürdigkeit der in Rede stehenden Gesetzesfassung steht nicht entgegen, dass die damalige arbeitsgerichtliche Rechtsprechung über die drei gesetzlich normierten Sozialdaten der Dauer der Betriebszugehörigkeit, des Alters und der Un-

Bei der Änderungskündigung des Arbeitgebers wird eine ordnungsgemäße und damit verlässliche Durchführung der Sozialauswahl nach der Rechtsprechung des Bundesarbeitsgerichts zudem aufgrund der genannten Besonderheiten erschwert. Zwar verringert sich infolge der erhöhten Anforderungen an die Vergleichbarkeit der Arbeitnehmer regelmäßig die Zahl der für die Änderung in Betracht kommenden Arbeitnehmer, dem steht jedoch nicht nur der damit verbundene erhöhte Aufwand des Arbeitgebers bei der Feststellung dieses Personenkreises gegenüber („erster Schritt").[159] Dem Arbeitgeber stellt sich darüber hinaus die äußerst schwierige Aufgabe der Bestimmung der Schutzwürdigkeit des einzelnen Arbeitnehmers im Hinblick auf die intendierte Änderung der Arbeitsbedingungen („zweiter Schritt").[160] Er hat dabei eine unbestimmte Vielzahl von Sozialdaten nicht nur umfassend zu berücksichtigen, sondern zudem deren Bedeutung in Bezug auf die angestrebte Veränderung des Arbeitsverhältnisses angemessen zu gewichten.[161] Hinzu kommt, dass nach der arbeitsgerichtlichen Rechtsprechung bei der Änderungskündigung eine Vielzahl von Sozialdaten in die Auswahlentscheidung des Arbeitgebers einfließen, die bei der Beendigungskündigung prinzipiell keine Rolle spielen.[162] Die ordnungsgemäße Durchführung der Sozialauswahl, welche der gerichtlichen Prüfung standhält, stellt damit gerade bei der Änderungskündigung infolge ihrer Komplexität eine insgesamt nicht zu unterschätzende Schwierigkeit dar. Die Praktikabilität der Änderungskündigung zur Durchsetzung betrieblich veranlasster Veränderungen wird folglich wesentlich beeinträchtigt.

---

terhaltspflichten des Arbeitnehmers hinaus im Einzelfall auch weitere Umstände im Rahmen der Sozialauswahl berücksichtigt hat. Den genannten Sozialdaten kam stets besondere Bedeutung zu.

159 Auf dieses Problem weist *Fischermeier*, NZA 2000, 737, 738 besonders hin. Für die Beendigungskündigung hebt *B. Preis*, DB 1984, 2244, 2246 zudem hervor, dass es „häufig beträchtliche Schwierigkeiten" macht, „die Frage der Austauschbarkeit einigermaßen sicher zu beurteilen".

160 BAG v. 13. 6. 1986, AP Nr. 13 zu § 1 KSchG 1969 Soziale Auswahl.

161 BAG v. 19. 5. 1993, EzA Nr. 73 zu § 1 KSchG Betriebsbedingte Kündigung; BAG v. 13. 6. 1986, AP Nr. 13 zu § 1 KSchG 1969 Soziale Auswahl. *Fischermeier*, NZA 2000, 737, 738 bemängelt insoweit, dass „das Gesetz Arbeitgeber und Gerichte bei der Beantwortung der Frage im Stich lässt, wie die einzelnen Sozialkriterien im Verhältnis zueinander zu gewichten sind." Kritisch auch Stahlhacke/ U. Preis/Vossen-*U. Preis*, Kündigungsschutz, Rdn. 1281 f.

162 Beispielhaft seien hier die „Vorbildung" und die „berufliche Eignung" für die angebotene Tätigkeit genannt. S. dazu BAG v. 13. 6. 1986, AP Nr. 13 zu § 1 KSchG 1969 Soziale Auswahl.

cc. Ergebnis

Anders als außerhalb des Kündigungsschutzgesetzes wird die Effektivität der Individualänderungskündigung innerhalb des Anwendungsbereichs des Kündigungsschutzgesetzes durch das Erfordernis der sozialen Rechtfertigung ganz erheblich beeinträchtigt. Hervorzuheben ist zunächst der vom änderungswilligen Arbeitgeber zu bewältigende, massive Prüfungsaufwand vor Ausspruch der Änderungskündigung. Dieser resultiert zum einen aus der Übertragung zahlreicher Prinzipien der Beendigungs- auf die Änderungskündigung, zum anderen aus der infolge des im Vordergrund stehenden Änderungsinteresses gesteigerten Komplexität der Prüfung. Kennzeichnend sind darüber hinaus die von der Beendigungskündigung abzuleitenden teilweise äußerst strengen Anforderungen an die soziale Rechtfertigung. In nicht wenigen Fällen wird die vom Arbeitgeber intendierte Veränderung des Arbeitsverhältnisses dadurch von vornherein ausgeschlossen. Hinzu tritt die bereits für das Recht der Beendigungskündigung symptomatische, fehlende Vorhersehbarkeit der arbeitsgerichtlichen Beurteilung der sozialen Rechtfertigung im Einzelfall. Die ohnehin bestehende Rechtsunsicherheit wird insoweit aufgrund der Besonderheiten der Änderungskündigung an einzelnen Stellen noch verstärkt. Insgesamt sind die Anforderungen an die soziale Rechtfertigung der Änderung der Arbeitsbedingungen somit unbeschadet der Intensität der angestrebten Veränderung des Arbeitsverhältnisses hoch. Beabsichtigt der Arbeitgeber, die Arbeitsbedingungen lediglich in geringem Umfang zu modifizieren, so stehen die „Kosten und Risiken" auf der einen und der „Nutzen" der Änderungskündigung auf der anderen Seite in keinem ausgewogenen Verhältnis.

2. Sonderkündigungsschutz

Die verschiedenen Vorschriften des Sonderkündigungsschutzes gelten für die Beendigungs- und die Änderungskündigung des Arbeitgebers gleichermaßen.[163] Zahlreiche Arbeitnehmer erfahren danach nicht nur gegenüber der Beendigungs-, sondern auch gegenüber der Änderungskündigung einen besonderen Kündigungsschutz. Die gegenteilige, vor allem von *Hromadka* vertretene Auffassung verkennt neben der klaren Vorgabe des Gesetzes die dem Sonderkündigungsschutzrecht zugrunde

163 GK-*Künzl*, § 2 KSchG Rdn. 290 ff.; KR-*Rost*, § 2 KSchG Rdn. 179; *Schaub*, in: Hromadka, Änderung, 73, 73.

liegende Regelungsabsicht des Gesetzgebers.[164] Zum einen werden die Beendigungs- und die Änderungskündigung des Arbeitgebers mit Ausnahme der Frage nach dem Ausgangspunkt ihrer sozialen Rechtfertigung von Gesetzes wegen gleich behandelt, zum anderen gefährdet auch die Änderungskündigung infolge ihrer Grundstruktur den Bestand des betroffenen Arbeitsverhältnisses. Dieser Gefahr soll zugunsten besonders schützenswerter Arbeitnehmer durch die unterschiedlichen Bestimmungen entgegenwirkt werden.

a. Auswirkungen der gesetzlichen Vorschriften

Die Effektivität der Änderungskündigung zur einseitigen Änderung von Arbeitsbedingungen wird durch die verschiedenen Vorschriften des Sonderkündigungsschutzes zulasten des Arbeitgebers auf unterschiedliche Art und Weise eingeschränkt. Der Regelungsgehalt der einzelnen Normen weicht teilweise deutlich voneinander ab.

Gemäß § 15 Abs. 1 bis 3a KSchG ist die ordentliche Änderungskündigung gegenüber Mandatsträgern, ehemaligen Mandatsträgern, Wahlvorständen, Wahlbewerbern und solchen Arbeitnehmern, die zur Betriebsversammlung einladen bzw. die Bestellung eines Wahlvorstands beantragen, für einen gesetzlich näher bestimmten Zeitraum generell unzulässig.[165] Änderungskündigungen gegenüber Arbeitnehmern, welche durch die Vorschriften § 9 MuSchG, § 18 BErzGG geschützt werden, können hingegen im Einzelfall durch die für den Arbeitsschutz zuständige oberste Landesbehörde für zulässig erklärt werden.[166] Eine entspre-

---

[164] *Hromadka*, RdA 1992, 234, 257; *Krämer*, Widerruf, S. 88 f.

[165] Zur Bedeutung der Vorschrift des § 15 Abs. 4, 5 KSchG vgl. KR-*Etzel*, § 15 KSchG Rdn. 78 ff., 121 ff. Ausführlich zum Kündigungsschutz von Arbeitnehmervertretern im Rahmen der Änderungskündigung äußert sich *Steinhäuser*, Änderungskündigung, S. 1 ff.

[166] Zu unterscheiden sind in diesem Zusammenhang im Hinblick auf die Effektivität der Änderungskündigung zwei verschiedene Zeiträume. Einerseits wird der Arbeitnehmer durch die genannten Bestimmungen in Zeiten geschützt, in denen das Arbeitsverhältnis ruht (§ 3 MuSchG, § 15 Abs. 1 bis 3 BErzGG), andererseits schützen ihn die entsprechenden Vorschriften auch dann, wenn die vertraglichen Hauptleistungspflichten grundsätzlich fortbestehen. Dies ist beispielsweise der Fall, wenn der Arbeitnehmer allein von der Verrichtung bestimmter Tätigkeiten befreit ist oder aber in Teilzeit arbeitet (§§ 4, 6 Abs. 2 MuSchG, § 15 Abs. 4 bis 7 BErzGG). Für die Frage nach der Praktikabilität des Änderungsinstruments ist vor allem der letztgenannte Zeitraum relevant. Die Veränderung des Inhalts ruhender Arbeitsverhältnisse hat für den Arbeitgeber nahezu keine praktische Bedeutung.

chende Erklärung darf allerdings ausschließlich „in besonderen Fällen" und nur „ausnahmsweise" abgegeben werden.[167] Dies ist innerhalb der arbeitsrechtlichen Praxis nur selten der Fall.[168]

Die Änderungskündigung zur Veränderung der Arbeitsbedingungen schwerbehinderter Arbeitnehmer bedarf gemäß § 85 SGB IX der vorherigen Zustimmung des Integrationsamtes. Der Arbeitgeber wird folglich dazu verpflichtet, bereits vor Ausspruch der Änderungskündigung nicht nur die Durchführung eines üblicherweise mehrere Wochen dauernden Verfahrens gemäß den §§ 87 ff. SGB IX zu beantragen, sondern darüber hinaus auch dessen Ende abzuwarten.[169] Aufgrund des Umstandes, dass das Integrationsamt nach § 89 Abs. 2 SGB IX der intendierten Änderung der Arbeitsbedingungen zustimmt, soweit dem Schwerbehinderten auch danach „ein angemessener und zumutbarer Arbeitsplatz gesichert ist", wird die Verwirklichung der angestrebten Änderung zumindest im Fall einer nach § 2 KSchG sozial gerechtfertigten Änderungskündigung durch das Zustimmungserfordernis des § 85 SGB IX regelmäßig lediglich verzögert.[170] Anders als durch die Vorschriften § 15 KSchG, § 9

---

[167] Zur Konkretisierung des Merkmals der „besonderen Fälle" i. S. des § 9 Abs. 3 S. 1 MuSchG vgl. den Erlass des Ministers für Arbeit, Gesundheit und Soziales von Nordrhein-Westfalen vom 11. 2. 1981, MBl. NRW 1981, S. 409 (abgedruckt bei: GK-*Rolfs*, § 9 MuSchG Rdn. 101). Danach stimmt die zuständige Behörde einer Änderungskündigung des Arbeitgebers ausschließlich in absoluten Ausnahmefällen zu. Zu den strengen Anforderungen an eine behördliche Erklärung nach § 18 Abs. 1 S. 2 BErzGG vgl. neben den Allgemeinen Verwaltungsvorschriften zum Kündigungsschutz bei Erziehungsurlaub v. 3. 1. 1986 (BAnz. Nr. 1 v. 3. 1. 1986, S. 4 (abgedruckt bei: KR-*Etzel*, § 18 BErzGG vor Rdn. 1)) die restriktive Auslegung des Merkmals durch die Rechtsprechung (OLG Düsseldorf v. 17. 10. 1991, NVwZ 1992, 96, 96 f.).

[168] Vgl. zur Vorschrift des § 9 MuSchG GK-*Rolfs*, § 9 MuSchG Rdn. 66, 74 ff.; *Kiel/Koch*, Kündigung, Rdn. 554.; KR-*Etzel*, § 9 MuSchG Rdn 119 ff. Zur Regelung des § 18 BErzGG s. das Zahlenmaterial des Berichts der Bundesregierung über die Erfahrungen mit dem Bundeserziehungsgeldgesetz für die Jahre 1986 bis 1988 (BT-Drs. 11/8517, S. 9, 17); KR-*Etzel*, § 18 BErzGG Rdn. 31 ff.; Meisel/Sowka-*ders.*, § 18 BErzGG Rdn. 1 ff.

[169] Insbesondere die Einholung verschiedener Stellungnahmen gemäß § 87 Abs. 2 SGB IX kann eine Entscheidung des Integrationsamtes nicht nur unerheblich verzögern (s. dazu Dau/Düwell/Haines-*Düwell*, § 87 SGB IX Rdn. 10, 19 f.). Vgl. aber auch die zeitliche Rahmenvorgabe des § 88 Abs. 1 SGB IX (s. dazu KR-*Etzel*, §§ 85 bis 90 SGB IX Rdn. 73 ff.; Münch-ArbR-*Cramer*, Erg.-Bd., § 236 Rdn. 75 ff.).

[170] So auch GK-*Vossen*, § 19 SchwBG Rdn. 14, 17f.; KR-*Etzel*, §§ 85 bis 90 SGB IX Rdn. 95 f. Nach einer Entscheidung des BVerwG v. 29. 5. 1959, DVBl. 1959, 746, 747 liegt der „Sinn der gesetzlichen Regelung unverkennbar allein darin,

MuSchG, § 18 BErzGG wird die Veränderung der Arbeitsbedingungen folglich nicht verhindert.

Ausschließlich geringfügig wird die Effektivität der Änderungskündigung des Arbeitgebers durch die Bestimmungen § 2 ArbPlSchG, § 78 Abs. 1 Nr. 1 ZDG beeinträchtigt.[171] Zwar ist hiernach die gegenüber einem Wehr- bzw. Zivildienstleistenden erklärte ordentliche Änderungskündigung von Gesetzes wegen unwirksam, während des Wehr- bzw. Zivildienstes ruht das entsprechende Arbeitsverhältnis gemäß den Vorschriften § 1 ArbPlSchG, § 78 Abs. 1 Nr. 1 ZDG jedoch ohnehin. Änderungsbedarf besteht folglich üblicherweise erst mit Ablauf des entsprechenden Dienstes. Zu diesem Zeitpunkt gelten die Kündigungsbeschränkungen der § 2 ArbPlSchG, § 78 Abs. 1 Nr. 1 ZDG dann nicht mehr.[172]

Wie im Einzelnen dargelegt worden ist, wird die Praktikabilität der Änderungskündigung durch die verschiedenen Regelungen des Sonderkündigungsschutzes auf unterschiedliche Art und Weise beeinflusst. Teilweise wird die Verwirklichung intendierter Änderungen ausschließlich zeitlich verzögert, teilweise aber auch dauerhaft verhindert. Besonders hervorzuheben ist in diesem Zusammenhang, dass gerade in den in der arbeitsrechtlichen Praxis weit verbreiteten und daher besonders bedeutenden Fällen der Veränderung der Arbeitsbedingungen von Mandatsträgern dem Arbeitgeber durch den Sonderkündigungsschutz nicht nur die Verwirklichung massiver, sondern auch bloß geringfügiger Änderungen mittels der ordentlichen Änderungskündigung untersagt wird. Insbesondere im Fall der langjährigen Tätigkeit eines Arbeitnehmers als Betriebsratsmitglied wird dessen Arbeitsverhältnis notwendigen Veränderungen durch den Arbeitgeber somit dauerhaft entzogen.

b. Sinn und Zweck des Sonderkündigungsschutzes

Auch wenn die Anwendbarkeit der Vorschriften des Sonderkündigungsschutzes auf die Änderungskündigung des Arbeitgebers de lege lata au-

---

dass das Gesetz dem Schwerbeschädigten nicht die Beibehaltung seines bisherigen Arbeitsplatzes garantieren, sondern eine angemessene Lebensgrundlage sichern will".

171 Die Vorschriften des Gesetzes über den Schutz des Arbeitsplatzes bei Einberufung zum Wehrdienst gelten gemäß § 78 Abs. 1 Nr. 1 ZDG auch für die Personengruppe der Zivildienstleistenden (KR-*Weigand*, § 2 ArbPlSchG Rdn. 6).

172 Die geringe Bedeutung des Sonderkündigungsschutzes für die arbeitsrechtliche Praxis heben in diesem Zusammenhang folgerichtig GK-*Künzl*, § 2 KSchG Rdn. 290, 292; *Hilbrandt*, Massenänderungskündigung, S. 204; KR-*Weigand*, § 2 ArbPlSchG Rdn. 19 hervor.

ßer Frage steht, ist der Argumentation *Hromadkas* insoweit zuzustimmen, als dass die verschiedenen Bestimmungen sich ihrem Schutzzweck nach nicht auf die bloße Änderung von Arbeitsbedingungen beziehen.[173] Den allgemeinen Vertragsinhaltsschutz des Arbeitnehmers wollte der Gesetzgeber durch die Vorschriften des Sonderkündigungsschutzes zugunsten bestimmter Personengruppen nicht über das übliche Maß hinaus auszudehnen.[174] Er beabsichtigte allein den Bestand besonders privilegierungsbedürftiger Arbeitsverhältnisse in verstärktem Maße abzusichern.[175] Die Anwendung der verschiedenen Bestimmungen des Sonderkündigungsschutzes auf die Änderungskündigung stellt sich demzufolge nicht als gesetzliche Ausprägung der den einzelnen Bestimmungen zugrunde liegenden teleologischen Erwägungen dar. Sie ist vielmehr notwendige Konsequenz der rechtlichen Ausgestaltung des Instruments der Änderungskündigung in Anlehnung an die Beendigungskündigung. Allein aufgrund der auch von der Änderungskündigung prinzipiell ausgehenden Gefährdung des Bestands des Arbeitsverhältnisses bedürfen demnach auch bloß geringe Veränderungen des Arbeitsverhältnisses der Einhaltung des Sonderkündigungsschutzes.[176] Der Umstand, dass in der Praxis letztendlich nur wenige Arbeitsverhältnisse infolge der Änderungskündigung tatsächlich beendet werden, spielt an dieser Stelle keine Rolle.[177]

---

173 *Hromadka*, RdA 1992, 234, 257. Vgl. auch *Krämer*, Widerruf, S. 88 f.

174 BAG v. 21. 6. 1995, AP Nr. 36 zu § 15 KSchG 1969; BVerwG v. 29. 5. 1959, DVBl. 1959, 746, 747.

175 Für den Bereich des Schwerbehindertenrechts vgl. zudem die gesetzliche Vorschrift des § 92 SGB IX („Erweiterter Beendigungsschutz"). Diese stellt ausdrücklich auf die „Beendigung des Arbeitsverhältnisses" und damit gerade nicht auf die bloße Änderung von Arbeitsbedingungen ab. Dies betont auch Münch-ArbR-*Cramer*, Erg.-Bd., § 235 Rdn. 9 f., indem er das gesetzliche Ziel der Erhaltung eines „angemessenen" Arbeitsplatzes, nicht aber des gegenwärtigen Arbeitsplatzes in den Vordergrund rückt.

176 Deutlich insoweit KR-*Rost*, § 2 KSchG Rdn. 179.

177 Der *Arbeitskreis Deutsche Rechtseinheit im Arbeitsrecht*, Gutachten für den 59. DJT 1992, D 124 hebt in diesem Zusammenhang hervor, dass „jedenfalls" bei der Massenänderungskündigung die Anwendung des Sonderkündigungsschutzes im Rahmen der Änderungskündigung „unangemessen" erscheint. Dies sollte Anlass genug dafür sein, über die Nichtanwendung der verschiedenen Vorschriften auch bei der Kündigung zur Änderung der Arbeitsbedingungen einzelner Arbeitnehmer ernsthaft nachzudenken. Vgl. dazu § 10, B., III., 2.

3. Form und Frist

Nachfolgend wird die Bedeutung der §§ 622, 623 BGB für die Effektivität der Änderungskündigung des Arbeitgebers untersucht. Infolge der Eilbedürftigkeit zahlreicher Änderungen kommt der Bestimmung des § 622 BGB insoweit besonderes Gewicht zu.

a. § 623 BGB

Das Schriftformerfordernis des § 623 BGB erstreckt sich nicht nur auf die Beendigungs-, sondern auch auf die Änderungskündigung des Arbeitgebers.[178] Dieser muss dem Arbeitnehmer in Gestalt einer einheitlichen Urkunde i. S. des § 126 Abs. 1 BGB nicht nur die Kündigung des Arbeitsverhältnisses, sondern auch das damit verbundene Änderungsangebot schriftlich mitzuteilen.[179] Andernfalls ist die Änderungskündigung gemäß § 125 S. 1 BGB unwirksam.

Entgegen der Auffassung *Böhms* wird die Effektivität des Änderungsinstruments durch das gesetzliche Schriftformerfordernis nicht beeinträchtigt.[180] Zum einen halten zahlreiche Arbeitgeber die Schriftform zur Dokumentation des Zugangs der Änderungskündigung ohnehin ein,[181] zum anderen bedarf die Änderungskündigung zwar der Schriftform, nicht aber beispielsweise der Angabe eines Kündigungsgrundes oder aber eines Kündigungstermins.[182] Auch für kleinere Arbeitgeber stellt das gesetzliche Schriftformerfordernis demzufolge keine nennenswerte Belastung dar.[183] Ein Verstoß gegen die Vorschrift des § 623 BGB bewirkt zudem lediglich, dass der Arbeitgeber die Änderungskündigung zur Verwirklichung der von ihm angestrebten Änderung erneut erklären muss. Anders als einzelne Bestimmungen des Sonderkündigungsschutzes verhindert

---

178 GK-*U. Preis*, § 623 BGB Rdn. 6; Kittner/Zwanziger-*Appel*, § 89 Rdn. 6; KR-*Spilger*, § 623 BGB Rdn. 64; *U. Preis/Gotthardt*, NZA 2000, 348, 350; *Schaub*, NZA 2000, 344, 347.

179 GK-*U. Preis*, § 623 BGB Rdn. 32; KSchR-Däubler, § 623 BGB Rdn. 11; *U. Preis/Gotthardt*, NZA 2000, 348, 350; *Richardi/Annuß*, NJW 2000, 1231, 1232 f. A. A. ist hingegen *Wallner*, Änderungskündigung, S. 48 f. Nach seiner Auffassung bedarf allein das Kündigungselement gemäß § 623 BGB der Schriftform.

180 *Böhm*, NZA 2000, 561, 561.

181 Zur Beweislast des Arbeitgebers vgl. insoweit KSchR-*Däubler*, § 130 ff. BGB Rdn. 48 ff.

182 GK-*U. Preis*, § 623 BGB Rdn. 28 f.; KSchR-*Däubler*, § 623 BGB Rdn. 15.

183 Ähnlich auch KR-*Spilger*, § 623 BGB Rdn. 27. A. A. *Böhm*, NZA 2000, 561, 561, der insoweit besonders die Belastung von „Klein- und Kleinstbetrieben“ hervorhebt.

das Schriftformerfordernis folglich die Durchsetzung der intendierten Änderung der Arbeitsbedingungen nicht für einen längeren Zeitraum und daher erst recht nicht dauerhaft.

b. § 622 BGB

Wie für die ordentliche Beendigungskündigung so gelten auch für die ordentliche Änderungskündigung des Arbeitgebers die Fristen und Termine des § 622 BGB.[184] Wählt der Arbeitgeber eine zu kurze Kündigungsfrist oder benennt er einen zu frühen Kündigungstermin, so beeinträchtigt er folglich die Wirksamkeit der Änderungskündigung. Anders als eine Verletzung des Schriftformerfordernisses nach § 623 BGB führt ein Verstoß gegen die gesetzlichen Vorgaben des § 622 BGB bzw. gegen eine entsprechende vertragliche Vereinbarung allerdings nicht dazu, dass der Arbeitgeber die Änderungskündigung erneut aussprechen muss.[185] Stattdessen verlängert sich die gewählte Kündigungsfrist oder verschiebt sich der genannte Kündigungstermin insoweit, dass die gesetzlichen bzw. vertraglichen Mindestanforderungen eingehalten werden.[186] Die vom Arbeitgeber erklärte Änderungskündigung wird somit später als beabsichtigt wirksam.

aa. § 622 Abs. 1 BGB

Besteht eine vertragliche Vereinbarung i. S. des § 622 Abs. 4 bis 6 BGB nicht, so gelten für die ordentliche Änderungskündigung des Arbeitgebers die gesetzlichen Vorgaben des § 622 Abs. 1 bis 3 BGB. Gemäß § 622 Abs. 1 BGB kann der Arbeitgeber die angestrebte Veränderung der Arbeitsbedingungen gegen den Willen des Arbeitnehmers demnach frühestens vier Wochen nach Zugang der Änderungskündigung durchsetzen. Infolge der Bindung der Kündigungsfrist an die Kündigungstermine des Fünfzehnten bzw. des Endes des Kalendermonats verlängert sich die Frist im Einzelfall faktisch um weitere zwei Wochen.[187] Die Ver-

---

[184] BAG v. 12. 1. 1994, AP Nr. 43 zu § 622 BGB; GK-*Linck*, § 622 BGB Rdn. 33; Kittner/Zwanziger-*Appel*, § 90 Rdn. 1; KR-*Spilger*, § 622 BGB Rdn. 73; *Schaub*, Arbeitsrecht, § 124 Rdn. 13.

[185] Innerhalb der Grenzen des § 622 Abs. 4 bis 6 BGB sind tarif- oder individualarbeitsvertragliche Abweichungen von den gesetzlichen Vorgaben des § 622 Abs. 1 bis 3 BGB auch zulasten des Arbeitnehmers zulässig (s. dazu im Einzelnen GK-*Linck*, § 622 BGB Rdn. 101 ff.).

[186] KSchR-*Zwanziger*, § 622 BGB Rdn. 57; KR-*Spilger*, § 622 BGB Rdn. 140; Münch-ArbR-*Wank*, § 119 Rdn. 63; *Schaub*, Arbeitsrecht, § 124 Rdn. 28.

[187] GK-*Linck*, § 622 BGB Rdn. 9; *Wank*, in: FS Hanau, 295, 298.

wirklichung der intendierten Änderung wird somit insgesamt um bis zu sechs Wochen verzögert.

Das Erfordernis der Einhaltung einer gesetzlichen Grundkündigungsfrist i. S. des § 622 Abs. 1 BGB erscheint zum Schutz des Arbeitnehmers nicht nur im Fall der Beendigung, sondern auch im Fall der Veränderung seines Arbeitsverhältnisses prinzipiell angemessen.[188] Dem Arbeitnehmer muss die Möglichkeit eröffnet werden, seine Arbeits- und Lebensbedingungen dem sich gegen seinen Willen verändernden Arbeitsverhältnis auf adäquate Art und Weise anzupassen. Ein vier- bzw. sechswöchiger Anpassungszeitraum bildet insoweit einen gerechten Ausgleich zwischen den Interessen von Arbeitgeber und Arbeitnehmer.[189]

bb. § 622 Abs. 2 BGB

Die gesetzliche Grundkündigungsfrist des § 622 Abs. 1 BGB verlängert sich gemäß § 622 Abs. 2 BGB bei einem mindestens zwei Jahre im Betrieb oder Unternehmen beschäftigten Arbeitnehmer in Abhängigkeit von seiner Beschäftigungsdauer auf bis zu sieben Monate.[190] Die Bindung der Frist an den Kündigungstermin zum Ende eines Kalendermonats bewirkt zudem, dass die Verwirklichung der angestrebten Änderung der Arbeitsbedingungen im Einzelfall um bis zu einen weiteren Monat hinausgezögert wird.[191] Es besteht somit auch gegenüber nur unwesentlichen Veränderungen des Arbeitsverhältnisses eine Schutzfrist des Arbeitnehmers von bis zu acht Monaten. Die Effektivität der Änderungskündigung des Arbeitgebers wird folglich erheblich beeinträchtigt.[192]

In diesem Zusammenhang stellt sich die Frage, ob die ipso iure eintretende Verlängerung der Grundkündigungsfrist des § 622 Abs. 1 BGB auch für den Fall der bloßen Veränderung von Arbeitsbedingungen sachgerecht erscheint. Es ist zu überprüfen, ob die Anwendung des § 622 Abs. 2 BGB auf die Änderungskündigung Ausdruck der dieser Vorschrift zugrunde liegenden Wertungen des Gesetzgebers ist oder aber ob sie lediglich eine notwendige Konsequenz der gesetzlichen Ausgestaltung des Änderungsinstruments darstellt. Für den Fall der Beendigungskündi-

---

188 Zu den verschiedenen Vorschlägen der Ausgestaltung einer kurzen gesetzlichen Grundkündigungsfrist s. *Wank*, NZA 1993, 961, 962 ff.

189 Ähnlich auch KR-*Spilger*, § 622 BGB Rdn. 71.

190 Gemäß § 622 Abs. 2 S. 2 BGB werden bei der Berechnung der Beschäftigungsdauer Zeiten, die vor der Vollendung des 25. Lebensjahres des Arbeitnehmers liegen, nicht berücksichtigt.

191 GK-*Linck*, § 622 BGB Rdn. 12; Kittner/Zwanziger-*Appel*, § 90 Rdn. 3.

192 *Wank*, Arbeiter, S. 105.

gung bestehen Sinn und Zweck der Verlängerung der Grundkündigungsfrist darin, sowohl dem Flexibilitätsverlust bereits langjährig im Betrieb oder Unternehmen beschäftigter Arbeitnehmer als auch deren steigendem Alter Rechnung zu tragen.[193] Mit zunehmender Beschäftigungsdauer und ansteigendem Alter richten Arbeitnehmer oftmals nicht nur ihr Arbeitsleben, sondern auch ihre Privatsphäre weitgehend am entsprechenden Betrieb oder Unternehmen aus. Damit wachsen die Schwierigkeiten des Arbeitnehmers sowohl bei der Suche nach einem anderen Arbeitsplatz als auch bei seiner anschließenden Besetzung.[194]

Auf den Fall der Änderungskündigung lassen sich diese teleologischen Erwägungen dagegen nicht uneingeschränkt übertragen. Zwar bedarf der Arbeitnehmer auch hier des Schutzes durch eine kurze gesetzliche Grundkündigungsfrist, darüber hinaus richtet sich das Schutzbedürfnis des betroffenen Arbeitnehmers jedoch weniger nach seiner Beschäftigungsdauer und seinem Alter als vielmehr nach der Intensität der vom Arbeitgeber angestrebten Änderung. Die dem § 622 Abs. 2 BGB zugrunde liegenden Wertungen des Gesetzgebers begründen folglich nicht die unbegrenzte Geltung der Bestimmung für das Instrument der Änderungskündigung.[195] Stattdessen ist die Anwendung der Vorschrift allein auf die von der Änderungskündigung ausgehende potenzielle Gefährdung des Bestands des Arbeitsverhältnisses zurückzuführen.

cc. § 622 Abs. 5 BGB

Die Zulässigkeit der einzelvertraglichen Vereinbarung verkürzter Kündigungsfristen gemäß § 622 Abs. 5 S. 1 BGB erhöht die Effektivität der Änderungskündigung nicht. Zunächst bezieht sich die Vorschrift ausschließlich auf die Verringerung der gesetzlichen Grundkündigungsfrist des § 622 Abs. 1 BGB. Die den Arbeitgeber besonders belastende Verlängerung der Kündigungsfrist durch § 622 Abs. 2 BGB kann somit nicht abgewendet werden.[196] Darüber hinaus wird infolge des vom Gesetzgeber gewählten Regelungsmodells der absolute Ausnahmecharakter der Wirk-

---

[193] GK-*Linck*, § 622 BGB Rdn. 11 f.; Kittner/Zwanziger-*Appel*, § 90 Rdn. 2; KSchR-*Zwanziger*, § 622 BGB Rdn. 1.

[194] S. BVerfG v. 16. 11. 1982, AP Nr. 16 zu § 622 BGB. Vgl. zudem *v. Hoyningen-Huene/Linck*, Einl. Rdn. 4; *Wank*, Arbeiter, S. 123 ff.; *ders.*, NZA 1993, 961, 965.

[195] Vgl. die entsprechenden Kommentierungen, welche allein den erhöhten Bestandsschutz als Motiv der Regelung des § 622 Abs. 2 BGB benennen (GK-*Linck*, § 622 BGB Rdn. 12; KR-*Spilger*, § 622 BGB Rdn. 67; KSchR-*Zwanziger*, § 622 BGB Rdn. 1).

[196] KSchR-*Zwanziger*, § 622 BGB Rdn. 42.

samkeit individualvertraglicher Verkürzungen der Grundkündigungsfrist deutlich.[197] Die Möglichkeit der Verkürzung besteht lediglich für wenige spezifische Arbeitsverhältnisse und kleinere Arbeitgeber.[198] Die zügige Verwirklichung intendierter Änderungen von Arbeitsbedingungen wird somit insgesamt nicht erleichtert.

Die einzelvertragliche Verkürzung der Kündigungsfrist nach § 622 Abs. 5 S. 1 BGB macht für das Instrument der Änderungskündigung des Arbeitgebers aufgrund der Befugnis der Individualarbeitsvertragsparteien zur Vereinbarung arbeitsvertraglicher Änderungsvorbehalte auch keinen Sinn. Der vorausschauende Arbeitgeber wird in der arbeitsrechtlichen Praxis nicht lediglich die Grundkündigungsfrist der Änderungskündigung einzelvertraglich verkürzen, sondern sich vielmehr direkt einen Änderungsvorbehalt vertraglich einräumen lassen. Dieser ermöglicht zahlreiche Änderungen von Arbeitsbedingungen unter deutlich geringeren Voraussetzungen als das Mittel der Änderungskündigung.[199] Insbesondere die Kündigungsfristen des § 622 BGB finden bei der Ausübung eines Änderungsvorbehaltes keine Anwendung.[200]

dd. Ergebnis

Die Effektivität der Änderungskündigung des Arbeitgebers zur einseitigen Änderung von Arbeitsbedingungen wird vor allem durch die Verlängerung der gesetzlichen Grundkündigungsfrist nach § 622 Abs. 2 BGB erheblich beeinträchtigt. Unbeschadet des Ausmaßes der angestrebten Veränderung des Arbeitsverhältnisses werden auch hier an die Änderungskündigung die gleichen Anforderungen wie an die Beendigungskündigung gestellt. Die oftmals erforderliche zügige Verwirklichung gerade geringerer Änderungen von Arbeitsbedingungen wird somit zulasten des Arbeitgebers vereitelt.

---

197 S. dazu im Einzelnen GK-*Linck*, § 622 BGB Rdn. 146 ff.

198 Im Fall des § 622 Abs. 5 S. 1 Nr. 2 BGB wird die Möglichkeit zur Verkürzung der Grundkündigungsfrist zusätzlich durch eine Mindestkündigungsfrist von insgesamt vier Wochen eingeschränkt. Damit verbleibt allein eine von § 622 Abs. 1 BGB abweichende Bestimmung des Kündigungstermins möglich. „Der Vorteil für Kleinunternehmen" ist demzufolge „marginal" (Stahlhacke/U. Preis/Vossen-*U. Preis*, Kündigungsschutz, Rdn. 514).

199 Zur einseitigen Änderung von Arbeitsbedingungen durch die Ausübung arbeitsvertraglicher Änderungsvorbehalte vgl. im Einzelnen § 6).

200 Stahlhacke/U. Preis/Vossen-*U. Preis*, Kündigungsschutz, Rdn. 491.

4. Beteiligung des Betriebsrats

Änderungskündigungen von Arbeitgebern, welche innerhalb von Betrieben mit bestehendem Betriebsrat ausgesprochen werden, bedürfen stets der Beteiligung des Betriebsrats.[201] Neben der Vorschrift des § 102 BetrVG ist insoweit vor allem die Bestimmung des § 99 BetrVG für die Effektivität der Individualänderungskündigung von Bedeutung.[202]

a. § 102 BetrVG

Die Regelung des § 102 BetrVG zählt insbesondere aufgrund ihrer engen Verzahnung mit dem Kündigungsschutzgesetz zu den kündigungsschutzrechtlich besonders relevanten Vorschriften.[203] Auch vor der Änderungskündigung ist der Betriebsrat vom Arbeitgeber ordnungsgemäß anzuhören.[204] Daran werden grundsätzlich die gleichen Anforderungen gestellt wie im Fall der Beendigungskündigung.[205] Eine ohne vorherige Anhörung ausgesprochene Änderungskündigung des Arbeitgebers ist gemäß § 102 Abs. 1 S. 3 BetrVG unwirksam.

Infolge der zweiaktigen Grundstruktur des Änderungsinstruments geht die Informationspflicht des Arbeitgebers bei der Änderungskündigung über die Informationspflicht im Rahmen der Beendigungskündigung hinaus. Der Arbeitgeber hat dem Betriebsrat nach § 102 Abs. 1 S. 2 BetrVG neben den Gründen, die einer Weiterbeschäftigung des Arbeitnehmers mit dem bisherigen Vertragsinhalt entgegenstehen, das Änderungsangebot und die Gründe für die beabsichtigte Änderung der Arbeitsbedingun-

---

201 *Von Hoyningen-Huene/Linck*, § 2 KSchG Rdn. 33; KSchR-*Kittner*, § 1 KSchG Rdn. 186.

202 Die Vorschrift des § 87 BetrVG ist für die Individualänderungskündigung dagegen regelmäßig nicht von Bedeutung. Mitbestimmungspflichtige Angelegenheiten i. S. des § 87 Abs. 1 BetrVG liegen üblicherweise allein im Fall der Massenänderungskündigung des Arbeitgebers vor (s. dazu § 3, C., II., 2., d.). Die gegenüber einem schwerbehinderten Arbeitnehmer ausgesprochene Änderungskündigung bedarf zudem der Anhörung der Schwerbehindertenvertretung gemäß § 95 Abs. 2 S. 1, 2 SGB IX (s. dazu ausführlich Seidel, SGB IX, S. 53 f.).

203 Stahlhacke/U. Preis/Vossen-*U. Preis*, Kündigungsschutz, Rdn. 345, 348.

204 BAG v. 10. 3. 1982, AP Nr. 2 zu § 2 KSchG 1969; Däubler/Kittner/Klebe-*Kittner*, § 102 BetrVG Rdn. 13; *Fitting/Kaiser/Heither/Engels*, § 102 BetrVG Rdn. 5, 9; Münch-ArbR-*Berkowsky*, § 147 Rdn. 85; Richardi-*ders./Thüsing*, § 102 BetrVG Rdn. 268.

205 Zu den einzelnen Anforderungen an die „ordnungsgemäße" Anhörung des Betriebsrats vgl. Däubler/Kittner/Klebe-*Kittner*, § 102 BetrVG Rdn. 43 ff. Kritisch gegenüber diesem Erfordernis äußern sich *Oetker*, Anm. zu BAG v. 8. 9. 1988, SAE 1989, 302, 303 ff.; *Raab*, ZfA 1995, 479, 516 ff.

gen mitzuteilen.[206] Ausschließlich in Kenntnis dieser Umstände ist der Betriebsrat in der Lage, die Bedeutung und Tragweite der Änderungskündigung zu beurteilen. Für die Äußerung von Bedenken gemäß § 102 Abs. 2 BetrVG oder die Erhebung eines Widerspruchs nach § 102 Abs. 3 BetrVG ist die Information des Betriebsrats zwingend erforderlich.[207]

aa. Verletzung des gesetzlichen Anhörungserfordernisses

Ein Verstoß des Arbeitgebers gegen das Anhörungserfordernis des § 102 Abs. 1 BetrVG schließt anders als beispielsweise die fehlende soziale Rechtfertigung einer Änderungskündigung nicht aus, dass die angestrebte Veränderung der Arbeitsbedingungen unter den gegebenen Umständen doch mittels der Änderungskündigung durchgesetzt werden kann. Die Verletzung des Anhörungserfordernisses verursacht zwar nach § 102 Abs. 1 S. 3 BetrVG die Unwirksamkeit der erklärten Änderungskündigung, zugunsten des Arbeitgebers besteht jedoch die Möglichkeit, erneut eine Änderungskündigung auszusprechen, welche die Mitwirkungsrechte des Betriebsrats in hinreichendem Maße berücksichtigt.[208] Die Praktikabilität des Änderungsinstruments wird insoweit allein durch die zeitliche Verzögerung der Verwirklichung der intendierten Änderung eingeschränkt.

Der Arbeitgeber kann zudem eine Verletzung seiner Mitteilungspflicht nach § 102 Abs. 1 S. 2 BetrVG – und somit auch einen Verstoß gegen das gesetzliche Anhörungserfordernis – ohne besondere Mühen vermeiden. Zwar obliegt ihm auch vor der Erklärung der Änderungskündigung die Übermittlung einer Vielzahl von Informationen an den Betriebsrat,[209] diese hat er im Vorfeld der Änderungskündigung üblicherweise jedoch ohnehin bereits ermittelt. Auch wenn zur Erfüllung seiner Mitteilungspflicht eine bloß pauschale Begründung der Änderungskündigung gerade nicht genügt,[210] so wird nicht zuletzt infolge des Prinzips der subjektiven Determination der Kündigungsgründe vom Arbeitgeber nichts Un-

---

[206] BAG v. 10. 3. 1982, AP Nr. 2 zu § 2 KSchG 1969; Däubler/Kittner/Klebe-*Kittner*, § 102 BetrVG Rdn. 96 f.; *Fitting/Kaiser/Heither/Engels*, § 102 BetrVG Rdn. 9; Richardi-*ders./Thüsing*, § 102 BetrVG Rdn. 62, 269.

[207] BAG v. 2. 11. 1983, AP Nr. 29 zu § 102 BetrVG 1972; Düwell-*Braasch*, § 102 BetrVG Rdn. 63; Fiebig/Gallner/Pfeiffer-*ders.*, § 2 KSchG Rdn. 69; *Fitting/Kaiser/Heither/Engels*, § 102 BetrVG Rdn. 33.

[208] *Fitting/Kaiser/Heither/Engels*, § 102 BetrVG Rdn. 59.

[209] Vgl. dazu im Einzelnen Däubler/Kittner/Klebe-*Kittner*, § 102 BetrVG Rdn. 96 f.; *Fitting/Kaiser/Heither/Engels*, § 102 BetrVG Rdn. 21 ff.

[210] *Schaub*, Arbeitsrecht, § 123 Rdn. 101.

mögliches verlangt.[211] Die Rechtsprechung des Bundesarbeitsgerichts stellt keine all zu hohen Anforderungen an ein entsprechendes Handeln des Arbeitgebers.[212]

bb. Ordnungsgemäße Anhörung des Betriebsrats

Auch im Fall der ordnungsgemäßen Anhörung des Betriebsrats kann die Verwirklichung der vom Arbeitgeber angestrebten Veränderung des Arbeitsverhältnisses infolge der Vorgaben des § 102 BetrVG beeinträchtigt werden. Von Bedeutung sind insofern die Regelungen der Abs. 2, 3, 5 der Vorschrift.

Die Gewährung einer einwöchigen Mindestfrist für die Mitteilung von Bedenken bzw. die Erhebung eines Widerspruchs nach § 102 Abs. 2 S. 1, Abs. 3 BetrVG führt dazu, dass im Anschluss an die Unterrichtung des Betriebsrats durch den Arbeitgeber die Umsetzung der intendierten Veränderung der Arbeitsbedingungen bereits vor der Erklärung der Änderungskündigung um bis zu eine weitere Woche verzögert wird. Die zügige Verwirklichung der beabsichtigten Änderung wird somit – wenn auch nur in geringem Umfang – über den Zeitraum der Kündigungsfrist hinaus erschwert.[213]

Ein Anspruch des Arbeitnehmers auch trotz des Ablaufs der Kündigungsfrist zu unveränderten Arbeitsbedingungen weiterbeschäftigt zu werden, kommt im Rahmen der Änderungskündigung lediglich bei Ablehnung des Änderungsangebots durch den Arbeitnehmer in Betracht. Die Bestimmung des § 102 Abs. 5 S. 1 BetrVG setzt voraus, dass der Arbeitnehmer nach dem Kündigungsschutzgesetz Klage auf Feststellung erhebt, dass das Arbeitsverhältnis durch die Kündigung nicht aufgelöst ist. Nimmt der Arbeitnehmer hingegen – wie es innerhalb der arbeitsrechtlichen Praxis zur Sicherung des Bestands des Arbeitsverhältnisses üblich ist – die Änderung der Arbeitsbedingungen unter dem Vorbehalt ihrer so-

---

211 Zum Grundsatz der subjektiven Determination vgl. Däubler/Kittner/Klebe-*Kittner*, § 102 BetrVG Rdn. 72 ff.; Richardi-*ders./Thüsing*, § 102 BetrVG Rdn. 57.

212 BAG v. 26. 1. 1995, NZA 1995, 672, 672 f.; BAG v. 9. 3. 1995, NZA 1995, 678, 679 f. S. dazu im Einzelnen *Hümmerich/Mauer*, DB 1997, 165, 166 ff., welche die Praxis der Instanzgerichte kritisieren, entgegen der Rechtsprechung des Bundesarbeitsgerichts insgesamt zu hohe Anforderungen an die Informationspflicht des Arbeitgebers zu stellen.

213 Zu dem nur ausnahmsweise anzuerkennenden Anspruchs des Betriebsrats auf Verlängerung der gesetzlichen Mindestfrist zur Stellungnahme s. BAG v. 14. 8. 1986, AP Nr. 43 zu § 102 BetrVG 1972; Däubler/Kittner/Klebe-*Kittner*, § 102 BetrVG Rdn. 174 f.; *Fitting/Kaiser/Heither/Engels*, § 102 BetrVG Rdn. 50, 64.

zialen Rechtfertigung oder aber vorbehaltlos an, so muss er stattdessen nach Ablauf der Kündigungsfrist zu den veränderten Bedingungen arbeiten.[214]

Im Fall der Ablehnung des Änderungsangebots ist der Arbeitgeber verpflichtet, soweit der Betriebsrat der Änderungskündigung nicht nur form- und fristgemäß widersprochen hat, sondern es zudem möglich erscheint, dass einer der gesetzlichen Widerspruchsgründe geltend gemacht wird,[215] den Arbeitnehmer bis zum rechtskräftigen Abschluss des Rechtsstreits zu unveränderten Arbeitsbedingungen weiterzubeschäftigen. Unbeschadet der Rechtmäßigkeit der Änderungskündigung wird die Umsetzung der angestrebten Veränderung des Arbeitsverhältnisses somit auf unbestimmte Zeit hinausgezögert.[216] Der Arbeitgeber kann allerdings nach § 102 Abs. 5 S. 2 BetrVG mittels eines Antrags auf einstweilige Verfügung beim Arbeitsgericht die nicht unerheblichen Belastungen eines derartigen Weiterbeschäftigungsanspruch abwenden.[217] Die Anforderungen daran sind insgesamt hoch.[218] Insbesondere die praxisrelevante Regelung des § 102 Abs. 5 S. 2 Nr. 2 BetrVG statuiert durch das Erfordernis der unzumutbaren wirtschaftlichen Belastung des Arbeitgebers strenge Voraussetzungen für den Erlass einer entsprechenden einstweiligen Verfügung.[219] Die Vorschrift des § 102 Abs. 5 BetrVG beeinträchtigt

---

214 *Fitting/Kaiser/Heither/Engels*, § 102 BetrVG Rdn. 13; Münch-ArbR-*Wank*, § 121 Rdn. 11; *Stege/Weinspach*, § 102 BetrVG Rdn. 206a.

215 Der in Betracht kommende Widerspruchsgrund braucht nicht „einleuchtend" zu sein (s. dazu Düwell-*Braasch*, § 102 BetrVG Rdn. 102).

216 Zu den Einzelheiten des Weiterbeschäftigungsanspruchs des Arbeitnehmers vgl. insoweit Münch-ArbR-*Wank*, § 121 Rdn. 1 ff.; *Stege/Weinspach*, § 102 BetrVG Rdn. 158 ff.

217 Allein deshalb erscheint nach Münch-ArbR-*Buchner*, § 40 Rdn. 75 der Weiterbeschäftigungsanspruch nach § 102 Abs. 5 BetrVG als „Sonderfall der gesetzlichen Begründung eines Arbeitsverhältnisses" überhaupt aus verfassungsrechtlicher Perspektive „verhältnismäßig".

218 Entgegen der Auffassung einiger Arbeits- und Landesarbeitsgerichte fordert die Rechtsprechung des Bundesarbeitsgerichts im Rahmen des § 102 Abs. 5 S. 2 Nr. 1 Alt. 1 BetrVG nicht, dass die Klage des Arbeitnehmers keine Erfolgsaussicht hat. Vielmehr genügt es, dass eine gewisse Wahrscheinlichkeit für die Abweisung der Klage spricht. Es besteht zudem kein Grund zu der vereinzelt vorgebrachten Annahme, die Weiterbeschäftigung bilde die Regel und die Entbindung von dieser Verpflichtung lediglich die gesetzliche Ausnahme (s. dazu im Einzelnen *Stege/Weinspach*, § 102 BetrVG Rdn. 180).

219 *Fitting/Kaiser/Heither/Engels*, § 102 BetrVG Rdn. 68. Vgl. auch KR-*Etzel*, § 102 BetrVG Rdn. 226 ff., der darlegt, warum eine unzumutbare wirtschaftliche Belastung des Arbeitgebers in tatsächlicher Hinsicht „nur ganz ausnahmsweise" vorliegt.

die Effektivität der Änderungskündigung in der arbeitsrechtlichen Praxis demzufolge zwar nur in wenigen Fällen, dann aber auch erheblich.

cc. Sinn und Zweck des Anhörungsverfahrens

Auch an dieser Stelle drängt sich die Frage auf, ob die nach dem geltenden Recht gebotene Anwendung des § 102 BetrVG auf die Änderungskündigung Ausdruck der dem Anhörungserfordernis zugrunde liegenden Erwägungen des Gesetzgebers ist oder aber nur eine notwendige Konsequenz der Ausrichtung der Änderungs- an der Beendigungskündigung darstellt.

Mit der Regelung des § 102 BetrVG verfolgt der Gesetzgeber zwei unterschiedliche Ziele. Zum einen soll durch die Einschaltung des Betriebsrats der einzelne Arbeitnehmer in verstärktem Maße gegen die von einer Kündigung ausgehenden einschneidenden Eingriffe in seine Arbeits- und Lebensbedingungen geschützt werden.[220] *Raab* spricht insofern vom Anhörungsverfahren als einer Art „präventiven Kündigungsschutz".[221] Dieser basiert auf der Überlegung, dass dem Betriebsrat bezüglich der in den Widerspruchsgründen genannten Bereiche des betrieblichen Alltags besondere Sachkompetenz zukommt.[222] Zum anderen dient das Anhörungserfordernis dazu, dem Betriebsrat gerade bei solchen Maßnahmen des Arbeitgebers Einfluss zu verschaffen, die die personelle Zusammensetzung der Belegschaft betreffen. Der Betriebsrat soll auf diese Weise auch kollektive Interessen in die betrieblichen Entscheidungsprozesse einbringen können.[223]

Anders als die Beendigungskündigung des Arbeitgebers bewirkt das Mittel der Änderungskündigung per definitionem weder eine intensive Beeinträchtigung der Position des Arbeitnehmers noch eine Veränderung der Belegschaftsstruktur des Betriebes. Mittels der Änderungskündigung kann der Arbeitgeber vielmehr auch solche Änderungen von Arbeitsbedingungen verfolgen, die die Arbeits- und Lebensumstände des

---

220 Däubler/Kittner/Klebe-*Kittner*, § 102 BetrVG Rdn. 3; Fabricius/Kraft/Wiese/Kreutz-*Raab*, § 102 BetrVG Rdn. 3.

221 *Raab*, ZfA 1995, 479, 517. Vgl. zudem die vom *Arbeitskreis Deutsche Rechtseinheit im Arbeitsrecht*, Gutachten für den 59. DJT 1992, D 56 vorgeschlagene Regelung des § 114 Abs. 2 S. 3 EArbVG. Danach wird dem Betriebsrat im Fall der Änderungskündigung zur Entgeltreduzierung zusätzlich ein „nachträgliches" Beteiligungsrecht eingeräumt.

222 *Fitting/Kaiser/Heither/Engels*, § 102 BetrVG Rdn. 73.

223 Däubler/Kittner/Klebe-*Kittner*, § 102 BetrVG Rdn. 3; *Raab*, ZfA 1995, 479, 517 f.

Arbeitnehmers lediglich in geringem Maße beeinträchtigen.[224] Die Zusammensetzung der Belegschaft wird zudem in den Fällen, in denen der Arbeitnehmer das Änderungsangebot des Arbeitgebers annimmt, nicht berührt. Die Geltung des Anhörungserfordernisses für das Mittel der Änderungskündigung basiert demzufolge nicht auf den der Bestimmung des § 102 BetrVG zugrunde liegenden gesetzgeberischen Wertungen. Wie schon die Anwendung des Sonderkündigungsschutzes und der verlängerten Kündigungsfristen des § 622 Abs. 2 BGB resultiert die Notwendigkeit der Anhörung allein aus der Ausgestaltung der Änderungskündigung als besonderer Form der Beendigungskündigung.

b. § 99 BetrVG

Strebt der Arbeitgeber mit der Änderungskündigung die Umgruppierung oder Versetzung eines Arbeitnehmers an,[225] so bedarf die Maßnahme neben der Anhörung des Betriebsrats nach § 102 BetrVG in Unternehmen mit in der Regel mehr als 20 wahlberechtigten Arbeitnehmern der Zustimmung des Betriebsrats gemäß § 99 BetrVG.[226] Das Fehlen der erforderlichen Zustimmung des Betriebsrats führt anders als der Verstoß gegen das Anhörungserfordernis des § 102 BetrVG allerdings nicht zur Unwirksamkeit der erklärten Änderungskündigung.[227] Der Arbeitgeber kann die mit der Änderungskündigung beabsichtigte Veränderung des Arbeitsverhältnisses lediglich nicht umsetzen. Die Aufforderung des Arbeitgebers, bereits zu diesem Zeitpunkt zu den veränderten Arbeitsbedingungen tätig zu werden, ist für den Arbeitnehmer unverbindlich.[228]

---

224 Die Bedeutung auch „angeblich kleinerer Dinge“ oder Änderungen für den „Unternehmenserfolg“ hebt *Kittner*, NZA 1997, 968, 974 f. zu Recht hervor.

225 Zum Begriff der Umgruppierung s. Däubler/Kittner/Klebe-*Kittner*, § 99 BetrVG Rdn. 75; *Fitting/Kaiser/Heither/Engels*, § 99 BetrVG Rdn. 86 ff. Der Begriff der Versetzung i. S. des Betriebsverfassungsgesetzes wird in § 95 Abs. 3 BetrVG legaldefiniert. Er entspricht – wie *Stege/Weinspach*, §§ 99-101 BetrVG Rdn. 151 f. zutreffend feststellen – nicht zwingend dem arbeitsvertraglichen Versetzungsbegriff.

226 Zum Nebeneinander der Verfahren nach § 102 BetrVG und § 99 BetrVG vgl. *Bartels*, Versetzung, S. 108 ff.

227 BAG v. 30. 9. 1993, AP Nr. 33 zu § 2 KSchG 1969; *v. Hoyningen-Huene/Linck*, § 2 KSchG Rdn. 46; KR-*Rost*, § 2 KSchG Rdn. 140. Zur Begründung dieser Rechtsfolge vgl. ausführlich *Schlochauer*, in: Hromadka, Änderung, 221, 221.

228 BAG v. 26. 1. 1993, AP Nr. 102 zu § 99 BetrVG 1972; BAG v. 30. 9. 1993, AP Nr. 33 zu § 2 KSchG 1969; Fiebig/Gallner/Pfeiffer-*ders.*, § 2 KSchG Rdn. 70; Münch-ArbR-*Berkowsky*, § 147 Rdn. 91. Grundlegend zu den Rechtsfolgen be-

Die Vorschrift des § 99 BetrVG kann sich auf die Effektivität der Änderungskündigung des Arbeitgebers auf unterschiedliche Art und Weise auswirken. Stets trifft den Arbeitgeber zunächst die Verpflichtung zur umfassenden Unterrichtung des Betriebsrats.[229] Dies stellt wie schon die Mitteilungspflicht des Arbeitgebers nach § 102 Abs. 1 S. 2 BetrVG für diesen keine besondere Belastung dar. Zum einen hat der Arbeitgeber regelmäßig auch hier die erforderlichen Informationen vor der Erklärung der Änderungskündigung ermittelt, zum anderen bewirkt die unzureichende Unterrichtung des Betriebsrats allein, dass das erforderliche Zustimmungsverfahren nicht ordnungsgemäß abgeschlossen werden kann.[230] Hat der Arbeitgeber den Betriebsrat im Hinblick auf die angestrebte Umgruppierung oder Versetzung des Arbeitnehmers ordnungsgemäß unterrichtet, so stellt sich die Frage wie der weitere Verlauf des Zustimmungsverfahrens nach § 99 BetrVG die Praktikabilität der Änderungskündigung beeinflusst.

aa. Verzögerung der angestrebten Änderung

Stimmt der Betriebsrat der personellen Einzelmaßnahme zu, reagiert er auf die Unterrichtung des Arbeitgebers nicht,[231] oder verweigert er zwar formell ordnungsgemäß, jedoch ohne das Vorliegen eines Verweigerungsgrundes i. S. des § 99 Abs. 2 BetrVG die Zustimmung zur personellen Einzelmaßnahme, so kann sich die Durchsetzbarkeit der mit der Änderungskündigung angestrebten Veränderung der Arbeitsbedingun-

---

triebsverfassungswidriger Versetzungen auf die Wirksamkeit der Änderungskündigung s. *Bartels*, Versetzung, S. 105 ff.

229 Zu den Einzelheiten der Unterrichtungspflicht des Arbeitgebers im Rahmen des § 99 BetrVG s. *Fitting/Kaiser/Heither/Engels*, § 99 BetrVG Rdn. 138 ff.; *Stege/Weinspach*, §§ 99-101 BetrVG Rdn. 135 ff., 169 ff.

230 Erst durch die gesetzmäßige Unterrichtung des Betriebsrats wird die gemäß § 99 Abs. 3 S. 1 BetrVG zu gewährende Wochenfrist für die Erklärung der Zustimmung überhaupt in Gang gesetzt (*Stege/Weinspach*, §§ 99-101 BetrVG Rdn. 90, 90b). Den Betriebsrat trifft insoweit allerdings die Verpflichtung, die unzureichende Unterrichtung durch den Arbeitgeber innerhalb der Wochenfrist des § 99 Abs. 3 S. 1 BetrVG zu rügen. Ansonsten tritt zugunsten des Arbeitgebers die Fiktionswirkung des § 99 Abs. 3 S. 2 BetrVG ein (s. dazu BAG v. 14. 3. 1989, DB 1989, 1523, 1524 f.).

231 Diesem Fall wird die nicht form- oder fristgemäße, die ohne eine Begründung erfolgte oder die mit einer offensichtlich nicht einem der Gründe des § 99 Abs. 2 BetrVG entsprechenden Begründung versehene Verweigerung der Zustimmung des Betriebsrats gleichgestellt (s. zu diesen Fällen der sog. „unbeachtlichen Zustimmungsverweigerung" *Stege/Weinspach*, §§ 99-101 BetrVG Rdn. 88 f., 93).

gen ausschließlich verzögern. Dauerhaft kann das Handeln des Betriebsrats die Verwirklichung der intendierten Änderung nicht verhindern.

Bei der Bestimmung des Ausmaßes der zeitlichen Verzögerung ist zu berücksichtigen, dass das Zustimmungsverfahren nach § 99 BetrVG – anders als das Anhörungsverfahren gemäß § 102 BetrVG – prinzipiell zu jeder Zeit und damit sowohl vor als auch nach der Erklärung der Änderungskündigung durchgeführt werden kann.[232] Günstig erscheint dies aus der Perspektive des Arbeitgebers vor allem deshalb, weil er die Zustimmung des Betriebsrats damit sowohl parallel zum Anhörungsverfahren nach § 102 BetrVG als auch während des Laufs der Kündigungsfrist nach § 622 BGB herbeiführen kann. Die zumindest bei der Versetzung des Arbeitnehmers üblicherweise zügig angestrebte Veränderung des entsprechenden Arbeitsverhältnisses wird somit nicht durch eine Addition der für das Zustimmungsverfahren erforderlichen Zeit und der Summe der Zeiträume des Anhörungsverfahrens und des Ablaufs der Kündigungsfrist unnötig hinausgezögert.[233]

Verweigert der Betriebsrat zwar formell ordnungsgemäß, jedoch ohne das Vorliegen eines der Gründe des § 99 Abs. 2 BetrVG seine Zustimmung zur geplanten Einzelmaßnahme, so bleibt dem Arbeitgeber die Möglichkeit, die Zustimmung des Betriebsrates gemäß § 99 Abs. 4 BetrVG durch das Arbeitsgericht ersetzen zu lassen. Ein solches gerichtliches Verfahren kann im Einzelfall allerdings „Monate, wenn nicht sogar Jahre dauern".[234] Ist die zügige Umsetzung der intendierten Änderung „aus sachlichen Gründen dringend erforderlich", so kann der Arbeitgeber die angestrebte Umgruppierung oder Versetzung zudem gemäß § 100

---

232 *Stege/Weinspach*, §§ 99-101 BetrVG Rdn. 154. Führt der Arbeitgeber das Zustimmungsverfahren allerdings vor Ausspruch der Änderungskündigung durch, so kann es sich nachträglich als gegenstandslos erweisen. Erst nach Erklärung der Änderungskündigung steht fest, ob es – infolge der Annahme des Änderungsangebots durch den Arbeitnehmer – überhaupt der Zustimmung des Betriebsrats gemäß § 99 BetrVG bedarf (BAG v. 30. 9. 1993, AP Nr. 33 zu § 2 KSchG 1969).

233 „Die Erforderlichkeit eines vorgeschalteten Zustimmungsverfahrens" würde nach Ansicht des BAG v. 30. 9. 1993, AP Nr. 33 zu § 2 KSchG 1969 „die Durchführung der angestrebten Maßnahme in kaum erträglicher Weise verzögern".

234 Hess/Schlochauer/Glaubitz-*Schlochauer*, § 99 BetrVG Rdn. 139. Aufgrund der Sonderregelung des § 100 BetrVG ist der Erlass einer einstweiligen Verfügung zur Ersetzung der Zustimmung des Betriebsrats zudem nicht möglich (Däubler/Kittner/Klebe-*Kittner*, § 99 BetrVG Rdn. 208; Hess/Schlochauer/Glaubitz-*Schlochauer*, § 99 BetrVG Rdn. 145).

BetrVG vorläufig durchführen. Die Anforderungen daran sind jedoch äußerst streng.[235]

bb. Verhinderung der intendierten Veränderung

Verweigert der Betriebsrat seine Zustimmung zur personellen Einzelmaßnahme hingegen aufgrund des Vorliegens einer der Gründe des § 99 Abs. 2 BetrVG, so führt dies dazu, dass der Arbeitgeber die angestrebte Änderung dauerhaft nicht verwirklichen kann. Die Zustimmungsverweigerung des Betriebsrats schließt die Durchführung der angestrebten Umgruppierung oder Versetzung des Arbeitnehmers aus.

Von besonderer praktischer Bedeutung ist demzufolge, unter welchen Voraussetzungen die Vorschrift des § 99 Abs. 2 BetrVG den Betriebsrat zur Verweigerung seiner Zustimmung berechtigt. Zugunsten des Arbeitgebers lässt sich insofern feststellen, dass die Zustimmungsverweigerungsgründe des § 99 Abs. 2 BetrVG abschließend sind und der Betriebsrat anhand dieser ausschließlich eine Rechtmäßigkeitskontrolle durchführen darf.[236] Problematisch erscheinen jedoch die teilweise generalklauselartigen und damit schwer kontrollierbaren Formulierungen einzelner Verweigerungsgründe.[237] Ob die Verweigerung der Zustimmung danach im Einzelfall letztendlich berechtigt ist oder nicht, ist für den Arbeitgeber oftmals nur schwer erkennbar. Es besteht zu seinen Lasten ein nicht unerhebliches Maß an Rechtsunsicherheit.

Speziell in Bezug auf die Änderungskündigung des Arbeitgebers lässt sich allerdings feststellen, dass zahlreiche der von § 99 Abs. 2 BetrVG erfassten Situationen ohnehin einer Verwirklichung der angestrebten Änderung der Arbeitsbedingungen entgegenstehen. Dies gilt insbesondere für Verstöße gegen die Nummern 1, 2 und 4 der Vorschrift, welche regelmäßig bereits nach anderen gesetzlichen Bestimmungen zur Unwirksamkeit der Änderungskündigung führen.[238] Die Beeinträchtigung der Effektivität des Änderungsinstruments durch das Zustimmungsverfahren

---

[235] S. dazu im Einzelnen *Fitting/Kaiser/Heither/Engels*, § 100 BetrVG Rdn. 3 ff.; Hess/Schlochauer/Glaubitz-*Schlochauer*, § 100 BetrVG Rdn. 7 ff.

[236] Zum abschließenden Charakter der Zustimmungsverweigerungsgründe s. Däubler/Kittner/Klebe-*Kittner*, § 99 BetrVG Rdn. 171, Richardi-*ders./Thüsing*, § 99 BetrVG Rdn. 183 f. Das Gesetz muss der personellen Einzelmaßnahme zudem als solcher entgegenstehen, so dass die Zweckwidrigkeit der personellen Einzelmaßnahme nicht genügt. Vgl. dazu Hess/Schlochauer/Glaubitz-*Schlochauer*, § 99 BetrVG Rdn. 109; *Stege/Weinspach*, §§ 99-101 BetrVG Rdn. 50.

[237] Kritisch auch *Stege/Weinspach*, §§ 99-101 BetrVG Rdn. 51.

[238] Vgl. dazu die Vorschriften § 134 BGB, § 1 Abs. 2 S. 1, 2 Nr. 1 lit. a KSchG.

nach § 99 BetrVG kann folglich auch unter dem Aspekt der Verhinderung der intendierten Veränderung der Arbeitsbedingungen relativiert werden.

5. Ergebnis zur Individualänderungskündigung

Die Individualänderungskündigung des Arbeitgebers stellt insgesamt kein effektives Instrument zur einseitigen Änderung von Arbeitsbedingungen dar. Soweit sie nicht von vornherein als Mittel zur Einwirkung auf den Inhalt von Arbeitsverhältnissen ausscheidet, wird ihr Anwendungsbereich durch hohe Anforderungen eingeschränkt. Die Durchsetzbarkeit von Änderungen gegen den Willen des Arbeitnehmers wird in zahlreichen Fällen nicht unerheblich verzögert. Die strengen Voraussetzungen der Änderungskündigung resultieren dabei teilweise unmittelbar aus den entsprechenden gesetzlichen Regelungen, teilweise sind sie aber auch das Ergebnis einer Rechtsprechung, welche die Möglichkeiten der Änderungskündigung im Einzelnen unangemessen begrenzt. Insbesondere die Verwirklichung geringerer Veränderungen des Arbeitsverhältnisses wird durch das Änderungsinstrument unverhältnismäßig stark beeinträchtigt.

II. Besonderheiten der Massenänderungskündigung

Der Begriff der Massenänderungskündigung, der sowohl in der arbeitsgerichtlichen Rechtsprechung als auch in der arbeitsrechtlichen Literatur Verwendung findet, stellt einen außergesetzlichen Rechtsbegriff dar.[239] Er bezeichnet ein insbesondere in wirtschaftlich angespannten Zeiten immer häufiger auftretendes Phänomen: die gleichzeitige Erklärung einer Vielzahl von Änderungskündigungen zur gleichförmigen Änderung der Arbeitsverhältnisse einer Gruppe von Arbeitnehmern.[240] Verändert werden mittels der Massenänderungskündigung sogenannte allgemeine Arbeitsbedingungen. Diese zeichnen sich dadurch aus, dass sie trotz ihrer Verankerung innerhalb des Individualarbeitsvertrages nicht nur für ein-

---

[239] *Hilbrandt*, Massenänderungskündigung, S. 212 ff. Grundlegend zum Änderungsinstrument der Massenänderungskündigung vgl. die Dissertationen von *Gerstner* (1969); *Kleemann* (1970); *Hilbrandt* (1996).

[240] BAG v. 29. 1. 1981, BAGE 35, 17, 18; BAG v. 18. 10. 1984, BAGE 47, 80, 89 ff.; BAG v. 29. 3. 1990, AP Nr. 56 zu § 102 BetrVG 1972; GK-*Künzl*, § 2 KSchG Rdn. 43; *v. Hoyningen-Huene/ Linck*, § 15 KSchG Rdn. 60; KR-*Rost*, § 2 KSchG Rdn. 32; Münch-ArbR-*Berkowsky*, § 145 Rdn. 132; *Otto*, Änderungskündigung, S. 154; *Schaub*, in: Hromadka, Änderung, 73, 77.

zelne Arbeitnehmer, sondern vielmehr für die gesamte Belegschaft oder aber die Beschäftigten einer bestimmten Betriebsabteilung gelten.[241]

Im Hinblick auf die übergeordnete Frage nach der Effektivität der unterschiedlichen Instrumente zur einseitigen Änderung von Arbeitsverhältnissen wird nachfolgend untersucht, inwieweit sich die ihrem Wesen nach individualrechtliche Änderungskündigung gerade zu einer kollektiven Veränderung von Arbeitsbedingungen durch die Vertragspartei des Arbeitgebers eignet.[242] Zuvor kann allerdings festgestellt werden, dass das Mittel der Massenänderungskündigung innerhalb der gegenwärtigen Arbeitsrechtsordnung nicht nur begrifflich keine Erwähnung findet, sondern zudem auch inhaltlich durch die gesetzlichen Vorschriften nicht spezifisch ausgestaltet wird. Die Massenänderungskündigung des Arbeitgebers bildet allein eine in tatsächlicher Hinsicht besondere Erscheinungsform des Instruments der Änderungskündigung. *Berkowsky* beschreibt sie zutreffend als „ein Bündel von Einzeländerungskündigungen".[243] Da der kollektive Bezug der Massenänderungskündigung zudem auch im Rahmen der Rechtsprechung des Bundesarbeitsgerichts keine Berücksichtigung findet,[244] unterliegt sie den gleichen Anforderungen wie die Individualänderungskündigung.[245]

1. Grundproblematik des Änderungsinstruments

Anders als mit der Individualänderungskündigung verfolgt der Arbeitgeber mit der Erklärung der Massenänderungskündigung nicht das Ziel, die

---

241 Münch-ArbR-*Richardi*, § 12 Rdn. 33 ff.

242 Die Massenänderungskündigung als Gestaltungsmittel der Arbeitnehmerschaft wird hingegen nicht behandelt. Zwar erscheint ein derartiges Vorgehen nicht nur in Zeiten der Hochkonjunktur infolge der sich aus der Beendigung einer Vielzahl von Arbeitsverhältnissen ergebenden Gefährdung des Betriebsablaufs zur Änderung von Arbeitsbedingungen gegen den Willen des Arbeitgebers nicht generell ungeeignet, die arbeitsgerichtliche Rechtsprechung beurteilt derartige Änderungskündigungen allerdings stets als unzulässige Arbeitskampfmaßnahmen (BAG v. 8. 2. 1957, AP Nr. 1 zu § 1 TVG Friedenspflicht; BAG v. 28. 4. 1966, AP Nr. 37 zu Art. 9 GG Arbeitskampf; a. A. dagegen das überwiegende Schrifttum (vgl. GK-*Künzl*, § 2 KSchG Rdn. 47)).

243 Münch-ArbR-*Berkowsky*, § 145 Rdn. 133.

244 BAG v. 29. 3. 1990, AP Nr. 56 zu § 102 BetrVG 1972. Zum kollektiven Bezug der Massenänderungskündigung vgl. *Hilbrandt*, Massenänderungskündigung, S. 133, 167 f.; *Wank*, Anm. zu BAG v. 3. 11. 1987, EzA Nr. 20 zu § 77 BetrVG 1972.

245 GK-*Künzl*, § 2 KSchG Rdn. 45; *v. Hoyningen-Huene/Linck*, § 15 KSchG Rdn. 60 ff.; Münch-ArbR-*Berkowsky*, § 145 Rdn. 133; *Schaub*, in: Hromadka, Änderung, 73, 77.

Arbeitsbedingungen einzelner Arbeitnehmer zu modifizieren. Stattdessen strebt er die einheitliche Veränderung einer Vielzahl von Arbeitsverhältnissen an. Die Massenänderungskündigung wird folglich ausschließlich aus betrieblichen Gründen ausgesprochen.[246] Ausgangspunkt der Initiative des Arbeitgebers ist wie auch im auch Rahmen der betriebsbedingten Individualänderungskündigung eine unternehmerische Entscheidung. Deren wesentliches Merkmal ist die gleichförmige Veränderung mehrerer Arbeitsverhältnisse. Üblicherweise hat der Arbeitgeber ein in sich geschlossenes Regelungskonzept entwickelt, dessen ordnungsgemäße Verwirklichung der Änderung aller von ihm benannten Arbeitsverhältnisse bedarf.

Problematisch erweist sich in diesem Zusammenhang der Umstand, dass aufgrund der individuellen Betrachtungsweise der Massenänderungskündigung durch das geltende Kündigungsschutzrecht möglicherweise zwar die Veränderung der überwiegenden Anzahl der vom Arbeitgeber ausgewählten Arbeitsverhältnisse, nicht jedoch aller nach seiner Vorstellung zu verändernden Arbeitsverhältnisse rechtlich zulässig bzw. in angemessener Zeit durchzusetzen ist. Die Verwirklichung des vom Arbeitgeber ausgearbeiteten Regelungskonzepts wird infolgedessen in zahlreichen Fällen massiv beeinträchtigt.[247]

a. Verhinderung der Verwirklichung des Regelungskonzepts

Zunächst besteht die Gefahr, dass die vom Arbeitgeber intendierte Veränderung der Arbeitsbedingungen einer Gruppe von Arbeitnehmern aufgrund der Voraussetzungen der Änderungskündigung insgesamt verhindert wird.

Die soziale Rechtfertigung der Massenänderungskündigung orientiert sich wie auch die der Individualänderungskündigung maßgeblich an den

---

246 Vgl. BAG v. 20. 3. 1986, AP Nr. 14 zu § 2 KSchG 1969; BAG v. 18. 10. 1984, AP Nr. 6 zu § 1 KSchG 1969 Soziale Auswahl; BAG v. 18. 1. 1990, AP Nr. 27 zu § 2 KSchG 1969. Zahlreiche Beispiele aus der arbeitsrechtlichen Praxis finden sich bei *Gerstner*, Massenänderungskündigung, S. 65 f.; Münch-ArbR-*Berkowsky*, § 145 Rdn. 128.

247 Die besondere Tragweite dieses Ergebnisses betont *Hilbrandt*, Massenänderungskündigung, S. 133 ff., 147. Er weist darauf hin, dass dem Arbeitgeber insbesondere zur betriebseinheitlichen „Verringerung der einzelvertraglich vereinbarten Arbeitsentgelte bzw. des Umfangs und der Dauer der Arbeitsleistungen" regelmäßig keine Alternativen zur Änderungskündigung zur Verfügung stehen. Ähnlich auch *B. Preis*, DB 1984, 2244, 2247; *Schaub*, in: Hromadka, Änderung, 73, 73; *Wank*, Anm. zu BAG v. 3. 11. 1987, EzA Nr. 20 zu § 77 BetrVG 1972; *ders.*, in: Junker/Oechsler/Steckhan/Wank, Zukunft, 87, 112.

konkreten Umständen des Einzelfalls.[248] Oftmals resultiert daraus zumindest für einzelne der betroffenen Arbeitnehmer die Unwirksamkeit der ihnen gegenüber erklärten Änderungskündigungen.[249] Die angestrebte gleichförmige Veränderung aller vom Regelungskonzept des Arbeitgebers erfassten Arbeitsverhältnisse wird somit unterbunden.[250] Dasselbe Schicksal teilt die unternehmerische Entscheidung des Arbeitgebers in den bei der Massenänderungskündigung nicht seltenen Fällen, in denen die Veränderung der Arbeitsbedingungen eines durch die Bestimmungen § 15 KSchG, § 9 MuSchG, § 18 BErzGG geschützten Arbeitnehmers notwendig erscheint.[251] Das Regelungskonzept des Arbeitgebers kann auch hier nicht vollständig umgesetzt werden.[252] Hinzu tritt die Möglich-

---

248 BAG v. 20. 3. 1986, AP Nr. 14 zu § 2 KSchG 1969. Anders hingegen *Hilbrandt*, Massenänderungskündigung, S. 167 f., 177 ff., der dem Kündigungsschutzgesetz für die Änderung allgemeiner Arbeitsbedingungen zu Unrecht einen „überindividuellen" Ansatz entnimmt.

249 Dies erkennt – in einem anderem Zusammenhang – auch das Bundesarbeitsgericht (BAG v. 17. 6. 1998, AP Nr. 49 zu § 2 KSchG 1969). Zur Problematik der „Einzelfallabwägung" bei der Massenänderungskündigung vgl. *Wank*, Anm. zu BAG v. 3. 11. 1987, EzA Nr. 20 zu § 77 BetrVG 1972. Da das Erfordernis der sozialen Rechtfertigung der Änderung der Arbeitsbedingungen außerhalb des Anwendungsbereichs des Kündigungsschutzgesetzes für die Effektivität des Änderungsinstruments keine Rolle spielt, wird dieser Fall der Massenänderungskündigung nicht näher erörtert.

250 *Hilbrandt*, Massenänderungskündigung, S. 167; Münch-ArbR-*Berkowsky*, § 145 Rdn. 133. *Wank*, RdA 1993, 79, 81 f. weist in diesem Zusammenhang zutreffend darauf hin, dass im Rahmen der Massenänderungskündigung vom Arbeitgeber letztendlich „Hunderte von Einzelfallabwägungen" verlangt werden. Das Änderungsinstrument wird „damit von vornherein entwertet".

251 Die Bestimmungen des Sonderkündigungsschutzes finden nach der Rechtsprechung des Bundesarbeitsgerichts auch auf die Massenänderungskündigung uneingeschränkt Anwendung (BAG v. 29. 1. 1981, AP Nr. 10 zu § 15 KSchG 1969; BAG v. 6. 3. 1986, AP Nr. 19 zu § 15 KSchG 1969; BAG v. 9. 4. 1987, AP Nr. 28 zu § 15 KSchG 1969). Kritisch äußert sich demgegenüber insbesondere im Hinblick auf die Anwendung des § 15 KSchG das überwiegende Schrifttum (ErfK-*Ascheid*, § 15 KSchG Rdn. 20; Richardi-*Thüsing*, § 78 BetrVG Rdn. 26 ff.; *Wallner*, Änderungskündigung, S. 106 ff.). Vgl. zudem den Gesetzgebungsvorschlag des *Arbeitskreises Deutsche Rechtseinheit im Arbeitsrecht*, Gutachten für den 59. DJT 1992, D 57. Die Vorschriften des Sonderkündigungsschutzes sind danach gemäß § 114 Abs. 6 EArbVG auf die Massenänderungskündigung nicht anzuwenden.

252 Die Änderung der Arbeitsbedingungen eines besonders privilegierten Arbeitnehmers kann im Fall der Massenänderungskündigung allerdings ausnahmsweise auch mittels der außerordentlichen Änderungskündigung durchgesetzt werden. Die Anforderungen daran sind jedoch hoch (s. BAG v. 21. 6. 1995, AP Nr. 36 zu § 15 KSchG 1969; GK-*Rolfs*, § 9 MuSchG Rdn. 77).

keit der Verhinderung der „massenhaften" Änderung von Arbeitsbedingungen durch ein Tätigwerden des Betriebsrats gemäß § 99 Abs. 2 BetrVG. Verweigert der Betriebsrat danach berechtigterweise seine Zustimmung zur Veränderung des Arbeitsverhältnisses nur eines einzelnen Arbeitnehmers, so wird die vom Arbeitgeber intendierte kollektive Veränderung der Arbeitsbedingungen ebenfalls vereitelt.

Insgesamt bestehen somit zahlreiche Umstände, die die vom Arbeitgeber ausgearbeitete gleichförmige Veränderung allgemeiner Arbeitsbedingungen mittels der Massenänderungskündigung verhindern können. Durch eine im Einzelfall in Betracht kommende Modifizierung seines Regelungskonzepts kann der Arbeitgeber dem zwar möglicherweise entgegenwirken, dies verursacht in der Regel allerdings zusätzlichen Aufwand und damit verbundene erhöhte finanzielle Belastungen.

b. Verzögerung der Umsetzung des Regelungskonzepts

Wird die Umsetzung des Regelungskonzepts des Arbeitgebers nach dem bisher Gesagten nicht unterbunden, so kommt infolge der Voraussetzungen der Änderungskündigung auch eine Verzögerung der angestrebten Veränderung der Arbeitsverhältnisse in Betracht.

In diesem Zusammenhang sind insbesondere die Auswirkungen der Vorschrift des § 622 BGB zu beachten. Aufgrund der vor allem nach der Beschäftigungsdauer der Arbeitnehmer differenzierenden Regelung des § 622 Abs. 2 BGB bestehen für die verschiedenen von der Massenänderungskündigung betroffenen Arbeitsverhältnisse üblicherweise unterschiedlich lange Kündigungsfristen. Der Arbeitgeber kann mit der Verwirklichung seines in sich geschlossenen Regelungskonzepts erst dann beginnen, wenn auch die längste der individuellen Kündigungsfristen verstrichen ist.[253] Eine demnach lediglich für einen einzelnen Arbeitnehmer geltende Kündigungsfrist bildet folglich auch für die anderen Arbeitsverhältnisse grundsätzlich eine umfassend wirkende Veränderungssperre.[254] Die Vorschriften der §§ 85 ff. SGB IX und der Bestimmungen der

[253] Dies erscheint zur Rettung existenzgefährdeter Betriebe – wie *Wank*, in: Junker/Oechsler/Steckhan/Wank, Zukunft, S. 87, 112 zutreffend ausführt – unangemessen.

[254] Im Extremfall – die Kündigungsfrist eines einzelnen Arbeitnehmer bestimmt sich nach § 622 Abs. 2 S. 1 Nr. 7 BGB, die der anderen Arbeitnehmer nach § 622 Abs. 1 BGB – stellt sich allerdings auch hier die Frage, ob in Bezug auf den einzelnen Arbeitnehmer eine außerordentliche Änderungskündigung mit einer verkürzten Kündigungsfrist – im Beispielsfall der nach § 622 Abs. 1 BGB – in Betracht kommt. Nach der Rechtsprechung des Bundesarbeitsgerichts müsste die

§§ 99, 102 BetrVG können zudem eine nicht unwesentliche Verzögerung der gleichförmigen Veränderung der Arbeitsbedingungen einer Gruppe von Arbeitnehmern bewirken. Dies erfordert ausschließlich, dass das Integrationsamt der Änderung der Arbeitsbedingungen eines schwerbehinderten Arbeitnehmers nicht zustimmt bzw. dass der Betriebsrat sich der Änderung eines Arbeitsverhältnisses in formell ordnungsgemäßer Weise widersetzt. Anders als zur Verhinderung der Verwirklichung des arbeitgeberseitigen Regelungskonzepts bedarf es zur Verzögerung nicht der berechtigten Ablehnung der vom Arbeitgeber intendierten Änderung.

Im Ergebnis kann die Umsetzung des vom Arbeitgeber ausgearbeiteten Regelungskonzepts damit nicht nur auf verschiedene Arten verhindert, sondern zudem auch verzögert werden. Die Anforderungen daran sind trotz der auch durch bloße Verzögerungen verursachten erheblichen Belastungen des Arbeitgebers gering.

2. Einzelheiten der Massenänderungskündigung

Über die genannte Grundproblematik hinaus belasten einzelne Voraussetzungen der Massenänderungskündigung deren Effektivität zur „massenhaften" Veränderung von Arbeitsbedingungen in zusätzlichem Maße.

a. Soziale Rechtfertigung

Die Praktikabilität der Massenänderungskündigung des Arbeitgebers zur Entgeltreduzierung wird nach der Rechtsprechung des Bundesarbeitsgerichts nicht allein durch die allgemeinen, sondern zusätzlich durch besondere Anforderungen an die soziale Rechtfertigung der Änderung der Arbeitsbedingungen belastet.[255] Danach genügt es zur Änderungskündigung aus Gründen der Unrentabilität des Betriebes nicht, dass die Betriebskosten nicht durch andere, den Arbeitnehmer weniger belastende Maßnahmen verringert werden können. Die arbeitsgerichtliche Rechtsprechung fordert darüber hinaus eine akute Gefährdung der Arbeitsplät-

---

von der Verzögerung ausgehende Belastung des Arbeitgebers dafür jedoch ganz erheblich sein. Zudem darf eine Modifizierung des Regelungskonzepts des Arbeitgebers für diesen in keiner Weise zumutbar erscheinen (BAG v. 21. 6. 1995, AP Nr. 36 zu § 15 KSchG 1969; *Wallner*, Änderungskündigung, S. 106 ff.).

[255] Ausführlich zu dieser Variante der Massenänderungskündigung vgl. *Berger-Delhey*, DB 1991, 1571, 1571 ff.; *Berkowsky*, Änderungskündigung, S. 109 ff.; *Buchner*, in: FS Kraft, 23, 23 ff.; *Otto*, Änderungskündigung, S. 1 ff.

ze oder aber eine Existenzbedrohung des gesamten Betriebes.[256] Dies sind auch nach der Auffassung *Fischermeiers* „nicht eben geringe Anforderungen an die Darlegung betrieblicher Erfordernisse durch die Unternehmen".[257] Die Massenänderungskündigung zur Entgeltreduzierung ist danach auch in solchen Fällen unwirksam, in denen der Arbeitgeber die Entstehung akuter Gefahren gerade präventiv bekämpfen will. Die Absenkung des Entgelts der Arbeitnehmer im Wege der Änderungskündigung bildet folglich kein effektives Mittel zur Vermeidung entsprechender Gefahren.[258]

Ein weiteres Hindernis für den Einsatz des Änderungsinstruments zur „massenhaften" Änderung von Arbeitsverhältnissen stellt das Erfordernis der Sozialauswahl dar. Deren ordnungsgemäße Durchführung wird im Rahmen der Massenänderungskündigung nicht allein durch die Spezifika der Änderungskündigung, sondern außerdem durch zusätzliche Umstände erschwert.[259] Sollen beispielsweise in einem Betrieb mit zwei Abteilungen ausschließlich die Arbeitsbedingungen der Beschäftigten der einen Betriebsabteilung verändert werden, so führt die am Gesamtbetrieb ausgerichtete Sozialauswahl in der Regel dazu, dass – bei ähnlicher Belegschaftsstruktur der beiden Abteilungen – eine erhebliche Anzahl von Ar-

---

256 BAG v. 20. 3. 1986, AP Nr. 14 zu § 2 KSchG 1969; BAG v. 20. 8. 1998, AP Nr. 50 zu § 2 KSchG 1969; BAG v. 12. 11. 1998, AP Nr. 51 zu § 2 KSchG 1969; BAG v. 1. 7. 1999, AP Nr. 53 zu § 2 KSchG 1969. Zur Abgrenzung der Stilllegung des gesamten Betriebes von der Stilllegung eines unselbstständigen Betriebsteils s. BAG v. 11. 10. 1989, AP Nr. 47 zu § 1 KSchG 1969. Vgl. zudem den Vorschlag einer gesetzlichen Sonderregelung der Änderungskündigung zur Entgeltreduzierung durch den *Arbeitskreis Deutsche Rechtseinheit im Arbeitsrecht*, Gutachten für den 59. DJT 1992, D 56, 124 in § 114 Abs. 2 EArbVG. Danach ist eine „akute Gefährdung von Arbeitsplätzen" zur Rechtfertigung der Entgeltreduzierung nicht erforderlich.

257 *Fischermeier*, NZA 2000, 737, 742. „Zuzugeben ist" nach seiner Meinung außerdem, „dass dringende betriebliche Erfordernisse für Änderungskündigungen zur Lohnsenkung nur schwer zu begründen sind, wenn lediglich die Unrentabilität des Betriebes die Basis der Argumentation ist". Ähnlich auch *Sievers*, NZA 2002, 1182, 1186 f.

258 Zum kritischen Umgang des arbeitsrechtlichen Schrifttums mit dieser Position des Bundesarbeitsgerichts vgl. Stahlhacke/U. Preis/Vossen-*U. Preis*, Kündigungsschutz, Rdn. 1273. Ratschläge der anwaltlichen Beratungspraxis für diesen besonderen Fall der Massenänderungskündigung finden sich zudem bei *Henssler*, in: Henssler/Moll, Kündigungsschutz, 89, 109.

259 Zu den Besonderheiten der Massenänderungskündigung zur Entgeltreduzierung im Rahmen der Sozialauswahl s. *Fischermeier*, NZA 2000, 737, 738; *Hilbrandt*, Massenänderungskündigung, S. 183 ff.; *B. Preis*, DB 1984, 2244, 2247 ff.; *Wank*, in: Junker/Oechsler/Steckhan/Wank, Zukunft, 87, 113.

beitnehmern der einen Betriebsabteilung mit den Beschäftigten der anderen Abteilung auszutauschen ist.[260] Die erfolgreiche Fortführung der gesunden Betriebsabteilung wird infolgedessen nicht unerheblich gefährdet. Üblicherweise können zwar einzelne Arbeitnehmer einer Betriebsabteilung nahezu problemlos ersetzt werden, der Austausch einer größeren Gruppe von Beschäftigten wirkt sich hingegen insbesondere bei Stammkräften negativ auf den Arbeitsprozess aus.[261] Hinzu kommt, dass sich infolge der Vielzahl der betroffenen Arbeitnehmer und der Fülle der bei der Änderungskündigung zu berücksichtigenden Sozialdaten die Schwierigkeiten des Arbeitgebers bei der Vornahme der von ihm zu treffenden Auswahlentscheidungen potenzieren. *B. Preis* spricht in diesem Zusammenhang davon, dass das Ausmaß der vom Arbeitgeber zu bewältigenden Aufgaben bei der „massenhaften" Änderung von Arbeitsbedingungen „eine neue Qualität" gewinne.[262] Die Praktikabilität des Änderungsinstruments zur gleichförmigen Veränderung zahlreicher Arbeitsverhältnisse wird somit erheblich beeinträchtigt.

b. Sonderkündigungsschutz

Die im Einzelfall massiven Auswirkungen der Anwendbarkeit der verschiedenen Bestimmungen des Sonderkündigungsschutzes auf die Massenänderungskündigung sind bereits im Rahmen der Darstellung der Grundproblematik des Änderungsinstruments verdeutlicht worden. Die Anwendung der Vorschriften auf die Änderung von Arbeitsbedingungen begegnet über die für den Fall der Individualänderungskündigung geäußerte Kritik hinaus zusätzlichen Bedenken. Es leuchtet nicht ein, dass eine ansonsten alle Beschäftigten eines Betriebes oder einer bestimmten Betriebsabteilung treffende Massenänderungskündigung die Arbeitsbedingungen einzelner Arbeitnehmer z. B. aufgrund ihrer Eigenschaft als

---

260 *B. Preis*, DB 1984, 2244, 2247 vermutet in einem derartigen Fall, „dass etwa ein Viertel bis ein Drittel der Arbeitnehmer der fortzuführenden Betriebsabteilung auszutauschen ist".

261 *Hilbrandt*, Massenänderungskündigung, S. 186 f.; *B. Preis*, DB 1984, 2244, 2247. Die in diesem Zusammenhang in Betracht kommende Berufung des Arbeitgebers auf „berechtigte betriebliche Bedürfnisse", welche die Weiterbeschäftigung der entsprechenden Arbeitnehmer bedingen, eröffnet dem Arbeitgeber infolge der strengen Voraussetzungen des § 1 Abs. 3 S. 2 KSchG kaum zusätzliche Möglichkeiten (vgl. BAG v. 25. 4. 1985, AP Nr. 7 zu § 1 KSchG 1969 Soziale Auswahl; KPK-*Meisel*, Teil H, § 1 KSchG Rdn. 523.)

262 *B. Preis*, DB 1984, 2244, 2247.

Mandatsträger, Wahlbewerber oder Wahlvorstand nicht modifiziert.[263] Die Verwirklichung des Schutzzwecks von Vorschriften wie beispielsweise des § 15 KSchG bedarf einer solchen Regelung gerade nicht.[264] Die nach der Rechtsprechung des Bundesarbeitsgerichts gebotene Sonderbehandlung der durch § 15 KSchG geschützten Personen stellt zudem einen Verstoß gegen das Begünstigungsverbot des § 78 S. 2 BetrVG dar.[265] Die Effektivität des Änderungsinstruments wird nicht unerheblich beeinträchtigt.

c. Form und Frist

Das auch für die Massenänderungskündigung geltende Schriftformerfordernis des § 623 BGB beeinträchtigt die Praktikabilität der Änderungskündigung zur Veränderung der Arbeitsbedingungen einer Gruppe von Arbeitnehmern kaum. Lediglich die im Rahmen einer Betriebsversammlung mündlich erklärte Massenänderungskündigung ist wie auch die Kündigung durch Aushang am schwarzen Brett gemäß § 623 BGB i. V. m. § 125 S. 1 BGB unwirksam.[266] Die besondere Problematik der unterschiedlich langen Kündigungsfristen der verschiedenen Arbeitnehmer nach § 622 Abs. 2 BGB ist bereits im Rahmen der Darstellung der Grundproblematik des Änderungsinstruments dargelegt worden.

d. Beteiligung des Betriebsrats

Im Hinblick auf die Mitwirkung des Betriebsrats an der Massenänderungskündigung gemäß den §§ 99, 102 BetrVG sind die Ausführungen zur Individualänderungskündigung insoweit zu ergänzen, als die Berufung des Arbeitgebers auf den Ablauf der einwöchigen Frist zur Stellungnahme des Betriebsrats nach § 102 Abs. 2 S. 1, 3 BetrVG rechtsmiss-

---

263 KPK-*Meisel*, Teil A, Rdn. 64; *Wank*, in: Junker/Oechsler/Steckhan/Wank, Zukunft, S. 87, 112.

264 Zur Bedeutung des Schutzzwecks der Vorschrift des § 15 KSchG vgl. insofern *Hilbrandt*, Massenänderungskündigung, S. 196 ff.; Stahlhacke/U. Preis/Vossen-*Stahlhacke*, Kündigungsschutz, Rdn. 1624; *Wallner*, Änderungskündigung, S. 110 ff.

265 *Hromadka*, RdA 1992, 234, 257. Zur wenig überzeugenden gegenteiligen Argumentation des Bundesarbeitsgerichts vgl. BAG v. 29. 1. 1981, EzA Nr. 26 zu § 15 KSchG; BAG v. 6. 3. 1986, EzA Nr. 34 zu § 15 KSchG; BAG v. 9. 4. 1987, AP Nr. 28 zur § 15 KSchG 1969.

266 *Gotthardt*, ZIP 2002, 277, 285; *Schaub*, NZA 2000, 344, 347.

bräuchlich sein kann.[267] Zwar hat der Betriebsrat auch im Fall der gleichzeitigen Erklärung einer Vielzahl von Änderungskündigungen keinen generellen Anspruch auf die Verlängerung der genannten Frist,[268] die rechtliche Beurteilung eines entsprechenden Verlängerungsbegehrens erscheint jedoch infolge der vom Gesetzgeber angestrebten intensiven Auseinandersetzung des Betriebsrats mit den verschiedenen Einzelfällen oftmals schwierig.[269] Dem Arbeitgeber ist im Rahmen der Massenänderungskündigung folglich anzuraten, dem Antrag des Betriebsrats auf eine angemessene Verlängerung der entsprechenden Frist im Zweifelsfall zuzustimmen.[270] Die Verwirklichung der intendierten Veränderung der Arbeitsbedingungen wird dadurch lediglich in geringem Maße weiter hinausgezögert.

Die mit der Massenänderungskündigung beabsichtigte Änderung von Arbeitsverhältnissen kann darüber hinaus als mitbestimmungspflichtige Angelegenheit i. S. des § 87 Abs. 1 BetrVG einzuordnen sein.[271] Daran ist insbesondere im Fall der Änderungskündigung zur Entgeltreduzierung zu denken, durch welche die betriebliche Lohngestaltung i. S. des § 87 Abs. 1 Nr. 10 BetrVG üblicherweise nicht unwesentlich modifiziert wird.[272] Die Rechtsfolge der fehlenden Mitbestimmung des Betriebsrats in Angelegenheiten nach § 87 Abs. 1 BetrVG wird anders als beispielsweise im Rahmen des § 102 BetrVG durch das Betriebsverfassungsgesetz nicht selbst geregelt. Nach der neueren Rechtsprechung des Bundesarbeitsgerichts führt die fehlende Mitwirkung des Betriebsrats entgegen älterer Entscheidungen nicht zur Unwirksamkeit der Änderungskündigung.[273]

---

267 Hess/Schlochauer/Glaubitz-*Schlochauer*, § 102 BetrVG Rdn. 74; KR-*Etzel*, § 102 BetrVG Rdn. 89b.

268 BAG v. 14. 8. 1986, AP Nr. 43 zu § 102 BetrVG 1972; *Fitting/Kaiser/Heither/Engels*, § 102 BetrVG Rdn. 64; Richardi-*ders./Thüsing*, § 102 BetrVG Rdn. 101.

269 Zum Sinn und Zweck der Beteiligung des Betriebsrats gemäß § 102 BetrVG vgl. insoweit Däubler/Kittner/Klebe-*Kittner*, § 102 BetrVG Rdn. 3.

270 So Stahlhacke/U. Preis/Vossen-*U. Preis*, Kündigungsschutz, Rdn. 423 f., der in diesem Zusammenhang die erheblichen Folgen der fehlerhaften Anhörung des Betriebsrats besonders hervorhebt.

271 Zur Diskussion um das Erfordernis eines kollektiven Tatbestandes im Rahmen der Vorschrift s. *Fitting/Kaiser/Heither/Engels*, § 87 BetrVG Rdn. 13 ff.; *Raab*, ZfA 2001, 31, 31 ff.; Richardi-*ders.*, § 87 BetrVG Rdn. 15 ff.; *Wank*, in: FS Wiese, 617, 617 ff.

272 BAG v. 17. 6. 1998, AP Nr. 49 zu § 2 KSchG 1969; *Küttner*, in: Henssler/Moll, Kündigungsschutz, 171, 174; *Otto*, Änderungskündigung, S. 176.

273 Zur älteren Rechtsprechung des Bundesarbeitsgerichts vgl. BAG v. 1. 2. 1957, AP Nr. 4 zu § 56 BetrVG; BAG v. 21. 9. 1989, NZA 1990, 351, 356. Zur gegenwärtigen Position des Bundesarbeitsgerichts s. BAG v. 17. 6. 1998, AP Nr. 49 zu

Die zwingende Mitbestimmung wird gegenwärtig nicht mehr als „Wirksamkeitsvoraussetzung“, sondern vielmehr als „Durchsetzbarkeitshemmnis“ qualifiziert. Die Einigung mit dem Betriebsrat kann demzufolge auch nach dem Ausspruch der Änderungskündigung herbeigeführt werden.[274] Dem Arbeitgeber bietet sich infolgedessen die Möglichkeit, insbesondere das Verfahren vor der Einigungsstelle gemäß § 87 Abs. 2 BetrVG zur Vermeidung weiterer Verzögerungen innerhalb der Kündigungsfrist des § 622 BGB durchzuführen.[275] Soweit der Betriebsrat die angestrebte Veränderung der Arbeitsbedingungen demnach nicht berechtigterweise ablehnt,[276] wird sie aufgrund des Erfordernisses der Mitwirkung des Betriebsrats nach § 87 BetrVG nicht wesentlich beeinträchtigt.[277]

e. Anzeigepflicht gemäß den §§ 17 ff. KSchG

Nach § 17 Abs. 1 S. 1 KSchG hat ein Arbeitgeber, der eine bestimmte Anzahl von Arbeitnehmern im Zeitraum von 30 Kalendertagen entlässt,[278] dem Arbeitsamt im Voraus Anzeige zu erstatten. Eine Entlassung i. S. der Vorschrift liegt ausschließlich dann vor, wenn das Arbeitsverhältnis durch die vom Arbeitgeber veranlasste Maßnahme tatsächlich beendet

---

§ 2 KSchG 1969. Vgl. auch die zur Regelung des § 99 BetrVG ergangene Entscheidung des Bundesarbeitsgerichts, auf welche sich die neuere Rechtsprechung beruft (BAG v. 30. 9. 1993, AP Nr. 33 zu § 2 KSchG 1969).

274 Zur Kritik des arbeitsrechtlichen Schrifttums daran s. Däubler/Kittner/Klebe-*ders.*, § 87 BetrVG Rdn. 4 f.; *Fitting/Kaiser/Heither/Engels*, § 87 BetrVG Rdn. 599 f. Die Position der neueren Rechtsprechung des Bundesarbeitsgerichts befürworten hingegen Münch-ArbR-*Berkowsky*, § 147 Rdn. 95; *Otto*, Änderungskündigung, S. 181 f.; Richardi-*ders.*, § 87 BetrVG Rdn. 101 ff.

275 Da in den Fällen der Massenänderungskündigung regelmäßig zumindest für einzelne Arbeitnehmer gemäß § 622 Abs. 2 BGB eine längere Kündigungsfrist gilt, erscheint die Durchführung des Verfahrens nach § 87 Abs. 2 BetrVG innerhalb der entsprechenden Kündigungsfrist auch praktisch üblicherweise realisierbar.

276 Dadurch würde die angestrebte Veränderung der Arbeitsbedingungen verhindert. Zur „Korrektur der unternehmerischen Entscheidungsfreiheit durch die Mitbestimmung des Betriebsrats“ vgl. die kritischen Ausführungen *Hensslers*, in: Henssler/Moll, Kündigungsschutz, 89, 110 ff.

277 *Otto*, Änderungskündigung, S. 181 f. weist insoweit darauf hin, dass das nun „gefundene Lösungsmodell“ der arbeitsgerichtlichen Rechtsprechung „den Bedürfnissen der Praxis besser Rechnung trägt als das von der Gegenmeinung befürwortete uneingeschränkte Verlangen nach einer vorherigen Beteiligung des Betriebsrats“. Er betont zu Recht den „nicht unerheblichen Zeitgewinn“ des Arbeitgebers.

278 Zur Bestimmung der für den Einzelfall maßgeblichen, von der Größe des Betriebes abhängigen Mindestanzahl s. § 17 Abs. 1 S. 1 Nr. 1 bis 3 KSchG.

wird.[279] Für die Änderungskündigung bedeutet dies, dass lediglich in den in der Praxis eher seltenen Fällen der Ablehnung des Änderungsangebots des Arbeitgebers durch den Arbeitnehmer eine Anzeigepflicht des Arbeitgebers überhaupt in Betracht kommt.[280] Der Massenentlassungsschutz der §§ 17 ff. KSchG greift zudem erst ein, wenn eine der Mindestzahl des § 17 Abs. 1 S. 1 KSchG entsprechende Gruppe von Arbeitnehmern auf diese Weise auf die Massenänderungskündigung reagiert.[281]

Aufgrund der regelmäßig bestehenden Unsicherheit des Arbeitgebers in Bezug auf die Reaktion der von der Massenänderungskündigung betroffenen Arbeitnehmer sollte dieser dem Arbeitsamt grundsätzlich eine vorsorgliche Anzeige erstatten.[282] Der damit verbundene Arbeitsaufwand belastet ihn trotz der verschiedenen Voraussetzungen der Anzeige nur unwesentlich.[283] Das Unterlassen der ordnungsgemäßen Anzeige hat zudem zwar nicht die Unwirksamkeit der Änderungskündigungen zur Folge,[284] der Arbeitgeber kann die entsprechenden Arbeitsverhältnisse aber selbst nach Ablauf der Kündigungsfrist nicht rechtswirksam beenden.[285] Die Beendigung wird vielmehr bis zur ordnungsgemäßen Anzeige und dem Ablauf der Entlassungssperre nach § 18 KSchG hinausgezögert.[286] Nur mittels der vorsorglichen Anzeige beim Arbeitsamt kann der Arbeitgeber folglich die möglichst zügige Umsetzung der mit der Massenänderungskündigung angestrebten Änderung der Arbeitsbedingungen ge-

---

279 *Von Hoyningen-Huene/Linck*, § 17 KSchG Rdn. 15; KPK-*Schiefer*, Teil H, §§ 17-22 KSchG Rdn. 42.

280 BAG v. 5. 12 1980, AP Nr. 9 zu § 15 KSchG 1969; BAG v. 10. 3. 1982, AP Nr. 2 zu § 2 KSchG 1969; *v. Hoyningen-Huene/Linck*, Vorb. zu §§ 17 ff. KSchG Rdn. 16.

281 KPK-*Schiefer*, Teil H, §§ 17-22 KSchG Rdn. 42. Treten zur Beendigung einzelner Arbeitsverhältnisse infolge der Massenänderungskündigung in einem Gesamtzeitraum von 30 Tagen noch andere Entlassungen hinzu, so kann sich eine Überschreitung der entsprechenden Mindestzahl auch aus der Addition der verschiedenartig zustande gekommenen Entlassungen ergeben.

282 S. dazu *v. Hoyningen-Huene/Linck*, § 17 KSchG Rdn. 82; KPK-*Schiefer*, Teil H, §§ 17-22 KSchG Rdn. 42.

283 Zu den Anforderungen an die Anzeige des Arbeitgebers s. Stahlhacke/U. Preis/Vossen-*ders.*, Kündigungsschutz, Rdn. 1583. Zum Erfordernis der Beteiligung des Betriebsrats im Rahmen des § 17 KSchG vgl. *v. Hoyningen-Huene/Linck*, § 17 KSchG Rdn. 44 ff.

284 *Von Hoyningen-Huene/Linck*, § 17 KSchG Rdn. 25.

285 Stahlhacke/U. Preis/Vossen-*ders.*, Kündigungsschutz, Rdn. 1586.

286 Zu den Einzelheiten der Entlassungssperre des § 18 KSchG s. Stahlhacke/U. Preis/Vossen-*ders.*, Kündigungsschutz, Rdn. 1586 ff.

währleisten.[287] Die Arbeitnehmer, die sich der Änderung widersetzen, kann der Arbeitgeber nach Ablauf der Kündigungsfristen durch Neueinstellungen ersetzen.

Insgesamt beeinträchtigt die Anzeigepflicht gemäß den §§ 17 ff. KSchG die Praktikabilität der Massenänderungskündigung folglich nur unerheblich. Im Fall der vorsorglichen Anzeige des Arbeitgebers wird die Durchsetzung der intendierten Änderungen durch den „Gleichlauf von Kündigungsfrist und Entlassungssperre" nicht einmal verzögert.

f. Ablauf des Rechtsschutzverfahrens

Der Ablauf des Rechtsschutzverfahrens im Rahmen der Massenänderungskündigung weist gegenüber dem der Individualänderungskündigung grundsätzlich keine Besonderheiten auf.[288] Der kollektive Charakter der Massenänderungskündigung bleibt wie bereits innerhalb des materiellen Rechts konsequent unberücksichtigt. Prinzipiell führt der Arbeitgeber im Fall der Erhebung zahlreicher Kündigungs- und Änderungsschutzklagen durch die betroffenen Arbeitnehmer eine entsprechende Anzahl selbstständiger Prozesse. Dies schafft die Gefahr unterschiedlicher Tatsachenbehauptungen und das Risiko widersprüchlicher Gerichtsentscheidungen.[289] Arbeitgeber und Arbeitsgerichtsbarkeit werden nicht unerheblich belastet.[290]

Als einzige Möglichkeit der einheitlichen Bewältigung entsprechender Massenkonflikte kommt innerhalb des am Individualrechtsstreit ausgerichteten Zivilprozessrechts die gerichtliche Prozessverbindung gemäß § 46 Abs. 2 S. 1 ArbGG i. V. m. den §§ 495, 147 ZPO in Betracht.[291] Es stellt sich folglich die Frage, ob dieses Mittel für den Fall der Massenänderungskündigung zugunsten des Arbeitgebers spürbare Erleichterungen schafft. Dies würde die Praktikabilität der Änderungskündigung zur „massenhaften" Veränderung von Arbeitsbedingungen erhöhen.

---

287 *Von Hoyningen-Huene/Linck*, § 17 KSchG Rdn. 25. Der Zeitraum der Entlassungssperre nach § 18 KSchG fällt dann regelmäßig in den Lauf der Kündigungsfrist.

288 Zum Rechtsschutzverfahren bei der Änderungskündigung s. Stahlhacke/ U. Preis/Vossen-*ders.*, Kündigungsschutz, Rdn. 2039 ff.

289 *Hilbrandt*, Massenänderungskündigung, S. 194 f.

290 *B. Preis*, DB 1984, 2244, 2247.

291 S. dazu auch *Hilbrandt*, Massenänderungskündigung, S. 194 f.; *B. Preis*, DB 1984, 2244, 2250. Im Rahmen des § 61b Abs. 2 S. 2 HS. 2 ArbGG wird diese prozessuale Möglichkeit für eine andere Fallkonstellation vom Gesetzgeber ausdrücklich benannt.

Trotz der grundsätzlichen Eignung der Prozessverbindung zum Zusammenschluss mehrerer Änderungs- und Kündigungsschutzklagen erscheint sie infolge des individuell ausgestalteten Kündigungsschutzes der Arbeitnehmer und der sich daraus ergebenden Vielzahl von Einzelproblemen problematisch.[292] Ein „einheitlicher" Prozess dürfte mangels eines kollektiven Anknüpfungspunktes für die materiellrechtliche Überprüfung der Wirksamkeit der Massenänderungskündigung regelmäßig durch zahlreiche Einzelfragen aufgeschwemmt und somit in hohem Maße unübersichtlich werden.[293] Die mit der Verbindung der Verfahren angestrebte Erhöhung der Prozesswirtschaftlichkeit wäre somit in weiten Teilen nicht zu verwirklichen. Innerhalb der arbeitsgerichtlichen Praxis kommt hinzu, dass sich eine Verbindung verschiedener Klagen nicht ohne weiteres realisieren lässt. Zwar stellt die Anhängigkeit der verschiedenen Verfahren bei unterschiedlichen Kammern desselben Arbeitsgerichts letztendlich kein rechtliches Hindernis dar, aufgrund der hohen Arbeitsbelastung der Gerichte für Arbeitssachen und des Bestrebens, die einzelnen Verfahren gleichmäßig auf alle Kammern zu verteilen, erscheint die tatsächliche Durchführung der Prozessverbindung in den Fällen der Massenänderungskündigung allerdings fraglich.[294] Die allgemeine Regelung des § 147 ZPO bewirkt demzufolge keine Erleichterung der prozessualen Bewältigung von Massenänderungskündigungen. Für einen sinnvollen Umgang mit dem Änderungsinstrument fehlt es an den erforderlichen „prozessrechtlichen Voraussetzungen".[295]

3. Ergebnis zur Massenänderungskündigung

Die Effektivität der Änderungskündigung zur „massenhaften" und gleichförmigen Änderung von Arbeitsverhältnissen wird aufgrund der fehlenden Berücksichtigung ihres Charakters als Massenphänomen erheblich beeinträchtigt. Wie bereits festgestellt worden ist, fehlt es innerhalb des geltenden Kündigungsrechts sowohl in materieller als auch in prozessualer Hinsicht an entsprechenden Sonderregelungen zur Bewältigung kol-

---

292 Streitig kann in Bezug auf ein einzelnes Arbeitsverhältnis nicht nur die möglicherweise von der Bewertung anderer Arbeitsverhältnisse abweichende rechtliche Würdigung der (Massen-) Änderungskündigung sein, sondern zudem auch die Feststellung der für die einzelne Änderungskündigung relevanten Tatsachen.

293 S. dazu Baumbach/Lauterbach/Albers/Hartmann-*ders.*, § 147 ZPO Rdn. 4. Dies ignoriert *Hilbrandt*, Massenänderungskündigung, S. 194 f., indem er ausschließlich die möglichen Vorteile einer Prozessverbindung benennt.

294 *B. Preis*, DB 1984, 2244, 2250.

295 *Wank*, Anm. zu BAG v. 3. 11. 1987, EzA Nr. 20 zu § 77 BetrVG 1972.

lektiver Sachverhalte. Die Schwierigkeit der prozessualen Bewältigung der Massenänderungskündigung stellt sich insofern weitgehend als notwendige Konsequenz der materiellrechtlichen Ausgestaltung des Änderungsinstruments dar.

§ 4 Ergänzende Vertragsauslegung und Störung der Geschäftsgrundlage

Soweit das Mittel der Änderungskündigung infolge seiner Grundstruktur oder aufgrund seiner strengen Voraussetzungen zur einseitigen Änderung von Arbeitsbedingungen ausscheidet, stellt sich die Frage, auf welche andere Art und Weise die Individualarbeitsvertragsparteien im Fall des Fehlens eines vertraglich vereinbarten Änderungsvorbehalts auf den Inhalt von Arbeitsverhältnissen einwirken können. In Betracht kommt insoweit neben der ergänzenden Vertragsauslegung die Anwendung der Grundsätze über die Störung der Geschäftsgrundlage. Einer „vorausschauenden Vertragsgestaltung" durch Arbeitgeber und Arbeitnehmer bedarf es hier zur Veränderung der Arbeitsbedingungen nicht.[296]

Für die Auslegung von Verträgen gelten auch innerhalb des Arbeitsvertragsrechts die allgemeinen Prinzipien des bürgerlichen Rechts. Die Zulässigkeit der ergänzenden Vertragsauslegung kann folglich dem Sinn und Zweck der §§ 133, 157 BGB entnommen werden. Interessenwidrigen Auswirkungen „planwidriger Unvollständigkeiten" von Vereinbarungen soll auf diesem Wege entgegengewirkt werden.[297] Die Zulässigkeit der Berufung der Arbeitsvertragsparteien auf die Lehre von der Störung der Geschäftsgrundlage ergibt sich hingegen unmittelbar aus dem Gesetz. Nachdem das Rechtsinstitut in der Vergangenheit durch Rechtsprechung und Schrifttum im Einzelnen ausgestaltet worden ist,[298] hat der Gesetzgeber die Grundsätze über die Störung der Geschäftsgrundlage

---

[296] *Wank*, in: Junker/Oechsler/Steckhan/Wank, Zukunft, 87, 99.

[297] BGH v. 21. 9. 1994, BGHZ 127, 138, 142. ErfK-*U. Preis*, § 611 BGB Rdn. 520 f., *Krämer*, Widerruf, S. 109; Palandt-*Heinrichs*, § 157 BGB Rdn. 2. Vgl. auch die vom *Arbeitskreis Deutsche Rechtseinheit im Arbeitsrecht*, Gutachten für den 59. DJT 1992, D 56 vorgeschlagene Kodifikation einer gesetzlichen Auslegungsregel zum „Zweckfortfall" bei Leistungen des Arbeitgebers in § 113 Abs. 1 EArbVG.

[298] Für das Arbeitsrecht s. BAG v. 14. 2. 1956, AP Nr. 1 zu § 242 BGB Geschäftsgrundlage; BAG v. 9. 7. 1986, AP Nr. 7 zu § 242 BGB Geschäftsgrundlage; *A-scheid*, in: Hromadka, Änderung, 109, 109 ff. Vgl. zudem den Gesetzgebungsvorschlag des *Arbeitskreises Deutsche Rechtseinheit im Arbeitsrecht*, Gutachten für den 59. DJT 1992, D 56. Danach wird die „Änderung der Umstände" in § 113 Abs. 2 EArbVG gesetzlich geregelt.

durch die Schuldrechtsreform in § 313 BGB erstmals gesetzlich kodifiziert.[299]

A. Grundkonzeption der Änderungsinstrumente

Das Mittel der ergänzenden Vertragsauslegung und die Vorschrift des § 313 BGB haben infolge ihrer Grundkonzeption für das Arbeitsvertragsrecht nahezu keine praktische Bedeutung.[300] Zwar können prinzipiell auch mit diesen Instrumenten Arbeitsverhältnisse auf die Initiative einer der Vertragsparteien inhaltlich verändert werden, die Effektivität der Mittel zur Änderung von Arbeitsbedingungen ist allerdings gering.

Sowohl die ergänzende Vertragsauslegung als auch die Geschäftsgrundlagendoktrin dienen dazu, bestehende Regelungslücken zu schließen.[301] Den Parteien wird die Möglichkeit eröffnet, die ursprüngliche Vereinbarung trotz des Fehlens vertraglich vereinbarter Änderungsbefugnisse den sich im Laufe der Zeit verändernden Vorstellungen und Umständen anzupassen. Der fortbestehende Vertrag soll somit auch zu einem späteren Zeitpunkt den Interessen der Beteiligten gerecht werden.[302] Zur Feststellung einer entsprechenden Regelungslücke gehen die Änderungsinstrumente notwendiger Weise über den bei Abschluss des Ver-

---

299 Gemäß Art. 229 § 5 S. 1 EGBGB gelten die durch das Schuldrechtsmodernisierungsgesetz geänderten Vorschriften grundsätzlich allein für nach dem 31. 12. 2001 entstandene Schuldverhältnisse. Für Dauerschuldverhältnisse wie z. B. den Arbeitsvertrag finden sie jedoch gemäß der Sonderregelung des Art. 229 § 5 S. 2 EGBGB nach Ablauf einer einjährigen Anpassungsfrist auch auf alle vor dem 1. Januar 2002 begründeten Schuldverhältnisse Anwendung. Kritisch gegenüber der gesetzlichen Ausgestaltung des Änderungsinstruments äußert sich vor allem *Dauner-Lieb*, in: Ernst/Zimmermann, Schuldrechtsreform, 305, 321 ff. Vgl. aber auch die im Rahmen des Diskussionsberichts zum Referat *Dauner-Liebs* zusammengefassten, kritischen Beiträge anderer Vertreter des Schrifttums (abgedruckt in: Ernst/Zimmermann, Schuldrechtsreform, 329, 329).

300 S. dazu *Berkowsky*, Änderungskündigung, S. 48 f.; *Coester*, BB 1984, 797, 800; ErfK-*U. Preis*, § 611 BGB Rdn. 527; *Fastrich*, in: FS Wiedemann, 251, 257; KSchR-*Zwanziger*, § 2 KSchG Rdn. 113 f.; *Ratajczak*, Änderungskündigung, S. 39 f. Vgl. auch die zahlreichen Anwendungsbeispiele bei Palandt-*Heinrichs*, Erg.-Bd., § 313 BGB Rdn. 21, 32 ff. Das Arbeitsvertragsrecht findet insofern keine Erwähnung.

301 Erman-*Hefermehl*, § 157 Rdn. 16 f., § 242 Rdn. 166; *Krämer*, Widerruf, S. 95 f., 109; KSchR-*Zwanziger*, § 2 KSchG Rdn. 115; *Schaub*, in: Hromadka, Änderung, 73, 82; *Wank*, Anm. zu BAG v. 3. 11. 1987, EzA Nr. 20 zu § 77 BetrVG 1972.

302 Zur ergänzenden Vertragsauslegung vgl. ErfK-*U. Preis*, § 611 BGB Rdn. 521 f.; *Krämer*, Widerruf, S. 109 f.; *Lettl*, JuS 2001, 248, 248 f. Zur Störung der Geschäftsgrundlage s. *Ascheid*, in: Hromadka, Änderung, 109, 109 ff.; GK-*Künzl*, § 2 KSchG Rdn. 86; KSchR-*Zwanziger*, § 2 KSchG Rdn. 114 f.

trages deutlich gewordenen Willen der Parteien hinaus. Die ergänzende Vertragsauslegung stellt auf den hypothetischen Regelungswillen der Vertragsparteien ab,[303] die Lehre von der Störung der Geschäftsgrundlage orientiert sich an den zutage getretenen Vorstellungen „von dem Vorhandensein oder dem künftigen Eintritt bestimmter Umstände", welche gerade nicht Vertragsinhalt geworden sind.[304] Eine von den ursprünglichen Vorstellungen der Parteien losgelöste Veränderung der vertraglichen Vereinbarung kann hingegen weder im Wege der ergänzenden Vertragsauslegung noch nach § 313 BGB erreicht werden. Anders als im Fall der Änderungskündigung nach § 2 KSchG genügt es für die Veränderung der Arbeitsbedingungen gegen den Willen des Vertragspartners nicht, dass die intendierte Änderung zu einem bestimmten Zeitpunkt sozial gerechtfertigt ist.[305]

Die Feststellung und Ausfüllung der Regelungslücke ist üblicherweise mit erheblichen praktischen Schwierigkeiten verbunden. Anders als im Rahmen der einfachen Vertragsauslegung reicht es nicht aus, dass sich die änderungswillige Partei allein mit dem Inhalt der jeweiligen vertraglichen Vereinbarung beschäftigt. Sie wird vielmehr dazu verpflichtet, die dem Vertragsschluss zugrunde liegenden Vorstellungen und Umstände umfassend zu ermitteln und zu würdigen.[306] Belegen diese gerade nicht, dass die Beteiligten in Kenntnis einer entsprechenden Entwicklung der Sachlage, den Vertrag mit einem anderen Inhalt abgeschlossen hätten, so ist eine Veränderung der Arbeitsbedingungen im Wege der ergänzenden Vertragsauslegung ebenso wenig möglich wie nach den Grundsätzen über die Störung der Geschäftsgrundlage.[307]

---

[303] ErfK-*U. Preis*, § 611 BGB Rdn. 521 f.; *Krämer*, Widerruf, S. 109 f.; *Lettl*, JuS 2001, 248, 248 f.; Palandt-*Heinrichs*, § 157 BGB Rdn. 7 f.

[304] *Ascheid*, in: Hromadka, Änderung, 109, 109 ff.; GK-*Künzl*, § 2 KSchG Rdn. 86; KSchR-*Zwanziger*, § 2 KSchG Rdn. 114 f.; Palandt-*Heinrichs*, Erg.-Bd., § 313 BGB Rdn. 5 f.

[305] Für die Störung der Geschäftsgrundlage betonen dies zu Recht *Coester*, BB 1984, 797, 800; *Hromadka*, RdA 1992, 234, 258 ff. Zur ergänzenden Vertragsauslegung vgl. insoweit BGH v. 10. 1. 1974, NJW 1974, 551, 551 f.; *Krämer*, Widerruf, S. 109; *Wiesinger*, AuA 2002, 354, 356.

[306] Ähnlich auch *Wank*, in: Hromadka, Änderung, 35, 46, der für den Fall der ergänzenden Vertragsauslegung zu Recht die Schwierigkeit hervorhebt, dass „der Richter den Vertrag vor dem Hintergrund der gewollten Konsequenzen zu Ende denken muss". Vgl. auch *Kießling/T. Becker*, WM 2002, 578, 581; *Lettl*, JuS 2001, 248, 248 f.

[307] *Lettl*, JuS 2001, 248, 248 f.

Bereits an diesem Punkt der Untersuchung der Effektivität der in Rede stehenden Änderungsinstrumente kann demnach festgestellt werden, dass beide Mittel zur Veränderung von Arbeitsverhältnissen prinzipiell ungeeignet sind. Die Notwendigkeit des Rückgriffs auf die nicht deutlich gewordenen, ursprünglichen Vorstellungen der Vertragsparteien erzeugt nicht nur ein beträchtliches Maß an Unsicherheit über die Änderungsbefugnisse der Beteiligten, sondern schließt zudem zahlreiche Änderungen von Arbeitsbedingungen – unbeschadet ihrer Erforderlichkeit und Zumutbarkeit – von vornherein aus. Insbesondere unternehmerische Entscheidungen des Arbeitgebers können regelmäßig weder auf die eine noch auf die andere Weise realisiert werden.[308]

B. Voraussetzungen der Rechtsinstitute

Neben der Grundkonzeption der ergänzenden Vertragsauslegung und der Geschäftsgrundlagendoktrin stehen auch die einzelnen Voraussetzungen der Rechtsinstitute der Verwirklichung einseitiger Änderungen oftmals entgegen.

Die Veränderung des Arbeitsverhältnisses im Wege der ergänzenden Vertragsauslegung bedarf der „schwerwiegenden Unzuträglichkeit" des bestehenden Arbeitsvertrages. Der Rechtsanwender muss feststellen, ob sich der Vertragspartner der änderungswilligen Partei unter Berücksichtigung des Zwecks der vertraglichen Vereinbarung nach Treu und Glauben mit der Änderung der Arbeitsbedingungen einverstanden erklären muss.[309] Für die Annahme der Störung der Geschäftsgrundlage ist hingegen erforderlich, dass der unveränderte Fortbestand der Vereinbarung eine der Vertragsparteien in unzumutbarer Weise belastet.[310] Die von Rechtsprechung und Schrifttum entwickelten strengen Voraussetzungen der Veränderung vertraglicher Bedingungen werden durch die

---

308 *Hromadka*, RdA 1992, 234, 258; *Junker*, in: Bopp/Düwell/Färber/Junker, Änderung, 13, 55 ff; *Krauß*, Widerruf, S. 218 ff.

309 BAG v. 9. 2. 1984, AP Nr. 7 zu § 620 BGB Bedingung; *Coester*, BB 1984, 797, 801; Palandt-*Heinrichs*, § 157 BGB Rdn. 7 ff.; *Wank*, in: Hromadka, Änderung, 35, 47.

310 BAG v. 17. 3. 1982, AP Nr. 33 zu § 612 BGB; BAG v. 9. 7. 1986, AP Nr. 7 zu § 242 BGB Geschäftsgrundlage; BGH v. 23. 5. 1951, BGHZ 2, 176, 188 f. S. auch *Ascheid*, in: Hromadka, Änderung, 109, 115 f.; *Coester*, BB 1984, 797, 801; *Krauß*, Widerruf, S. 217 f.; KSchR-*Zwanziger*, § 2 KSchG Rdn. 113 ff.; Palandt-*Heinrichs*, Erg.-Bd., § 313 BGB Rdn. 19. Zur Subsidiarität des Instruments der Störung der Geschäftsgrundlage gegenüber der ergänzenden Vertragsauslegung s. *Olzen/Wank*, Schuldrechtsreform, Rdn. 146.

gesetzliche Regelung des Rechtsinstituts in § 313 BGB nicht verringert.[311] Dies unterstreicht die Begründung des Gesetzentwurfs der Regierungsfraktionen.[312] Die Anforderungen an die Störung der Geschäftsgrundlage des Arbeitsvertrages werden demnach auch zukünftig innerhalb der arbeitsrechtlichen Praxis nur selten erfüllt sein.[313]

Als weitere Voraussetzung der Änderung von Arbeitsbedingungen im Wege der ergänzenden Vertragsauslegung oder nach den Grundsätzen über die Störung der Geschäftsgrundlage ist zudem die im Einzelfall erforderliche Beteiligung des Betriebsrats gemäß den §§ 87, 99 BetrVG zu nennen. Im Hinblick auf die Auswirkungen dieser Vorschriften auf die Effektivität der Änderungsinstrumente wird auf die Ausführungen zur Änderungskündigung verwiesen.

C. Ergebnis zu den Änderungsinstrumenten

Die ergänzende Vertragsauslegung und die Regelung des § 313 BGB bilden nach dem Gesagten zwei für die arbeitsrechtliche Praxis nur wenig hilfreiche Mittel zur einseitigen Änderung von Arbeitsverhältnissen. Beide Instrumente dienen ausschließlich der Schließung von Regelungslücken und kommen somit zur Änderung von Arbeitsbedingungen von vornherein allein in wenigen Fällen überhaupt in Betracht. Sie bewirken folglich weder eine praxisrelevante Erweiterung der Möglichkeiten des Arbeitgebers zur Einwirkung auf den Inhalt von Arbeitsverhältnissen, noch kann die Rede davon sein, dass dem Arbeitnehmer praktikable Änderungsinstrumente an die Hand gegeben werden.

§ 5 Teilkündigung

Ein weiteres Mittel zur einseitigen Änderung von Arbeitsbedingungen durch die Individualarbeitsvertragsparteien könnte die Teilkündigung darstellen. Diese tritt innerhalb der arbeitsrechtlichen Diskussion immer wie-

---

311 *Dauner-Lieb*, in: Ernst/Zimmermann, Schuldrechtsreform, 305, 322 f.; Huber/Faust-*Huber*, Schuldrechtsmodernisierung, S. 232 f.; *Olzen/Wank*, Schuldrechtsreform, Rdn. 141, 153; Palandt-*Heinrichs*, Erg.-Bd., § 313 BGB Rdn. 2.

312 Vgl. die Begründung des Entwurfs eines Gesetzes zur Modernisierung des Schuldrechts der Regierungsfraktionen SPD und Bündnis 90/Die Grünen, BT-Drs. 14/6040, S. 175 f.

313 Für den Zeitraum vor der gesetzlichen Regelung des Rechtsinstituts vgl. *Wallner*, Änderungskündigung, S. 241 f.; *Wank*, in: Hromadka, Änderung, 35, 47. Zur geltenden Rechtslage vgl. die Ausführungen verschiedener Vertreter des Schrifttums innerhalb des Diskussionsberichts zum Referat *Dauner-Liebs* (abgedruckt in: Ernst/Zimmermann, Schuldrechtsreform, 329, 329).

der in Erscheinung.[314] Die wissenschaftliche Auseinandersetzung mit der Teilkündigung des Arbeitsverhältnisses konzentriert sich vor allem auf die Frage, ob die geltende Rechtsordnung die Teilkündigung verbietet. Die weiterführende, besonders praxisrelevante Fragestellung, inwieweit die Teilkündigung innerhalb der gegenwärtigen Rechtsordnung ein effektives Instrument zur Änderung von Arbeitsbedingungen darstellt, ist hingegen auch von den Befürwortern dieses Rechtsinstituts bislang nur in Ansätzen erörtert worden. Im Folgenden werden entsprechend den Ausführungen zur Änderungskündigung fünf verschiedene Arten der Teilkündigung unterschieden.[315]

A. Rechtsfolge des Änderungsinstruments

Anders als die Änderungskündigung bezieht sich die Teilkündigung nicht auf den Arbeitsvertrag als Ganzes. Gegenstand der Kündigung sind stattdessen ausschließlich einzelne Bestimmungen des Vertrages. Der Bestand des Arbeitsverhältnisses wird infolgedessen nicht gefährdet.[316] Die von der Teilkündigung betroffene Vertragsbestimmung wird – anders als dies beispielsweise im Rahmen der ergänzenden Vertragsauslegung möglich ist – nicht verändert, sondern vielmehr beseitigt.[317] *Herschel*

---

314 S. dazu beispielsweise in den 50- er und 60-er Jahren *Gumpert*, BB 1969, 409 ff.; *Gutekunst*, Teilkündigung, S. 88 ff.; *ders.*, RdA 1959, 369 ff.; *Herschel*, BB 1958, 160 ff.; *Hiersemann*, ArbRGeg. Bd. 6 (1968), 67 ff.; *Hueck*, RdA 1968, 201 ff.; *Joachim*, RdA 1957, 326 ff.; *Monjau*, DB 1959, 707 ff.; *Schleßmann*, DB 1959, 977 f.; *Schrooten*, Teilkündigung, S. 1 ff. Innerhalb der 90-er Jahre und des 21. Jahrhunderts vgl. vor allem *Kießling/T. Becker*, WM 2002, 578 ff.; *U. Preis*, Vertragsgestaltung, S. 432 ff.; *Urban*, Kündigungsschutz, S. 201 ff.; *Wank*, in: Hromadka, Änderung, 35, 48 ff.

315 Zu nennen ist neben der ordentlichen und der außerordentlichen Teilkündigung des Arbeitnehmers vor allem die ordentliche Teilkündigung des Arbeitgebers innerhalb und außerhalb des Anwendungsbereichs des Kündigungsschutzgesetzes. Auch zugunsten des Arbeitgebers kommt darüber hinaus die außerordentliche Teilkündigung des Arbeitsverhältnisses in Betracht. Die außerordentliche Teilkündigung findet bislang lediglich bei *Kießling/T. Becker*, WM 2002, 578, 581 ff.; KR-*Wolf*, 3. A., Grunds. Rdn. 146 f., *U. Preis*, Vertragsgestaltung, S. 433 Erwähnung.

316 BAG v. 7. 10. 1982, AP Nr. 5 zu § 620 BGB Teilkündigung; ErfK-*Ascheid*, § 2 KSchG Rdn. 7; GK-*Künzl*, § 2 KSchG Rdn. 73; Münch-ArbR-*Wank*, § 118 Rdn. 50; Stahlhacke/ U. Preis/Vossen-*U. Preis*, Kündigungsschutz, Rdn. 252.

317 *Gutekunst*, Teilkündigung, S. 88 ff.; *Hueck*, RdA 1968, 201, 202; *Kießling/T. Bekker*, WM 2002, 578, 582; KR-*Wolf*, 3. A., Grunds. Rdn. 143, 149; Stahlhacke/ U. Preis/Vossen-*U. Preis*, Kündigungsschutz, Rdn. 252; *Wolf*, Anm. zu BAG v. 7. 10. 1982, AP Nr. 5 zu § 620 Teilkündigung. *Hiersemann*, ArbRGeg. Bd. 6 (1968), 67, 75; *Schleßmann*, DB 1959, 977, 978 gehen dagegen zu Unrecht davon aus,

spricht insoweit zu Recht von einer bloß „negativen Korrektur des ursprünglich getätigten Rechtsgeschäfts".[318] Der Anwendungsbereich des Änderungsinstruments wird folglich nicht unwesentlich eingeschränkt. Kann der Arbeitsvertrag ohne die in Rede stehende vertragliche Bestimmung nicht fortbestehen, so scheidet die Teilkündigung als Mittel zur Verwirklichung der angestrebten Änderung des Arbeitsverhältnisses aus. Das Änderungsinstrument erlaubt es den Arbeitsvertragsparteien nicht, einzelne Arbeitsbedingungen inhaltlich neu auszugestalten. Eine „positive Korrektur" des Arbeitsvertrages ist schlechthin nicht möglich.[319]

Für die arbeitsrechtliche Praxis bedeutet dies, dass ein Arbeitgeber beispielsweise die vertraglich vereinbarte Lage der Arbeitszeit mittels der Teilkündigung nicht modifizieren kann. Will er die gegenwärtige Arbeitszeit (z. B. von 9 bis 17 Uhr) in einen anderen Zeitraum (z. B. von 7 bis 15 Uhr) verlegen, so kann er allein auf andere Instrumente der Änderung von Arbeitsverhältnissen zurückgreifen.[320] Beabsichtigt er hingegen seine Zahlungsverpflichtungen gegenüber dem Arbeitnehmer beispielsweise durch die Beseitigung einzelner Vergütungselemente zu verringern, so kommt auch die Teilkündigung des Arbeitsvertrages in Betracht.

B. Verbot der Teilkündigung

Nach der Rechtsprechung und dem überwiegenden Schrifttum ist die separate Kündigung einzelner Arbeitsbedingungen durch eine der Vertragsparteien unzulässig.[321] Lediglich wenige Stimmen innerhalb der Literatur widersprechen dieser Auffassung.[322] Im Folgenden werden ver-

---

dass mittels der Teilkündigung einzelne Arbeitsbedingungen auch verändert werden können.

318 *Herschel*, BB 1958, 160, 161. Ähnlich auch *Hueck*, RdA 1968, 201, 202.

319 *Herschel*, BB 1958, 160, 161.

320 Die von *U. Preis/Gotthardt*, DB 2001, 145, 148; *Straub*, NZA 2001, 919, 920 vorgenommene Einordnung der Änderungsbefugnis des Arbeitgebers nach § 8 Abs. 5 S. 4 TzBfG als Teilkündigungsrecht des Arbeitgebers ist infolgedessen nicht richtig. Entsprechend äußern sich auch *Däubler*, ZIP 2001, 217, 221; *Grobys/Bram*, NZA 2001, 1175, 1176; *Richardi/Annuß*, BB 2000, 2201, 2203.

321 S. beispielsweise BAG v. 4. 2. 1958, AP Nr. 1 zu § 620 BGB Teilkündigung; BAG v. 7. 10. 1982, AP Nr. 5 zu § 620 BGB Teilkündigung; BAG v. 14. 11. 1990, AP Nr. 25 zu § 611 BGB Arzt-Krankenhaus-Vertrag. Einen guten Überblick über die zahlreichen Vertreter dieser Position innerhalb der Literatur bietet *Urban*, Kündigungsschutz, S. 202 f.

322 GK-*U. Preis*, Grundl. E Rdn. 14 ff.; *Joachim*, RdA 1957, 326, 329; *Kießling/T. Becker*, WM 2002, 578, 578 ff.; *Köster/Schiefer/Überacker*, DB 1994, 2341, 2343; KR-*Wolf*, 3. A., Grunds. Rdn. 145; Münch-ArbR-*Wank*, § 118 Rdn. 50;

schiedene Anknüpfungspunkte für ein Verbot der Teilkündigung des Arbeitsverhältnisses im Einzelnen untersucht. Soweit es an einem entsprechenden Verbot innerhalb des geltenden Rechts fehlt, ist das Instrument zur Änderung von Arbeitsbedingungen grundsätzlich anzuerkennen.[323]

I. Sperrwirkung des § 2 KSchG

Die generelle Unzulässigkeit der Teilkündigung im Arbeitsrecht wird z. T. auf die gesetzliche Kodifikation der Änderungskündigung durch das Erste Arbeitsrechtsbereinigungsgesetz aus dem Jahre 1969 zurückgeführt. Der Gesetzgeber habe durch die Einfügung des § 2 KSchG die Möglichkeit zur Änderung von Arbeitsbedingungen mittels der Kündigung allein auf die Änderungskündigung beschränkt. Das Instrument der Teilkündigung sei daher von Gesetzes wegen abzulehnen.[324]

Diese Ansicht verkennt den eingeschränkten Anwendungsbereich des Kündigungsschutzgesetzes. Der Gesetzgeber konnte durch die Schaffung des § 2 KSchG ausschließlich die Änderungsmöglichkeiten der Vertragspartei des Arbeitgebers und diese auch lediglich in Bezug auf die ordentliche Teilkündigung innerhalb des Anwendungsbereichs des Kündigungsschutzgesetzes begrenzen. Außerhalb des Kündigungsschutzgesetzes und damit für alle vom Arbeitnehmer erklärten Teilkündigungen, für die ordentliche Teilkündigung des Arbeitgebers in Kleinbetrieben i. S. des § 23 Abs. 1 S. 2 KSchG oder innerhalb der Wartefrist des § 1 Abs. 1 KSchG sowie für die außerordentliche Teilkündigung des Arbeitgebers entfaltet § 2 KSchG hingegen keine Sperrwirkung. Ein Verbot der Teilkündigung kann aus der Vorschrift somit nur in engen Grenzen hergeleitet werden.[325]

U. Preis, Vertragsgestaltung, S. 432 ff.; Stahlhacke/U. Preis/Vossen-*U. Preis*, Kündigungsschutz, Rdn. 253; *Urban*, Kündigungsschutz, S. 203 ff.; *Wank*, in: Hromadka, Änderung, 35, 48 ff.

323 *Wank*, in: Hromadka, Änderung, 35, 48 f.

324 BAG v. 12. 12. 1984, AP Nr. 6 zu § 2 KSchG 1969; BAG v. 14. 11. 1990, Nr. 25 zu § 611 Arzt-Krankenhaus-Vertrag; *v. Hoyningen-Huene/Linck*, § 2 KSchG Rdn. 29a.

325 *Hromadka*, RdA 1992, 234, 251; Münch-ArbR-*Wank*, § 114 Rdn. 15; *Urban*, Kündigungsschutz, S. 206 f. Unberücksichtigt bleibt der Aspekt der gesetzlichen Einschränkung der Anwendbarkeit des Änderungsinstruments hingegen bei GK-*U. Preis*, Grundl. E Rdn. 12 ff.; KR-*Wolf*, 3. A., Grunds. Rdn. 147; *U. Preis*, Vertragsgestaltung, S. 432 ff.; Stahlhacke/U. Preis/Vossen-*U. Preis*, Kündigungsschutz, Rdn. 252 ff.

II. Funktion des Gestaltungsrechts Kündigung

Das Mittel der Kündigung wird teilweise als ein das Dauerschuldverhältnis zwingend beendendes Gestaltungsrecht interpretiert. Der Fortbestand eines Vertrages sei im Fall der Erklärung einer Kündigung zum einen nicht möglich, weil das Wesen des Gestaltungsrechts die Einwirkung auf einzelne Vertragsbestandteile ausschlösse,[326] zum anderen, weil das Bedürfnis des Vertragspartners nach „Rechtsklarheit und Rechtssicherheit" es erforderlich mache, dass die Bestimmung der Reichweite der Gestaltungswirkung der kündigenden Vertragspartei entzogen werde.[327]

Anders als das Kündigungsschutzgesetz für seinen Anwendungsbereich lehnt die Rechtsordnung insgesamt das Instrument der Teilkündigung als Gestaltungsmittel nicht ab.[328] Der Gesetzgeber hat beispielsweise innerhalb des Wohnraummietrechts durch die Vorschrift des § 573b Abs. 1 BGB ausdrücklich die „Teilkündigung des Vermieters" anerkannt. Das Gestaltungsrecht der Kündigung führt somit nicht zwangsläufig zur Beendigung eines Vertragsverhältnisses. Die für einzelne Bereiche des Schuldrechts erfolgte Kodifikation der Teilkündigung kann zudem nicht im Wege des Umkehrschlusses dazu verwendet werden, die Befugnis zur Teilkündigung außerhalb spezifischer gesetzlicher Regelungen generell zu verneinen.[329] Es ist vielmehr festzustellen, dass der Rechtsgedanke der Kündigung einzelner Vertragsbestimmungen innerhalb des geltenden Rechts derzeit zwar wenig verbreitet, ihm insgesamt aber nicht fremd ist.[330]

---

326 *Berkowsky*, Änderungskündigung, S. 31, 44; *Gutekunst*, RdA 1959, 369, 370; *Krauß*, Widerruf, S. 211.

327 *Herschel*, BB 1958, 160, 162. S. auch *Gutekunst*, RdA 1959, 369, 370.

328 KR-*Wolf*, 3. A., Grunds. Rdn. 143, 147; *U. Preis*, Vertragsgestaltung, S. 433; Stahlhacke/U. Preis/Vossen-*U. Preis*, Kündigungsschutz, Rdn. 253; *Urban*, Kündigungsschutz, S. 203 ff.; *Wank*, in: Hromadka, Änderung, 35, 48. Vgl. zudem die zahlreichen Beispiele gesetzlicher Teilkündigungsrechte bei *Kießling/T. Becker*, WM 2002, 578, 579 f.

329 *Kießling/T. Becker*, WM 2002, 578, 581. Das Teilkündigungsrecht des Vermieters nach § 573b Abs. 1 BGB wurde beispielsweise deshalb besonders gesetzlich geregelt, weil der Vermieter danach auch ausnahmsweise „ohne ein berechtigtes Interesse im Sinne des § 573 BGB" einzelne Bestandteile des Mietvertrages kündigen können soll. Vgl. dazu Palandt-*Weidenkaff*, § 573b BGB Rdn. 7.

330 *Wolf*, Anm. zu BAG v. 7. 10. 1982, AP Nr. 5 zu § 620 BGB Teilkündigung. *Hueck*, RdA 1968, 201, 202 beurteilt die genannte Begründung der Unzulässigkeit der Teilkündigung demzufolge als „Scheinlösung", deren Zurückweisung „keiner weiteren Worte bedarf". Die dargelegte Argumentation entspringt seiner Ansicht nach lediglich einer „gefühlsmäßig bedingten Ablehnung der Teilkündigung".

Im Hinblick auf den erforderlichen Schutz des Vertragspartners gegen eine mit der Teilkündigung verbundene „unerträgliche Rechtunsicherheit" ist zudem festzustellen,[331] dass wie schon für die Änderungskündigung auch für das Mittel der Teilkündigung die allgemeinen Anforderungen an die Bestimmtheit und Deutlichkeit von Kündigungen gelten.[332] Der von einer Teilkündigung betroffene Vertragspartner kann demzufolge auch ohne eine gesetzliche Bestimmung der Reichweite der Gestaltungswirkung des Änderungsinstruments dessen Folgen für seine Rechtsposition in hinreichendem Maße erkennen. Der alleinigen Veränderung einzelner Vertragsbestimmungen durch das Mittel der Kündigung steht das Schutzbedürfnis des Kündigungsempfängers demzufolge nicht entgegen.[333] Das Instrument der Kündigung führt somit nicht zwangsläufig zur Beendigung des entsprechenden Vertragsverhältnisses.

III. Schutz des vertraglichen Äquivalenz- und Ordnungsgefüges

Rechtsprechung und überwiegendes Schrifttum begründen die generelle Unzulässigkeit der Teilkündigung vor allem damit, dass durch diese das vertragliche Äquivalenz- und Ordnungsgefüge gestört werde. Die Teilkündigung nehme in keiner Weise Rücksicht darauf, dass die vertraglich vereinbarten Rechte und Pflichten der Parteien in vielfachen, inneren Beziehungen zueinander stehen. Die ursprüngliche Abrede werde durch die Teilkündigung somit des ihr zugrunde liegenden Interessenausgleichs beraubt.[334]

Soweit die Teilkündigung tatsächlich das Äquivalenz- und Ordnungsgefüge des Arbeitsvertrages beeinträchtigt, ist dieser Ansicht uneingeschränkt Folge zu leisten. Entgegen der von *Kießling* und *T. Becker* vertretenen Auffassung kann eine Störung des Vertragsgefüges – z. B. in Gestalt einer nicht unerheblichen Verringerung der Hauptleistungspflicht der kündigenden Vertragspartei – durch eine entsprechende „Reduktion der Gegenleistung" oder aber durch die Einräumung eines spezifischen „Gegenrechts zur außerordentlichen Vollkündigung" grundsätzlich nicht kompensiert werden.[335] Dies mag zwar in einzelnen Bereichen des Ver-

---

[331] *Gutekunst*, RdA 1959, 369, 370. S. auch *Herschel*, BB 1958, 160, 162.

[332] S. dazu GK-*U. Preis*, Grundl. D Rdn. 33 ff.

[333] *Hueck*, RdA 1968, 201, 204.

[334] BAG v. 4. 2. 1958, AP Nr. 1 zu § 620 BGB Teilkündigung; BAG v. 7. 10. 1982, AP Nr. 5 zu § 620 BGB Teilkündigung; BAG v. 14. 11. 1990, AP Nr. 25 zu § 611 BGB Arzt-Krankenhaus-Vertrag. S. auch die Auflistung der zahlreichen Vertreter dieser Position innerhalb des Schrifttums bei *Urban*, Kündigungsschutz, S. 202 f.

[335] *Kießling/T. Becker*, WM 2002, 578, 584 f.

tragsrechts ausnahmsweise möglich erscheinen, zumindest im Arbeitsrecht scheidet eine solche Betrachtungsweise allerdings aus.

Eine nicht nur geringfügige Senkung des leistungsbezogenen Entgelts des Arbeitnehmers modifiziert auch bei entsprechender Reduzierung seiner Arbeitszeit das bestehende Vertragsgefüge letztendlich nicht unwesentlich. Die Behauptung, eine Störung des vertraglichen Äquivalenz- und Ordnungsgefüges liege aufgrund der gleichzeitigen Verringerung von Leistung und Gegenleistung nicht vor, erscheint in diesem Zusammenhang nicht sachgerecht. Der Charakter des ursprünglich vereinbarten Vertragswerkes wird auch im Fall der gleichförmigen Veränderung der Hauptleistungspflichten der Parteien massiv verändert. Aufgrund des Umstands, dass insbesondere die vollständige Erfüllung der vertraglichen Verpflichtung des Arbeitgebers zur Entlohnung des Arbeitnehmers üblicherweise dessen Existenzgrundlage sichert, träfe die Zulässigkeit von Eingriffen in das vertragliche Äquivalenz- und Ordnungsgefüge mittels der Teilkündigung trotz der „Reduktion der Gegenleistung" die Partei des Arbeitnehmers besonders hart. Die Einräumung eines „Gegenrechts zur außerordentlichen Vollkündigung" würde dem Arbeitnehmer in derartigen Situationen ebenfalls nicht weiterhelfen. Der ursprüngliche Arbeitsvertrag würde auch hier unbeschadet der Befugnis des Arbeitnehmers zur außerordentlichen Beendigungskündigung seiner Eigentümlichkeit beraubt.

Eine kompensatorische Wirkung kommt den von *Kießling* und *T. Bekker* angeführten Mitteln im Fall des Eingriffs in das arbeitsvertragliche Äquivalenz- und Ordnungsgefüge somit nicht in hinreichendem Maße zu. Derartige Eingriffe sind vielmehr sowohl mittels der ordentlichen als auch mittels der außerordentlichen Teilkündigung ausnahmslos unzulässig.[336] Eine änderungswillige Vertragspartei kann solche Änderungen allein im Wege der Änderungskündigung, mittels ergänzender Vertragsauslegung, im Rahmen des § 313 BGB oder aber durch die Ausübung eines vertraglich vereinbarten Änderungsvorbehalts durchsetzen.[337]

---

336 Zur ordentlichen Teilkündigung vgl. KR-*Wolf*, 3. A., Grunds. Rdn. 146; MünchArbR-*Wank*, § 118 Rdn. 50; *U. Preis*, Vertragsgestaltung, S. 432 ff.; Stahlhacke/U. Preis/Vossen-*U. Preis*, Kündigungsschutz, Rdn. 253; *Urban*, Kündigungsschutz, S. 203 ff.; *Wank*, in: Hromadka, Änderung, 35, 48 ff.; *Wolf*, Anm. zu BAG v. 7. 10. 1982, AP Nr. 5 zu § 620 BGB Teilkündigung. Zur außerordentlichen Teilkündigung s. KR-*Wolf*, 3. A., Grunds. Rdn. 146 f.; *U. Preis*, Vertragsgestaltung, S. 433.

337 Zu den Grenzen der Änderung von Arbeitsbedingungen im Wege der Ausübung eines arbeitsvertraglichen Änderungsvorbehalts s. § 6, C., II.

Entscheidend für die Zulässigkeit der Teilkündigung ist demzufolge, wie weit das Äquivalenz- und Ordnungsgefüge des zu ändernden Vertrages reicht. In Anlehnung an die herrschende Auffassung in Rechtsprechung und Schrifttum stellt sich folglich die Frage, ob wirklich jede Veränderung der vertraglichen Vereinbarung zu einem Eingriff in das Äquivalenz- und Ordnungsgefüge führt oder aber ob einzelne Bestimmungen des Vertrages auch ohne dessen Beeinträchtigung beseitigt werden können.

1. Gleichwertigkeit aller Arbeitsbedingungen

Überwiegend wird darauf abgestellt, das Äquivalenz- und Ordnungsgefüge erfasse alle Vereinbarungen des Vertragsverhältnisses. Es sei demnach unbeachtlich, ob die zu ändernden Bestimmungen beispielsweise im Gegenseitigkeitsverhältnis stehen oder aber ob es sich dabei um Haupt- bzw. Nebenleistungspflichten handelt.[338] Alle vertraglichen Bestimmungen seien Bestandteile eines einheitlichen Vertragswerkes. Gerade dieses hätten die Parteien zum Zeitpunkt des Vertragsschlusses für sich als gerechten Ausgleich erachtet.[339] Die verschiedenen Einzelbestimmungen seien derart eng miteinander verknüpft, dass bereits die Veränderung einer einzelnen das vereinbarte Vertragsgefüge zerstöre.[340]

2. Differenzierung von Arbeitsbedingungen

Diese Position stößt gerade im Individualarbeitsvertragsrecht auf Bedenken. Mittels verschiedener Begründungsansätze wird innerhalb der arbeitsrechtlichen Literatur dargelegt, weshalb die Aufrechterhaltung des vertraglichen Äquivalenz- und Ordnungsgefüges des unveränderten Fortbestands aller vereinbarten Arbeitsbedingungen gerade nicht bedarf.

a. Verhandlungsungleichgewicht der Parteien

U. Preis weist darauf hin, dass der Individualarbeitsvertrag heute in vielen Fällen nicht mehr „auf einem gleichgewichtigem Aushandeln der Einzelbestimmungen" durch Arbeitgeber und Arbeitnehmer beruhe. Der Inhalt der Vereinbarung werde stattdessen oftmals durch die Verwendung

---

338 *Gumpert*, BB 1969, 409, 410; *Krämer*, Widerruf, S. 54 ff.

339 *Lettl*, JuS 2001, 144, 144.

340 BAG v. 4. 2. 1958, AP Nr. 1 zu § 620 BGB Teilkündigung; BAG v. 7. 10. 1982, AP Nr. 5 zu § 620 BGB Teilkündigung; BAG v. 14. 11. 1990, AP Nr. 25 zu § 611 BGB Arzt-Krankenhaus-Vertrag.

vorformulierter Standardarbeitsverträge bestimmt. Als Verwender dieser standardisierten Verträge definiere somit allein der Arbeitgeber die inhaltliche Ausgestaltung des Arbeitsvertrages. In vielen Fällen stelle die vertragliche Abrede folglich keinen die Interessen der Individualarbeitsvertragsparteien widerspiegelnden Ausgleich dar. Die verschiedenen Bestimmungen des Arbeitsvertrages seien durch die Beteiligten zumindest in weiten Teilen nicht willentlich miteinander verknüpft worden. Das dem Vertrag zugrunde liegende Äquivalenz- und Ordnungsgefüge erstrecke sich damit keinesfalls auf die Gesamtheit der vereinbarten Arbeitsbedingungen. In bestimmten Grenzen sei die Teilkündigung des Arbeitsvertrages daher zulässig.[341]

Diese Argumentation spricht allein gegen ein Verbot der Teilkündigung im Bereich vorformulierter Standardarbeitsverträge. Die dargelegte Möglichkeit zur Änderung von Arbeitsbedingungen, ohne damit gleichzeitig in das Äquivalenz- und Ordnungsgefüge des Arbeitsvertrages einzugreifen, basiert gerade darauf, dass die verschiedenen Bestimmungen aufgrund eines typischerweise bestehenden Verhandlungsungleichgewichts der Parteien nicht zielgerichtet miteinander verbunden wurden. Im Hinblick auf die Reichweite des vertraglichen Äquivalenz- und Ordnungsgefüges im Fall des individuell ausgehandelten Arbeitsvertrages kann diesem Begründungsansatz folglich keine Aussage entnommen werden.

Die Notwendigkeit der rechtlichen Differenzierung zwischen vorformulierten Standardarbeitsverträgen und individuellen Vereinbarungen kann mit dem Hinweis auf die insgesamt geringe Verbreitung von Individualabreden nicht geleugnet werden. Die arbeitsrechtliche Praxis belegt zwar selbst bei leitenden Angestellten ein deutliches Übergewicht der Verwendung vorformulierter Verträge, individuell vereinbarte Arbeitsverträge existieren jedoch auch weiterhin.[342] Spätestens seit dem 1. Januar 2002 erscheint die Begründung eines für das gesamte Arbeitsvertragsrecht Geltung beanspruchenden Ansatzes auf der Grundlage der Untersuchung nur eines der beiden genannten Vertragstypen ohnehin nicht mehr vertretbar. Der Gesetzgeber differenziert durch die Anwendung des Rechts der allgemeinen Geschäftsbedingungen nun auch im Bereich des Individualarbeitsrechts zwischen allgemeinen Geschäftsbedingungen i. S. des § 305 Abs. 1 S. 1 BGB und individuell vereinbarten Vertragsab-

---

[341] GK-*U. Preis*, Grundl. E Rdn. 14; *U. Preis*, Vertragsgestaltung, S. 433; Stahlhacke/U. Preis/Vossen-*U. Preis*, Kündigungsschutz, Rdn. 255.

[342] Vgl. dazu *U. Preis*, Vertragsgestaltung, S. 54 ff.

reden.[343] Dies darf innerhalb der Diskussion um die Zulässigkeit der Teilkündigung nicht unberücksichtigt bleiben.

Insgesamt belegt die das Verhandlungsungleichgewicht der Vertragsparteien in den Vordergrund stellende Argumentation folglich nicht, dass die Teilkündigung im Einzelfall das arbeitsvertragliche Äquivalenz- und Ordnungsgefüge nicht doch beeinträchtigt. Dazu bedarf es vielmehr eines für beide genannten Vertragstypen geltenden Begründungsansatzes.

b. Wesentlichkeit der Arbeitsbedingungen

Überwiegend wird von den Befürwortern der Teilkündigung darauf abgestellt, das Äquivalenz- und Ordnungsgefüge des Arbeitsvertrages erfasse auch unbeschadet eines bei Vertragsschluss möglicherweise bestehenden Verhandlungsgleichgewichts der Parteien nicht die Gesamtheit der vereinbarten Bestimmungen.[344] Die Veränderung des Arbeitsverhältnisses durch die Einwirkung auf unwesentliche Bestandteile der Vereinbarung stelle daher keinen unzulässigen Eingriff in die bestehende Vertragsbindung dar.[345]

Diesem Begründungsansatz ist zuzustimmen. Die Teilkündigung, die lediglich einen unwesentlichen Bestandteil des Arbeitsvertrages beseitigt, beeinträchtigt dessen Äquivalenz- und Ordnungsgefüge nicht. Zu untersuchen ist demzufolge, ob eine Differenzierung der verschiedenen Einzelbestimmungen eines Arbeitsvertrages nach ihrer Wesentlichkeit sowohl rechtlich als auch tatsächlich möglich ist.

aa. Rechtliche Zulässigkeit der Unterscheidung

Die ausnahmslose Gleichbehandlung aller vertraglichen Arbeitsbedingungen entspricht nicht den Vorgaben des geltenden Rechts. Die gegenwärtige Rechtsordnung macht vielmehr an verschiedenen Punkten deutlich, dass vertragliche Bestimmungen nach ihrer Wesentlichkeit für das

---

[343] S. dazu im Einzelnen die Ausführungen zum Instrument des Änderungsvorbehalts in § 6, C., I.

[344] Diese Überlegung führt auch *U. Preis* (GK-*U. Preis*, Grundl. E Rdn. 15; *U. Preis*, Vertragsgestaltung, S. 435; Stahlhacke/U. Preis/Vossen-*U. Preis*, Kündigungsschutz, Rdn. 255) an.

[345] *Joachim*, RdA 1957, 326, 329; KR-*Wolf*, 3. A., Grunds. Rdn. 143; Münch-ArbR-*Wank*, § 118 Rdn. 50; *Urban*, Kündigungsschutz, S. 205 f.; *Wank*, in: Hromadka, Änderung, 35, 50.

jeweilige Gesamtrechtsverhältnis unterschieden werden können.[346] Dies belegen zum einen gesetzliche Teilkündigungsrechte wie beispielsweise die der Vorschriften §§ 489 Abs. 1, 573b Abs. 1, 608 Abs. 2 BGB, § 355 Abs. 3 HGB, § 30 Abs. 1 VVG,[347] zum anderen geht auch die allgemeine Bestimmung des § 139 BGB davon aus. Der Vorschrift des § 139 BGB liegt der Gedanke zugrunde, dass trotz der Vereinbarung zahlreicher Einzelheiten in einem einheitlichen Vertragswerk einzelne Bestimmungen für die Parteien infolge der Ausgestaltung des entsprechenden Vertrages von größerer Bedeutung sind als andere.[348] Auch im Fall der Nichtigkeit unwesentlicher Vertragsklauseln soll zur Wahrung der privatautonomen Entscheidung der Vertragsparteien die Gesamtvereinbarung einschließlich ihrer wesentlichen Vertragsklauseln als solche grundsätzlich fortbestehen können.[349] Die Regelung des § 139 BGB spricht somit für die Möglichkeit der Differenzierung verschiedener Vertragsbestimmungen nach ihrer Wesentlichkeit.[350]

Dem geltenden Recht ist die Unterscheidung wesentlicher und unwesentlicher Bestandteile von Vereinbarungen danach unbeschadet des Ausmaßes ihrer Verbreitung in Gestalt einzelner gesetzlicher Vorschriften immanent. Dies gilt auch für das Arbeitsrecht. Mit *Joachim* kann demzufolge von der „Teilbarkeit des Arbeitsvertrages" gesprochen werden.[351] Gerade bei der üblicherweise sehr großen Anzahl unterschiedlicher Einzelbestimmungen innerhalb des Dauerschuldverhältnisses Arbeitsvertrag erscheint ein anderes Ergebnis bedenklich.

---

346 *Joachim*, RdA 1957, 326, 329; *Herschel*, BB 1958, 160, 161. Vgl. insoweit auch den Gesetzgebungsvorschlag des *Arbeitskreises Deutsche Rechtseinheit im Arbeitsrecht* in § 112 Abs. 1 EArbVG.

347 *Kießling/T. Becker*, WM 2002, 578, 579 f.

348 Erman-*Palm*, § 139 BGB Rdn. 12 ff., 31; Soergel-*Hefermehl*, 13. A, § 139 BGB Rdn. 25 aus.

349 Zur Beurteilung der Wesentlichkeit einzelner Vertragsbestimmungen der Vertragsparteien dürfte gerade in der arbeitsrechtlichen Praxis regelmäßig auf einen objektiven Maßstab zurückzugreifen sein. Mangels ausdrücklicher oder konkludenter Erklärungen der Parteien in Bezug auf die Bedeutung einzelner Arbeitsbedingungen ist in der Regel darauf abzustellen, welche Bedeutung der jeweiligen Bestimmung üblicherweise in vergleichbaren Arbeitsverhältnissen zugemessen wird (s. dazu Soergel-*Hefermehl*, 13. A., § 139 BGB Rdn. 34).

350 So auch *Wolf*, Anm. zu BAG v. 7. 10. 1982, AP Nr. 5 zu § 620 BGB Teilkündigung.

351 *Joachim*, RdA 1957, 326, 329. Vgl. zudem *Herschel*, BB 1958, 160, 162; *Urban*, Kündigungsschutz, S. 205.

bb. Praktische Realisierbarkeit der Differenzierung

Die Durchführung der genannten Differenzierung ist auch praktisch realisierbar. Zwar wird zu Recht darauf hingewiesen, dass die Bestimmung der Wesentlichkeit von Arbeitsbedingungen im Einzelfall mit nicht unerheblichen Schwierigkeiten verbunden ist,[352] grundsätzlich können die Grenzen des arbeitsvertraglichen Äquivalenz- und Ordnungsgefüges vom Rechtsanwender allerdings lokalisiert werden. Mit *Hiersemann* ist anzunehmen, dass im Fall der Anerkennung der Teilkündigung durch die arbeitsgerichtliche Rechtsprechung „sich schnell herausstellen wird, welche Bedingungen von den Parteien selbst als Kern eines Arbeitsverhältnisses und welche Bedingungen nur als Randerscheinung gedacht und gewertet werden".[353] Das Erfordernis der Bestimmung der Wesentlichkeit von Arbeitsbedingungen steht der Zulässigkeit der Teilkündigung folglich nicht entgegen.

Innerhalb der arbeitsrechtlichen Praxis bewirkt die in Rede stehende Unterscheidung, dass mittels der Teilkündigung auf die Hauptleistungspflichten der Parteien nicht eingewirkt werden kann. Eine Verringerung des leistungsbezogenen Entgelts des Arbeitnehmers scheidet danach ebenso aus wie eine Verkürzung seiner Arbeitszeit.[354] Die einzelnen Modalitäten der Erfüllung der vertraglichen Hauptleistungspflichten werden hingegen vom Äquivalenz- und Ordnungsgefüge der überwiegenden Mehrheit der Arbeitsverträge nicht erfasst.[355] Einer inhaltlichen Veränderung der Arbeitsbedingungen steht insoweit allerdings das Verbot der Neugestaltung von Arbeitsbedingungen im Wege der Teilkündigung entgegen. Das Änderungsinstrument ermöglicht den Vertragsparteien ausschließlich die „negative Korrektur des ursprünglich getätigten Rechtsgeschäfts".[356]

Zulässig ist die Reduzierung von Zahlungen, welche der Arbeitgeber zusätzlich zum leistungsbezogenen Entgelt bewilligt. Danach können zwar Gefahren-, Schicht- oder Schmutzzulagen mittels der Teilkündigung nicht gestrichen oder vermindert werden, die Einstellung oder Ver-

---

352 Münch-ArbR-*Hanau*, § 62 Rdn. 102; *Schleßmann*, DB 1959, 977, 977.

353 *Hiersemann*, ArbRGeg. Bd. 6 (1968), 67, 77.

354 ErfK-*Ascheid*, § 2 KSchG Rdn. 7; KPK-*Bengelsdorf*, Teil H, § 2 KSchG Rdn. 55; KR-*Wolf*, 3. A., Grunds. Rdn. 143; Münch-ArbR-*Wank*, § 118 Rdn. 50; Stahlhake/U. Preis/Vossen-*U. Preis*, Kündigungsschutz, Rdn. 256.

355 Zu nennen sind beispielsweise die nur unerhebliche Veränderung der Lage der Arbeitszeit oder aber die Änderung der Auszahlungsmodalitäten des Leistungsentgelts.

356 *Herschel*, BB 1958, 160, 161.

ringerung der Gewährung zahlreicher Sozialleistungen ist dagegen prinzipiell möglich.[357] Eine innerhalb der gegenwärtigen Vertragspraxis nicht unerhebliche Anzahl von Arbeitsbedingungen steht der Änderung durch das Instrument der Teilkündigung demzufolge offen.[358]

3. Ergebnis

Der Schutz des vertraglichen Äquivalenz- und Ordnungsgefüges verbietet die Teilkündigung des Arbeitsverhältnisses nach dem Gesagten nicht umfassend. Unter Berücksichtigung der Sperrwirkung des § 2 KSchG ist die Kündigung unwesentlicher Arbeitsbedingungen grundsätzlich anzuerkennen. Allein die Teilkündigung des Arbeitgebers innerhalb des Anwendungsbereichs des Kündigungsschutzgesetzes scheidet von Gesetzes wegen aus.

Anders als im Rahmen der Änderungskündigung ist außerdem zu beachten, dass die Parteien mittels der Teilkündigung nicht unbegrenzt oft auf den Inhalt des Arbeitsverhältnisses einwirken können. Der Schutz des Äquivalenz- und Ordnungsgefüges des ursprünglich vereinbarten Arbeitsvertrages bildet eine absolute Grenze für die Abänderbarkeit der Arbeitsbedingungen. Unbeschadet des Vorliegens schwerwiegender Änderungsgründe ist danach weder der Arbeitgeber noch der Arbeitnehmer befugt, durch den mehrfachen Ausspruch von Teilkündigungen letztendlich doch das Äquivalenz- und Ordnungsgefüge der ursprünglichen Vereinbarung zu verändern.[359]

C. Konkretisierung der Anforderungen an das Änderungsinstrument

Auch wenn der Teilkündigung des Arbeitsverhältnisses in einzelnen Bereichen Verbote nicht entgegenstehen, so kann sie ausschließlich dann als Mittel zur Änderung von Arbeitsbedingungen eingesetzt werden, wenn ihre Voraussetzungen und Rechtsfolgen durch das geltende Recht in hinreichendem Umfang konkretisiert werden. Ohne eine nähere Präzi-

---

357 Münch-ArbR-*Wank*, § 118 Rdn. 50; *Urban*, Kündigungsschutz, S. 205 f.

358 *Wank*, in: Hromadka, Änderung, 35, 44. Die besondere Verbreitung der Gewährung von Sozialleistungen innerhalb des Bankgewerbes hebt *Brandt*, Sitzungsberichte des 63. DJT 2000, L 122 hervor.

359 Ähnlich äußert sich *Hiersemann*, ArbRGeg. Bd. 6 (1968), 67, 80, der allerdings zu Unrecht allein „die in einem bestimmten Zeitraum vorgenommenen Veränderungen“ bei der Frage nach der Beeinträchtigung des vertraglichen Äquivalenz- und Ordnungsgefüges berücksichtigen will.

sierung der Anforderungen an das Änderungsinstrument ist dessen Anwendung schlechthin nicht möglich. Die Teilkündigung des Arbeitsverhältnisses ist in diesem Fall ausgeschlossen.

Die juristische Methodenlehre ermöglicht die Konkretisierung der Voraussetzungen und Rechtsfolgen nicht spezifisch geregelter Rechtsinstitute sowohl durch die Auslegung bestehender Vorschriften als auch durch die richterliche Rechtsfortbildung.[360] Beide Mittel der Rechtsgewinnung kommen danach auch zur inhaltlichen Ausgestaltung des Teilkündigungsrechts der Arbeitsvertragsparteien in Betracht. Die Auslegung geht dabei der Rechtsfortbildung vor.[361]

I. Teilkündigung des Arbeitgebers

Sowohl die ordentliche Teilkündigung außerhalb des Anwendungsbereichs des Kündigungsschutzgesetzes als auch die außerordentliche Teilkündigung des Arbeitgebers werden durch die für die Änderungskündigung des Arbeitgebers geltenden Vorschriften konkretisiert. Der gesetzlich gewährleistete Kündigungsschutz des Arbeitnehmers darf unter keinen Umständen durch die Anerkennung eines Teilkündigungsrechts des Arbeitgebers umgangen werden.[362] Die gegenwärtige Ausgestaltung des Inhaltsschutzes von Arbeitsverhältnissen durch das Kündigungsschutzrecht bestimmt somit nicht nur die Voraussetzungen der Änderungs-, sondern auch die der Teilkündigung.[363] Unbeschadet der Frage, ob die Anwendung der verschiedenen Bestimmungen noch im Rahmen der Gesetzesauslegung oder aber allein im Wege der richterlichen Rechtsfortbildung möglich ist,[364] charakterisieren die unterschiedlichen

---

360 S. dazu *Larenz/Canaris*, Methodenlehre, S. 133 ff., 187 ff.; *Wank*, Auslegung, S. 33 ff., 95 ff.

361 *Larenz/Canaris*, Methodenlehre, S. 187 f.; *Wank*, Auslegung, S. 95 f.

362 *U. Preis*, Vertragsgestaltung, S. 432 f; Stahlhacke/U. Preis/Vossen-*U. Preis*, Kündigungsschutz, Rdn. 253; *Urban*, Kündigungsschutz, S. 204, 206; *Wank*, in: Hromadka, Änderung, 35, 48 f.

363 Zur Ausprägung des Gedankens des Inhaltsschutzes innerhalb des geltenden Kündigungsschutzrechts vgl. *Fastrich*, in: FS Wiedemann, 251, 254 ff.; GK-*Künzl*, § 2 KSchG Rdn. 3; KR-*Rost*, § 2 KSchG Rdn. 7.

364 Nach der von der Rechtsprechung und dem überwiegenden Schrifttum vertretenen „Theorie der Wortsinngrenze" scheidet die Anwendung der Kündigungsschutzvorschriften auf die Teilkündigung im Wege der Gesetzesauslegung aus. Eine Änderungskündigung in Gestalt des § 2 S. 1 KSchG stellt gerade keine Teilkündigung des Arbeitsverhältnisses dar. Es kommt demzufolge allein eine analoge Anwendung der Bestimmungen in Betracht. Methodisches Mittel zur Ausgestaltung des Änderungsinstruments ist die gesetzesimmanente Rechtsfortbildung

Vorschriften das Teilkündigungsrecht des Arbeitgebers in hinreichendem Umfang.

Die für die ordentliche Teilkündigung von *Wolf* vorgeschlagene Verkürzung der gesetzlichen Kündigungsfristen des § 622 Abs. 2 BGB scheidet demzufolge ebenso aus wie die von nicht wenigen Vertretern des arbeitsrechtlichen Schrifttums befürwortete Auffassung, der Betriebsrat sei vor der Erklärung der Teilkündigung gemäß § 102 Abs. 1 BetrVG nicht anzuhören.[365] Erwägungen zum Schutzzweck der einzelnen Vorschriften führen den Rechtsanwender in diesem Zusammenhang nicht weiter. Die Entscheidung des Gesetzgebers, die Änderung von Arbeitsverhältnissen durch das Mittel der Kündigung des Arbeitgebers allein unter den Voraussetzungen der Änderungskündigung zu ermöglichen, ist vielmehr anzuerkennen.

Trotz dieser eindeutigen Vorgabe des bestehenden Gesetzesrechts bedürfen einzelne Voraussetzungen der Teilkündigung des Arbeitgebers im Folgenden der näheren Untersuchung. Die Beteiligungsrechte des Betriebsrats gemäß den §§ 99, 102 BetrVG werden im Rahmen der Teilkündigung auf zweifache Weise eingeschränkt. Das Mitbestimmungsrecht des Betriebsrats nach § 99 BetrVG hat infolge des Verbots der wesentlichen Veränderung von Arbeitsverhältnissen mittels der Teilkündigung für das Änderungsinstrument nahezu keine Bedeutung. Sowohl eine Versetzung i. S. des § 95 Abs. 3 BetrVG als auch eine Umgruppierung i. S. des § 99 BetrVG setzen regelmäßig einen Eingriff in das arbeitsvertragliche Äquivalenz- und Ordnungsgefüge voraus. Einen sol-

---

(*Larenz/Canaris*, Methodenlehre, S. 187, 191 ff.). Demgegenüber kommt nach der vor allem von *Wank* vertretenen „Gesetzessinntheorie" infolge der den verschiedenen Kündigungsschutzvorschriften zugrunde liegenden teleologischen Erwägungen eine Konkretisierung der Voraussetzungen des Änderungsinstruments im Rahmen der Auslegung in Betracht (*Wank*, Begriffsbildung, S. 23 ff.; *ders.*, RdA 1985, 1, 5, 22; *ders.*, Auslegung, S. 50 ff., 95 f.).

365 KR-*Wolf*, 3. A., Grunds. Rdn. 147. *Wolf* schlägt zudem eine Verringerung der Anforderungen an die soziale Rechtfertigung der Teilkündigung des Arbeitgebers innerhalb des Anwendungsbereichs des Kündigungsschutzgesetzes vor. Er verkennt damit die Sperrwirkung des § 2 KSchG (vgl. § 5, B., I.). Die Anwendung des § 102 BetrVG auf die Teilkündigung des Arbeitgebers lehnen Fabricius/Kraft/Wiese/Kreutz-*Raab*, § 102 BetrVG Rdn. 26 f; Hess/Schlochauer/Glaubitz-*Schlochauer*, § 102 BetrVG Rdn. 15; KR-*Etzel*, § 102 BetrVG Rdn. 37; Richardi-*ders./Thüsing*, § 102 BetrVG Rdn. 12 ab. Befürwortet wird die Verpflichtung des Arbeitgebers zur Anhörung des Betriebsrats dagegen von GK-Koch, § 102 BetrVG Rdn. 29; KR-*Wolf*, 3. A., Grunds. Rdn. 147; Stahlhacke/U. Preis/Vossen-*U. Preis*, Kündigungsschutz, Rdn. 253; *Urban*, Kündigungsschutz, S. 204, 206; *Wank*, in: Hromadka, Änderung, 35, 48.

chen erlaubt die Teilkündigung gerade nicht. Ein Weiterbeschäftigungsanspruch des Arbeitnehmers nach § 102 Abs. 5 BetrVG scheidet trotz der Erforderlichkeit der Anhörung des Betriebsrats vor der Teilkündigung ebenfalls aus. Anders als bei der Ablehnung des Änderungsangebots durch den Arbeitnehmer im Fall der Änderungskündigung kann der Arbeitnehmer im Rahmen der Teilkündigung gerade nicht feststellen lassen, dass das Arbeitsverhältnis durch die Kündigung nicht aufgelöst ist. Die Teilkündigung gefährdet den Bestand des Arbeitsverhältnisses bereits infolge ihrer Grundkonzeption nicht.[366]

Hervorzuheben ist im Rahmen der Diskussion um die einzelnen Voraussetzungen des Teilkündigungsrechts des Arbeitgebers die Frage nach der Geltung des Schriftformerfordernisses des § 623 BGB für das in Rede stehende Änderungsinstrument. Das arbeitsrechtliche Schrifttum lehnt mit Ausnahme weniger Stimmen die Anwendung der Vorschrift auf die Teilkündigung ab. Begründet wird diese Position mit dem Hinweis auf den klaren Wortsinn der Regelung und die der Vorschrift zugrunde liegenden Erwägungen des Gesetzgebers.[367] Auch an dieser Stelle darf allerdings nicht unberücksichtigt bleiben, dass die nicht gesetzlich geregelte Teilkündigung des Arbeitgebers zum Schutz des Arbeitnehmers uneingeschränkt den gleichen Anforderungen wie das Mittel der Änderungskündigung unterliegt. Unabhängig vom gesetzlich definierten Anwendungsbereich oder dem Schutzzweck der einzelnen Bestimmungen kann der Arbeitgeber die Arbeitsbedingungen des Arbeitnehmers mittels einer Kündigung allein unter den Voraussetzungen der Änderungskündigung verändern. Die gesetzlichen Vorgaben sind insoweit ebenso anzuerkennen wie die Entscheidung des Gesetzgebers, im Anwendungsbereich des Kündigungsschutzgesetzes die Teilkündigung insgesamt nicht

---

366 Der These KR-*Etzels*, § 102 BetrVG Rdn. 37, die Unanwendbarkeit des § 102 Abs. 5 BetrVG auf die Teilkündigung des Arbeitgebers bewirke, dass eine Anhörung des Betriebsrats nach § 102 BetrVG insgesamt nicht erforderlich sei, kann hingegen nicht gefolgt werden. *Etzel* missachtet allein infolge der fehlenden Anwendbarkeit eines einzelnen Absatzes die gesetzgeberische Grundentscheidung, lediglich unter den Voraussetzungen der Änderungskündigung Veränderungen von Arbeitsbedingungen mittels der Kündigung zuzulassen.

367 *Appel/Kaiser*, AuR 2000, 281, 284; *Däubler*, AiB 2000, 188, 190; ErfK-*Müller-Glöge*, § 623 BGB Rdn. 7; GK-*U. Preis*, § 623 BGB Rdn. 6; *Müller-Glöge/v. Senden*, AuA 2000, 199, 199; *U. Preis/Gotthardt*, NZA 2000, 348, 349 f.; *Richardi/Annuß*, NJW 2000, 1231, 1233; *Schaub*, NZA 2000, 344, 347; *Wallner*, Änderungskündigung, S. 49. A. A. *Grobys/Bram*, NZA 2001, 1175, 1176; *Kiel/Koch*, Kündigung, Vorb. Rdn. 5. Diese begründen ihre von der herrschenden Auffassung abweichende Position allerdings nicht.

zuzulassen. Eine gewisse Schutzfunktion zugunsten der Vertragspartei des Arbeitnehmers kann dem Schriftformerfordernis des § 623 BGB darüber hinaus nicht abgesprochen werden. Aus der Perspektive des Arbeitnehmers stellt die Anwendung der Vorschrift auf die Teilkündigung keine bloße Formsache dar.[368] Es erscheint demzufolge inkonsequent, mit *U. Preis* zu fordern, einerseits dürfe der gesetzliche Kündigungsschutz zugunsten des Arbeitnehmers durch die Teilkündigung nicht umgangen werden, andererseits sei aber die Formvorschrift des § 623 BGB auf das Änderungsinstrument nicht anzuwenden.[369]

Insgesamt werden die Voraussetzungen des Teilkündigungsrechts des Arbeitgebers – soweit ein solches mangels rechtlicher Verbote in Betracht kommt – durch die bestehende Arbeitsrechtsordnung somit in ausreichendem Maße bestimmt.[370] Die rechtlichen Konsequenzen der Erklärung einer Teilkündigung durch den Arbeitgeber können dem geltenden Recht ebenfalls entnommen werden.

Zum einen ist der betroffene Arbeitnehmer berechtigt, die Wirksamkeit der Teilkündigung gerichtlich überprüfen lassen. Insoweit bestehen keine Unterschiede zur Situation bei der Änderungskündigung des Arbeitgebers.[371] Zum anderen kann der Arbeitnehmer – sollte er die Fortsetzung des Arbeitsverhältnisses zu den geänderten Bedingungen zwar ablehnen, jedoch deren Rechtmäßigkeit nicht gerichtlich überprüfen lassen wollen – das Arbeitsverhältnis auch selbst durch eine ordentliche Beendigungskündigung zum Erlöschen bringen.[372] Eine außerordentliche Be-

---

368 Allein im Fall der schriftlichen Teilkündigung des Arbeitgebers kann sich der Arbeitnehmer sicher sein, dass eine solche auch tatsächlich vorliegt. S. dazu *Appel/Kaiser*, AuR 2000, 281, 284.

369 Vgl. insofern einerseits GK-*U. Preis*, Grundl. E Rdn. 16; *U. Preis*, Vertragsgestaltung, S. 432; Stahlhacke/U. Preis/Vossen-*U. Preis*, Kündigungsschutz, Rdn. 253; andererseits GK-*U. Preis*, § 623 BGB Rdn. 6; *U. Preis/Gotthardt*, NZA 2000, 348, 349 f.

370 So auch *U. Preis*, Vertragsgestaltung, S. 432 f.; Stahlhacke/U. Preis/Vossen-*U. Preis*, Kündigungsschutz, Rdn. 253, *Urban*, Kündigungsschutz, S. 206; *Wank*, in: Hromadka, Änderung, 35, 48 f.

371 So auch *Joachim*, RdA 1957, 326, 329; *Urban*, Kündigungsschutz, S. 207. Entsprechend der Situation bei der Änderungskündigung ist der Arbeitnehmer im Fall der wirksamen Teilkündigung dazu verpflichtet, nach Ablauf der Kündigungsfrist – auch vor Abschluss eines arbeitsgerichtlichen Verfahrens – zu den veränderten Bedingungen zu arbeiten. Ist die vom Arbeitgeber erklärte Teilkündigung hingegen unwirksam, so trifft den Arbeitnehmer eine derartige Verpflichtung nicht.

372 Sozialrechtliche Nachteile des Arbeitnehmers sind entgegen der Aussage ErfK-*Ascheids*, § 2 KSchG Rdn. 7 mit der Eigenkündigung des Arbeitnehmers als Re-

endigungskündigung des Arbeitnehmers kommt dagegen infolge der strengen Voraussetzungen des § 626 BGB üblicherweise nicht in Betracht. Aufgrund des Umstandes, dass der Arbeitgeber mittels der Teilkündigung allein auf unwesentliche Bestandteile des Arbeitsvertrages einwirken kann, ist es dem Arbeitnehmer regelmäßig zuzumuten, bis zum Ablauf der Kündigungsfrist einer von ihm ausgesprochenen, ordentlichen Beendigungskündigung zu den veränderten Arbeitsbedingungen wieterzuarbeiten.[373] Entgegen der Auffassung *Joachims* bedarf der Arbeitnehmer folglich keines über die Grenzen des § 626 BGB hinausgehenden Rechts zur außerordentlichen Beendigungskündigung.[374]

II. Teilkündigung des Arbeitnehmers

Zur Konkretisierung der Voraussetzungen des Teilkündigungsrechts des Arbeitnehmers kann nicht uneingeschränkt auf die Vorgaben der Änderungskündigung des Arbeitnehmers zurückgegriffen werden. Die ordentliche und die außerordentliche Teilkündigung sind insoweit zu unterscheiden.

1. Ordentliche Teilkündigung

Entsprechend der Teilkündigung des Arbeitgebers kann auch die ordentliche Teilkündigung des Arbeitnehmers in materieller Hinsicht nicht vollkommen frei ausgeübt werden.[375] Zwar bedarf die Änderung von Arbeitsbedingungen mittels der ordentlichen Änderungskündigung des Arbeitnehmers nicht der sachlichen Rechtfertigung,[376] dies kann jedoch auf das aliud der Teilkündigung nicht übertragen werden.[377] Das inhaltlich veränderte Arbeitsverhältnis besteht hier unabhängig vom Willen des Arbeitge-

---

aktion auf die Teilkündigung des Arbeitgebers nicht verbunden. S. dazu *Urban*, Kündigungsschutz, S. 208.

373 Ähnlich auch *Rolfs*, RdA 2001, 129, 133, der in anderem Zusammenhang das Recht zur Beendigung eines Vertragsverhältnisses davon abhängig macht, dass „die begehrte Änderung eine gewisse Relevanzschwelle überschreitet". Vgl. auch *Oetker*, Dauerschuldverhältnis, S. 455 f.

374 *Joachim*, RdA 1957, 326, 329.

375 *Berkowsky*, Änderungskündigung, S. 45. Vgl. auch die Entscheidung des BAG v. 17. 10. 1989, NZA 1990, 191, 191. Dort wird gerade die Unzulässigkeit der freien Kündigung einzelner Bestimmungen des Arbeitsvertrages durch den Arbeitnehmer betont.

376 KPK-*Ramrath*, Teil E, Rdn. 12 ff.

377 Die Unzulässigkeit eines entsprechenden Schlusses von der Änderungs- auf die Teilkündigung verkennt in die Zusammenhang *Joachim*, RdA 1957, 326, 329.

bers fort. Anders als die Vertragspartei des Arbeitnehmers kann der Arbeitgeber auf die Teilkündigung des Vertragspartners üblicherweise auch nicht mittels der Beendigungskündigung reagieren. Eine solche unterliegt auch in diesem Fall den strengen Voraussetzungen des geltenden Kündigungsschutzrechts.[378]

Es stellt sich demzufolge die Frage, ob der geltenden Rechtsordnung für die Rechtfertigung der ordentlichen Teilkündigung des Arbeitnehmers ein Prüfungsmaßstab entnommen werden kann. Sollte dies nicht der Fall sein, so scheidet die ordentliche Teilkündigung des Arbeitnehmers trotz des Fehlens eines entsprechenden Verbots innerhalb des geltenden Rechts als Mittel zur Änderung von Arbeitsbedingungen aus. Methodisch wird im Folgenden zwischen der Auslegung und der gesetzesimmanenten Rechtsfortbildung auf der einen und der gesetzesübersteigenden Rechtsfortbildung auf der anderen Seite differenziert.

a. Auslegung und gesetzesimmanente Rechtsfortbildung

Sowohl die Gesetzesauslegung als auch die gesetzesimmanente Rechtsfortbildung knüpfen zur Rechtsgewinnung an bestehende gesetzliche Vorschriften an. Festzustellen ist, ob eine Regelung den zu entscheidenden Fall entsprechend den ihr zugrunde liegenden teleologischen Erwägungen erfasst oder nicht.[379] Verschiedene gesetzliche Bestimmungen kommen insoweit zur näheren Ausgestaltung der Rechtfertigung der ordentlichen Teilkündigung des Arbeitnehmers in Betracht.

Die Ausrichtung des Teilkündigungsrechts des Arbeitnehmers am Maßstab der sozialen Rechtfertigung der Änderungskündigung des Arbeitgebers nach § 2 S. 1 KSchG scheitert sowohl im Wege der Gesetzesauslegung als auch im Rahmen der gesetzesimmanenten Rechtsfortbildung. Die Regelung kann weder nach ihrem Wortsinn noch nach dem ihr zugrungeliegenden Zweck auf die Kündigung des Arbeitnehmers übertragen werden. Das Kündigungsschutzgesetz dient allein der Sicherung des Bestands und des Inhalts von Arbeitsverhältnissen gegen Kündigungen durch die Partei des Arbeitgebers.[380] Eine Konkretisierung der Rechtfertigung der Teilkündigung des Arbeitnehmers ist mittels der genannten Bestimmung folglich nicht möglich.

---

378 A. A. für den nach ihrer Auffassung zulässigen Eingriff in das vertragliche Äquivalenz- und Ordnungsgefüge mittels der Teilkündigung *Kießling/T. Becker*, WM 2002, 578, 585.

379 *Larenz/Canaris*, Methodenlehre, S. 133 ff., 187; *Wank*, Auslegung, S. 97 f.

380 *Berkowsky*, Änderungskündigung, S. 45; *Löwisch*, Vorb. zu § 1 KSchG Rdn. 2 ff.

Die Regelung des § 315 BGB kann ebenfalls nicht zur inhaltlichen Ausgestaltung des Prüfungsmaßstabs der Rechtfertigung der Teilkündigung herangezogen werden.[381] Sie bezieht sich nach Abs. 1 der Vorschrift ausschließlich auf die einseitige Bestimmung einer Leistung, welche zuvor bereits vertraglich vereinbart worden ist.[382] Zwar kommt danach auch die Einwirkung des Arbeitnehmers auf den Inhalt des Arbeitsverhältnisses in Betracht, entscheidend ist nach dem Sinn und Zweck der Vorschrift jedoch gerade, dass das Recht dazu einvernehmlich begründet wurde.[383] Die Anwendung der Vorschrift auf die Teilkündigung des Arbeitnehmers scheidet somit aus.

Der Maßstab der Rechtfertigung der Änderungskündigung des Arbeitgebers außerhalb des Kündigungsschutzgesetzes bildet ebenso keine tragfähige Basis für die Ausgestaltung des Teilkündigungsrechts des Arbeitnehmers. Die Überprüfung der Wirksamkeit der Kündigung anhand des § 242 BGB dient ausschließlich dazu auch außerhalb des Kündigungsschutzgesetzes die missbräuchliche Ausübung eines ansonsten in materieller Hinsicht vollkommen freien Kündigungsrechts des Arbeitgebers zu unterbinden. Eine derartige, bloße Missbrauchskontrolle im Rahmen der Teilkündigung des Arbeitnehmers würde dem Schutzbedürfnis des Arbeitgebers nicht gerecht. Der Arbeitgeber bedarf zur Sicherung seiner betrieblichen Organisationsgewalt vielmehr eines darüber hinausgehenden Schutzes gegen einseitige Veränderungen von Arbeitsbedingungen durch die Partei des Arbeitnehmers.[384] Die Positionen von Arbeitgeber und Arbeitnehmer sind insoweit nicht vergleichbar.

Insgesamt führen somit die Auslegung und die gesetzesimmanente Rechtsfortbildung nicht zu einer hinreichenden Konkretisierung der Rechtfertigung der ordentlichen Teilkündigung des Arbeitnehmers. Es verbleibt damit allein die Möglichkeit der gesetzesübersteigenden Rechtsfortbildung.

---

[381] Kritisch äußert sich demgegenüber *Berkowsky*, Änderungskündigung, S. 45. Nach seiner Ansicht kommt eine Kontrolle anhand der Vorschrift des § 315 BGB infolge des Fehlens kündigungsrechtlicher Schutzvorschriften zugunsten des Arbeitgebers durchaus in Betracht.

[382] Grundlegend zur einseitigen Leistungsbestimmung im Arbeitsrecht s. *Söllner*, Leistungsbestimmung, S. 1 ff.

[383] *Lettl*, JuS 2001, 144, 145; *Söllner*, in: Hromadka, Änderung, 13, 14.

[384] Zur betrieblichen Organisationsgewalt des Arbeitgebers s. Münch-ArbR-*Richardi*, § 30 Rdn. 2 f.

b. Gesetzesübersteigende Rechtsfortbildung

Die gesetzesübersteigende Rechtsfortbildung orientiert sich anders als die Auslegung oder die gesetzesimmanente Rechtsfortbildung nicht an einzelnen Vorschriften oder Gesetzeswerken. Maßgeblich ist für den Rechtsanwender nicht die „immanente Teleologie des Gesetzes selbst", sondern stattdessen ein „darüber hinausgreifender Rechtsgedanke". Es stellt sich die Frage, ob eine ausfüllungsbedürftige Regelungslücke „über den ursprünglichen Plan des Gesetzes hinaus" besteht.[385] Auch die Zulässigkeit der Konkretisierung von Voraussetzungen der ordentlichen Teilkündigung mittels der gesetzesübergreifenden Rechtsfortbildung richtet sich demzufolge nach den Bedürfnissen der Gesamtrechtsordnung. Die dieser zugrunde liegenden Rechtsprinzipien müssen die Anerkennung eines Teilkündigungsrechts zugunsten der Partei des Arbeitnehmers erforderlich machen.

Die Korrektur der Regelungsdichte des bestehenden Gesetzesrechts kraft der gesetzesübersteigenden Rechtsfortbildung ist sowohl in verfassungsrechtlicher als auch in methodischer Hinsicht erheblichen Bedenken ausgesetzt. Es ist offensichtlich, dass in Abhängigkeit von der jeweiligen Betrachtungsweise des Rechtsanwenders und „vor dem Hintergrund eines nur abstrakt genug gewählten Prinzips" eine ausfüllungsbedürftige Regelungslücke angenommen werden kann oder nicht. Konkrete gesetzliche Anknüpfungspunkte und dadurch zum Ausdruck gebrachte gesetzgeberische Wertungen sind für die Rechtsgewinnung nicht ausschlaggebend. Die Anwendung des geltenden Rechts und die Durchsetzung rechtspolitischer Forderungen werden demzufolge miteinander vermischt.[386]

Unbeschadet dieser grundsätzlichen Zweifel am Instrument der gesetzesübersteigenden Rechtsfortbildung scheidet die Konkretisierung des Maßstabs der Rechtfertigung des Teilkündigungsrechts des Arbeitnehmers auch aufgrund der engen Grenzen eines derartigen Vorgehens aus. Die Rechtsfortbildung „über den Plan des Gesetzes hinaus" wird auch von ihren Befürwortern ausschließlich in wenigen Fallkonstellationen hingenommen.[387]

---

385 *Larenz/Canaris*, Methodenlehre, S. 187 f. S. auch *Wank*, Rechtsfortbildung, S. 69 ff.; *ders.*, Auslegung, S. 98.

386 *Wank*, Rechtsfortbildung, S. 73 f.; *ders.*, Auslegung, S. 98 lehnt das Mittel der gesetzesübersteigenden Rechtsfortbildung zur Rechtsgewinnung demzufolge ab. Ähnlich kritisch äußert sich im Hinblick auf die richterliche Anerkennung eines Teilkündigungsrechts auch *Herschel*, BB 1958, 160, 162.

387 S. dazu *Larenz/Canaris*, Methodenlehre, S. 232 ff.

Die Notwendigkeit der Anerkennung einer Befugnis des Arbeitnehmers zur ordentlichen Teilkündigung kann weder aus einem übergeordneten „rechtsethischen Prinzip“ noch aus der „Natur der Sache“ hergeleitet werden.[388] Zudem bestehen für die Gewährung eines Teilkündigungsrechts keine „unabweisbaren Bedürfnisse des Rechtsverkehrs“.[389] Zwar erscheinen die Möglichkeiten des Arbeitnehmers zur einseitigen Änderung von Arbeitsbedingungen – wie zu einem späteren Zeitpunkt noch verdeutlicht werden wird – insbesondere zum Schutz von Ehe und Familie unzureichend, ein „unabweisbares Bedürfnis“ für die Schaffung eines ordentlichen Teilkündigungsrechts des Arbeitnehmers, welches diesem zahlreiche, verschiedene Änderungen des Arbeitsverhältnisses aus nicht im Einzelnen festgelegten, unterschiedlichen Gründen ermöglicht, besteht allerdings nicht.[390] Entgegen der Ansicht von *U. Preis* bedarf der Arbeitnehmer keines den Befugnissen des Arbeitgebers vergleichbaren Änderungsinstruments.[391]

c. Ergebnis

Weder die Gesetzesauslegung noch die gesetzesimmanente oder die gesetzesübersteigende Rechtsfortbildung führt somit zur Konkretisierung des Prüfungsmaßstabs der Rechtfertigung der ordentlichen Teilkündigung. Trotz des Fehlens eines entsprechenden Verbots innerhalb des geltenden Rechts kann der Arbeitnehmer einzelne Arbeitsbedingungen mittels der ordentlichen Teilkündigung folglich nicht wirksam beseitigen.

2. Außerordentliche Teilkündigung

Zur Konkretisierung der außerordentlichen Teilkündigung des Arbeitnehmers kann hingegen auch im Hinblick auf die Rechtfertigung der Änderung der Arbeitsbedingungen auf die für die außerordentliche Änderungskündigung des Arbeitnehmers geltenden Vorschriften zurückgegriffen werden. Der Prüfungsmaßstab des § 626 Abs. 1 BGB ermöglicht infolge seiner Unbestimmtheit auch die Berücksichtigung der Besonderheiten der Veränderung von Arbeitverhältnissen mittels der Teilkündigung. Es ist demnach zu beachten, dass der Arbeitgeber anders als bei der Änderungskündigung des Arbeitnehmers das Arbeitsverhältnis nicht oh-

---

[388] Vgl. zu diesen Fallgruppen der gesetzesübersteigenden Rechtsfortbildung *Larenz/Canaris*, Methodenlehre, S. 236 ff.

[389] S. dazu *Larenz/Canaris*, Methodenlehre, S. 233 ff.

[390] Vgl. § 10, A., I.

[391] *U. Preis*, Vertragsgestaltung, S. 434.

ne weiteres beenden kann. Soweit die vom Arbeitnehmer intendierte Änderung gemäß § 626 Abs. 1 BGB gerechtfertigt ist, hat der Arbeitgeber dies hinzunehmen.

D. Ergebnis zur Teilkündigung

Die Effektivität der Teilkündigung zur einseitigen Änderung von Arbeitsbedingungen wird durch eine Vielzahl von Einschränkungen beeinträchtigt. Einige gelten für jegliche Teilkündigungen des Arbeitsverhältnisses, andere allein für einzelne Arten der Teilkündigung. Zunächst reduziert bereits die Rechtsfolge der Teilkündigung deren praktischen Anwendungsbereich nicht unerheblich. Infolge der Ausgestaltung des Änderungsinstruments als Kündigung können einzelne Arbeitsbedingungen zwar beseitigt, nicht aber inhaltlich verändert werden. Auf die zahlreichen Bestimmungen des Arbeitsvertrages, welche nicht ersatzlos gestrichen werden können, kann die änderungswillige Vertragspartei demzufolge nicht einwirken. Der Anwendungsbereich des Änderungsinstruments wird darüber hinaus dadurch begrenzt, dass mittels der Teilkündigung das Äquivalenz- und Ordnungsgefüge des Arbeitsvertrages nicht beeinträchtigt werden darf. Die Veränderung wesentlicher Bestandteile der arbeitsvertraglichen Vereinbarung scheidet somit im Rahmen der Teilkündigung aus.

Zulasten des Arbeitgebers wird die Praktikabilität der Teilkündigung außerdem dadurch gemindert, dass infolge der Sperrwirkung des § 2 KSchG die Teilkündigung des Arbeitsverhältnisses innerhalb des Anwendungsbereichs des Kündigungsschutzgesetzes nicht möglich ist. Die ordentliche Teilkündigung des Arbeitgebers kommt danach ausschließlich in den weniger praxisrelevanten Fällen der Änderung von Arbeitsbedingungen außerhalb des Kündigungsschutzgesetzes in Betracht. Wie auch für die außerordentliche Teilkündigung des Arbeitgebers gelten für diese zudem die z. T. strengen Voraussetzungen der Änderungskündigung. Die Teilkündigung erweitert demzufolge die Änderungsbefugnisse des Arbeitgebers nicht. Sie bildet für diesen kein effektives Instrument zur Veränderung von Arbeitsbedingungen gegen den Willen des Arbeitnehmers.

Dem Arbeitnehmer steht infolge der mangelnden Konkretisierung der ordentlichen Teilkündigung durch das geltende Recht allein ein außerordentliches Teilkündigungsrecht zu. Wie schon die außerordentliche Teilkündigung des Arbeitgebers, so unterliegt auch dieses den strengen Anforderungen der außerordentlichen Änderungskündigung. Das Änderungspotenzial der außerordentlichen Teilkündigung zugunsten des Arbeitnehmers ist folglich gering. Seine Änderungsbefugnisse werden nur unerheblich gestärkt. Das Mittel der Teilkündigung stellt in seiner derzeitigen Ausgestaltung demnach insgesamt kein flexibles Instrument zur Änderung von Arbeitsbedingungen dar.

§ 6 Änderungsvorbehalt

Nachdem mit der Teilkündigung die Untersuchung der Effektivität der Instrumente zur nachträglichen Veränderung von Arbeitsverhältnissen abgeschlossen worden ist, werden im Rahmen dieses Abschnitts die Möglichkeiten der antizipierten Änderung von Arbeitsbedingungen diskutiert.[392] Es stellt sich die Frage, inwieweit der Änderungsvorbehalt zugunsten der Vertragsparteien ein praktikables Mittel zur Einwirkung auf den Inhalt von Arbeitsverhältnissen bildet.[393]

A. Begriffsbestimmung

Der Begriff des Änderungsvorbehalts wird durch das arbeitsrechtliche Schrifttum eher zurückhaltend verwendet.[394] Im Rahmen der arbeitsgerichtlichen Rechtsprechung findet er bislang keine Berücksichtigung.[395]

---

392 Das Weisungsrecht des Arbeitgebers wird an dieser Stelle nicht näher erörtert. Zwar dient auch dieses der Änderung von Arbeitsbedingungen, anders als sonstige Änderungsinstrumente bedarf es jedoch nicht der besonderen Begründung. Es ist dem Arbeitsvertrag vielmehr immanent (*Berkowsky*, Änderungskündigung, S. 39 f.). Mit Wirkung vom 1. 1. 2003 wird das Weisungsrecht des Arbeitgebers durch die Vorschrift des § 106 GewO erstmalig gesetzlich geregelt (Art. 1, 10 des Dritten Gesetzes zur Änderung der Gewerbeordnung und sonstiger gewerberechtlicher Vorschriften v. 24. 8. 2002, BGBl. I, S. 3412 ff.).

393 Für das über das Weisungsrecht hinausgehende, durch die Parteien besonders vereinbarte, ursprüngliche Leistungsbestimmungsrecht des Arbeitgebers gelten die nachfolgenden Ausführungen entsprechend. Der Unterschied zum Änderungsvorbehalt besteht allein darin, dass durch die Ausübung dieses Rechts Arbeitsbedingungen nicht nur verändert, sondern vielmehr auch erstmalig bestimmt werden können (*Hromadka*, RdA 1992, 234, 238). Zur rechtlichen Gleichstellung beider Handlungsbefugnisse des Arbeitgebers vgl. § 112 EArbVG des Gesetzgebungsvorschlags des *Arbeitskreises Deutsche Rechtseinheit im Arbeitsrecht*, Gutachten für den 59. DJT 1992, D 55, 123.

394 Vgl. allerdings ErfK-*Ascheid*, § 2 KSchG Rdn. 22; *Hromadka*, RdA 1992, 234, 238; *ders.*, NJW 2002, 2523, 2526; *Wank*, in: Junker/Oechsler/Steckhan/Wank, Zukunft, 87, 100 f.

395 Dies wird sich infolge der Einbeziehung des Arbeitsvertrages in das Recht der allgemeinen Geschäftsbedingungen zukünftig ändern. Auch arbeitsvertragliche Vereinbarungen i. S. des § 305 Abs. 1 S. 1 BGB unterliegen danach grundsätz-

Stattdessen prägen überwiegend Begrifflichkeiten wie der Widerrufsvorbehalt, der Freiwilligkeitsvorbehalt und die vorbehaltene Teilkündigung die rechtliche Auseinandersetzung mit den Möglichkeiten der vertraglich vorbehaltenen Änderung von Arbeitsbedingungen. Den Begriffen wird dabei nicht selten in verschiedenen Situationen ein unterschiedlicher Bedeutungsgehalt zugrunde gelegt.[396] Dies verursacht Unverständnis. Unbeschadet ihres jeweiligen Inhalts qualifiziert beispielsweise die Arbeitsgerichtsbarkeit vertragliche Vorbehalte zugunsten des Arbeitgebers als Widerrufsvorbehalte.[397]

Gemeinsam ist all den genannten vertraglichen Änderungsbefugnissen der Parteien, dass ihre Ausübung eine Veränderung der gegenwärtig bestehenden Arbeitsbedingungen bewirkt. Die verschiedenen Abreden bilden damit Unterfälle des arbeitsvertraglichen Änderungsvorbehalts. Dieser erfasst nicht nur die Reduzierung eigener Leistungspflichten (Widerrufsvorbehalt), die Beendigung der Gewährung freiwilliger Leistungen (Freiwilligkeitsvorbehalt) oder die Beseitigung von Arbeitsbedingungen nach Ablauf einer Ankündigungsfrist (vorbehaltene Teilkündigung), sondern ermöglicht vielmehr schlechthin die Einwirkung auf den Inhalt von Arbeitsverhältnissen.[398] Da die Überprüfung der Wirksamkeit der Veränderung von Arbeitsbedingungen kraft Ausübung eines der genannten Vorbehalte einheitlichen Regeln folgt, erscheint es sachgerecht, im Folgenden allein vom Instrument des Änderungsvorbehalts zu sprechen.[399]

B. Änderungsvorbehalte zugunsten des Arbeitnehmers

Das Mittel des Änderungsvorbehalts hat für den Arbeitnehmer – unbeschadet seiner Position als leitender Angestellter, nicht leitender Angestellter oder Arbeiter – innerhalb der arbeitsrechtlichen Praxis nahezu keine Bedeutung. Vor dem Hintergrund der in der Regel nur schwach

---

lich der Inhaltskontrolle gemäß den Vorschriften der §§ 307 ff. BGB. Das Klauselverbot des § 308 Nr. 4 BGB konstituiert besondere Anforderungen an die Wirksamkeit von Änderungsvorbehalten.

396 *Wank*, in: Hromadka, Änderung, 35, 44.

397 BAG v. 7. 10. 1982, AP Nr. 5 zu § 620 BGB Teilkündigung; BAG v. 14. 11. 1990, AP Nr. 25 zu § 611 BGB Arzt-Krankenhaus-Vertrag. *Söllner*, in: Hromadka, Änderung, 13, 21 weist in diesem Zusammenhang zu Recht darauf hin, dass es „doch etwas gewaltsam" erscheint, in entsprechenden Fällen einheitlich „vom Vorbehalt eines Widerrufs zu sprechen".

398 GK-*Künzl*, § 2 KSchG Rdn. 72 f.; *Hromadka*, RdA 1992, 234, 242 f.; *Wank*, in: Hromadka, Änderung, 35, 45; *Zöllner*, NZA 1997, 121, 122.

399 KR-*Rost*, § 2 KSchG Rdn. 52. Zu den wenigen Besonderheiten des Freiwilligkeitsvorbehalts s. Münch-ArbR-*Hanau*, § 62 Rdn. 100 ff.

ausgeprägten Verhandlungsposition des Arbeitnehmers bei Abschluss des Arbeitsvertrages stellt das Änderungsinstrument für diesen fast ausnahmslos kein effektives Mittel zur Einwirkung auf den Inhalt von Arbeitsverhältnissen dar.[400] Selbst wenn das Kräfteungleichgewicht zwischen Arbeitgeber und Arbeitnehmer bei den Vertragsverhandlungen ausschließlich geringfügig ausgeprägt ist, kommt üblicherweise allenfalls ein echtes Aushandeln der Einzelheiten eines Änderungsvorbehalts zugunsten des Arbeitgebers in Betracht. Der Arbeitnehmer kann hingegen die Vereinbarung entsprechender Änderungsbefugnisse zu seinen Gunsten gewöhnlich nicht einfordern. Dies gilt insbesondere in wirtschaftlich schwierigen Zeiten.

Die Existenz arbeitsvertraglicher Änderungsvorbehalte zugunsten des Arbeitnehmers ist demzufolge theoretisch zwar denkbar, nicht zuletzt aufgrund der starken Verbreitung von Formulararbeitsverträgen praktisch allerdings äußerst selten. Wie schon die Änderungskündigung so bildet auch der Änderungsvorbehalt in den Händen des Arbeitnehmers kein geeignetes Mittel zur Änderung von Arbeitsbedingungen gegen den Willen des Arbeitgebers. Im Folgenden wird daher allein die Effektivität des praxisrelevanten Änderungsvorbehalts zugunsten des Arbeitgebers näher untersucht.

C. Änderungsvorbehalte zugunsten des Arbeitgebers

Die Effektivität des Instruments zur einseitigen Änderung von Arbeitsbedingungen durch den Arbeitgeber wird nachfolgend in drei Schritten erörtert. Nachdem zunächst festgestellt wird, auf welche Weise arbeitsvertragliche Änderungsvorbehalte zugunsten des Arbeitgebers überhaupt zustande kommen, werden anschließend die Auswirkungen der Inhalts- und der Ausübungskontrolle auf die Praktikabilität des Änderungsinstruments thematisiert.

I. Möglichkeiten der Vereinbarung

Grundsätzlich kann ein Änderungsvorbehalt zugunsten des Arbeitgebers auf zwei verschiedene Arten vertraglich vereinbart werden. Einerseits kann der Vorbehalt durch den Arbeitgeber in Form allgemeiner Geschäftsbedingungen in den Arbeitsvertrag eingeführt werden, anderer-

---

[400] *U. Preis*, Vertragsgestaltung, S. 433 f. Speziell zu dem für den Arbeitnehmer besonders bedeutenden Bereich der Arbeitszeit vgl. in diesem Zusammenhang die Ausführungen *Winklers*, Sitzungsberichte des 63. DJT 2000, L 134 f.

seits besteht die Möglichkeit der individuellen Verabredung eines entsprechenden Änderungsrechts des Arbeitgebers. Überwiegend verwendet der Arbeitgeber zur Ausgestaltung von Änderungsvorbehalten innerhalb der arbeitsrechtlichen Praxis vorformulierte Vertragsbedingungen, welche für eine Vielzahl von Arbeitsverträgen gelten.[401] Änderungsvorbehalte zugunsten von Arbeitgebern werden demzufolge in der Regel nicht durch die Parteien ausgehandelt. Die Vertragsgestaltungsfreiheit des Arbeitnehmers wird daher weitgehend zurückgedrängt.[402] Eher selten wird dagegen ein Änderungsvorbehalt zugunsten des Arbeitgebers durch die Parteien individuell vereinbart.[403] Ist das der Fall, so spricht allerdings auch dieser Umstand noch nicht zwangsläufig für ein echtes Aushandeln der Arbeitsbedingungen durch Arbeitgeber und Arbeitnehmer.[404] Infolge der regelmäßig stärker ausgeprägten Verhandlungsposition des Arbeitgebers wird auch hier die Ausgestaltung des Arbeitsverhältnisses üblicherweise durch dessen Vorgaben geprägt. Die Störung der Vertragsparität kann allerdings nicht allein aus der Art der vertraglichen Abrede hergeleitet werden.[405]

Wie bereits im Rahmen der Untersuchung des Instruments der Teilkündigung dargelegt worden ist, wurde die genannte Unterscheidung arbeitsvertraglicher Klauseln durch die Schuldrechtsreform gesetzlich kodifiziert. Der Gesetzgeber hat die Vereinbarung individualarbeitsvertraglicher Bestimmungen i. S. des § 305 Abs. 1 S. 1 BGB durch die Regelung des § 310 Abs. 4 BGB erstmals dem Recht der allgemeinen Geschäftsbedingungen unterstellt. Eine Anwendung der verschiedenen Vorschriften auf den Arbeitsvertrag war bislang infolge der gesetzlichen Bereichsausnahme des § 23 Abs. 1 AGBG nicht möglich.[406]

---

401 *Gotthardt*, ZIP 2002, 277, 278; *U. Preis*, Vertragsgestaltung, S. 51 ff.; *Richardi*, NZA 2002, 1057, 1058. Die entsprechenden Vertragsklauseln werden – wie *Fenn*, in: FS Söllner, 333, 333 hervorhebt – in der Regel durch den einzelnen Arbeitgeber oder den entsprechenden Arbeitgeberverband vorformuliert.

402 Erman-*Hefermehl/Werner*, § 9 AGBG Rdn. 1, *Fenn*, in: FS Söllner, 333, 335; *U. Preis*, Vertragsgestaltung, S. 51 ff., Stahlhacke/U. Preis/Vossen-*U. Preis*, Kündigungsschutz, Rdn. 255.

403 Zur Vertragsgestaltungsfreiheit der Parteien im Individualarbeitsrecht vgl. grundlegend *Rieble*, Vertragsfreiheit, S. 1 ff.

404 *Hromadka*, NJW 2002, 2523, 2524 f.; KSchR-*Kittner*, § 2 KSchG Rdn. 90; *Thüsing*, NZA 2002, 591, 594. Zum Aushandeln von Vertragsbedingungen im Individualarbeitsrecht s. *U. Preis*, Vertragsgestaltung, S. 46 ff., 87 ff.

405 *Bartz*, AuA 2002, 62, 62; *Thüsing*, NZA 2002, 591, 594; *ders.*, in: FS Wiedemann, 559, 575 f.

406 Zum Regelungsgehalt des § 23 AGBG s. ErfK-*U. Preis*, § 611 BGB Rdn. 552 ff.; *Fenn*, in: FS Söllner, 333, 334 ff.

Die eingetretene Veränderung der Rechtslage wurde innerhalb des Gesetzgebungsverfahrens zur Schuldrechtsmodernisierung allerdings nicht bereits durch den Gesetzentwurf der Regierungsfraktionen initiiert. Nach diesem sollte die Vorschrift des § 23 Abs. 1 AGBG in § 310 Abs. 4 BGB wörtlich übernommen werden.[407] Erst die Stellungnahme des Bundesrates führte dazu, dass die sachliche Rechtfertigung des Ausschlusses des Arbeitsrechts aus dem Anwendungsbereich des Rechts der allgemeinen Geschäftsbedingungen inhaltlich überprüft wurde.[408] Die Bundesregierung stellte im Rahmen ihrer Gegenäußerung fest, „dass die Bereichsausnahme des Arbeitsrechts hinsichtlich des Gesetzes zur Regelung des Rechts der Allgemeinen Geschäftsbedingungen im Grundsatz aufzuheben ist. Trotz des Schutzes durch zwingende Vorschriften und kollektive Vereinbarungen besteht auch im Arbeitsrecht ein Bedürfnis nach richterlicher Kontrolle der einseitig vom Arbeitgeber festgesetzten Arbeitsbedingungen; dies ist gerade vor dem Hintergrund des existenziellen Angewiesenseins auf einen Arbeitsplatz von besonderer Bedeutung. Das Fall-Material der Rechtsprechung des Bundesarbeitsgerichts zu den Arbeitsvertragsmodalitäten zeigt, dass eine sich selbst überlassene Vertragsfreiheit nicht in der Lage war, insgesamt einen ausreichenden Schutz der Arbeitnehmer vor unangemessenen Vertragsbedingungen zu gewährleisten." Die Bundesregierung änderte demzufolge den Gesetzgebungsvorschlag der Regierungsfraktionen und schloss sich damit den vom Bundesrat geäußerten Bedenken an.[409] Dem folgten zunächst der Rechtsausschuss und anschließend sowohl Bundestag als auch Bundesrat.[410]

Für die rechtliche Beurteilung der verschiedenen Arten arbeitsvertraglicher Änderungsvorbehalte zugunsten des Arbeitgebers existieren demnach heute unterschiedliche gesetzliche Vorschriften. Dabei ist zu berücksichtigen, dass die Bestimmungen der §§ 305 ff. BGB gemäß Art. 229 § 5 S. 1 EGBGB grundsätzlich allein für nach dem 31. Dezember 2001 entstandene Schuldverhältnisse gelten. Aufgrund des Dauerschuldcharakters des Arbeitsvertrages finden sie jedoch gemäß der Son-

---

[407] Vgl. die Begründung des Entwurfs eines Gesetzes zur Modernisierung des Schuldrechts der Regierungsfraktionen SPD und Bündnis 90/Die Grünen, BT-Drs. 14/6040, S. 160.

[408] Stellungnahme des Bundesrates, BT-Drs. 14/6857, S. 17.

[409] Gegenäußerung der Bundesregierung, BT-Drs. 14/6587, S. 53 f.

[410] Durch den Bericht und die Beschlussempfehlung des Rechtsausschusses, BT-Drs. 14/7052, S. 189 wurde der Gesetzgebungsvorschlag der Bundesregierung lediglich „in redaktioneller Hinsicht" – aus Gründen der Klarstellung – verändert.

derregelung des Art. 229 § 5 S. 2 EGBGB nach Ablauf einer einjährigen Anpassungsfrist vom 1. Januar 2003 an auch auf alle vor dem 1. Januar 2002 geschlossenen Arbeitsverträge Anwendung.[411]

II. Inhaltskontrolle

Die dargelegte Unterscheidung arbeitsvertraglicher Änderungsvorbehalte wirkt sich auf die Effektivität des Änderungsinstruments zur einseitigen Änderung von Arbeitsbedingungen unmittelbar allein im Rahmen der Inhaltskontrolle aus.[412] Die Wirksamkeit entsprechender Abreden i. S. des § 305 Abs. 1 S. 1 BGB richtet sich nach den Vorschriften der §§ 307 ff. BGB. Zur Bestimmung der Zulässigkeit individuell vereinbarter Änderungsvorbehalte kann hingegen ausschließlich auf allgemeine gesetzliche Vorschriften zurückgegriffen werden.

Entgegen der Auffassung *Söllners* kann auf eine spezifische Inhaltskontrolle vertraglicher Änderungsvorbehalte zugunsten des Arbeitgebers insgesamt nicht verzichtet werden.[413] Zahlreiche Änderungsvorbehalte sind vielmehr unabhängig von ihrer späteren Ausübung schlechthin unwirksam. Dies gilt nicht erst seit der gesetzlichen Regelung der Inhaltskontrolle arbeitsvertraglicher Änderungsvorbehalte durch die §§ 307 ff. BGB.[414]

1. Änderungsvorbehalte i. S. des § 305 Abs. 1 S. 1 BGB

Der Inhalt arbeitsvertraglicher Änderungsvorbehalte in Form allgemeiner Geschäftsbedingungen wurde bereits vor der gesetzlichen Einbeziehung entsprechender Vereinbarungen in die Inhaltskontrolle gemäß den §§ 307 ff. BGB durch die arbeitsgerichtliche Rechtsprechung und das überwiegende arbeitsrechtliche Schrifttum in weiten Teilen einer strenge-

---

411 Zu den verschiedenen Fragen der Anpassung von Altverträgen s. *Wiesinger*, AuA 2002, 354, 354 ff.

412 *Annuß*, BB 2002, 458, 462; *Berkowsky*, AuA 2002, 11, 15; *Däubler*, NZA 2001, 1329, 1334 f. Zu den von *Henssler*, RdA 2002, 129, 139 zu Recht angesprochenen mittelbaren Folgen der §§ 305 ff. BGB auf die Ausübungskontrolle vgl. § 6, C., III., 1.

413 *Söllner*, in: Hromadka, Änderung, 13, 20 ff. will ausschließlich wenige besonders weitgehende Änderungsvorbehalte der Inhaltskontrolle unterwerfen.

414 Staudinger-*Coester-Waltjen*, § 10 Nr. 4 AGBG Rdn. 1. Vgl. zudem die Argumentation Münch-ArbR-*Hanaus*, § 62 Rdn. 102 f., nach der sich die Inhaltskontrolle sowohl auf vorformulierte, vom Arbeitgeber gestellte Änderungsvorbehalte als auch auf individuell vereinbarte Vorbehalte bezieht. S. dazu BGH v. 21. 12. 1983, BGHZ 89, 206, 213.

ren Prüfung unterzogen als der Inhalt individueller Abreden der Vertragsparteien.[415] Begründet wurde dies mit der typischerweise gestörten Vertragsparität im Fall einer solchen Vertragsgestaltung.[416]

Problematisch erschien bislang allerdings die dogmatische Begründung eines derartigen Vorgehens des Rechtsanwenders. Teilweise wurden die verschiedenen Vorschriften des Gesetzes zur Regelung des Rechts der Allgemeinen Geschäftsbedingungen analog angewendet,[417] teilweise wurde auf arbeitsrechtliche Grundsätze zurückgegriffen, die anhand der Generalklauseln der §§ 138, 242, 315 BGB entwickelt wurden.[418] Die Rechtsprechung ließ zudem die rechtlichen Grundlagen der Inhaltskontrolle in einzelnen Entscheidungen ausdrücklich „unentschieden".[419]

Im Hinblick auf die Frage nach den Möglichkeiten der Vertragsparteien zur einseitigen Änderung von Arbeitsbedingungen werden im Folgenden die Auswirkungen der Inhaltskontrolle gemäß den §§ 307 ff. BGB auf die Effektivität des Änderungsinstruments untersucht. Nach *Däubler* könnten sich insbesondere aufgrund der spezifischen Regelung des Änderungsvorbehalts in § 308 Nr. 4 BGB für die arbeitsrechtliche Praxis wesentliche Veränderungen ergeben.[420]

a. Schranken der Inhaltskontrolle

Bevor die besonderen Anforderungen an die Wirksamkeit von Änderungsvorbehalten zugunsten des Arbeitgebers i. S. des § 305 Abs. 1 S. 1 BGB erörtert werden können, ist zunächst festzustellen, dass mit Ausnahme des § 305 Abs. 2, 3 BGB die allgemeinen Voraussetzungen der Durchführung der Inhaltskontrolle nach dem Recht der allgemeinen Geschäftsbedingungen auch für arbeitsvertragliche Vereinbarungen Gel-

---

415 BAG v. 13. 12. 2000, NZA 2001, 723, 724; *Annuß*, BB 2002, 458, 458 f.; ErfK-*U. Preis*, § 611 BGB Rdn. 552 ff., *Henssler*, RdA 2002, 129, 135; *Hromadka*, RdA 1992, 234, 240.

416 Gegenäußerung der Bundesregierung, BT-Drs. 14/6857, S. 53 f. Entsprechend äußern sich Erman-*Hefermehl/Werner*, § 9 AGBG Rdn. 1; *Henssler*, RdA 2002, 129, 135; *Lingemann*, NZA 2002, 181, 183.

417 S. dazu *Däubler*, NZA 2001, 1329, 1335; *Fenn*, in: FS Söllner, 333, 336 ff.; *U. Preis*, Anm. zu BAG v. 13. 12. 2000, RdA 2002, 42, 43; *Zöllner*, NZA 1997, 121, 126 f.

418 BAG v. 13. 12. 2000, NZA 2001, 723, 724; KR-*Rost*, § 2 KSchG Rdn. 48 f.

419 BAG v. 29. 11. 1995, BAGE 81, 317, 320 ff.; BAG v. 17. 6. 1997, NJW 1998, 1732, 1733.

420 *Däubler*, NZA 2001, 1329, 1336.

tung beanspruchen.[421] Diese werden durch die Vorschriften der §§ 305 bis 306a BGB im Einzelnen geregelt.[422]

Die Inhaltskontrolle arbeitsvertraglicher Änderungsvorbehalte setzt zudem voraus, dass gemäß den §§ 307 Abs. 3 S. 1, 310 Abs. 4 S. 3 BGB die in Rede stehenden Vereinbarungen von Rechtsvorschriften, Tarifverträgen, Betriebs- und Dienstvereinbarungen abweichen oder diese Rechtsquellen ergänzen.[423] Andernfalls kommt eine Überprüfung der Wirksamkeit entsprechender Abreden gemäß § 307 Abs. 3 S. 2 BGB allein anhand des Transparenzgebots des § 307 Abs. 1 S. 2 BGB in Betracht. Neben den Wertungen gesetzlicher Bestimmungen soll auf diese Weise auch der einem Tarifvertrag, einer Betriebs- oder einer Dienstvereinbarung zugrunde liegende Interessenausgleich der Parteien anerkannt werden.[424]

Der dem Tarifvertrag als „Ergebnis eines Kompromisses" innewohnende „grundsätzlich ausgewogene" Ausgleich der Interessen von Arbeitgebern und Arbeitnehmern wird allerdings in solchen Fällen nicht gewahrt, in denen sich die Arbeitsvertragsparteien ausschließlich auf einzelne Elemente des Tarifvertrages, wie z. B. einen Änderungsvorbehalt zugunsten des Arbeitgebers, beziehen.[425] Die Verweisung des Arbeitsvertrages auf einzelne Regelungsgegenstände bietet keine Sicherheit für die Angemessenheit der entsprechenden Abrede. Einzelne Vorschriften von Tarifverträgen begünstigen regelmäßig entweder Arbeitgeber oder Arbeitnehmer. Erst die Gesamtheit aller Einzelbestimmungen begründet die prinzipielle Ausgewogenheit des Tarifvertrages.[426] Die Regelungen der §§ 307

---

[421] Die Nichtanwendbarkeit des § 305 Abs. 2, 3 BGB im Bereich des Arbeitsrechts resultiert aus der Vorschrift des § 310 Abs. 4 S. 2 HS. 2 BGB. Zu den Gründen dieser gesetzlichen Anordnung s. *Gotthardt*, ZIP 2002, 277, 279 f.; Palandt-*Heinrichs*, Erg.-Bd., § 310 BGB Rdn. 51.

[422] Vgl. dazu *Gotthardt*, ZIP 2002, 277, 278 ff.; Palandt-*Heinrichs*, Erg.-Bd., §§ 305a, 305b, 305c, 306, 306a BGB; *v. Westphalen*, NJW 2002, 12, 13 ff.

[423] Zu den Merkmalen des „Abweichens" und des „Ergänzens" vgl. Wolf/Horn/Lindacher-*Wolf*, § 8 AGBG Rdn. 6 f.

[424] Gegenäußerung der Bundesregierung, BT-Drs. 14/6587, S. 54. Vgl. auch *Annuß*, BB 2002, 458, 460; Dörner/Ebert/Eckert/Hoeren-*Schulte-Nölke*, § 310 BGB Rdn. 14; *Henssler*, RdA 2002, 129, 136.

[425] Die individualarbeitsvertragliche Bezugnahme auf (einzelne Regelungen von) Betriebs- oder Dienstvereinbarungen macht hingegen keinen Sinn. Beide Rechtsquellen gelten anders als Tarifverträge bereits von Gesetzes wegen für die Mitarbeiter der entsprechenden Betriebe und Verwaltungen. Zu Betriebsvereinbarungen vgl. die Vorschrift des § 77 Abs. 4 S. 1 BetrVG, zu Dienstvereinbarungen s. § 73 BPersVG (*Däubler*, NZA 2001, 1329, 1335).

[426] *Däubler*, NZA 2001, 1329, 1335 f.; Wiedemann-*Wank*, § 4 TVG Rdn. 24.

Abs. 3 S. 1, 310 Abs. 4 S. 3 BGB stehen damit im Fall der nicht vollständigen Bezugnahme von Arbeitsverträgen auf Tarifverträge der Inhaltskontrolle von Änderungsvorbehalten am Maßstab der §§ 307 ff. BGB nicht entgegen.[427]

Gemäß § 310 Abs. 4 S. 2 HS. 1 BGB sind bei der Anwendung der einzelnen Bestimmungen des Rechts der allgemeinen Geschäftsbedingungen auf arbeitsvertragliche Vereinbarungen „die im Arbeitsrecht geltenden Besonderheiten angemessen zu berücksichtigen". Der Rechtsanwender wird folglich dazu verpflichtet, im Anschluss an die Kontrolle der Wirksamkeit von Änderungsvorbehalten anhand der §§ 307 ff. BGB, das gefundene Ergebnis daraufhin zu überprüfen, ob es den Besonderheiten des Arbeitsrechts gerecht wird.[428] Die innerhalb des arbeitsrechtlichen Schrifttums heftig diskutierte Vorschrift des § 310 Abs. 4 S. 2 HS. 1 BGB findet somit erst im Rahmen eines zweiten Prüfungsschritts Berücksichtigung.

b. § 308 Nr. 4 BGB

Die Bestimmung des § 308 Nr. 4 BGB reglementiert die Möglichkeiten und Grenzen der Vereinbarung vertraglicher Änderungsvorbehalte zugunsten des Verwenders von allgemeinen Geschäftsbedingungen ausdrücklich. Als Klauselverbot mit Wertungsmöglichkeit verpflichtet die Vorschrift dazu – ohne dass es des Rückgriffs auf die Sonderregelung des § 310 Abs. 4 S. 2 HS. 1 BGB bedarf – die Umstände des konkreten Vertragsverhältnisses in die Inhaltskontrolle mit einfließen zu lassen.[429] Ent-

---

[427] *Annuß*, BB 2002, 458, 460. Zu beachten ist der Hinweis *Hensslers*, RdA 2002, 129, 136 f., wonach ausnahmsweise auch solche Teile von Tarifverträgen „kontrollfrei übernahmefähig" sind, die sich durch ihre „Selbstständigkeit und isolierte Ausgewogenheit" auszeichnen.

[428] Obwohl sich die Vorschrift des § 310 Abs. 4 S. 2 HS. 1 BGB – wie der Verweis des § 310 Abs. 4 S. 1 BGB auf den gesamten Abschnitt der §§ 305 ff. BGB verdeutlicht – nicht allein auf die Bestimmungen der §§ 307 ff. BGB bezieht, wird die Relevanz dieser Sonderregelung für das Arbeitsvertragsrecht im Folgenden allein an dieser Stelle diskutiert. Für die arbeitsrechtliche Praxis sind gerade die Auswirkungen auf die Inhaltskontrolle vertraglicher Vereinbarungen von Bedeutung.

[429] Erman-*Hefermehl/Werner*, vor § 10 AGBG Rdn. 2; Wolf/Horn/Lindacher-*Wolf*, vor §§ 10, 11 AGBG Rdn. 4. Dies wird von zahlreichen Vertretern des arbeitsrechtlichen Schrifttums übersehen. Unbeschadet der originären Wertungsmöglichkeiten innerhalb des § 308 Nr. 4 BGB verweisen diese unvermittelt auf die arbeitsrechtsspezifische Sonderregelung des § 310 Abs. 4 S. 2 HS. 1 BGB (vgl. *Bartz*,

gegen der Auffassung *Lingemanns* führt dies allerdings nicht dazu, dass die Beurteilung der Wirksamkeit arbeitsvertraglicher Änderungsvorbehalte eine anschließende Berücksichtigung der „im Arbeitsrecht geltenden Besonderheiten" nach § 310 Abs. 4 S. 2 HS. 1 BGB nicht erfordert.[430] Der Regelungsgehalt der arbeitsrechtsspezifischen Sonderregelung geht nach dem Willen des Gesetzgebers deutlich über die eingeschränkten Wertungsmöglichkeiten des Rechtsanwenders im Rahmen des § 308 Nr. 4 BGB hinaus.[431]

aa. Anwendungsbereich des Klauselverbots

Anders als das Klauselverbot zur Vereinbarung von Rücktrittsvorbehalten gemäß § 308 Nr. 3 BGB findet die Vorschrift des § 308 Nr. 4 BGB auch auf Dauerschuldverhältnisse wie beispielsweise den Arbeitsvertrag Anwendung. Dafür spricht neben dem Wortsinn der Regelung des § 308 Nr. 4 BGB auch der Umkehrschluss aus § 308 Nr. 3 HS. 2 BGB.[432]

(1) Änderungen und Abweichungen i. S. der Vorschrift

Die Vorschrift des § 308 Nr. 4 BGB bezieht sich auf Vereinbarungen, welche entweder „Änderungen" vertraglicher Leistungen oder „Abweichungen" von versprochenen Leistungspflichten ermöglichen. Eine „Änderung" vertraglicher Leistungen i. S. des § 308 Nr. 4 BGB liegt vor, wenn durch die Ausübung eines Änderungsvorbehalts Leistungspflichten zwar in ihrer Beschaffenheit oder ihrem Umfang modifiziert werden, nicht jedoch Art und Charakter der Leistungen umgestaltet werden. Die „Abweichung" von vereinbarten Leistungspflichten setzt demgegenüber voraus, dass die einseitige Veränderung des Vertrages ein solches Ausmaß annimmt, dass die Leistungen etwas anderes darstellen, als ursprünglich verabredet worden ist.[433]

Die Bestimmung des § 308 Nr. 4 BGB umfasst danach arbeitsvertragliche Änderungsvorbehalte zugunsten des Arbeitgebers unbeschadet der

---

AuA 2002, 62, 62; *Berkowsky*, AuA 2002, 11, 15; *Gotthardt*, ZIP 2002, 277, 287 f.).

430 *Lingemann*, NZA 2002, 181, 191.

431 Gegenäußerung der Bundesregierung, BT-Drs. 14/6587, S. 54; *Thüsing*, NZA 2002, 591, 594.

432 Dörner/Ebert/Eckert/Hoeren-*Schulte-Nölke*, § 308 BGB Rdn. 1; Erman-*Hefermehl/Werner*, § 10 Nr. 4 AGBG Rdn. 2; Palandt-*Heinrichs*, Erg.-Bd., § 308 BGB Rdn. 22; Wolf/Horn/Lindacher-*Wolf*, § 10 Nr. 4 AGBG Rdn. 10.

433 Ulmer/Brandner/Hensen/Schmidt-*ders.*, § 10 Nr. 4 AGBG Rdn. 4; Wolf/Horn/Lindacher-*Wolf*, § 10 Nr. 4 AGBG Rdn. 4.

Intensität der möglichen Einwirkung auf den Inhalt des Arbeitsverhältnisses. Sie erstreckt sich sowohl auf Veränderungen von Haupt- als auch von Nebenleistungspflichten.[434] Die gesetzliche Unterscheidung von „Änderungen" und „Abweichungen" spielt für die arbeitsrechtliche Praxis keine Rolle. Auch bei der späteren Überprüfung der Zumutbarkeit der Vereinbarung für den Arbeitnehmer ist zwar der Grad der Veränderung, nicht aber ihre Einordnung als „Änderung" oder „Abweichung" von Bedeutung.[435]

(2) Versprochene Leistungen gemäß § 308 Nr. 4 BGB

Das Klauselverbot des § 308 Nr. 4 BGB bezieht sich auf solche Änderungsvorbehalte, die dem Verwender die Veränderung der „versprochenen Leistung" ermöglichen. Der Begriff der „versprochenen Leistung" umfasst dabei nicht allein vertragliche Verbindlichkeiten i. e. S., sondern erstreckt sich darüber hinaus auch auf „freiwillige Leistungen".[436] Die Stärke der vertraglichen Bindung der Parteien spielt keine Rolle.[437] § 308 Nr. 4 BGB gilt folglich auch für den arbeitsvertraglichen Freiwilligkeitsvorbehalt, welcher eine Unterform des Änderungsvorbehalts darstellt.[438]

Fraglich ist, ob die Vorschrift ausschließlich Veränderungen der „versprochenen Leistung" des Verwenders (und damit des Arbeitgebers) oder aber auch der anderen Vertragspartei (und somit des Arbeitnehmers) erfasst. Eine restriktive Auslegung der Bestimmung würde dazu führen, dass die Wirksamkeit von Änderungsvorbehalten, welche den Arbeitgeber allein zur Veränderung der Leistungspflichten des Arbeitnehmers berechtigen, anhand des § 308 Nr. 4 BGB nicht überprüft werden könnte. Die Zulässigkeit von Versetzungsvorbehalten wären infolgedessen allein am Maßstab der Generalklausel des § 307 Abs. 1, 2 BGB zu messen.

---

434 Erman-*Hefermehl/Werner*, § 10 Nr. 4 AGBG Rdn. 1; MüKo-*Basedow*, § 10 Nr. 4 AGBG Rdn. 3; Palandt-*Heinrichs*, Erg.-Bd., § 308 BGB Rdn. 22; Staudinger-*Coester-Waltjen*, § 10 Nr. 4 AGBG Rdn. 5; Ulmer/Brandner/Hensen/Schmidt-*ders.*, § 10 Nr. 4 AGBG Rdn. 3.

435 Wolf/Horn/Lindacher-*Wolf*, § 10 Nr. 4 AGBG Rdn. 12.

436 Erman-*Hefermehl/Werner*, § 10 Nr. 4 AGBG Rdn. 1; Wolf/Horn/Lindacher-*Wolf*, § 10 Nr. 4 AGBG Rdn. 12. Ähnlich auch Palandt-*Heinrichs*, Erg.-Bd., § 308 BGB Rdn. 22.

437 Der Grad der vertraglichen Bindung der Vertragsparteien kann allerdings für die Frage der Zumutbarkeit der Vereinbarung von Bedeutung sein. S. dazu BGH v. 12. 1. 1994, BGHZ 124, 351, 364 f.

438 Dies übersieht *Bartz*, AuA 2002, 62, 62, der die Wirksamkeit eines arbeitsvertraglichen Freiwilligkeitsvorbehalts allein anhand der §§ 305c Abs. 1, 307 Abs. 1, 2 BGB überprüft.

Der Anwendungsbereich des Klauselverbots des § 308 Nr. 4 BGB würde damit für den Bereich des Arbeitvertragsrechts nicht unerheblich reduziert.

Mit dem Wortsinn des § 308 Nr. 4 BGB sind beide Varianten der Auslegung des Begriffs der „versprochenen Leistung" vereinbar.[439] Die Annahme der überwiegenden Auffassung in Rechtsprechung und Literatur, das Recht des Verwenders zur Veränderung von Leistungspflichten beziehe sich bereits begrifflich ausschließlich auf seine eigenen „versprochenen Leistungen", stößt auf Bedenken.[440] Als „versprochene Leistungen" i. S. der Vorschrift können ebenso die aus dem Leistungsversprechen der anderen Vertragspartei resultierenden Verpflichtungen eingeordnet werden.[441] Die Beschränkung des Vorbehalts auf die Veränderung der „versprochenen Leistungen" des Verwenders bietet sich infolge der räumlichen Nähe der Begrifflichkeiten des „Rechts des Verwenders" und der „versprochenen Leistung" zwar grundsätzlich an, der Wortsinn der Bestimmung ermöglicht aber auch ein darüber hinausgehendes Verständnis der Norm.

Der Entstehungsgeschichte des Klauselverbots des § 308 Nr. 4 BGB kommt im Rahmen der Interpretation der Vorschrift ebenfalls keine richtungsweisende Bedeutung zu. Der damalige Gesetzgeber hat den Begriff der „versprochenen Leistung" innerhalb des Gesetzgebungsverfahrens nicht hinreichend konkretisiert. Die Gesetzesmaterialien beinhalten zur Veranschaulichung des Anwendungsbereichs der Bestimmung zwar einzelne Beispiele, welche sich auf die Veränderung der „versprochenen Leistung" des Verwenders beziehen,[442] dies spiegelt jedoch allein die besondere Verbreitung gerade derartiger Änderungsvorbehalte in der Ver-

---

[439] Zur Wortsinngrenze im Rahmen der Gesetzesauslegung vgl. die Ausführungen in § 5, C., I.

[440] Für die überwiegende Auffassung vgl. BGH v. 14. 7. 1987, BGHZ 101, 306, 311 f.; BGH v. 17. 3. 1999, WM 1999, 1367, 1368; OLG Köln v. 13. 7. 1998, ZIP 1999, 21, 21; Erman-*Hefermehl/Werner*, § 10 Nr. 4 AGBG Rdn. 2; Soergel-*Stein*, § 10 AGBG Rdn. 38; Ulmer/Brandner/Hensen/Schmidt-*ders.*, § 10 Nr. 4 AGBG Rdn. 4. Für das Arbeitsrecht äußern sich dementsprechend *Annuß*, BB 2002, 458, 462; *Gotthardt*, ZIP 2002, 277, 285; *Henssler*, RdA 2002, 129, 138 f. Unklar bleiben in diesem Zusammenhang die Ausführungen *Däublers*, NZA 2001, 1329, 1336.

[441] Wolf/Horn/Lindacher-*Wolf*, § 10 Nr. 4 AGBG Rdn. 7; Staudinger-*Coester-Waltjen*, § 10 Nr. 4 AGBG Rdn. 5. Ähnlich auch *Lingemann*, NZA 2002, 181, 190 f., der im Rahmen der Inhaltskontrolle zwischen Versetzungsklauseln und Widerrufsvorbehalten nicht differenziert.

[442] Vgl. die Begründung des Regierungsentwurfs eines Gesetzes zur Regelung des Rechts der Allgemeinen Geschäftsbedingungen, BT-Drs. 7/3919, S. 26.

tragspraxis wieder.[443] Die wortgetreue Übernahme des § 10 Nr. 4 AGBG durch die Regelung § 308 Nr. 4 BGB kann zudem ebenfalls nicht als Argument für eine Bestätigung der überwiegenden Auffassung durch den Gesetzgeber eingeordnet werden. Zum einen beinhalten die Gesetzesmaterialien zu der in Rede stehenden Problematik keinerlei Hinweise, zum anderen darf angenommen werden, dass ein Gesetzgeber, welcher die restriktive Interpretation des Begriffs der „versprochenen Leistung“ bestätigen wollte, dieses im Rahmen der Veränderung der gesetzlichen Vorschriften zur Inhaltskontrolle allgemeiner Geschäftsbedingungen deutlicher herausgestellt hätte.[444]

Nachdrücklichere Formulierungen des Gesetzgebers zur Beschränkung des Anwendungsbereichs verschiedener Klauselverbote des § 308 BGB finden sich beispielsweise innerhalb der Nr. 2, 3 der Bestimmung. Hier spricht der Gesetzgeber nicht von der Veränderung der „versprochenen Leistung“, sondern stellt vielmehr speziell auf die „von ihm (d. h. dem Verwender) zu bewirkende Leistung“ ab (Nr. 2 der Vorschrift) oder betont gerade die Lösung des Verwenders von „seiner Leistungspflicht“ (Nr. 3 der Bestimmung). Die gesetzessystematische Auslegung des § 308 Nr. 4 BGB spricht folglich für ein erweitertes Verständnis des Begriffs der „versprochenen Leistung“.

Der Sinn und Zweck der Vorschrift deutet ebenfalls auf eine extensive Interpretation des in Rede stehenden Rechtsbegriffs hin. § 308 Nr. 4 BGB soll den Vertragspartner des Verwenders vor der Verschlechterung seiner Rechtsposition schützen. Durch die Ausübung vertraglich vereinbarter Änderungsvorbehalte soll der schwächere Vertragsteil nicht unzumutbar benachteiligt werden können. Insoweit besteht in Rechtsprechung und Schrifttum Einigkeit.[445] Die Beschränkung der Änderungsbefugnisse des Verwenders auf Leistungen seiner eigenen Person wird den dem § 308 Nr. 4 BGB zugrunde liegenden teleologischen Erwägungen allerdings nicht gerecht. Die Rechtsposition des Vertragspartners kann ebenso wie durch die Veränderung der Verpflichtungen des Ver-

---

443 S. dazu die Beispiele bei *Annuß*, BB 2002, 458, 462; *Henssler*, RdA 2002, 129, 138 f.

444 Zu den Veränderungen des Rechts der allgemeinen Geschäftsbedingungen durch die Inkorporation in das Bürgerliche Gesetzbuch vgl. *v. Westphalen*, NJW 2002, 12, 12 ff.

445 BGH v. 17. 3. 1999, WM 1999, 1367, 1368; Dörner/Ebert/Eckert/Hoeren-*Schulte-Nölke*, § 308 BGB Rdn. 16; MüKo-*Basedow*, § 10 Nr. 4 AGBG Rdn. 1; Ulmer/Brandner/Hensen/Schmidt-*ders.*, § 10 Nr. 4 AGBG Rdn. 1; Wolf/Horn/Lindacher-*Wolf*, § 10 Nr. 4 AGBG Rdn. 1 f.

wenders auch durch die Einwirkung auf seine eigenen Leistungspflichten erheblich beeinträchtigt werden.[446] Der von *Basedow* zu Recht hervorgehobene Schutz der „Äquivalenz von Leistung und Gegenleistung" setzt voraus, die Regelung des § 308 Nr. 4 BGB auf beide Konstellationen der Vereinbarung von Änderungsrechten zu erstrecken.[447] Die nicht unerheblichen Auswirkungen der ausschließlichen Veränderung der „versprochenen Leistungen" des Vertragspartners belegen nicht zuletzt die innerhalb der arbeitsrechtlichen Praxis weit verbreiteten Versetzungsvorbehalte zugunsten des Arbeitgebers.[448]

Hinzu tritt der Umstand, dass die überwiegende Auffassung in Rechtsprechung und Literatur die Beschränkung der Veränderungsbefugnis des Verwenders auf dessen eigene Leistungsverpflichtungen nicht konsequent durchhält.[449] Auch in den Fällen, in denen sich eine Änderung der vom Verwender „versprochenen Leistung" ausschließlich als sachlogische Folge der zielgerichteten Veränderung von Leistungsverpflichtungen des Vertragspartners darstellt, wird die Vorschrift des § 308 Nr. 4 BGB unmittelbar angewendet.[450] Beispielhaft sei die Verringerung der zu zahlenden Vergütung genannt, welche allein aus der inhaltlichen Veränderung der Tätigkeit resultiert. Gegenstand der Änderung ist hier gerade nicht die „versprochene Leistung" des Verwenders. Dies wird von der herrschenden Auffassung nicht beachtet.

Insgesamt erfasst das Klauselverbot des § 308 Nr. 4 BGB somit entgegen der überwiegenden Auffassung auch die alleinige Veränderung der „versprochenen Leistung" des Vertragspartners. Änderungsvorbehalte des Arbeitgebers bezüglich der Leistungspflichten des Arbeitnehmers

---

446 Staudinger-*Coester-Waltjen*, § 10 Nr. 4 AGBG Rdn. 5; Wolf/Horn/Lindacher-*Wolf*, § 10 Nr. 4 AGBG Rdn. 7. Entsprechend äußert sich für das Arbeitsrecht *Däubler*, NZA 2001, 1329, 1336.

447 MüKo-*Basedow*, § 10 Nr. 4 AGBG Rdn. 1 zieht aus dem von ihm zutreffend benannten Sinn und Zweck der Vorschrift allerdings nicht die richtige Konsequenz. Nach seiner Ansicht erstreckt sich der Anwendungsbereich der Vorschrift allein auf Veränderungen der Leistungspflichten des Verwenders. Zur Bedeutung des Schutzes der Äquivalenz von Leistung und Gegenleistung im Rahmen der Inhaltskontrolle allgemeiner Geschäftsbedingungen vgl. BGH v. 21. 12. 1983, BGHZ 89, 206, 211 f.

448 Für die rechtliche Gleichbehandlung von Versetzungs- und Widerrufsvorbehalten innerhalb des Arbeitsrechts spricht sich folglich auch *Gotthardt*, ZIP 2002, 277, 285 aus.

449 Folgerichtig argumentiert soweit ersichtlich allein Erman-*Hefermehl/Werner*, § 10 Nr. 4 AGBG Rdn. 2.

450 BGH v. 14. 7. 1987, BGHZ 101, 306, 311 f.; *Däubler*, NZA 2001, 1329, 1336.

unterfallen damit ebenso dem Anwendungsbereich der Vorschrift wie Vorbehalte zur Veränderung der eigenen Leistungen.

Im Hinblick auf die übergeordnete Fragestellung nach der Effektivität des Änderungsvorbehalts zur einseitigen Änderung von Arbeitsbedingungen ist allerdings festzustellen, dass sich die arbeitsgerichtliche Rechtsprechung der derzeit herrschenden Auffassung zur Interpretation der Vorschrift des § 308 Nr. 4 BGB vermutlich anschließen wird.[451] Die Wirksamkeit von Änderungsvorbehalten zugunsten des Arbeitgebers, welche allein die Veränderung von Leistungspflichten des Arbeitnehmers ermöglichen, ist demnach nicht anhand des Zumutbarkeitsmaßstabs des § 308 Nr. 4 BGB, sondern allein anhand der Vorschrift des § 307 Abs. 1, 2 BGB zu überprüfen.

In der arbeitsrechtlichen Praxis erstreckt sich ein vertraglich vereinbarter Änderungsvorbehalt zugunsten des Arbeitgebers oftmals ohnehin nicht nur auf die Leistungen des Arbeitnehmers, sondern zudem auf die Verpflichtungen des Arbeitgebers. Regelmäßig verändert sich mit der Leistungspflicht des Arbeitnehmers auch dessen Vergütungsanspruch.[452] Sowohl nach der hier vertretenen als auch nach der überwiegenden Auffassung findet auf derartige Vereinbarungen der Vertragsparteien die Bestimmung des § 308 Nr. 4 BGB Anwendung.

bb. Zumutbarkeit der Vereinbarung

Entscheidendes Kriterium für die Wirksamkeit von Änderungsvorbehalten i. S. des § 308 Nr. 4 BGB ist das Merkmal der Zumutbarkeit. Es stellt sich die Frage, unter welchen Voraussetzungen dem Vertragspartner die Vereinbarung eines Änderungsvorbehalts zugunsten des Verwenders zuzumuten ist. Im Folgenden werden die verschiedenen Schritte einer entsprechenden Prüfung im Einzelnen nachgezeichnet. Dazu wird auf die zivilgerichtliche Rechtsprechung zur Vorgängerregelung des § 10 Nr. 4 AGBG zurückgegriffen. Die Problematik, inwieweit die Inhaltskontrolle arbeitsvertraglicher Änderungsvorbehalte zur Berücksichtigung der „im Arbeitsrecht geltenden Besonderheiten“ zu modifizieren ist, wird erst im Anschluss erörtert.

Das Erfordernis der Zumutbarkeit der vertraglichen Vereinbarung einseitiger Änderungsbefugnisse zugunsten des Verwenders resultiert aus

---

451 Auch die Berücksichtigung der „im Arbeitsrecht geltenden Besonderheiten“ nach § 310 Abs. 4 S. 2 HS. 1 BGB wird daran nichts ändern. Vgl. dazu § 6, C., II., 1., b., cc.

452 *Däubler*, NZA 2001, 1329, 1336.

dem Grundsatz der Vertragsbindung der Parteien. Der Vorbehalt des Eingriffs in ein bestehendes Vertragsverhältnis bedarf danach stets der Rechtfertigung.[453] Dies gilt insbesondere vor dem Hintergrund des typischerweise bestehenden Verhandlungsungleichgewichts der Vertragsparteien im Fall der Vereinbarung allgemeiner Geschäftsbedingungen i. S. des § 305 Abs. 1 S. 1 BGB. Diese werden nicht individuell ausgehandelt, sondern vielmehr einseitig festgelegt.

Bei der Zumutbarkeitsprüfung nach § 308 Nr. 4 BGB sind die berücksichtigungsfähigen Interessen von Arbeitgeber und Arbeitnehmer gegenüberzustellen. Anders als nach § 315 BGB werden die Interessen der Parteien zuvor allerdings nicht anhand eines subjektiv-individuellen Maßstabs ermittelt. Für die Zumutbarkeit eines Änderungsvorbehalts i. S. des § 308 Nr. 4 BGB ist stattdessen die typische Interessenlage der an Geschäften dieser Art Beteiligten entscheidend.[454]

(1) Interessen von Arbeitgeber und Arbeitnehmer

Ausgangspunkt der Untersuchung der Zumutbarkeit von Vereinbarungen i. S. des § 308 Nr. 4 BGB ist zunächst die Feststellung berücksichtigungsfähiger Interessen des Verwenders an der Schaffung eines vertraglichen Änderungsvorbehalts. Dazu genügt es weder auf das einem Dauerschuldverhältnis ohnehin innewohnende Änderungsbedürfnis der Vertragsparteien hinzuweisen,[455] noch überhaupt sachliche Änderungserfordernisse anzuführen.[456] Ausschließlich „schwerwiegende" bzw. „triftige" Gründe berechtigen den Verwender einseitig auf den Inhalt bestehender Vertragsverhältnisse einzuwirken.[457] Auch der Widerruf von Zu-

---

453 BGH v. 17. 3. 1999, WM 1999, 1367, 1368; Dörner/Ebert/Eckert/Hoeren-*Schulte-Nölke*, § 308 BGB Rdn. 16; *Palandt-Heinrichs*, Erg.-Bd., § 308 BGB Rdn. 23; Staudinger-*Coester-Waltjen*, § 10 Nr. 4 AGBG Rdn. 6; *Zöllner*, NZA 1997, 121, 126 f.

454 Dörner/Ebert/Eckert/Hoeren-*Schulte-Nölke*, § 308 BGB Rdn. 1; Ulmer/Brandner/Hensen/Schmidt-*ders.*, § 10 Nr. 4 AGBG Rdn. 9; Wolf/Horn/Lindacher-*Wolf*, § 10 Nr. 4 AGBG Rdn. 14.

455 BGH v. 16. 1. 1985, BGHZ 93, 252, 258 f.; Palandt-*Heinrichs*, Erg.-Bd., § 308 BGB Rdn. 22; Soergel-*Stein*, § 10 AGBG Rdn. 41. Für das Arbeitsrecht äußern sich dementsprechend *Gotthardt*, ZIP 2002, 277, 287; *Thüsing*, NZA 2002, 591, 592.

456 BGH v. 21. 12. 1983, BGHZ 89, 206, 211 f.; BGH v. 19. 10. 1999, NJW 2000, 651, 652; Dörner/Ebert/Eckert/Hoeren-*Schulte-Nölke*, § 308 BGB Rdn. 16.

457 BGH v. 21. 12. 1983, BGHZ 89, 206, 211 f.; BGH v. 25. 5. 1988, WM 1988, 1344, 1348 f.; BGH v. 19. 10. 1999, NJW 2000, 651, 652; OLG Koblenz v. 13. 3. 1981, ZIP 1981, 509, 511; OLG Hamm v. 25. 4. 1986, NJW 1986, 2581, 2582 f.; MüKo-

satzleistungen des Arbeitgebers könnte danach nicht aus jedem sachlichen Grund verabredet werden.[458]

Die entsprechenden Änderungsgründe müssen innerhalb der allgemeinen Geschäftsbedingungen zudem weitestgehend konkretisiert werden. Dem Vertragspartner ist es ansonsten nicht möglich, die drohenden Nachteile und Belastungen in angemessenem Umfang vorherzusehen.[459] Der Arbeitgeber müsste potenzielle Änderungsgründe damit zukünftig stets im Einzelnen vertraglich benennen.[460]

Soweit berücksichtigungsfähige Änderungsinteressen der Partei des Verwenders demzufolge nicht nur bestehen, sondern im Vertrag auch ausreichend erkennbar sind, werden in einem zweiten Schritt die von der Vereinbarung des Änderungsvorbehalts betroffenen Interessen des anderen Vertragsteils ermittelt. Das Gewicht der Interessen ist dabei anders als bei der vorangegangenen Beurteilung der Berücksichtigungsfähigkeit der Interessen des Verwenders zunächst nicht von Bedeutung. Selbst weniger schutzbedürftige Positionen des Arbeitnehmers sind infolge der typischerweise gestörten Vertragsparität im Rahmen der Interessenabwägung zu berücksichtigen.[461]

(2) Abwägung der Parteiinteressen

Die Abwägung der Interessen von Verwender und Vertragspartner fällt im Rahmen des § 308 Nr. 4 BGB nach der zivilgerichtlichen Rechtsprechung üblicherweise allein in zwei Fallgruppen zugunsten des Verwenders aus.[462] Zur Rechtfertigung dieses Regel-Ausnahme-Verhältnisses

---

Basedow, § 10 Nr. 4 AGBG Rdn. 7; Palandt-*Heinrichs*, Erg.-Bd., § 308 BGB Rdn. 23; Staudinger-*Coester-Waltjen*, § 10 Nr. 4 AGBG Rdn. 7. Ähnlich für den Bereich des Arbeitsvertragsrechts auch *Däubler*, NZA 2001, 1329, 1336; *Gotthardt*, ZIP 2002, 277, 287.

458 *Däubler*, NZA 2001, 1329, 1336.

459 BGH v. 20. 1. 1983, BGHZ 86, 284, 295; BGH v. 21. 12. 1983, BGHZ 89, 206, 211 f.; BGH v. 19. 10. 1999, NJW 2000, 651, 652; *Gotthardt*, ZIP 2002, 277, 287; *Henssler*, RdA 2002, 129, 139. S. dazu im Einzelnen MüKo-*Basedow*, § 10 Nr. 4 AGBG Rdn. 7 f.; Staudinger-*Coester-Waltjen*, § 10 Nr. 4 AGBG Rdn. 6.

460 *Däubler*, NZA 2001, 1329, 1336.

461 OLG Frankfurt a. M. v. 11. 12. 1980, DB 1981, 884, 885; OLG Koblenz v. 13. 3. 1981, ZIP 1981, 509, 511; OLG Hamm v. 25. 4. 1986, NJW 1986, 2581, 2582 f.; Erman-*Hefermehl/Werner*, § 10 Nr. 4 AGBG Rdn. 3; Soergel-*Stein*, § 10 AGBG Rdn. 44.

462 Deutlich insoweit Dörner/Ebert/Eckert/Hoeren-*Schulte-Nölke*, § 308 BGB Rdn. 16.

wird auf den Schutz der Vertragsbindung verwiesen. Leitmotiv ist der vorbehaltlos abgeschlossene Schuldvertrag.[463]

Das Interesse des Verwenders überwiegt zum einen, wenn die vertragliche Vereinbarung ausschließlich Veränderungen ermöglicht, welche „geringfügig sind und die Interessen des Vertragspartners nur unwesentlich beeinträchtigen",[464] zum anderen, wenn sich die Ausübung des vertraglichen Änderungsvorbehalts für den Vertragspartner insgesamt als „vorteilhaft" darstellt.[465] Erforderlich ist zudem, dass der entsprechende Änderungsvorbehalt die „Geringfügigkeit" bzw. „Vorteilhaftigkeit" der Änderung innerhalb des Vertrages hinreichend verdeutlicht.[466]

(a) Geringfügigkeit der Veränderung

Die „Geringfügigkeit" einer vertraglich antizipierten Änderung wurde im Rahmen der gerichtlichen Überprüfung der Zumutbarkeit von Änderungsvorbehalten bislang nur selten angenommen. Entsprechend der teleologischen Ausrichtung des Klauselverbots wurden Veränderungen ausschließlich dann als „geringfügig" eingeordnet, wenn die von ihnen ausgehende Interessenbeeinträchtigung das jeweilige Vertragsverhältnis „nur ganz unerheblich" störte.[467] Trotz der weitgehenden Unbestimmtheit der gerichtlichen Ausführungen verdeutlichen die verschiedenen Entscheidungen den äußerst geringen Anwendungsbereich der in Rede stehenden Fallgruppe.

Für das Arbeitsvertragsrecht bedeutet dies, dass zahlreiche, innerhalb der arbeitsrechtlichen Praxis weit verbreitete Änderungsvorbehalte im Fall der uneingeschränkten Übertragung der Vorgaben des § 308 Nr. 4 BGB auf den Arbeitsvertrag unwirksam wären. Selbst eine im Einzelnen vereinbarte Reduzierung nicht leistungsbezogener Zulagen wäre in An-

---

[463] *Hromadka*, NJW 2002, 2523, 2526; Soergel-*Stein*, § 10 AGBG Rdn. 44. Ähnlich auch Erman-*Hefermehl/Werner*, § 10 Nr. 4 AGBG Rdn. 3; *Henssler*, RdA 2002, 129, 139; Wolf/Horn/Lindacher-*Wolf*, § 10 Nr. 4 AGBG Rdn. 15.

[464] OLG Koblenz v. 13. 3. 1981, ZIP 1981, 509, 511; OLG Hamm v. 25. 4. 1986, NJW 1986, 2581, 2582 f.; Staudinger-*Coester-Waltjen*, § 10 Nr. 4 AGBG Rdn. 7.

[465] Erman-*Hefermehl/Werner*, § 10 Nr. 4 AGBG Rdn. 3; Wolf/Horn/Lindacher-*Wolf*, § 10 Nr. 4 AGBG Rdn. 17.

[466] BGH v. 19. 10. 1999, NJW 2000, 651, 652; MüKo-*Basedow*, § 10 Nr. 4 AGBG Rdn. 8. Das Gebot der „hinreichenden Transparenz" der Vereinbarung hebt auch *Gotthardt*, ZIP 277, 287 besonders hervor.

[467] BGH v. 11. 3. 1987, NJW 1987, 1886, 1887; OLG Frankfurt a. M. v. 11. 12. 1980, DB 1981, 884, 885; OLG Hamm v. 25. 4. 1986, NJW 1986, 2581, 2582 f.; Soergel-*Stein*, § 10 AGBG Rdn. 44; Wolf/Horn/Lindacher-*Wolf*, § 10 Nr. 4 AGBG Rdn. 17.

lehnung an die strenge Rechtsprechung der Zivilgerichtsbarkeit unzulässig. Die niedrige Schwelle der „nur ganz unerheblichen" Störung des Vertragsverhältnisses kann trotz der Wertungsmöglichkeiten des Rechtsanwenders im Rahmen des Klauselverbots für den arbeitsvertraglichen Änderungsvorbehalt nicht generell erhöht werden. Nach § 308 Nr. 4 BGB sind für die Bewertung der Zumutbarkeit von Vereinbarungen allein die Umstände des jeweiligen Vertrages entscheidend. Eine Erweiterung der Wertungsmöglichkeiten würde zudem die Existenz der gesetzlichen Sonderregelung des § 310 Abs. 4 S. 2 HS. 1 BGB in Frage stellen.

(b) Vorteilhaftigkeit der Änderung

„Vorteilhafte" Regelungen i. S. der Vorschrift des § 308 Nr. 4 BGB sind nach der Rechtsprechung der Zivilgerichte vor allem solche Änderungsvorbehalte, die dem Verwender ein Recht zur „verbesserten" Erfüllung seiner Leistungspflichten gewähren.[468] In Betracht kommen derartige Regelungen beispielsweise im Bereich der Instandsetzung elektronischer Geräte. Hier wird der Verwender durch entsprechende Abreden dazu berechtigt – ohne gleichzeitig seinen Vergütungsanspruch anzuheben – auch neuartige, modernere Einzelteile in das defekte Gerät einzubauen. Die Position seines Vertragspartners wird dadurch nicht beeinträchtigt.[469]

Innerhalb des Arbeitsvertragsrechts sind vergleichbare Klauseln grundsätzlich nicht vorstellbar. Technische Leistungen des Arbeitgebers werden dem Arbeitnehmer in der Regel nicht zuteil. Im Vordergrund der Verpflichtungen des Arbeitgebers steht die Vergütung des Arbeitnehmers. Insoweit bedarf es zur „verbesserten" Erfüllung der Leistungspflichten des Arbeitgebers gerade nicht einseitig durchsetzbarer Änderungsbefugnisse.

Von Bedeutung wäre die in Rede stehende Fallgruppe für das Arbeitsrecht allerdings dann, wenn danach auch solche Vereinbarungen als „vorteilhaft" einzuordnen wären, die dem Arbeitgeber die Möglichkeit einräumen, gegen die Zusicherung eines langfristigen Verzichts auf be-

---

[468] OLG Koblenz v. 13. 3. 1981, ZIP 1981, 509, 511; Palandt-*Heinrichs*, Erg.-Bd., § 308 BGB Rdn. 23; Soergel-*Stein*, § 10 AGBG Rdn. 44.

[469] MüKo-*Basedow*, § 10 Nr. 4 AGBG Rdn. 10; Palandt-*Heinrichs*, Erg.-Bd., § 308 BGB Rdn. 23. Unzumutbar i. S. des § 308 Nr. 4 BGB ist hingegen eine Vereinbarung, mit welcher sich ein Verkäufer innerhalb seiner allgemeinen Geschäftsbedingungen vorbehält, anstatt des vom Käufer bestellten Modells das Nachfolgemodell zu liefern. Modelländerungen stellen nicht zwangsläufig auch eine Verbesserung des Kaufgegenstands dar (vgl. OLG Koblenz v. 13. 3. 1981, ZIP 1981, 509, 511).

triebsbedingte Kündigungen bestehende Arbeitsbedingungen nicht lediglich geringfügig, sondern auch darüber hinaus zu verändern.[470]

In Anlehnung an die Argumentation der arbeitsgerichtlichen Rechtsprechung zum Günstigkeitsprinzip des § 4 Abs. 3 TVG spricht gegen die „Vorteilhaftigkeit" einer derartigen Abrede, dass mit dem Hinweis auf die Sicherung des Bestandes des entsprechenden Arbeitsverhältnisses prinzipiell jede Veränderung von Arbeitsbedingungen gerechtfertigt werden könnte. Die bloße Änderung seines Arbeitsverhältnisses ist für den Arbeitnehmer stets günstiger als dessen Beendigung.[471] Zudem zielt die Fallgruppe der „Vorteilhaftigkeit" von Vereinbarungen i. S. des § 308 Nr. 4 BGB darauf hin, dem Verwender zwar eine „verbesserte" Erfüllung seiner Leistungspflichten, nicht jedoch ihre strukturelle Veränderung zu ermöglichen. Die individualarbeitsvertragliche Verknüpfung erweiterter Änderungsbefugnisse des Arbeitgebers mit der Bestandssicherung von Arbeitsverhältnissen ist demzufolge unbeschadet der Wertungsmöglichkeiten des Rechtsanwenders im Rahmen des Klauselverbots nicht als „vorteilhafte" Regelung anzusehen.[472]

(3) Ergebnis

Das Erfordernis der Zumutbarkeit von Änderungsvorbehalten reduziert die Möglichkeiten der Vertragsparteien zur Vereinbarung von Änderungsbefugnissen in erheblichem Umfang. Das Arbeitvertragsrecht würde durch eine uneingeschränkte Übernahme der strengen Vorgaben der zivilgerichtlichen Rechtsprechung gegenüber dem Zustand vor der Schuldrechtsmodernisierung massiv verändert. Die dargelegten Anforderungen an die Vereinbarung von Änderungsvorbehalten würden das Änderungsinstrument zulasten des Arbeitgebers in weiten Teilen entwer-

---

470 Dieser Gedanke findet sich auch bei *Lingemann*, NZA 2002, 181, 191. Dieser hebt hervor, „mit einer weiten Versetzungsklausel werde das Arbeitsverhältnis auch sicherer". Vgl. zudem die Ausführungen *Däublers,* NZA 2002, 1329, 1336, welcher das Interesse der Arbeitnehmer „an der Erhaltung ihrer Arbeitsplätze" ebenfalls im Rahmen der Interessenabwägung thematisiert.

471 BAG v. 10. 2. 1999, AP Nr. 52 zu § 2 KSchG 1969, BAG v. 20. 4. 1999, AP Nr. 89 zu Art. 9 GG. Zur „Günstigkeit" individualarbeitsvertraglicher Vereinbarungen s. auch Wiedemann-*Wank*, § 4 TVG Rdn. 381 ff.

472 Zur Diskussion um die Stärkung der „privatautonomen Wahlmöglichkeiten" des Arbeitnehmers im Hinblick auf die Günstigkeit seiner Arbeitsbedingungen vgl. den Beschluss Nr. 33 der arbeits- und sozialrechtlichen Abteilung des 63. Deutschen Juristentages 2000 (abgedruckt in: Sitzungsberichte des 63. DJT 2000, L 64). Dieser wurde mit 75 Stimmen, bei 66 Gegenstimmen und vier Enthaltungen angenommen.

ten.[473] Von immenser Bedeutung erscheint gerade deshalb die Frage, inwieweit die Berücksichtigung der „im Arbeitsrecht geltenden Besonderheiten" die Inhaltskontrolle von Änderungsvorbehalten nach § 308 Nr. 4 BGB modifiziert.

cc. Besonderheiten des Arbeitsrechts

Die Vorschrift des § 310 Abs. 4 S. 2 HS. 1 BGB wird von *Annuß* zu Recht als „Kernstück des Schuldrechtsmodernisierungsgesetzes in arbeitsrechtlicher Hinsicht" bezeichnet.[474] Sie eröffnet dem Rechtsanwender die Möglichkeit, sich von den gesetzlichen Vorgaben der §§ 307 ff. BGB zu lösen, sofern dies zur angemessenen Berücksichtigung der Besonderheiten des Arbeitsrechts erforderlich ist.[475] Die Auswirkungen der Bestimmung auf die Inhaltskontrolle vertraglicher Vereinbarungen sind für die arbeitsrechtliche Praxis folglich von besonderem Interesse.[476]

Das überwiegende Schrifttum räumt zu Recht ein, die Bedeutung der Vorschrift des § 310 Abs. 4 S. 2 HS. 1 BGB könne in allen Einzelheiten derzeit noch nicht zuverlässig beurteilt werden.[477] Gewissheit im Hinblick auf die für Arbeitgeber und Arbeitnehmer maßgebliche Interpretation der Bestimmung werde in Teilbereichen erst die Rechtsprechung des Bundesarbeitsgerichts schaffen. Über die Konsequenzen der gesetzlichen Neuregelung seien insoweit zum gegenwärtigen Zeitpunkt lediglich Spekulationen möglich.[478] Die in Teilbereichen bestehende Rechtsunsicherheit illustrieren auch zwei sich widersprechende Entscheidungen der Ar-

---

473 *Gotthardt*, ZIP 2002, 277, 288.

474 *Annuß*, BB 2002, 458, 460.

475 Zur Bedeutung des § 310 Abs. 4 S. 2 HS. 1 BGB für die Anwendung der Vorschriften der §§ 305a bis 306a BGB s. *Lingemann*, NZA 2002, 181, 183 ff.; *Thüsing*, NZA 2002, 591, 594.

476 *Bartz*, AuA 2002, 62, 62; *Henssler*, RdA 2002, 129, 135; *Lingemann*, NZA 2002, 181, 183; *Thüsing*, NZA 2002, 591, 591 f.; *v. Westphalen*, NJW 2002, 12, 25.

477 *Annuß*, BB 2002, 458, 460; *Bartz*, AuA 2002, 62, 62; *Däubler*, NZA 2001, 1329, 1335; Dörner/Ebert/Eckert/Hoeren-*Schulte-Nölke*, § 310 BGB Rdn. 14; *Henssler*, RdA 2002, 129, 139; *Reinecke*, DB 2002, 583, 584; *Richardi*, NZA 2002, 1057, 1058; *Sievers*, NZA 2002, 1182, 1184; *Thüsing*, NZA 2002, 591, 593; *v. Westphalen*, NJW 2002, 12, 25, *Wiesinger*, AuA 2002, 354, 356. Weniger vorsichtig äußern sich hingegen *Bauer/Kock*, DB 2002, 42, 45; *Berkowsky*, AuA 2002, 11, 15; *Gotthardt*, ZIP 2002, 277, 289; *Lingemann*, NZA 2002, 181, 183, 192.

478 *Bartz*, AuA 2002, 62, 65; *Däubler*, NZA 2001, 1329, 1335; *Thüsing*, NZA 2002, 591, 595; *v. Westphalen*, NJW 2002, 12, 25. *Bauer*, NZA 2002, 1001, 1001 erwartet erste Entscheidungen „frühestens ab dem Jahr 2004".

beitsgerichte Bochum und Duisburg. Die Zulässigkeit der Vereinbarung von Vertragsstrafen wird einerseits bejaht, andererseits verneint.[479]

Deutlich wird allerdings bereits heute der rechtliche Rahmen der Begrenzung der Vertragsfreiheit durch die Vorschriften der §§ 307 ff., 310 Abs. 4 S. 2 HS. 1 BGB. Der bislang durch die arbeitsgerichtliche Rechtsprechung vermittelte Schutz des Arbeitnehmers bildet die Unter-, die Einschränkung der Vereinbarungsfreiheit durch die vorbehaltlose Anwendung der §§ 307 ff. BGB die Obergrenze der Anforderungen an arbeitsvertragliche Abreden. Dies belegen die Gesetzesmaterialien.[480] Zudem ist festzustellen, dass die gesetzliche Neuregelung die derzeitige Entscheidungspraxis der Arbeitsgerichte weder in ihrer Gesamtheit unberührt lässt,[481] noch den Vorgaben der zivilgerichtlichen Rechtsprechung ausnahmslos anpasst.[482] Beides würde die Entstehungsgeschichte der arbeitsrechtsspezifischen Sonderregelung des § 310 Abs. 4 S. 2 HS. 1 BGB konterkarieren.[483]

Die Inhaltskontrolle arbeitsvertraglicher Änderungsvorbehalte lässt sich darüber hinaus anhand der §§ 307 ff., 310 Abs. 4 S. 2 HS. 1 BGB weiter konkretisieren. Unbeschadet der in Teilbereichen des Arbeitsvertragsrechts bestehenden Rechtsunsicherheit können die Auswirkungen der Besonderheiten des Arbeitsrechts auf die Vereinbarung von Änderungsvorbehalten zugunsten des Arbeitgebers im Einzelnen benannt werden. Nachfolgend wird zunächst die Bedeutung des § 310 Abs. 4 S. 2 HS. 1 BGB für das Klauselverbot des § 308 Nr. 4 BGB erörtert.

---

479 Für die Unwirksamkeit entsprechender Vereinbarungen innerhalb allgemeiner Geschäftsbedingungen sprechen sich nach der gesetzlichen Neuregelung neben dem ArbG Bochum v. 8. 7. 2002, DB 2002, 1659, 1659 f. auch *Däubler*, NZA 2001, 1329, 1336; *v. Koppenfels*, NZA 2002, 598, 599 ff.; *Wiesinger*, AuA 2002, 354, 355 aus. Die Wirksamkeit derartiger Abreden betonen hingegen das ArbG Duisburg v. 14. 8. 2002, NZA 2002, 1038, 1038 ff., *Annuß*, BB 2002, 458, 463; *Gotthardt*, ZIP 2002, 277, 283; *Henssler*, RdA 2002, 129, 138; *Lingemann*, NZA 2002, 181, 191 f.

480 Gegenäußerung der Bundesregierung, BT-Drs. 14/6587, S. 54; Bericht und Beschlussempfehlung des Rechtsausschusses, BT-Drs. 14/7052, S. 189.

481 A. A. *Berkowsky*, AuA 2002, 11, 15, *Bauer/Kock*, DB 2002, 42, 45; Haas/Medicus/Rolland/Schäfer-*ders.*, § 8 Rdn. 9.

482 So aber Henssler/v. Westphalen-*ders.*, § 310 BGB Rdn. 7.

483 Ähnlich äußern sich *Gotthardt*, ZIP 2002, 277, 277 f.; *Henssler*, RdA 2002, 129, 135; *Thüsing*, NZA 2002, 591, 592.

(1) Änderungsgründe des Arbeitgebers

Fraglich ist vor allem, aus welchen Gründen der Arbeitgeber Arbeitsbedingungen im Wege der Ausübung von Änderungsvorbehalten modifizieren darf. Erlauben auch innerhalb des Arbeitsvertragsrechts ausschließlich „schwerwiegende" bzw. „triftige" Gründe vertraglich vorbehaltene Änderungen oder gehen die Änderungsbefugnisse des Arbeitgebers vielmehr darüber hinaus?

Entgegen der Auffassung *Däublers* spricht sich das arbeitsrechtliche Schrifttum mehrheitlich dafür aus, im Rahmen der §§ 308 Nr. 4, 310 Abs. 4 S. 2 HS. 1 BGB auch weniger gewichtige Änderungsgründe als die zivilgerichtliche Rechtsprechung anzuerkennen.[484] Zu Recht wird darauf hingewiesen, das Dauerschuldverhältnis Arbeitsvertrag werde durch die unsichere Entwicklung zahlreicher Faktoren wesentlich stärker belastet als andere Dauerschuldverhältnisse.[485] Die strengen Vorgaben des geltenden Kündigungsschutzrechts verstärken außerdem das Bedürfnis, Arbeitsbedingungen einseitig zu verändern.[486] Der Arbeitsvertrag kennt darüber hinaus kein eigenes Gewährleistungsrecht. Allein die Vereinbarkeit von Änderungsvorbehalten stellt demzufolge sicher, dass Leistung und Gegenleistung auch nach Vertragsschluss „von neuem austariert werden können".[487] Es liegt folglich nahe, auch in Zukunft bereits sachliche Gründe zur vertraglich vorbehaltenen Änderung von Arbeitsbedingungen ausreichen zu lassen.[488]

Der Arbeitgeber wird durch die gesetzliche Neuregelung nicht verpflichtet, potenzielle Änderungsgründe innerhalb des Arbeitsvertrages im Ein-

---

484 *Berkowsky*, AuA 2002, 11, 15; *Gotthardt*, ZIP 2002, 277, 288; *Henssler*, RdA 2002, 129, 138 f.; *Hromadka*, NJW 2002, 2523, 2528; *Leder/Morgenroth* , NZA 2002, 952, 956; *Lingemann*, NZA 2002, 181, 190; *Reinecke*, DB 2002, 583, 585; *Sievers*, NZA 2002, 1182, 1184; *Thüsing*, NZA 2002, 591, 594. A. A. *Däubler*, NZA 2001, 1329, 1336.

485 *Fastrich*, in: FS Wiedemann, 251, 252; *Gotthardt*, ZIP 2002, 277, 288; *Hromadka*, NJW 2002, 2523, 2528. Der alleinige Hinweis auf den Dauerschuldcharakter des Arbeitsverhältnisses genügt zur Lösung von den Vorgaben des § 308 Nr. 4 BGB hingegen nicht.

486 *Fastrich*, in: FS Wiedemann, 251, 253 ff.; *Hromadka*, NJW 2002, 2523, 2528; *Lingemann*, NZA 2002, 181, 190 f.; *Wiesinger*, AuA 2002, 354, 356.

487 *Hromadka*, NJW 2002, 2523, 2528. Die mangelnde Effektivität der Änderungskündigung zur Veränderung von Arbeitsbedingungen betont in diesem Zusammenhang *Henssler*, RdA 2002, 129, 139 besonders.

488 *Berkowsky*, AuA 2002, 11, 15; *Gotthardt*, ZIP 2002, 277, 288; *Hromadka*, NJW 2002, 2523, 2528; *Lingemann*, NZA 2002, 181, 190; *Thüsing*, NZA 2002, 591, 594.

zelnen zu benennen. Die Vielfalt der schützenswerten Änderungsinteressen des Arbeitgebers steht einem solchen Erfordernis entgegen.[489] Selbst vertraglich fest umrissene Veränderungen von Arbeitsbedingungen können typischerweise aufgrund einer Vielzahl inner- und außerbetrieblicher Ursachen notwendig werden.

Erforderlich ist hingegen ein Hinweis darauf, dass die Arbeitsbedingungen allein aus sachlichen Gründen verändert werden dürfen. Der Gesetzgeber hat durch die Kodifikation des Transparenzgebots in § 307 Abs. 1 S. 2 BGB den besonderen Stellenwert klarer und verständlicher Vereinbarungen ausdrücklich hervorgehoben.[490] Die angemessene Berücksichtigung der Änderungsinteressen des Arbeitgebers steht der vertraglichen Fixierung eines allgemeinen Sachgrunderfordernisses zudem nicht entgegen.[491]

(2) Ausmaß der Änderungsbefugnisse

Das Änderungspotenzial vertraglicher Änderungsrechte des Arbeitgebers reicht aufgrund der Besonderheiten des Arbeitsrechts ebenfalls über das sonstiger Änderungsvorbehalte i. S. des § 308 Nr. 4 BGB hinaus. Die – entsprechend der zivilgerichtlichen Rechtsprechung – allein zulässige Realisierung ausschließlich „geringfügiger" bzw. „vorteilhafter" Veränderungen wird den unterschiedlichen Änderungsbedürfnissen des Arbeitgebers nicht gerecht. Eine uneingeschränkte Übertragung der Vorgaben der Zivilgerichtsbarkeit auf den arbeitsvertraglichen Änderungsvorbehalt würde dessen Anwendungsbereich leer laufen lassen.[492]

Fraglich ist demzufolge, in welchem Umfang sich der Arbeitgeber aufgrund der Sonderregelung des § 310 Abs. 4 S. 2 HS. 1 BGB von den Beschränkungen des § 308 Nr. 4 BGB lösen darf. Bestimmt insoweit die bisherige arbeitsgerichtliche Rechtsprechung die Grenzen der Vereinbarung oder ist die Vertragsfreiheit vielmehr darüber hinaus einzuschränken? Die Mehrheit des arbeitsrechtlichen Schrifttums spricht sich dafür aus, die Vereinbarung von Änderungsrechten des Arbeitgebers auch zu-

---

489 *Gotthardt*; ZIP 2002, 277, 288; *Lingemann*, NZA 2002, 181, 190 f. Ähnlich auch *Annuß*, BB 2002, 458, 462; *Hromadka*, NJW 2002, 2523, 2528; *Sievers*, NZA 2002, 1182, 1184; *Zöllner*, NZA 1997, 121, 126 f. Kritisch demgegenüber äußert sich hingegen *U. Preis*, Vertragsgestaltung, S. 426 ff.

490 Begründung des Entwurfs eines Gesetzes zur Modernisierung des Schuldrechts der Regierungsfraktionen SPD und Bündnis 90/Die Grünen, BT-Drs. 14/6040, S. 153 f.; Gegenäußerung der Bundesregierung, BT-Drs. 14/6857, S. 54.

491 So auch *Sievers*, NZA 2002, 1182, 1184.

492 *Gotthardt*, ZIP 2002, 277, 288.

künftig in einem solchen Maße zuzulassen wie im Zeitraum vor der Schuldrechtsmodernisierung.[493] Die Vertragsfreiheit der Parteien würde demnach ausschließlich dadurch begrenzt, dass Veränderungen wesentlicher Elemente des Arbeitsvertrages nicht verabredet werden dürfen.[494] Die bislang anerkannten Schranken des gesetzlichen Klauselverbots würden infolgedessen erheblich überschritten.[495]

Ein derartiges Verständnis der §§ 308 Nr. 4, 310 Abs. 4 S. 2 HS. 1 BGB erscheint aufgrund der Vielfalt der schützenswerten Änderungsinteressen des Arbeitgebers folgerichtig. Können zukünftige Änderungsgründe des Arbeitgebers bei Vertragsschluss im Einzelnen nicht vorhergesehen werden, so stößt es auf Bedenken, das Ausmaß potenzieller Änderungen von vornherein weitgehend zu begrenzen. Schwerwiegende Änderungsgründe müssen dem Arbeitgeber umfangreichere Eingriffsbefugnisse einräumen als weniger bedeutsame Umstände.[496]

Unwirksam sind demzufolge auch in Zukunft ausschließlich solche Änderungsvorbehalte, welche bereits nach der bisherigen arbeitsgerichtlichen Rechtsprechung unzulässig waren. Veränderungen wesentlicher Elemente des Arbeitsvertrages kann sich der Arbeitgeber folglich nicht vorbehalten. Die vertragliche Vereinbarung muss die Änderungsbefugnisse des Arbeitgebers insoweit unmissverständlich begrenzen.[497]

Abschließend ist zu erörtern, ob der Arbeitgeber im Rahmen des Arbeitsvertrages zusätzlich den Maßstab der Ausübung des Änderungsvorbehalts benennen muss. Nach der Rechtsprechung der Arbeitsgerichte war dies bislang nicht notwendig.[498] Für ein entsprechendes Erfordernis spricht zunächst die grundlegende Bedeutung des Transparenzgebots nach der Schuldrechtsmodernisierung. Der Vertragspartner des Verwenders soll die potenziellen Folgen allgemeiner Geschäftsbedingungen

---

493 *Berkowsky*, AuA 2002, 11, 15; *Lingemann*, NZA 2002, 181, 190 f.; *Thüsing*, NZA 2002, 591, 594.

494 Zur Ausgestaltung des Begriffs der wesentlichen Elemente des Arbeitsvertrages durch die arbeitsgerichtliche Rechtsprechung s. im Einzelnen § 6, C., II., 2., a.

495 *Gotthardt*, ZIP 2002, 277, 287, 289.

496 Ähnlich *Hromadka*, NJW 2002, 2523, 2528, der neben der Notwendigkeit „weiter Versetzungsklauseln" die Erforderlichkeit von Anpassungsklauseln „in weitem Umfang" betont.

497 So auch *Lingemann* , NZA 2002, 181, 190. Zu den Einzelheiten der entsprechenden Begrenzung der Änderungsbefugnisse des Arbeitgebers vgl. die Ausführungen in § 6, C., II., 2., a.

498 Vgl. BAG v. 7. 10. 1982, AP Nr. 5 zu § 620 Teilkündigung; BAG v. 13. 5. 1987, AP Nr. 4 zu § 305 BGB Billigkeitskontrolle.

möglichst weit voraussehen können.[499] Besonderheiten des Arbeitsrechts stehen der vertraglichen Bezeichnung des Ausübungsmaßstabs zudem nicht entgegen. Die schützenswerten Änderungsinteressen des Arbeitgebers werden infolgedessen nicht beeinträchtigt.[500]

Zur Wahrung der Interessen des Arbeitnehmers ist die vertragliche Fixierung des Maßstabs der Ausübung des Änderungsvorbehalts außerdem erforderlich. Nach der gesetzlichen Neuregelung ist nicht erst im Rahmen der Ausübungs-, sondern vielmehr bereits im Rahmen der Inhaltskontrolle sicherzustellen, dass der Arbeitnehmer gegen unangemessene Veränderungen seiner Arbeitsbedingungen hinreichend geschützt wird. Die vertragliche Benennung eines interessengerechten Ausübungsmaßstabs ist folglich Wirksamkeitsvoraussetzung des Änderungsvorbehalts nach § 308 Nr. 4 BGB.[501]

In Anlehnung an die bisherige arbeitsgerichtliche Rechtsprechung erscheint es interessengerecht, auch zukünftig die Ausübung arbeitsvertraglicher Änderungsvorbehalte nach „billigem Ermessen“ zu fordern.[502] Die wesentlichen Umstände des Einzelfalls sowie die Interessen beider Vertragsparteien werden danach im Einzelnen miteinander abgewogen. Darüber hinaus bedarf es zur Änderung der Arbeitsbedingungen stets eines sachlichen Grundes.[503] Es erübrigt sich folglich, neben dem Ausübungsmaßstab des „billigen Ermessens“ zusätzlich ein allgemeines Sachgrunderfordernis für die Veränderung von Arbeitsbedingungen vertraglich zu fixieren.

(3) Ergebnis

Die Anforderungen der §§ 308 Nr. 4, 310 Abs. 4 S. 2 HS. 1 BGB an die Vereinbarung arbeitsvertraglicher Änderungsvorbehalte unterscheiden

---

[499] Begründung des Entwurfs eines Gesetzes zur Modernisierung des Schuldrechts der Regierungsfraktionen SPD und Bündnis 90/Die Grünen, BT-Drs. 14/6040, S. 153 f.

[500] Entsprechend äußern sich *Gotthardt*, ZIP 2002, 277, 288; *Henssler*, RdA 2002, 129, 139.

[501] *Annuß*, BB 2002, 458, 462; *Henssler*, RdA 2002, 129, 139; *Gotthardt*, ZIP 2002, 277, 288. A. A. *Berkowsky*, AuA 2002, 11, 15; *Richardi*, NZA 2002, 1057, 1063.

[502] *Annuß*, BB 2002, 458, 462; *Henssler*, RdA 2002, 129, 139. Die vertragliche Vereinbarung eines Ausübungsmaßstabs, welcher die Interessen des Arbeitnehmers stärker berücksichtigt als der Maßstab des „billigen Ermessens“, ist darüber hinaus ebenfalls wirksam.

[503] BAG v. 7. 10. 1982, AP Nr. 5 zu § 620 Teilkündigung; BAG v. 13. 5. 1987, AP Nr. 4 zu § 305 BGB Billigkeitskontrolle; BAG v. 28. 11. 1989, AP Nr. 6 zu § 88 BetrVG 1972.

sich von denen der arbeitsgerichtlichen Rechtsprechung ausschließlich in geringem Umfang. Zukünftig muss der Arbeitgeber zusätzlich einen interessengerechten Maßstab für die Ausübung des Änderungsvorbehalts vertraglich benennen. Im übrigen wird die bislang praktizierte Inhaltskontrolle entsprechender Abreden – trotz der Einbeziehung des Arbeitsvertrages in das Recht der allgemeinen Geschäftsbedingungen – aufgrund der Besonderheiten des Arbeitsrechts fortgeschrieben.

c. § 307 Abs. 1, 2 BGB

Soweit die Vorschrift des § 308 Nr. 4 BGB entgegen der hier vertretenen Auffassung ausnahmsweise keine Anwendung auf arbeitsvertragliche Änderungsvorbehalte zugunsten des Arbeitgebers findet, richtet sich die Wirksamkeit entsprechender Vereinbarungen nach § 307 Abs. 1, 2 BGB.[504] Gegenüber den speziellen Klauselverboten der §§ 308, 309 BGB bildet die Bestimmung einen Auffangtatbestand.[505]

Die den §§ 308, 309 BGB im Einzelnen zugrunde liegenden Wertungen sind auch bei der Durchführung der Inhaltskontrolle am Maßstab des § 307 Abs. 1, 2 BGB zu berücksichtigen.[506] Die Anforderungen an vertragliche Änderungsvorbehalte außerhalb des Anwendungsbereichs des § 308 Nr. 4 BGB entsprechen demnach üblicherweise denen im Fall der Anwendbarkeit des speziellen Klauselverbots. Das Kriterium der „Unzumutbarkeit“ (§ 308 Nr. 4 BGB) und das Merkmal der „unangemessenen Benachteiligung“ (§ 307 Abs. 1, 2 BGB) können zwar nicht umfassend gleichgesetzt werden,[507] gerade im Arbeitsvertragsrecht dürften aufgrund der Besonderheiten des Arbeitsrechts die Ergebnisse der Inhaltskontrolle in aller Regel jedoch identisch ausfallen.[508] Dafür spricht auch der Umstand, dass die Auswirkungen der von den verschiedenen Vorschriften

---

504 Ausführlich zum Regelungsgehalt des § 307 BGB im Hinblick auf das Arbeitsrecht äußern sich *Gotthardt*, ZIP 2002, 277, 285 f.; *Hromadka*, NJW 2002, 2523, 2525 f.; *Lingemann*, NZA 2002, 181, 187 ff.

505 Erman-*Hefermehl/Werner*, § 9 AGBG Rdn. 3; Palandt-*Heinrichs*, Erg.-Bd., Vorb. v. §§ 307-309 BGB Rdn. 1; Ulmer/Brandner/Hensen/Schmidt-*Brandner*, § 9 AGBG Rdn. 8.

506 BGH v. 12. 3. 1987, NJW 1987, 1931, 1932; BGH v. 22. 6. 1989, NJW 1989, 2383, 2383 f.; *Gotthardt*, ZIP 2002, 277, 285; Palandt-*Heinrichs*, Erg.-Bd., Vorb. v. §§ 307-309 BGB Rdn. 2; Ulmer/Brandner/Hensen/Schmidt-*Brandner*, § 9 AGBG Rdn. 9.

507 Palandt-*Heinrichs*, Erg.-Bd., Vorb. v. §§ 307-309 BGB Rdn. 2; Ulmer/Brandner/Hensen/Schmidt-*Brandner*, § 9 AGBG Rdn. 9 f., 66 ff.; Wolf/Horn/Lindacher-*Wolf*, § 9 AGBG Rdn. 85 f.

508 So auch *Gotthardt*, ZIP 2002, 277, 285.

erfassten Änderungsvorbehalte für den Arbeitnehmer uneingeschränkt vergleichbar sind.

2. Individuell vereinbarte Änderungsvorbehalte

Nachdem die Untersuchung der Inhaltskontrolle arbeitsvertraglicher Änderungsvorbehalte i. S. des § 305 Abs. 1 S. 1 BGB abgeschlossen ist, stellt sich die Frage, welchen rechtlichen Grenzen individuell vereinbarte Änderungsvorbehalte zugunsten des Arbeitgebers unterliegen. Auch hier ist zu diskutieren, inwieweit die Einbeziehung des Arbeitsvertrages in das Recht der allgemeinen Geschäftsbedingungen die Inhaltskontrolle entsprechender Abreden beeinflusst.

Aufgrund der Beschränkung arbeitsvertraglicher Vereinbarungen i. S. des § 305 Abs. 1 S. 1 BGB durch die Vorschriften der §§ 307 ff., 310 Abs. 4 S. 2 HS. 1 BGB liegt es grundsätzlich nahe, individuell vereinbarte Änderungsvorbehalte zukünftig weitgehend von der Inhaltskontrolle freizustellen. Die gesetzliche Differenzierung arbeitsvertraglicher Abreden könnte nicht allein als Entscheidung des Gesetzgebers für eine in Teilbereichen verschärfte Kontrolle allgemeiner Geschäftsbedingungen eingeordnet werden, sondern zudem für eine weniger intensive Überprüfung individueller Vereinbarungen sprechen.[509]

Einer derartigen Interpretation der gesetzlichen Neuregelung steht allerdings entgegen, dass der Gesetzgeber im Rahmen der Schuldrechtsmodernisierung das bestehende Schutzniveau zugunsten des Arbeitnehmers nicht verringern, sondern vielmehr in Teilbereichen erhöhen wollte.[510] Auch das Vorliegen einer von § 305 Abs. 1 S. 1 BGB nicht erfassten Individualabrede gewährleistet nicht, dass die Einzelheiten des Vertrages von den Parteien tatsächlich ausgehandelt worden sind.[511] Den Vorschriften der §§ 307 ff., 310 Abs. 4 S. 2 HS. 1 BGB kann zudem nicht entnommen werden, dass der Schutz des Arbeitnehmers außerhalb des

---

509 Für ein „Mehr an Vertragsfreiheit" außerhalb des Rechts der allgemeinen Geschäftsbedingungen spricht sich demzufolge *Gotthardt*, ZIP 2002, 277, 289 aus.

510 Gegenäußerung der Bundesregierung, BT-Drs. 14/6587, S. 53 f.; Bericht und Beschlussempfehlung des Rechtsausschusses, BT-Drs. 14/7052, S. 189. Ebenso *Hromadka*, NJW 2002, 2523, 2525; Palandt-*Heinrichs*, Erg.-Bd., § 310 BGB Rdn. 51; *Thüsing*, NZA 2002, 591, 594.

511 Zu den strengen Anforderungen an das Merkmal des „Aushandelns" i. S. des § 305 Abs. 1 S. 3 BGB vgl. Palandt-*Heinrichs*, Erg.-Bd., § 305 BGB Rdn. 21; Wolf/Horn/Lindacher-*Wolf*, § 1 AGBG Rdn. 33.

Rechts der allgemeinen Geschäftsbedingungen reduziert werden sollte.[512]

Zur Bestimmung der Anforderungen an die individuelle Vereinbarung arbeitsvertraglicher Änderungsvorbehalte ist demzufolge auch in Zukunft auf die bislang geltenden Grundsätze zur Inhaltskontrolle entsprechender Abreden zurückzugreifen.[513]

a. Umgehung des Kündigungsschutzes

Nach ständiger Rechtsprechung des Bundesarbeitsgerichts ist die Vereinbarung von Änderungsvorbehalten zugunsten des Arbeitgebers unzulässig, soweit dadurch die Änderung wesentlicher Elemente des Arbeitsvertrages ermöglicht wird. Eine derartige Veränderung störe das Gleichgewicht zwischen Leistung und Gegenleistung grundlegend und bewirke damit eine Umgehung des gesetzlichen Kündigungsschutzes.[514] Der Arbeitnehmer würde nicht nur des durch § 2 KSchG vermittelten Schutzes, sondern außerdem seiner Kündigungsfrist gemäß § 622 BGB beraubt.[515] Eine arbeitsvertragliche Abrede, welche die Änderungsbefugnisse des Arbeitgebers nicht auf unwesentliche Bestimmungen des Arbeitsverhältnisses begrenzt, sei daher nach § 134 BGB unwirksam.[516]

Eine nach diesem Begründungsansatz unwirksame Vereinbarung hat die arbeitsgerichtliche Rechtsprechung bislang nur selten angenommen.[517] Selbst in der vertraglichen Vereinbarung des Rechts eines Arbeitgebers, die Zahlung einer leistungsbezogenen Zulage in Höhe von 19 bis 31 Prozent des Tariflohns des Arbeitnehmers zu widerrufen, wurde eine Umgehung des Kündigungsschutzes nicht gesehen.[518] Den großzügigen Umgang mit Änderungsvorbehalten zugunsten des Arbeitgebers

---

[512] *Hromadka*, NJW 2002, 2523, 2525; *Thüsing*, NZA 2002, 591, 594.

[513] *Hromadka*, NJW 2002, 2523, 2525; *Thüsing*, NZA 2002, 591, 594.

[514] Zum Verbot der Gesetzesumgehung s. ErfK-*U. Preis*, § 611 BGB Rdn. 550 f.

[515] Die Vorschrift des § 622 BGB wird nur vereinzelt als Beleg für die Umgehung des Kündigungsschutzes herangezogen. Vgl. BAG v. 12. 12. 1984, AP Nr. 6 zu § 2 KSchG 1969.

[516] BAG v. 4. 2. 1958, AP Nr. 1 zu § 620 BGB Teilkündigung; BAG v. 7. 10. 1982, AP Nr. 5 zu § 620 BGB Teilkündigung; BAG v. 12. 12. 1984, AP Nr. 6 zu § 2 KSchG 1969; BAG v. 15. 11. 1995, AP Nr. 20 zu § 1 TVG Tarifverträge: Lufthansa; BAG v. 28. 5. 1997, AP Nr. 36 zu § 611 BGB Arzt-Krankenhaus-Vertrag. Innerhalb der arbeitsrechtlichen Literatur vgl. ErfK-*U. Preis*, § 611 BGB Rdn. 537; GK-*Künzl*, § 2 KSchG Rdn. 99; *Isenhardt*, in: FS Hanau, 221, 224; KR-*Rost*, § 2 KSchG Rdn. 48; *Richardt*, Flexibilisierung, S. 132 ff.

[517] S. aber BAG v. 12. 12. 1984, AP Nr. 6 zu § 2 KSchG 1969.

[518] BAG v. 13. 5. 1987, AP Nr. 4 zu § 305 BGB Billigkeitskontrolle.

dokumentieren zudem zahlreiche andere Entscheidungen.[519] Das Änderungspotenzial des Änderungsvorbehalts geht infolgedessen deutlich über das der Teilkündigung hinaus. Insbesondere die nicht unerhebliche Veränderung von Hauptleistungspflichten der Vertragsparteien ist danach zulässig.[520]

Die Ergebnisse der dargelegten Rechtsprechung finden innerhalb des arbeitsrechtlichen Schrifttums überwiegend Anerkennung. Eine weitergehende Beschränkung der Vertragsgestaltungsfreiheit der Parteien wird von den Vertretern der Literatur mehrheitlich abgelehnt.[521] Auf erhebliche Kritik stößt hingegen die dogmatische Herleitung der Inhaltskontrolle.[522] Ein Verbot der Vereinbarung arbeitsvertraglicher Änderungsvorbehalte zugunsten des Arbeitgebers i. S. des § 134 BGB kann dem geltenden Kündigungsschutzrecht schlechthin nicht entnommen werden. Insbesondere § 2 KSchG dient ausschließlich dazu, die unkontrollierte Lossagung des Arbeitgebers von vertraglich vorbehaltlos übernommenen Verpflichtungen zu unterbinden. In derartigen Fällen ist das Vertrauen des Arbeitnehmers auf den unveränderten Fortbestand seines Arbeitsverhältnisses prinzipiell stärker zu schützen als im Fall der Ausübung eines Änderungsvorbehalts.[523] Die Vorschrift bestimmt demzufolge lediglich, „dass ein Änderungsvorbehalt jedenfalls dann zulässig sein muss, wenn auch eine Änderungskündigung zulässig ist". Weitere Bedeutung kann ihr für die Frage der Grenzen der Vereinbarungsbefugnis der Vertragsparteien nicht zugemessen werden.[524]

Die alleinige Unwirksamkeit von Änderungsvorbehalten, welche dem Arbeitgeber wesentliche Einwirkungen auf den Inhalt von Arbeitsverhält-

---

519 Vgl. BAG v. 7. 1. 1971, AP Nr. 12 zu § 315 BGB; BAG v. 7. 10. 1982, AP Nr. 5 zu § 620 BGB Teilkündigung; BAG v. 15. 11. 1995, AP Nr. 20 zu § 1 TVG Tarifverträge: Lufthansa. Zur Zulässigkeit besonders weit reichender Vorbehalte zulasten von „Arbeitnehmern in Spitzenpositionen" vgl. zudem BAG v. 28. 5. 1997, AP Nr. 36 zu § 611 BGB Arzt-Krankenhaus-Vertrag.

520 So auch ErfK-*U. Preis*, § 611 BGB Rdn. 537, 694 f.; *Sievers*, NZA 2002, 1182, 1183.

521 Vgl. *Annuß*, BB 2002, 458, 462; Münch-ArbR-*Hanau*, § 62 Rdn. 101.

522 *Annuß*, BB 2002, 458, 462; *Hromadka*, RdA 1992, 234, 240; *Krämer*, Widerruf, S. 147 ff., 254 ff.; *Söllner*, in: Hromadka, Änderung, 13, 21; *Wank*, in: Hromadka, Änderung, 35, 49 f; *Zöllner*, NZA 1997, 121, 124 f.

523 ErfK-*U. Preis*, § 611 BGB Rdn. 697; *Isenhardt*, in: FS Hanau, 221, 231; Münch-ArbR-*Hanau*, § 62 Rdn. 103; *Richardt*, Flexibilisierung, S. 132 f.

524 *Hromadka*, RdA 1992, 234, 239; *Krämer*, Widerruf, S. 258; *Söllner*, in: Hromadka, Änderung, 13, 21 f. Die Regelung des § 2 KSchG kann zudem von vornherein ausschließlich für den Anwendungsbereich des Kündigungsschutzgesetzes Wirkungen entfalten.

nissen ermöglichen, kann mit dem Hinweis auf eine Umgehung des Kündigungsschutzes ebenfalls nicht begründet werden. Das geltende Kündigungsrecht schützt den Arbeitnehmer nicht nur gegen wesentliche, sondern vielmehr auch gegen unwesentliche Veränderungen seiner Arbeitsbedingungen.[525] Eine der Argumentation der Rechtsprechung vergleichbare Differenzierung von Änderungen findet nicht statt.

Der Umstand, dass eine Umgehung des Kündigungsschutzes zudem ausschließlich im Fall der individualarbeitsvertraglichen, nicht aber im Fall der tarifvertraglichen Vereinbarung weit reichender Änderungsvorbehalte angenommen wird, unterstreicht außerdem die Zweifel am Begründungsansatz der Arbeitsgerichtsbarkeit. Eine Umgehung kündigungsschutzrechtlicher Vorschriften kommt auch infolge tarifvertraglicher Abreden in Betracht.[526] Die dogmatische Herleitung der Inhaltskontrolle durch die Judikatur ist demzufolge abzulehnen.

b. § 138 BGB

Scheidet die dargelegte Argumentation zur Einschränkung der Vereinbarungsfreiheit der Arbeitsvertragsparteien aus, so stellt sich die Frage, inwieweit allgemeine gesetzliche Vorschriften die Vertragsfreiheit von Arbeitgebern und Arbeitnehmern begrenzen können. Von Bedeutung ist insoweit vor allem die Regelung des § 138 BGB.[527]

Die Inhaltskontrolle arbeitsvertraglicher Änderungsvorbehalte anhand des Maßstabs des § 138 BGB weist gegenüber der dargelegten Begrenzung von Vereinbarungen durch die Rechtsprechung des Bundesarbeitsgerichts zwei entscheidende Vorteile auf. Zum einen beschränkt sich die Überprüfung der Sittenwidrigkeit einer Abrede nach § 138 BGB nicht von vornherein auf den Bereich wesentlicher Änderungen von Arbeitsbedingungen. Zum anderen ermöglicht die Vorschrift die – im Einzelfall allerdings nur unter Schwierigkeiten durchzuführende – Berücksichtigung der Verhandlungspositionen der Parteien bei Abschluss des Arbeitsvertrages. Die Vertragsgestaltungsfreiheit von Arbeitgeber und Arbeitnehmer wird demzufolge durch § 138 BGB nicht abstrakt-generell, sondern viel-

525 Deutlich insoweit *Fastrich*, in: FS Wiedemann, 251, 261.

526 *Fastrich*, in: FS Wiedemann, 251, 260; ErfK-*U. Preis*, § 611 BGB Rdn. 551; *Söllner*, in: Hromadka, Änderung, 13, 23 f.

527 Vgl. dazu BAG v. 27. 2. 2002, DB 2002, 1720, 1720. S. zudem *Annuß*, BB 2002, 458, 458; ErfK-*U. Preis*, § 611 BGB Rdn. 697; GK-*Künzl*, § 2 KSchG Rdn. 99; *Hromadka*, RdA 1992, 234, 240. Ausführlich zu sonstigen in Betracht kommenden Anknüpfungspunkten für die Einschränkung der Gestaltungsfreiheit der Arbeitsvertragsparteien äußert sich *Krämer*, Widerruf, S. 253 ff.

mehr konkret-individuell eingeschränkt. Dies wird den außerhalb des Anwendungsbereichs des § 305 Abs. 1 S. 1 BGB bestehenden, unterschiedlichen Situationen bei Vertragsschluss deutlich eher gerecht als eine starre, einförmige Lösung.

Die Ergebnisse der Sittenwidrigkeitskontrolle nach § 138 BGB unterscheiden sich von denen der Umgehungsrechtsprechung des Bundesarbeitsgerichts, wie *Hromadka* zutreffend feststellt, zudem lediglich in Einzelfällen.[528] Eine arbeitsvertragliche Vereinbarung ist unter Berücksichtigung ihres Zustandekommens auch nach § 138 BGB üblicherweise dann unwirksam, wenn sich der Arbeitgeber eine Reduzierung seiner eigenen Leistungen (regelmäßig der Vergütung) oder der Leistungen des Arbeitnehmers (beispielsweise der Arbeitszeit) in weiten Teilen vorbehält. Im Zweifel hat der Arbeitgeber in solchen Fällen seine übermächtige Verhandlungsposition bei Abschluss des Vertrages gegenüber dem Arbeitnehmer auf unzulässige Art und Weise ausgenutzt. Änderungsvorbehalte hinsichtlich wesentlicher Arbeitsbedingungen sind somit auch nach § 138 BGB in aller Regel unwirksam.[529]

Die arbeitsvertragliche Vereinbarung geringerer Änderungsbefugnisse des Arbeitgebers kann nach § 138 BGB zwar grundsätzlich ebenfalls unzulässig sein, sie ist es allerdings in den allermeisten Fällen nicht. Die einzelnen Voraussetzungen der Sittenwidrigkeit sind insoweit regelmäßig nicht erfüllt.[530]

3. Ergebnis

Die Auswirkungen der Inhaltskontrolle auf die Effektivität des arbeitsvertraglichen Änderungsvorbehalts können entgegen einzelner Stimmen des arbeitsrechtlichen Schrifttums sowohl innerhalb als auch außerhalb des Rechts der allgemeinen Geschäftsbedingungen zuverlässig beurteilt werden. Außerhalb des Anwendungsbereichs der §§ 305 ff. BGB werden die Handlungsmöglichkeiten des Arbeitgebers ausschließlich dadurch eingeschränkt, dass solche Vereinbarungen von Änderungsrechten des

---

528 *Hromadka*, RdA 1992, 234, 240.

529 LAG Hamm v. 16. 10. 1989, ZIP 1990, 880, 884 ff.; *Hromadka*, RdA 1992, 234, 240. *Krämer*, Widerruf, S. 261 ff. weist in diesem Zusammenhang zu Recht darauf hin, dass die bloße Annahme der Ausnutzung der stärkeren Verhandlungsposition durch den Arbeitgeber lediglich in engen Grenzen zulässig ist. Im Vordergrund der Sittenwidrigkeitskontrolle des § 138 BGB sollte das Bestreben stehen, die Verhandlungssituation der Parteien bei Vertragsschluss in concreto festzustellen.

530 *Krämer*, Widerruf, S. 261 f.; Palandt-*Heinrichs*, § 138 BGB Rdn. 79.

Arbeitgebers unwirksam sind, welche erhebliche Veränderungen von Arbeitsbedingungen erlauben. Derartige Ziele kann der Arbeitgeber allein im Wege der Änderungskündigung verfolgen. Innerhalb des Anwendungsbereich der §§ 305 ff. BGB werden die Anforderungen an die wirksame Vereinbarung von Änderungsvorbehalten in geringem Maße erweitert. Der Arbeitgeber muss für die Ausübung seines Änderungsrechts einen interessengerechten Maßstab vertraglich benennen.

III. Ausübungskontrolle

Die Kontrolle der Rechtmäßigkeit der Ausübung arbeitsvertraglicher Änderungsvorbehalte ist von der Überprüfung der Wirksamkeit ihrer Vereinbarung strikt zu trennen. Von einer Veränderung der Inhaltskontrolle, wie sie sich für Änderungsvorbehalte i. S. des § 305 Abs. 1 S. 1 BGB aus der Einbeziehung des Arbeitsvertrages in das Recht der allgemeinen Geschäftsbedingungen ergibt, kann nicht ohne weiteres auf eine modifizierte Überprüfung der Wahrnehmung entsprechender Änderungsbefugnisse geschlossen werden.[531]

Nachfolgend wird untersucht, welchen Voraussetzungen die Ausübung arbeitsvertraglicher Änderungsvorbehalte unterliegt. Den Schwerpunkt der Darstellung bildet die Frage nach dem Kontrollmaßstab der Ausübung. Anschließend werden sonstige Anforderungen an die Ausübung von Änderungsvorbehalten durch den Arbeitgeber erörtert.

1. Maßstab der Ausübungskontrolle

Wie bereits bei der Inhaltskontrolle wird auch im Rahmen der Untersuchung der Ausübungskontrolle zwischen Änderungsvorbehalten innerhalb und außerhalb des Anwendungsbereichs des § 305 Abs. 1 S. 1 BGB differenziert. Anders als die individuelle Vereinbarung einseitiger Änderungsbefugnisse bedarf der Änderungsvorbehalt in Gestalt allgemeiner Geschäftsbedingungen bereits innerhalb des Arbeitsvertrages der Benennung eines interessengerechten Ausübungsmaßstabs.[532]

---

[531] *Annuß*, BB 2002, 458, 462; *Gotthardt*, ZIP 2002, 277, 288. Innerhalb der Gesetzesmaterialien zur Einbeziehung des Arbeitsvertrages in den Regelungskomplex der §§ 305 ff. BGB werden die Anforderungen an die Ausübung vorbehaltener Änderungsbefugnisse des Arbeitgebers nicht thematisiert.

[532] S. dazu § 6, C., II., 1., b., cc., (2).

a. Änderungsvorbehalte i. S. des § 305 Abs. 1 S. 1 BGB

Die arbeitsgerichtliche Rechtsprechung gestattete die Ausübung von Änderungsvorbehalten vor der Einbeziehung des Arbeitsvertrages in das Recht der allgemeinen Geschäftsbedingungen – in Anlehnung an § 315 Abs. 1 BGB – ausschließlich nach „billigem Ermessen".[533] Aufgrund des Erfordernisses der vertraglichen Fixierung eines interessengerechten Ausübungsmaßstabs wird sich daran für Änderungsvorbehalte i. S. des § 305 Abs. 1 S. 1 BGB auch zukünftig nichts ändern. Die Vorschriften der §§ 307 ff., 310 Abs. 4 S. 2 HS. 1 BGB stellen bereits im Rahmen der Inhaltskontrolle sicher, dass zum Schutz des Arbeitnehmers zumindest die Voraussetzungen des „billigen Ermessens" bei der Ausübung von Änderungsvorbehalten eingehalten werden.

Die Veränderung von Arbeitsbedingungen scheidet danach aus, wenn sachliche Gründe für die angestrebte Veränderung nicht bestehen oder wesentliche Umstände des Einzelfalls sowie die beiderseitigen Interessen der Parteien nicht angemessen berücksichtigt und abgewogen werden.[534] Die Anforderungen an die Änderung von Arbeitsverhältnissen liegen damit zwar oberhalb der Willkürkontrolle im Fall der Änderungskündigung außerhalb des Anwendungsbereichs des Kündigungsschutzgesetzes, gleichzeitig gelten für die Ausübung arbeitsvertraglicher Änderungsvorbehalte jedoch deutlich geringere Voraussetzungen als für die

---

533 BAG v. 7. 1. 1971; AP Nr. 12 zu § 315 BGB; BAG v. 7. 10. 1982, AP Nr. 5 zu § 620 Teilkündigung; BAG v. 13. 5. 1987, AP Nr. 4 zu § 305 BGB Billigkeitskontrolle; BAG v. 28. 11. 1989, AP Nr. 6 zu § 88 BetrVG 1972; BAG v. 23. 6. 1993, AP Nr. 42 zu § 611 BGB Direktionsrecht; BAG v. 28. 5. 1997, AP Nr. 36 zu § 611 BGB Arzt-Krankenhaus-Vertrag. Ab dem 1. 1. 2003 könnte die arbeitsgerichtliche Rechtsprechung nicht mehr auf die Vorschrift des § 315 Abs. 1 BGB, sondern vielmehr auf die Bestimmung des § 106 S. 1 GewO abstellen. Danach wird die Ausübung des arbeitgeberseitigen Weisungsrechts nicht allein „im Zweifel" an den Maßstab des „billigen Ermessens" gebunden (Art. 1, 10 des Dritten Gesetzes zur Änderung der Gewerbeordnung und sonstiger gewerberechtlicher Vorschriften v. 24. 8. 2002, BGBl. I, S. 3412 ff.).

534 Münch-ArbR-*Hanau*, § 62 Rdn. 108 interpretiert die arbeitsgerichtliche Rechtsprechung dagegen anders. Nach seiner Auffassung kommt im Fall des Bestehens einer entsprechenden Vereinbarung die Ausübung arbeitsvertraglicher Änderungsvorbehalte auch nach „freiem Ermessen" in Betracht. Ähnlich äußert sich zudem *Hromadka*, RdA 1992, 234, 240, der von einem „Schwanken" der Rechtsprechung der Arbeitsgerichte spricht. Die wenigen in diesem Zusammenhang angeführten Entscheidungen des Bundesarbeitsgerichts belegen die Auffassung der beiden Autoren allerdings nicht (BAG v. 13. 5. 1987, AP Nr. 4 zu § 305 BGB Billigkeitskontrolle; BAG v. 15. 11. 1995, AP Nr. 20 zu § 1 TVG Tarifverträge: Lufthansa).

soziale Rechtfertigung der Änderungskündigung nach § 2 KSchG.[535] Insbesondere der Prüfungsaufwand des Arbeitgebers ist bei der Ausübung arbeitsvertraglicher Änderungsvorbehalte verhältnismäßig klein. Erforderlich ist allein die „angemessene" Berücksichtigung der „wesentlichen" Umstände des Einzelfalls.[536]

b. Individuell vereinbarte Änderungsvorbehalte

Wie bereits im Rahmen der Untersuchung der Inhaltskontrolle arbeitsvertraglicher Änderungsvorbehalte außerhalb des Rechts der allgemeinen Geschäftsbedingungen stellt sich auch bei der Ausübungskontrolle entsprechender Vereinbarungen die Frage, wie sich die gesetzliche Neuregelung der §§ 305 ff. BGB auf die Möglichkeiten des Arbeitgebers zur vertraglich vorbehaltenen Änderung von Arbeitsbedingungen auswirkt. Auch hier könnte die gesetzliche Differenzierung von Änderungsvorbehalten als Indiz dafür gewertet werden, außerhalb des Rechts der allgemeinen Geschäftsbedingungen ein „Mehr an Vertragsfreiheit" zuzulassen. Die Ausübung von Änderungsvorbehalten nach „freiem Ermessen" wäre demzufolge im Fall einer entsprechenden Vereinbarung zulässig.[537]

Dem steht allerdings entgegen, dass der Gesetzgeber die Position des Arbeitnehmers durch die Regelungen der §§ 305 ff. BGB nicht nur im Bereich der Inhaltskontrolle, sondern vielmehr insgesamt – und somit auch im Bereich der Ausübungskontrolle – keinesfalls schwächen wollte.[538] Der Umstand, dass eine vertragliche Abrede nicht in den Anwendungsbereich des Recht der allgemeinen Geschäftsbedingungen fällt, stellt innerhalb des Arbeitsvertragsrechts ein gleichgewichtiges Aushandeln der entsprechenden vertraglichen Bestimmung zudem nicht sicher. Vielmehr wird auch in solchen Fällen der Inhalt des Arbeitsvertrages üblicherweise durch die Partei des Arbeitgebers im Einzelnen bestimmt. Die arbeitsgerichtliche Rechtsprechung wird folglich auch insoweit die Ausü-

---

[535] GK-*Künzl*, § 2 KSchG Rdn. 100 f.; *Hromadka*, DB 1995, 1609, 1612; KR-*Rost*, § 2 KSchG Rdn. 49; KR-*Wolf*, 3. A., Grunds. Rdn. 149. Anders äußert sich zu Unrecht *Söllner*, in: Hromadka, Änderung, 13, 22. Nach seiner Auffassung „steht die Billigkeitskontrolle nach § 315 BGB der von § 2 KSchG gebotenen Kontrolle in nichts nach".

[536] Zur Abgrenzung des Kontrollmaßstabs des „billigen Ermessens" von den Maßstäben des „freien Ermessens" und des „freien Beliebens" s. BAG v. 16. 3. 1982, AP Nr. 5 zu § 87a HGB; *Hromadka*, DB 1995, 1609, 1611.

[537] So *Annuß*, BB 2002, 458, 462.

[538] Gegenäußerung der Bundesregierung, BT-Drs. 14/6857, S. 53 f.

bung arbeitsvertraglicher Änderungsvorbehalte durch den Arbeitgeber weiter an den Maßstab des „billigen Ermessens" binden.[539]

2. Sonstige Voraussetzungen der Ausübung

Die Veränderung von Arbeitsbedingungen durch die Ausübung eines vertraglich vereinbarten Änderungsvorbehalts bedarf zu ihrer Wirksam- bzw. Durchsetzbarkeit nicht allein der Entscheidung des Arbeitgebers nach „billigem Ermessen". Zwar besteht ein dem § 623 BGB vergleichbares Schriftformerfordernis ebenso wenig wie eine Verpflichtung des Arbeitgebers zur Einhaltung von Fristen,[540] andere gesetzliche Vorgaben wirken sich hingegen auch auf die Effektivität des Änderungsvorbehalts aus.

a. Sonderkündigungsschutz

Die für die Änderungs- und die nicht vorbehaltene Teilkündigung des Arbeitgebers geltenden Vorschriften § 15 Abs. 1 bis 3a KSchG, § 9 MuSchG, §§ 85 ff. SGB IX, § 2 ArbPlSchG, § 78 Abs. 1 Nr. 1 ZDG sind für die Ausübung arbeitsvertraglicher Änderungsvorbehalte nicht von Bedeutung.[541] Sie beziehen sich ausschließlich auf die Änderung von Arbeitsbedingungen mittels der Kündigung. Die Praktikabilität des Änderungsvorbehalts zur Einwirkung auf den Inhalt von Arbeitsverhältnissen wird durch die genannten Bestimmungen folglich nicht beeinträchtigt.

Dies gilt grundsätzlich auch für die Regelung des § 18 BErzGG.[542] Insoweit ist allerdings zu berücksichtigen, dass in den Fällen, in denen sich das ursprüngliche Vollzeitarbeitsverhältnis für den Zeitraum der Elternzeit in ein Teilzeitarbeitsverhältnis wandelt, die Vertragsgestaltungsfreiheit der Arbeitsvertragsparteien ausnahmsweise besonders stark eingeschränkt wird. Die Parteien können ein einseitiges Änderungsrecht des Arbeitgebers, welches eine behördliche Zulässigkeitserklärung nach § 18 BErzGG entbehrlich machen würde, nicht vertraglich vereinbaren. Der

---

539 So auch *Berkowsky*, AuA 2002, 11, 15; *Thüsing*, NZA 2002, 591, 594.

540 Vgl. *Kiel/Koch*, Kündigung, Vorb. Rdn. 9 (zu § 623 BGB); GK-*Müller-Glöge*, § 622 BGB Rdn. 1 (zu § 622 BGB).

541 Zu beachten ist bei der Veränderung von Arbeitsbedingungen eines schwerbehinderten Arbeitnehmers allerdings auch in Fällen der Ausübung arbeitsvertraglicher Änderungsvorbehalte die Notwendigkeit der Anhörung der Schwerbehindertenvertretung gemäß § 95 Abs. 2 S. 1 SGB IX (S. dazu ausführlich Seidel, SGB IX, S. 53 f.).

542 ErfK-*Schlachter*, § 18 BErzGG Rdn. 1.

besondere Schutz des Teilzeitarbeitsverhältnisses bezieht sich hier auch auf dessen Inhalt.[543]

Die persönlichen Eigenschaften von Arbeitnehmern, denen der Sonderkündigungsschutz von Gesetzes wegen Rechnung trägt, haben für die Ausübung arbeitsvertraglicher Änderungsvorbehalte zudem im Rahmen der vom Arbeitgeber vorzunehmenden Interessenabwägung rechtliche Bedeutung. Der Prüfungsmaßstab des „billigen Ermessens" macht es erforderlich, entsprechende Umstände angemessen zu berücksichtigen und abzuwägen.[544]

b. Beteiligung des Betriebsrats

Auch bei der Änderung von Arbeitsbedingungen im Wege der Ausübung vertraglich vereinbarter Änderungsbefugnisse des Arbeitgebers ist der Betriebsrat unter bestimmten Voraussetzungen zu beteiligen. Zwar beschränkt sich der Anwendungsbereich des § 102 BetrVG allein auf das Gestaltungsrecht der Kündigung,[545] die Vorschriften der §§ 87, 99 BetrVG finden hingegen auch auf das Instrument des Änderungsvorbehalts Anwendung. Der Betriebsrat kann danach die Verwirklichung der intendierten Änderung im Einzelfall nicht nur verzögern, sondern infolge der Ausgestaltung der Beteiligungsrechte als echte Mitbestimmungsrechte in Einzelfällen auch verhindern.

Die Versetzung eines durch die Regelung des § 103 Abs. 1 BetrVG besonders privilegierten Arbeitnehmers, welche zu einem Verlust seines Amtes oder seiner Wählbarkeit führen würde, bedarf über die Zustimmung nach § 99 BetrVG hinaus der Zustimmung des Betriebsrats nach § 103 Abs. 3 BetrVG.[546] Erklärt sich der betroffene Arbeitnehmer mit der

---

543 KR-*Etzel*, § 18 BErzGG Rdn. 18; Münch-ArbR-*Heenen*, Erg.-Bd., § 229 Rdn. 48.

544 Zum Erfordernis der Berücksichtigung der Schwerbehinderung eines Arbeitnehmers vgl. BAG v. 7. 10. 1982, AP Nr. 5 zu § 620 BGB Teilkündigung; BAG v. 10. 7. 1991, AP Nr. 1 zu § 14 SchwBG 1986. Im Rahmen der Ausübung seines Weisungsrechts wird der Arbeitgeber mit Wirkung vom 1. 1. 2003 zudem durch § 106 S. 3 GewO dazu verpflichtet, „auf Behinderungen des Arbeitnehmers Rücksicht zu nehmen" (Art. 1, 10 des Dritten Gesetzes zur Änderung der Gewerbeordnung und sonstiger gewerberechtlicher Vorschriften v. 24. 8. 2002, BGBl. I, S. 3412 ff.). Zu den Einzelheiten vgl. *Wisskirchen*, DB 2002, 1886, 1887.

545 Düwell-*Braasch*, § 102 BetrVG Rdn. 26; *Fitting/Kaiser/Heither/Engels*, § 102 BetrVG Rdn. 5; *Kiel/Koch*, Kündigung, Rdn. 655; Hess/Schlochauer/Glaubitz-*Schlochauer*, § 102 BetrVG Rdn.15.

546 Richardi-*ders./Thüsing*, § 103 BetrVG Rdn. 30.

Versetzung nicht einverstanden, so ist die Ausübung des Änderungsvorbehalts andernfalls unwirksam.[547]

D. Ergebnis zum Änderungsvorbehalt

Der Änderungsvorbehalt stellt nach dem Gesagten allein für die Partei des Arbeitgebers ein geeignetes Mittel zur einseitigen Änderung von Arbeitsbedingungen dar. Dem Arbeitnehmer steht das Änderungsinstrument in der arbeitsrechtlichen Praxis faktisch nicht zur Verfügung.

Die Möglichkeiten des Arbeitgebers zur Einwirkung auf den Inhalt von Arbeitsverhältnissen werden durch die Voraussetzungen des Änderungsvorbehalts im Vergleich zur Änderungs- oder Teilkündigung in weiten Teilen nur unerheblich beeinträchtigt. Veränderungen von Arbeitsbedingungen, welche die Position des Arbeitnehmers ausschließlich unwesentlich belasten, sind auch in Zukunft sowohl innerhalb als auch außerhalb des Anwendungsbereich der §§ 305 ff. BGB grundsätzlich durchsetzbar. Im Fall der Verwendung vorformulierter Änderungsvorbehalte ist demnach auch die „massenhafte“, gleichförmige Veränderung von Arbeitsverhältnissen praktisch realisierbar.

---

[547] Däubler/Klebe/Kittner-*ders.*, § 103 BetrVG Rdn. 64 f.; Düwell-*Kloppenburg*, § 103 BetrVG Rdn. 5; *Fitting/Kaiser/Heither/Engels*, § 103 BetrVG Rdn. 65.

3. Kapitel: §§ 8, 9 TzBfG

Anders als die innerhalb der §§ 3 bis 6 der Arbeit erörterten Instrumente zur einseitigen Änderung von Arbeitsbedingungen stehen die am 1. Januar 2001 in Kraft getretenen Vorschriften der §§ 8, 9 TzBfG bereits von Gesetzes wegen ausschließlich der Partei des Arbeitnehmers zur Verfügung.[548] Ebenso wie beispielsweise die Bestimmungen § 15 Abs. 7 BErzGG, § 81 Abs. 4 S. 1 Nr. 1, Abs. 5 S. 3 SGB IX bilden die Vorschriften in Abgrenzung zu den allgemeinen Änderungsinstrumenten besondere Mittel der Änderung von Arbeitsverhältnissen. Den weit reichenden, tatsächlichen Beschränkungen der Änderungsbefugnisse des Arbeitnehmers wird auf diese Weise entgegengewirkt.[549]

§ 7 Verringerung der Arbeitszeit gemäß § 8 TzBfG

Den Ausgangspunkt der gesetzlichen Vorschrift des § 8 TzBfG bildet die Bestimmung des § 5 Abs. 3 lit. a der von den europäischen Sozialpartnern (UNICE, CEEP und EGB) am 6. Juni 1997 geschlossenen Rahmenvereinbarung über Teilzeitarbeit (RV-TZ).[550] Aufgrund der Anordnung des Art. 1 der Richtlinie 97/81/EG vom 15. Dezember 1997 wurde die Rahmenvereinbarung als solche Bestandteil der Richtlinie.[551] Wie schon dem bisherigen nationalen Gesetzesrecht ein genereller Teilzeitanspruch des Arbeitnehmers nicht entnommen werden konnte,[552] so beinhaltet

---

548 Die Mittel der Änderungskündigung und des Änderungsvorbehalts stehen demgegenüber nicht von Gesetzes wegen ausschließlich einer der beiden Arbeitsvertragsparteien zur Verfügung. Erst die gegenwärtige, arbeitsmarktpolitische Lage bewirkt die faktische Unanwendbarkeit der Änderungsinstrumente zugunsten des Arbeitnehmers.

549 TZA-*Buschmann*, § 8 TzBfG Rdn. 7.

550 Europäische Rahmenvereinbarung über Teilzeitarbeit, ABl. EG L 14, S. 12 ff. Die genannten Abkürzungen stehen für die europäischen Sozialpartner der Union der Industrie- und Arbeitgeberverbände (UNICE), des Europäischen Zentralverbandes der öffentlichen Wirtschaft (CEEP) und des Europäischen Gewerkschaftsbunds (EGB).

551 Richtlinie 97/81/EG, ABl. EG L 14, S. 9 ff. S. dazu Münch-ArbR-*Schüren*, Erg.-Bd., § 161 Rdn. 19; *Schmidt*, NZA 1998, 576, 576 ff.

552 § 3 S. 1 BeschFG verpflichtet den Arbeitgeber allein dazu, „einen Arbeitnehmer, der ihm gegenüber den Wunsch nach einer Veränderung von Dauer oder Lage seiner Arbeitszeit angezeigt hat, über entsprechende Arbeitsplätze zu unterrichten, die in dem Betrieb besetzt werden sollen". Zu tarifvertraglichen Teilzeitansprüchen des Arbeitnehmers vgl. *Colneric*, RdA 1994, 65, 68 f.; Münch-ArbR-*Schüren*, Erg.-Bd., § 161 Rdn. 34 ff. Speziell zur Regelung des § 15 b BAT s. *Riesenhuber*, NZA 1995, 56, 56 ff.

auch die europäische Richtlinie eine Verpflichtung der Mitgliedstaaten zur Schaffung eines derartigen Anspruchs nicht. § 5 Abs. 3 lit. a RV-TZ fordert in Übereinstimmung mit der Präambel der Rahmenvereinbarung („Entwicklung der Teilzeitarbeitsmöglichkeiten auf einer für Arbeitgeber und Arbeitnehmer akzeptablen Grundlage") und der Vorschrift des § 1 lit. b RV-TZ („Förderung der Entwicklung der Teilzeitarbeit auf freiwilliger Basis") allein, dass „Anträge von Vollzeitbeschäftigten auf Wechsel in ein im Betrieb zur Verfügung stehendes Teilzeitarbeitsverhältnis" vom Arbeitgeber berücksichtigt werden sollen, „soweit dies möglich ist".[553] Ein Recht zur Durchsetzung derartiger Anträge gegen den Willen des Arbeitgebers wurde hingegen von den europäischen Sozialpartnern nicht vereinbart. Der deutsche Gesetzgeber hat durch die Schaffung des § 8 TzBfG folglich zugunsten des Arbeitnehmers auf die Richtlinie „draufgesattelt".[554]

Allein die Loslösung von den Vorgaben des § 5 Abs. 3 lit. a RV-TZ steht der Wirksamkeit der Vorschrift allerdings nicht entgegen. Die Richtlinie 97/81/EG beinhaltet in Gestalt des § 6 Abs. 1 RV-TZ ausdrücklich eine Öffnungsklausel zugunsten nationalstaatlicher Regelungen. „Günstigere Bestimmungen" – gemeint sind damit Vorschriften, welche die Rechtsposition der Vertragspartei des Arbeitnehmers stärken – können danach nicht nur beibehalten, sondern zudem neu eingeführt werden.[555] Dass ein solches Vorgehen möglicherweise den „ausgewogenen Kompromiss" der Vereinbarung der europäischen Sozialpartner konterkarieren könnte, hat der deutsche Gesetzgeber bei der Umsetzung der Richtlinie nicht berücksichtigt.[556]

---

553 Münch-ArbR-*Schüren*, Erg.-Bd., § 161 Rdn. 22 spricht insoweit zu Recht vom bloß „empfehlenden" Charakter der Sollvorschriften der Rahmenvereinbarung. Den „Grundsatz der Freiwilligkeit" als „selbstverständlichen Bestandteil der Vorschläge zur gemeinschaftsweiten Regelung der Teilzeitarbeit" hebt zudem *Schmidt*, NZA 1998, 576, 580 besonders hervor. Vgl. auch die Ausführungen des *Arbeitsrechtsausschusses des Deutschen Anwaltvereins*, DB 2000, 2223, 2223.

554 *Wank*, EuroAS 2001, 186, 188. S. auch *Blanke*, AiB 2000, 729, 729; *Bauer*, NZA 2000, 1039, 1039; *Link/Fink*, AuA 2001, 107, 109; Hanau/Steinmeyer/Wank-*ders.*, § 18 Rdn. 233, 250. Zum ebenfalls gegen den Willen des Arbeitgebers durchsetzbaren Teilzeitanspruch des Arbeitnehmers nach Art. 2 des niederländischen Gesetzes zur Anpassung der Arbeitszeit („Wet aanpassing arbeidsduur") s. *Burri*, EuroAS 2001, 208, 212 ff.; *Waas*, NZA 2000, 583, 583 ff.

555 Vgl. insoweit die Begründung des Gesetzentwurfs der Bundesregierung, BT-Drs. 14/4373, S. 16.

556 Kritisch äußert sich deshalb vor allem *Wank*, EuroAS 2001, 186, 188.

Die nachfolgenden Ausführungen setzen sich schwerpunktmäßig mit drei zentralen Fragestellungen des Teilzeitanspruchs des Arbeitnehmers auseinander. Zunächst wird untersucht, ob die einfachgesetzliche Regelung des § 8 TzBfG verfassungskonform ist. Dies wird innerhalb des Schrifttums mit teilweise beachtlichen Argumenten in Zweifel gezogen. Im Anschluss daran wird das Verhältnis des Teilzeitanspruchs zu den sonstigen Instrumenten der Parteien zur einseitigen Änderung von Arbeitsbedingungen diskutiert. Orientiert sich die Vorschrift des § 8 TzBfG an den bestehenden Prinzipien dieses Teilbereichs der Rechtsordnung oder bildet sie vielmehr einen Fremdkörper innerhalb dieses Systems? Abschließend wird – in Anlehnung an die Untersuchung der allgemeinen Änderungsinstrumente im Rahmen der §§ 3 bis 6 der Arbeit – die Effektivität des Teilzeitanspruchs des Arbeitnehmers zur Änderung von Arbeitsverhältnissen erörtert. Dabei werden die Auswirkungen der verschiedenen Voraussetzungen der Vorschrift auf die Praktikabilität des Änderungsinstruments im Einzelnen überprüft.

A. Verfassungsmäßigkeit des Teilzeitanspruchs

Die Frage der Vereinbarkeit des Teilzeitanspruchs des Arbeitnehmers mit der Verfassung beschäftigte insbesondere im Verlauf des Gesetzgebungsverfahrens zahlreiche Vertreter der verschiedenen Interessenverbände und des arbeitsrechtlichen Schrifttums.[557] Nicht selten wurde pauschal eine unzulässige Beeinträchtigung der grundgesetzlich gewährleisteten Vertragsfreiheit des Arbeitgebers oder aber eine Verletzung seiner Organisationsfreiheit gerügt.[558] Dabei wurde oftmals aus den Augen verloren, dass „nicht alles, was rechtspolitisch zweifelhaft ist, deshalb auch verfassungswidrig sein muss".[559] Diese Prämisse bestimmt auch die nachfolgende Untersuchung des § 8 TzBfG.

In den Mittelpunkt der arbeitsrechtlichen Auseinandersetzung mit dem Teilzeitanspruch des Arbeitnehmers rückten nach Inkrafttreten des Teilzeit- und Befristungsgesetzes vor allem die einzelnen Voraussetzungen

---

557 Gegenstand der arbeitsrechtlichen Diskussion war zunächst der Referentenentwurf des Bundesministeriums für Arbeit und Sozialordnung, abgedruckt in: NZA 2000, 1045, 1045 f. und anschließend der Gesetzentwurf der Bundesregierung, BT-Drs. 14/4374, S. 4 ff.

558 Neben unzähligen Stellungnahmen innerhalb der Tagespresse (s. dazu die zahlreichen Nachweise bei *Blanke*, AiB 2000, 729, 732) vgl. beispielsweise *Arbeitsrechtsausschuss des Deutschen Anwaltvereins*, DB 2000, 2223, 2223 f.; *Bauer*, NZA 2000, 1039, 1040.

559 *Wank*, EuroAS 2001, 186, 188.

der Verringerung der Arbeitszeit sowie der Ablauf des entsprechenden Verfahrens. Die zwingend vorab zu beantwortende Frage, ob die in Rede stehende Bestimmung mit dem Grundgesetz vereinbar und damit überhaupt wirksam ist, wurde von weiten Teilen der Literatur nicht näher erörtert. Nur wenige Vertreter des arbeitsrechtlichen Schrifttums bearbeiteten diese Thematik über die während des Gesetzgebungsverfahrens geäußerten Bedenken hinaus.[560]

I. Eingriff in Grundrechte des Arbeitgebers

Unbeschadet der verfassungsrechtlichen Einordnung der Vertragsfreiheit des Arbeitgebers innerhalb der Art. 2 Abs. 1, 12 Abs. 1, 14 Abs. 1 GG greift die Verringerung der Arbeitszeit des Arbeitnehmers unausweichlich in die Freiheit des Arbeitgebers zur vertraglichen Bindung von Arbeitnehmern ein.[561] Die arbeitsvertragliche Vereinbarung der Parteien wird infolge der Reduzierung der Arbeitszeit durch den Arbeitnehmer nachträglich verändert. Die Bindungswirkung der wechselseitig eingegangenen Verpflichtungen wird damit beeinträchtigt. Unabhängig von den Anforderungen an das Merkmal der entgegenstehenden „betrieblichen Gründe" i. S. des § 8 Abs. 4 S. 1 TzBfG liegt ein Eingriff in die Vertragsfreiheit des Arbeitgebers vor.[562]

Ebenso wird die Berufsausübungsfreiheit des Arbeitgebers in Gestalt der betrieblichen Organisationsgewalt durch die gesetzliche Regelung des § 8 TzBfG belastet. Der Arbeitgeber kann gerade nicht mehr selbst entscheiden, ob er Vollzeit- oder Teilzeitarbeitsplätze einrichtet.[563] Stattdessen wird er verpflichtet, sich zum einen mit den Teilzeitwünschen der

---

560 Vgl. die Beiträge von *Link/Fink*, AuA 2001, 107, 109 f.; *Rolfs*, RdA 2001, 129, 132 f.; *Wank*, EuroAS 2001, 186, 188 f.

561 Dem Schutzbereich des Art. 12 Abs. 1 GG ordnet das überwiegende Schrifttum (s. beispielsweise *Degenhardt*, JuS 1990, 161, 165; KSchR-*Zwanziger*, § 8 TzBfG Rdn. 51; *Müller*, Berufsfreiheit, S. 30 ff., *Wank*, EuroAS 2001, 186, 188 f.) die Vertragsfreiheit des Arbeitgebers zu (vgl. zudem BVerfG v. 1. 3. 1978, BVerfGE 47, 285, 318 ff.). Hingegen betrachten v. Mangoldt/Klein/Starck-*Manssen*, Art. 12 GG Rdn. 66; *U. Preis/Gotthardt*, DB 2001, 145, 147; *Rolfs*, RdA 2001, 129, 132 die Vertragsfreiheit des Arbeitgebers als Ausprägung der durch Art. 2 Abs. 1 GG geschützten Privatautonomie (s. dazu BVerfG v. 8. 4. 1997, BVerfGE 95, 267, 303 f.). In Betracht kommt außerdem der Schutz der Vertragsfreiheit des Arbeitgebers durch Art. 14 Abs. 1 GG (vgl. *Degenhardt*, JuS 1990, 161, 165; Meinel/Heyn/Herms-*ders.*, Einl. Rdn. 12; *Ring*, § 8 TzBfG Rdn. 61).

562 *Link/Fink*, AuA 2001, 107, 109 f.; *U. Preis/Gotthardt*, DB 2001, 145, 147 f.; *Rolfs*, RdA 2001, 129, 132 f.; *Wank*, EuroAS 2001, 186, 187.

563 *Hromadka*, NJW 2001, 400, 402; *Ring*, § 8 TzBfG Rdn. 60.

Arbeitnehmer entsprechend dem gesetzlich festgelegten Verfahrensablauf auseinander zu setzen, zum anderen ihnen unter bestimmten Voraussetzungen trotz des damit üblicherweise verbundenen Mehraufwands nachzukommen.[564] Die unternehmerische Freiheit des Arbeitgebers wird demzufolge auch insoweit eingeschränkt.[565]

II. Verfassungsrechtliche Rechtfertigung des Eingriffs

Die verfassungsrechtliche Rechtfertigung der dargelegten Grundrechtseingriffe erscheint aus verschiedenen Gründen zweifelhaft. Es stellt sich die Frage, ob der Teilzeitanspruch des Arbeitnehmers in Gestalt des § 8 TzBfG die Grundrechte des Arbeitgebers in unverhältnismäßiger Weise einschränkt. Dies ist im Folgenden zu untersuchen.

1. Zielsetzung des § 8 TzBfG

Die Bestimmung der gesetzgeberischen Regelungsabsicht ist für die Beurteilung der Verhältnismäßigkeit einer gesetzlichen Vorschrift von immenser Bedeutung. Es stellt sich nicht nur die Frage, ob dem Handeln des Gesetzgebers überhaupt ein legitimes Ziel zugrunde liegt, sondern darüber hinaus, ob gerade die in Rede stehende Regelung zur Verwirklichung der gesetzgeberischen Zielvorstellung geeignet, erforderlich und angemessen ist.[566] Der Konkretisierung des Regelungsziels des Gesetzgebers wird demzufolge auch hier besondere Aufmerksamkeit zu teil.

Innerhalb des arbeitsrechtlichen Schrifttums wird die Zielsetzung des zweiten Abschnitts des Teilzeit- und Befristungsgesetzes – und damit auch der Vorschrift des § 8 TzBfG – trotz einer intensiven Auseinandersetzung mit den entsprechenden Bestimmungen nur unzureichend erörtert. Teilweise wird allein das öffentliche Interesse an der Beschäftigungsförderung,[567] teilweise aber auch zusätzlich die Schaffung von

---

[564] Die pauschale Feststellung der Bundesregierung, „die Regelungen des Teilzeit- und Befristungsgesetzes seien für die Arbeitgeber „im wesentlichen kostenneutral" erscheint insoweit unangemessen (Gesetzentwurf der Bundesregierung, BT-Drs. 14/4374, S. 3). Ähnlich wie hier bewerten auch *Link/Fink*, AuA 2001, 107, 109; *Ring*, Teilzeitarbeit, Einf. Rdn. 31 diese Aussage.

[565] *U. Preis/Gotthardt*, DB 2001, 145, 147 f.; *Rolfs*, RdA 2001, 129, 132 f.; *Schiefer*, DB 2000, 2118, 2120 f.; *Wank*, EuroAS 2001, 186, 187 f.

[566] Sachs-*ders.*, Art. 20 GG Rdn. 149. Vgl. auch Dreier-*ders.*, Vorb. Rdn. 92 ff.; v. Mangoldt/Klein/Starck-*ders.*, Art. 1 GG Rdn. 243.

[567] *Mayer*, gemeinsame Anm. zu ArbG Stuttgart v. 5. 7. 2001 und ArbG Mönchengladbach v. 30. 5. 2001, AiB 2001, 731, 732; Meinel/Heyn/Herms-*Heyn*, § 8

„mehr Arbeitsflexibilität für die einzelnen Arbeitnehmer“ als Regelungsabsicht des Gesetzgebers benannt.[568]

Stellt die Erweiterung der individuellen Möglichkeiten des Arbeitnehmers zur Ergreifung von Teilzeitarbeit nicht nur ein Mittel zum Zweck, sondern vielmehr ein selbstständiges Regelungsziel der §§ 6 ff. TzBfG dar, so sind die in Rede stehenden Vorschriften auch für den Fall, dass sie die Beschäftigungsförderung nicht unterstützen, zur Verwirklichung des gesetzgeberischen Willens geeignet. Es verbleibt schließlich die aus den unterschiedlichen gesetzlichen Vorschriften zweifellos resultierende Stärkung der Rechtsposition des einzelnen Arbeitnehmers. Zudem kommt bei dieser Interpretation des gesetzgeberischen Willens die Gewährung finanzieller Anreize für solche Arbeitgeber, die auf Wunsch vollzeitbeschäftigter Arbeitnehmer Teilzeitarbeitsverhältnisse begründen, als gleich geeignetes, milderes Mittel gegenüber dem gesetzlichen Teilzeitanspruch des Arbeitnehmers nicht in Betracht. Die Möglichkeiten des Arbeitnehmers zur Ergreifung von Teilzeitarbeit blieben in diesem Zusammenhang hinter denen, welche ein gegen den Willen des Arbeitgebers durchsetzbarer Teilzeitanspruch vermittelt, weit zurück.

Nach einer ersten Lektüre der Begründung des Regierungsentwurfs erscheint es zunächst naheliegend, dass die für die Regelungen des zweiten Abschnitts des Teilzeit- und Befristungsgesetzes maßgebliche gesetzliche Zielsetzung „Teilzeitarbeit zu fördern“,[569] nicht nur die Beschäftigungsförderung im Allgemeinen, sondern auch die Erweiterung der individuellen Befugnisse der Arbeitnehmer zur Ergreifung von Teilzeitarbeit umfasst. Im Einzelnen spricht dafür, dass die Bundesregierung neben dem „Interesse der Arbeitnehmer an einer flexiblen Organisation der Arbeit“ auch die Berücksichtigung der „unterschiedlichen Lebensentwürfe der Arbeitnehmer“ oder aber die „Wünsche der Arbeitnehmer“ thematisiert.[570] Zudem deuten die Vorschriften der §§ 7 ff. TzBfG darauf hin, dass der Gesetzgeber die Stärkung der Rechtsposition der einzelnen Ar-

---

TzBfG Rdn. 2; *Ring*, § 8 TzBfG Rdn. 59; *Wank*, EuroAS 2001, 186, 189; *Worzalla/Will/Mailänder/Worch*, § 8 TzBfG Rdn. 1.

568 *Lindemann/Simon*, BB 2001, 146, 146; TZA-*Buschmann*, § 8 TzBfG Rdn. 7; *Viethen*, Bundesarbeitsblatt 2001, Heft 2, 5, 5 f.

569 Die beiden anderen innerhalb des § 1 TzBfG genannten Zielsetzungen beziehen sich dagegen auf die Vorschrift des § 4 TzBfG (Verhinderung der Diskriminierung teilzeitbeschäftigter und befristet beschäftigter Arbeitnehmer) und auf die Regelungen der §§ 14 ff. TzBfG (Festlegung der Zulässigkeit befristeter Arbeitsverträge).

570 Gesetzentwurf der Bundesregierung, BT-Drs. 14/4374, S. 1; Begründung des Gesetzentwurfs der Bundesregierung, 14/4374, S. 11 f.

beitnehmer zumindest als sekundäres Regelungsziel verfolgt. Gegenstand der verschiedenen Bestimmungen ist zumindest auch die individuelle Inanspruchnahme von Rechten nach dem Teilzeit- und Befristungsgesetz.

Setzt man sich hingegen mit der Begründung des Gesetzentwurfs der Bundesregierung intensiver auseinander, so stellt sich heraus, dass die Schaffung von mehr Flexibilität zugunsten des einzelnen Arbeitnehmers gerade kein Regelungsziel des Teilzeit- und Befristungsgesetzes darstellt. Die generelle Beschäftigungsförderung und die Erweiterung der Möglichkeiten des einzelnen Arbeitnehmers zur Ergreifung von Teilzeitarbeit stehen nicht im Verhältnis eines Primärziels zu einem Sekundärziel zueinander. Stattdessen bildet die Ausweitung der individuellen Befugnisse der Arbeitnehmer allein ein Mittel zur Verfolgung des öffentlichen Zwecks der Beschäftigungsförderung. Die Beschäftigungsquote in der Bundesrepublik Deutschland soll insgesamt erhöht werden.[571]

Deutlich wird dieses Verständnis des Gesetzgebers insbesondere im Rahmen der Ausführungen der Bundesregierung zur Zielsetzung des Teilzeit- und Befristungsgesetzes. Hier wird vor allem die „erhebliche beschäftigungspolitische Bedeutung" der Teilzeitarbeit in den Vordergrund gerückt. Zusätzlich wird als Zielvorgabe des Teilzeit- und Befristungsgesetzes für den Bereich der Teilzeitarbeit allein die „Durchsetzung der Gleichstellung von Frauen und Männern" genannt. Die Erweiterung der Möglichkeiten der einzelnen Arbeitnehmer zur Ergreifung von Teilzeitarbeit bildet hingegen kein Regelungsziel des Gesetzgebers.[572] Hinzu tritt der Umstand, dass die Bundesregierung im Rahmen ihres nur knapp fünf Monate vorher vorgelegten Entwurfs eines Dritten Gesetzes zur Änderung des Bundeserziehungsgeldgesetzes die Erweiterung der individuellen Änderungsbefugnisse des Arbeitnehmers sehr deutlich als Ziel

---

[571] *Blanke*, AiB 2000, 729, 732; *Link/Fink*, AuA 2001, 4, 4; Meinel/Heyn/Herms-*ders.*, § 1 TzBfG Rdn. 12, 14; *Rolfs*, RdA 2001, 129, 132. Vgl. zu entsprechenden Überlegungen des Gesetzgebers in der Vergangenheit *Wank*, RdA 1985, 1, 2.

[572] Gesetzentwurf der Bundesregierung, BT-Drs. 14/4374, S. 1. Klarstellend wird zudem folgendes festgestellt: „Durch den Ausbau von Teilzeitarbeit können Arbeitsplätze gesichert und neue Arbeitsplätze geschaffen werden. Um dieses Ziel zu erreichen, muss Teilzeitarbeit noch stärker als bisher gefördert werden." Vgl. außerdem die Ausführungen der Bundesregierung innerhalb der Begründung ihres Gesetzentwurfs, BT-Drs. 14/4374, S. 11 f., 16. Diese sprechen ebenfalls für die hier favorisierte Interpretation des gesetzgeberischen Willens. A. A. TZA-*Buschmann*, § 8 TzBfG Rdn. 7.

des Gesetzes benannt hat.[573] Regelungsabsicht des Gesetzgebers bei der Schaffung der Vorschriften des zweiten Abschnitts des Teilzeit- und Befristungsgesetzes ist somit unbeschadet der dort gewährten subjektiven Rechte des Arbeitnehmers allein die Beschäftigungsförderung. Die einzelnen Unternehmen werden damit zu Orten der Verfolgung öffentlicher Interessen gemacht.

Verfassungsrechtlich steht die Zulässigkeit der Einschränkung von Grundrechten zur Verfolgung kollektiver Interessen außer Frage.[574] Gerade die Realisierung arbeits- oder sozialpolitischer Ziele des Gesetzgebers kann Grundrechtseingriffe rechtfertigen.[575] Grundrechtlich geschützte Individualinteressen des Arbeitnehmers konnte der Gesetzgeber durch die Schaffung der Vorschrift des § 8 TzBfG nicht verstärken. Zum einen gewährt die Berufswahlfreiheit dem Arbeitnehmer keinen Rechtsanspruch auf die Bereitstellung eines seinen zeitlichen Vorstellungen entsprechenden Arbeitsplatzes,[576] zum anderen hat der Arbeitnehmer durch den Abschluss des ursprünglichen Arbeitsvertrages über seine verfassungsrechtlich gewährleistete Vertragsfreiheit bereits wirksam verfügt.[577] Sonstige durch das Grundgesetz im Einzelnen geschützte Verhaltensweisen des Arbeitnehmers – wie z. B. die Erfüllung familiärer Verpflichtungen i. S. des Art. 6 Abs. 1, 2 GG – sind zudem im Rahmen des § 8 TzBfG nicht von Bedeutung. Entgegen der Auffassung *Däublers*

---

573 Gesetzentwurf der Bundesregierung, BT-Drs. 14/3553, S. 1 f. Danach sind „Ziele des Gesetzentwurfs angemessene strukturelle Verbesserungen beim Erziehungsgeld und Erziehungsurlaub einschließlich einer erleichterten Teilzeitarbeit während dieser Zeit". S. auch die nachfolgenden, der Sache nach entsprechenden Ausführungen, Begründung des Gesetzentwurfs der Bundesregierung, BT-Drs. 14/3553, S. 11 f., 20 ff.

574 Von Mangoldt/Klein/Starck-*ders.*, Art. 1 GG Rdn. 241 f.; v. Münch/Kunig-*v. Münch*, Vorb. Art. 1 bis 19 GG Rdn. 55; Sachs-*ders.*, Art. 20 GG Rdn. 149.

575 BVerfG v. 5. 3. 1974, BVerfGE 37, 1, 18 ff.; BVerfG v. 22. 5. 1979, BVerfGE 51, 193, 208; BVerfG v. 23. 1. 1990, BVerfGE 81, 156, 188 f.; *Rolfs*, RdA 2001, 129, 132 f.; TZA-*Buschmann*, § 8 TzBfG Rdn. 7.

576 BVerfG v. 27. 1. 1998, BVerfGE 97, 169, 175. Vgl. auch *Rolfs*, RdA 2001, 129, 132; *Wank*, EuroAS 2001, 186, 189. Der Hinweis KSchR-*Zwanzigers*, § 8 TzBfG Rdn. 51, „auch das Interesse der Arbeitnehmer an Teilzeitarbeit sei durch Art. 12 GG geschützt", ist nicht richtig.

577 BVerfG v. 7. 2. 1990, BVerfGE 81, 242, 253 f.; *U. Preis/Gotthardt*, DB 2001, 145, 147 f.; *Rieble/Gutzeit*, NZA 2002, 7, 9; *Rolfs*, RdA 2001, 129, 132. Parallel zur Situation bei der Vertragspartei des Arbeitgebers stellt sich auch im Hinblick auf die Person des Arbeitnehmers die Frage, durch welche Bestimmung der Verfassung die Vertragsfreiheit im Einzelnen geschützt wird. Vgl. dazu die Ausführungen in § 7, A., I.

spielen die zur Reduzierung der Arbeitszeit führenden Beweggründe des Arbeitnehmers – anders als beispielsweise innerhalb der Vorschriften § 15 Abs. 7 BErzGG, § 81 Abs. 5 S. 3 SGB IX – keine Rolle.[578]

2. Geeignetheit der Regelung

Im Rahmen der Prüfung der Verhältnismäßigkeit des Teilzeitanspruchs des Arbeitnehmers wird durch das arbeitsrechtliche Schrifttum neben der Erforderlichkeit der Regelung vor allem die Eignung des § 8 TzBfG zur Reduzierung der Arbeitslosigkeit und damit zur Erhöhung der Beschäftigungsquote in Frage gestellt.[579] Zahlreiche Vertreter der Literatur sprechen einem generellen Anspruch des Arbeitnehmers auf Verringerung seiner Arbeitszeit nicht nur jegliche beschäftigungsfördernde Wirkung ab,[580] sondern heben zudem hervor, die Bereitschaft zur Einstellung neuer Arbeitskräfte würde infolgedessen sogar sinken.[581] Der Teilzeitanspruch führe aufgrund des damit verbundenen „administrativen Mehraufwands" und den sich daraus ergebenden zusätzlichen Kosten weniger zur Förderung als vielmehr zur „Diskreditierung" der Teilzeitarbeit. Dies sei für die Entwicklung der Teilzeitarbeit als einer der bedeutendsten Beschäftigungsformen der Zukunft von großem Nachteil. Die gesetzgeberische Zielvorstellung könnte auf dem beschrittenen Weg folglich nicht realisiert werden.[582]

---

578 *Däubler*, ZIP 2001, 217, 219 plädiert – contra legem – dafür, „auch das Interesse des Arbeitnehmers, das hinter seinem Teilzeitwunsch steht", bei der Frage der Zumutbarkeit der Verringerung der Arbeitszeit im Rahmen des § 8 Abs. 4 S. 1 TzBfG zu berücksichtigen. Skeptisch äußern sich demgegenüber zu Recht *Lindemann/Simon*, BB 2001, 146, 149.

579 Zum „Abbau der Arbeitslosigkeit durch Umverteilung des Arbeitszeitvolumens" vgl. im Einzelnen *Däubler*, AuR 2000, 7, 7 ff.

580 Vgl. die kritischen Ausführungen von *Link/Fink*, welche einerseits zwar das „ungenutzte Beschäftigungspotenzial" der Teilzeitarbeit hervorheben (AuA 2001, 4, 4 f.), andererseits aber die bloße Umverteilung des vorhandenen Arbeitszeitvolumens nicht als „echten Beschäftigungszuwachs" bewerten (AuA 2001, 107, 109). Skeptisch im Hinblick auf die Umverteilung der Arbeitszeit äußern sich zudem *Hromadka*, NJW 2001, 400, 402; *Worzalla/Will/Mailänder/Worch*, § 8 TzBfG Rdn. 2.

581 *Bezani/Müller*, DStR 2001, 87, 87; *Lindemann/Simon*, BB 2001, 146, 146; *Schiefer*, DB 2000, 2118, 2118. A. A. sind dagegen *U. Preis/Gotthardt*, DB 2000, 2065, 2074, nach deren Auffassung die gesetzliche Neuregelung „beschäftigungspolitisch jedenfalls nicht schädlich ist".

582 *Kliemt*, NZA 2001, 63, 71; *Link/Fink*, AuA 2001, 107, 109; *Wank*, EuroAS 2001, 186, 188; *ders.*, in: Blanke/Schüren/Wank/Wedde, Beschäftigungsformen, Rdn. 73. Diese Auffassung liegt auch der Beschlussfassung der arbeits- und so-

Unterstrichen wird diese These u. a. durch eine im Jahr 2000 in Betrieben der Druck- und Medienindustrie durchgeführte Untersuchung.[583] Danach würde in 80,2 % der Betriebe die infolge eines geltend gemachten Teilzeitanspruchs verbleibende Arbeit allein durch die Mehrarbeit der sonstigen Beschäftigten aufgefangen. Die erhofften beschäftigungsfördernden Auswirkungen der Regelung wären danach nur sehr gering. Zudem ist festzustellen, dass aufgrund des eingeschränkten Anwendungsbereichs des § 8 TzBfG infolge der Regelung des Abs. 7 der Bestimmung bereits 25 % der sozialversicherungspflichtig Beschäftigten eine Verringerung ihrer Arbeitszeit gegen den Willen des Arbeitgebers ohnehin nicht durchsetzen können.[584] Da außerdem die Rahmenbedingungen der Teilzeitarbeit, wie z. B. die Angebote zur außerfamiliären Kinderbetreuung, nicht parallel zur Erweiterung der Änderungsbefugnisse des Arbeitnehmers nach § 8 TzBfG verbessert wurden, bestehen folglich Zweifel an der Geeignetheit der gesetzlichen Regelung.[585]

In verfassungsrechtlicher Hinsicht ist diesen Zweifeln entgegenzuhalten, dass dem Gesetzgeber gerade im Hinblick auf die Eignung seines Handelns zur Verwirklichung legitimer Zielvorstellungen ein nicht unerheblicher Beurteilungsspielraum zusteht. Das Grundgesetz billigt dem Gesetzgeber eben nicht nur bei „der Bestimmung wirtschaftspolitischer Ziele", sondern zugleich auch bei „der zu ihrer Verfolgung geeigneten Maßnahmen einen weiten Gestaltungsbereich" zu.[586] Eine Einschät-

---

zialrechtlichen Abteilung des 63. Deutschen Juristentages 2000 zugrunde. Die Schaffung eines weitgehend voraussetzungslosen Teilzeitanspruchs lehnte sie als arbeitsrechtliche Maßnahme zur Bekämpfung der Arbeitslosigkeit ab (Beschluss Nr. 24c, angenommen mit 79 Stimmen, bei 62 Gegenstimmen und zwei Enthaltungen, abgedruckt in: Sitzungsberichte des 63. DJT 2000, L 63).

583 Zitiert nach *Link/Fink*, AuA 2001, 4, 5 f.

584 Vgl. die Angaben der Bundesregierung zur inhaltsgleichen Vorschrift des § 15 Abs. 7 S. 1 Nr. 1 BErzGG (Begründung des Gesetzentwurfs der Bundesregierung, BT-Drs. 14/3553, S. 22). Danach beschäftigen 87 % der Unternehmen in der Regel 15 oder weniger Arbeitnehmer. 25 % der sozialversicherungspflichtig Beschäftigten können sich demzufolge nicht auf § 8 TzBfG berufen.

585 Zur Notwendigkeit der gleichzeitigen Erweiterung dieser Angebote s. *Birk*, Gutachten für den 59. DJT 1994, E 80 f.; *Wank*, EuroAS 2001, 186, 187; *ders.*, in: Blanke/Schüren/Wank/Wedde, Beschäftigungsformen, Rdn. 42. Vgl. auch den Hinweis des Instituts für Arbeitsmarkt- und Berufsforschung der Bundesanstalt für Arbeit auf das „lückenhafte Kinderbetreuungsnetz" insbesondere im Westen Deutschlands (FAZ v. 13. 9. 2002).

586 BVerfG v. 1. 3. 1979, BVerfGE 50, 290, 332 f.; BVerfG v. 22. 5. 1979, BVerfGE 51, 193, 208., v. Mangoldt/Klein/Starck-*ders.*, Art. 1 GG Rdn. 244; Sachs-*ders.*, Art. 20 GG Rdn. 150 f.

zungsprärogative des Gesetzgebers ist folglich auch an dieser Stelle anzuerkennen.

Seinen Beurteilungsspielraum hat der Gesetzgeber im Hinblick auf die Eignung des § 8 TzBfG zur Förderung der Teilzeitarbeit nach den Maßstäben der Rechtsprechung des Bundesverfassungsgerichts auch nicht überschritten. Aufgrund des Umstandes, dass die Regelung des § 8 TzBfG zwar die Berufsausübung, nicht aber die Berufswahl des Arbeitgebers beeinträchtigt, wird die Entscheidung des Gesetzgebers für einen generellen Teilzeitanspruch lediglich im Rahmen einer Evidenz- bzw. Vertretbarkeitskontrolle überprüft.[587] Einer solchen hält die ex ante erfolgte Beurteilung der Verhältnisse stand. Die durch verschiedene Untersuchungen gestützte Annahme, die Beschäftigungsquote werde infolge eines allgemeinen Teilzeitanspruchs des Arbeitnehmers erhöht, ist zumindest nicht evident falsch bzw. unvertretbar.[588] Die Entstehung zusätzlicher Teilzeitarbeitsverhältnisse kann aufgrund der näheren Ausgestaltung des Anspruchs nach § 8 TzBfG insbesondere nicht durch den Arbeitgeber verhindert werden.

Fraglich ist allerdings, wie es sich auf die Vorschrift des § 8 TzBfG auswirkt, wenn entgegen der Prognose des Gesetzgebers eine beschäftigungsfördernde Wirkung des Teilzeitanspruchs des Arbeitnehmers zukünftig ausbleibt. Eine derartige Feststellung dürfte zwar aufgrund der ohnehin zu erwartenden anwachsenden Teilzeitquote in Deutschland in

---

[587] BVerfG v. 22. 5. 1979, BVerfGE 51, 193, 208. Vgl. auch v. Mangoldt/Klein/Starck-*Manssen*, Art. 12 GG Rdn. 127; v. Mangoldt/Klein/Starck-*ders.*, Art. 1 GG Rdn. 245; *Rolfs*, RdA 2001, 129, 132 f.; Sachs-*ders.*, Art. 20 GG Rdn. 152 f. Zur „Kontrolldichte" vgl. auch die kritischen Ausführungen Isensee/Kirchhof-*Lerches*, § 122 Rdn. 19.

[588] So auch *Rolfs*, RdA 2001, 129, 132. Vgl. zudem die Berechnungen des Instituts für Arbeitsmarkt- und Berufsforschung der Bundesanstalt für Arbeit, Mitteilungen aus der Arbeitsmarkt- und Berufsforschung 1/99 sowie die Begründung des Gesetzentwurfs der Bundesregierung, BT-Drs. 14/4374, S. 11 f., 16. Die „positiven Beschäftigungseffekte" des Teilzeit- und Befristungsgesetzes belegt in der Retrospektive nach Auffassung der Bundesanstalt für Arbeit außerdem eine selbst in Auftrag gegebene Umfrage. Danach beantragten bis zum Herbst 2001 ca. 85.000 Arbeitnehmer die Verringerung ihrer Arbeitszeit. Knapp die Hälfte der Betriebe stellte infolge der daraus resultierenden Arbeitszeitreduzierung einzelner Beschäftigter zusätzliche Mitarbeiter ein (FAZ v. 7. 10. 2002). Kritisch gegenüber den Beschäftigungseffekten des Teilzeit- und Befristungsgesetzes äußern sich im Rückblick auf das Jahr 2001 hingegen *Link/Boneberger/Flachmeyer*, AuA 2002, 359, 359.

besonderem Maße praktischen Schwierigkeiten ausgesetzt sein,[589] die Thematik der nachträglichen Korrektur unbefristet geltender Gesetzeswerke lässt sich in diesem Zusammenhang allerdings nicht zuletzt aufgrund der so zahlreich geäußerten Zweifel an der Eignung des Teilzeit- und Befristungsgesetzes zur Beschäftigungsförderung nicht ausblenden.[590]

Erweist sich die vom Gesetzgeber erwartete Sicherung bestehender und Förderung neuer Arbeitsplätze durch die Schaffung eines allgemeinen Teilzeitanspruchs i. S. des § 8 TzBfG nachträglich als Fehlprognose, so führt dies nicht zur Verfassungswidrigkeit der Vorschrift. Aufgrund der Notwendigkeit einer ex ante vorzunehmenden Beurteilung der jeweiligen Verhältnisse und der Verpflichtung des Gesetzgebers, auch künftige Gefahren im Rahmen seiner Möglichkeiten abzuwehren,[591] „müssen Irrtümer über die wirtschaftliche Entwicklung in Kauf genommen werden. Dem Gesetzgeber ist lediglich aufgegeben die Maßnahme nach Erkenntnis der tatsächlichen Entwicklung dieser entsprechend aufzuheben oder zu ändern".[592]

3. Erforderlichkeit des Teilzeitanspruchs

Im Rahmen der Überprüfung der Erforderlichkeit der Regelung des § 8 TzBfG stellt sich die Frage, ob es zur Förderung der Teilzeitarbeit und den damit vom Gesetzgeber angestrebten Folgewirkungen überhaupt eines Teilzeitanspruchs des Arbeitnehmers bzw. gerade eines Teilzeitanspruchs in Gestalt des § 8 TzBfG bedarf. Insbesondere einzelne Voraussetzungen der Vorschrift könnten zugunsten des Arbeitgebers möglicherweise andersartig ausgestaltet werden.

---

589 Eine weitere Erhöhung der Anzahl der Teilzeitarbeitsverhältnisse prognostiziert beispielsweise *Wank*, EuroAS 2001, 186, 188.

590 Vgl. den Beschluss des Bundesrates, BR-Drs. 783/00, S. 1, die Bundesregierung zu bitten, die „Wirkungen" des Teilzeit- und Befristungsgesetzes zu überprüfen und zwei Jahre nach Inkrafttreten des Gesetzes einen entsprechenden Bericht vorzulegen. Zu einer ähnlichen Vorgehensweise des niederländischen Gesetzgebers s. *Burri*, EuroAS 2001, 208, 212.

591 Von Mangoldt/Klein/Starck-*Manssen*, Art. 12 GG Rdn. 127 weist in diesem Zusammenhang zu Recht darauf hin, dass „Prognoseentscheidungen notwendigerweise unsicher sind".

592 BVerfG v. 18. 12. 1968, BVerfGE 25, 1, 12 f. S. dazu Isensee/Kirchhof-*Lerche*, § 122 Rdn. 19.; v. Mangoldt/Klein/Starck-*ders.*, Art. 1 GG Rdn. 246.

a. Sonstige Möglichkeiten der Förderung von Teilzeitarbeit

Zur staatlichen Förderung der Entwicklung der Teilzeitarbeit kommen außer der Schaffung eines Teilzeitanspruchs des Arbeitnehmers grundsätzlich auch verschiedene sonstige Maßnahmen in Betracht. Im Vordergrund steht dabei das Bestreben, Teilzeitarbeitsverhältnisse nicht gegen den Willen des Arbeitgebers, sondern vielmehr mit dessen Einverständnis zu begründen. Die Rechtssphäre des Arbeitgebers würde demzufolge nicht beeinträchtigt.

Möglich erscheint in diesem Zusammenhang neben einer für einen längeren Zeitraum konzipierten, offensiven Werbekampagne zur Verdeutlichung der Vorzüge der Teilzeitarbeit z. B. auch die Begründung unmittelbarer finanzieller Vorteile für die entsprechenden Arbeitgeber.[593] Dies könnte u. a. im Wege einer besonders günstigen Besteuerung der Teilzeitarbeit oder aber durch die Zahlung staatlicher Prämien für die Einrichtung von Teilzeitarbeitsplätzen geschehen.[594] Dabei ist allerdings zu berücksichtigen, dass die genannten Maßnahmen – anders als die Schaffung eines Teilzeitanspruchs des Arbeitnehmers – unausweichlich mit nicht unerheblichen Kosten für die öffentlichen Haushalte verbunden sind.[595] Der Gesetzgeber ist bereits deshalb verfassungsrechtlich nicht verpflichtet, diese Maßnahmen vorrangig zu ergreifen.[596]

b. Einzelne Aspekte der Regelung des § 8 TzBfG

Nachdem somit festgestellt wurde, dass die Schaffung eines Teilzeitanspruchs des Arbeitnehmers zur Verwirklichung der vom Gesetzgeber intendierten Förderung der Teilzeitarbeit und der damit verbundenen Erhöhung der Beschäftigungsquote notwendig ist, wird innerhalb dieses Ab-

---

593 Zu den „positiven Effekten“ der Teilzeitarbeit für den Arbeitgeber vgl. die Begründung des Gesetzentwurfs der Bundesregierung, BT-Drs.14/4374, S. 11.

594 *Birk*, Gutachten für den 60. DJT 1994, E 56 ff.; *Jacobs*, Sitzungsberichte des 63. DJT 2000, L 119; *Schmidt*, Sitzungsberichte des 63. DJT 2000, L 133 f. Vgl. in diesem Zusammenhang auch den Vorschlag des Deutschen Gewerkschaftsbunds, wonach Eltern, welche nach der Babypause eine Teilzeitstelle annehmen, ein Zuschuss der Bundesanstalt für Arbeit gewährt werden soll, um die finanziellen Einbußen z. T. auszugleichen (FAZ v. 20. 7. 2002).

595 Zu den zu vernachlässigenden Kosten der öffentlichen Arbeitgeber im Fall der Durchsetzung von Teilzeitansprüchen durch Angestellte des öffentlichen Dienstes vgl. den Gesetzentwurf der Bundesregierung, BT-Drs. 14/4374, S. 3.

596 BVerfG v. 6. 10. 1987, BVerfGE 77, 84, 110; v. Mangoldt/Klein/Starck-*Manssen*, Art. 12 GG Rdn. 132; Sachs-*ders.*, Art. 20 GG Rdn. 152.

schnitts die Erforderlichkeit einzelner Aspekte der Regelung des § 8 TzBfG untersucht.

aa. Sachliche Gründe für die Verringerung der Arbeitszeit

Besonders stark wurde innerhalb verschiedener Stellungnahmen zum Teilzeit- und Befristungsgesetz kritisiert, dass zur Verringerung der Arbeitszeit gegen den Willen des Arbeitgebers sachliche Gründe des Arbeitnehmers nicht erforderlich sind.[597] Zur Stärkung der Rechtsposition des Arbeitgebers wurde vorgeschlagen, die Reduzierung der Arbeitszeit entweder allein in wenigen privilegierungsbedürftigen Fällen zuzulassen oder aber zumindest vom Bestehen sachlicher Gründe abhängig zu machen.

Die Beschränkung des Teilzeitanspruchs des Arbeitnehmers auf einzelne, gesetzlich fest umrissene Fälle würde dazu führen, dass das in der Erhöhung der Teilzeitquote vom Gesetzgeber vermutete Beschäftigungspotenzial bereits von Gesetzes wegen nicht ausgeschöpft werden könnte. Insbesondere die vom Freistaat Bayern vorgeschlagene Begrenzung des Anspruchs auf die Fallgruppen der Betreuung eines Kindes unter zehn Jahren (§ 8 Abs. 1 S. 1 lit. a des Entwurfs) oder aber die Pflege eines nach ärztlichem Gutachten pflegebedürftigen sonstigen Angehörigen (§ 8 Abs. 1 S. 1 lit. b des Entwurfs) würde die Anzahl der Teilzeitarbeitsverhältnisse nur vergleichsweise unerheblich erhöhen.[598] Eine entsprechende Regelung würde die spezifischen Änderungsbefugnisse erziehender und betreuender Arbeitnehmer nach § 15 Abs. 7 BErzGG zwar in Teilbereichen erweitern,[599] ein Beschäftigungsförderungseffekt würde sich allerdings nicht einstellen.[600]

Ebenso wenig zur Verwirklichung der gesetzgeberischen Zielvorstellung würde zudem ein Teilzeitanspruch des Arbeitnehmers beitragen, welcher zur Verkürzung der Arbeitszeit des Vorliegens eines gesetzlich

---

[597] *Link/Fink*, AuA 2001, 107, 110; *Rolfs*, RdA 2001, 129, 133; *Wank*, EuroAS 2001, 186, 188.

[598] Vgl. den Entwurf eines Gesetzes über Teilzeitarbeit und befristete Arbeitsverträge des Freistaats Bayern, BR-Drs. 591/2/00, S. 1, welcher zu einem späteren Zeitpunkt durch die Länder Bayern und Baden-Württemberg nochmals aufgegriffen wurde, BR-Drs. 783/2/00, S. 1.

[599] Zur Erweiterung des derzeitigen Teilzeitanspruchs betreuender und erziehender Arbeitnehmer nach § 15 Abs. 7 BErzGG vgl. im Einzelnen § 10, A.

[600] So auch *Blanke*, AiB 2000, 729, 733.

nicht näher bestimmten sachlichen Grundes bedarf.[601] Unbeschadet des Umstandes, dass eine restriktive Auslegung dieser Voraussetzung im Hinblick auf die Entwicklung der Teilzeitarbeit ähnliche Auswirkungen wie der Regelungsvorschlag des Freistaates Bayern hätte, würde selbst im Fall der extensiven Auslegung des Sachgrunderfordernisses die intendierte erhebliche Erhöhung der Teilzeitquote nicht erreicht. Die aus der Unbestimmtheit des Rechtsbegriffs resultierende Rechtunsicherheit würde die Entstehung zusätzlicher Teilzeitarbeitsverhältnisse zweifellos behindern. Der einzelne Arbeitnehmer würde im Hinblick auf die Durchsetzbarkeit seines Teilzeitanspruchs in zahlreichen Fällen nicht unwesentlich verunsichert.

Beide genannten Regelungsvorschläge stellen somit zwar mildere Mittel gegenüber der derzeitigen Ausgestaltung des Teilzeitanspruchs des Arbeitnehmers nach § 8 TzBfG dar, sie sind jedoch zur Verwirklichung der gesetzgeberischen Zielsetzung nicht von gleicher Eignung. Der nicht an sachliche Änderungsgründe gebundene Teilzeitanspruch ist demzufolge erforderlich.

bb. Zeitliche Grenzen des Teilzeitanspruchs

Fraglich ist, ob es zur angestrebten Beschäftigungsförderung eines in zeitlicher Hinsicht vollkommen uneingeschränkten Anspruchs des Arbeitnehmers auf Verringerung seiner Arbeitszeit bedarf. In Betracht kommt neben einer gesetzlichen Beschränkung des Ausmaßes der Verringerung der Arbeitszeit auch eine Begrenzung des zeitlichen Umfangs des fortbestehenden Arbeitsverhältnisses.

(1) Ausmaß der Verringerung der Arbeitszeit

Eine Einschränkung des potenziellen Ausmaßes der Verringerung der Arbeitszeit – beispielsweise in Gestalt eines gesetzlichen „Mindestreduktionsumfangs" von 12,5 % der innerhalb eines bestimmten Zeitraums zu leistenden Arbeitszeit – könnte zugunsten des Arbeitgebers sicherstellen, dass ein Arbeitnehmer, dem es vor allem um die Veränderung der Lage seiner Arbeitszeit geht, sich auf die Vorschrift des § 8 TzBfG nicht berufen kann.[602] Als absolute Untergrenze für den Umfang der Verkür-

---

[601] Für ein entsprechendes Erfordernis sprechen sich *Kliemt*, NZA 2001, 63, 66; *Link/Fink*, AuA 2001, 107, 110 aus.

[602] Das von *Rieble/Gutzeit*, NZA 2002, 7, 8 f. befürwortete Erfordernis eines „Mindestreduktionsumfangs von fünf Stunden je Woche" berücksichtigt nicht, dass sich das Teilzeit- und Befristungsgesetz – entsprechend der Beschlussempfeh-

zung der Arbeitszeit könnte zudem ein Wert von z. B. fünf Wochenarbeitsstunden fungieren, welcher im Hinblick auf andere Formen der Arbeitszeitgestaltung anzupassen wäre.[603] Auf diese Weise würde gewährleistet, dass mittels des Teilzeitanspruchs nach § 8 TzBfG die Arbeitszeit des Arbeitnehmers nicht lediglich geringfügig verringert wird. Der Arbeitgeber müsste sich mit entsprechenden Anträgen gar nicht erst auseinander setzen.

Fraglich ist, ob einer derartigen Regelung die angestrebte beschäftigungspolitische Wirkung der Teilzeitarbeit entgegensteht. Dagegen spricht zunächst die im Rahmen der Begründung des Gesetzentwurfs der Bundesregierung angeführte Untersuchung des Instituts für Arbeitsmarkt- und Berufsforschung der Bundesanstalt für Arbeit. Danach „bewegen sich die Wünsche von voll- und teilzeitbeschäftigten Arbeitnehmerinnen und Arbeitnehmern auf Verkürzung ihrer Wochenarbeitszeit in Deutschland in einem Zeitkorridor zwischen fünf und neun Stunden".[604] Einer Möglichkeit zur ausschließlich geringfügigen Verringerung ihrer Arbeitszeit bedürfen die Arbeitnehmer demzufolge nicht. Die Bundesregierung verweist allerdings zusätzlich auf eine innerhalb der Mitgliedsstaaten der Europäischen Union und Norwegens durchgeführte Erhebung der Europäischen Stiftung zur Verbesserung der Lebens- und Arbeitsbedingungen. Danach streben sieben Prozent der änderungswilligen Arbeitnehmer „die Verkürzung der Wochenarbeitszeit um weniger als fünf Stunden" an.[605] Um das „vorhandene Potenzial für eine Umverteilung der Arbeitszeit arbeitsmarktpolitisch sinnvoll zu nutzen und den beschäftigungspolitischen Effekt von Teilzeitarbeit wirksam zu erhöhen" scheidet

---

lung des Ausschusses für Arbeit und Sozialordnung, BT-Drs. 14/4625, S. 7 f., 20 – nicht ausschließlich auf die Verringerung der Wochenarbeitszeit erstreckt. Erfasst werden vielmehr auch andere Formen der Arbeitszeitgestaltung, wie beispielsweise die Vereinbarung von Jahreszeitarbeitsverträgen (s. dazu LAG Düsseldorf v. 1. 3. 2002, BB 2002, 1541, 1543; *Wank*, in: Blanke/Schüren/Wank/Wedde, Beschäftigungsformen, Rdn. 29).

603 Eine entsprechende Begrenzung des Ausmaßes der Verringerung der Arbeitszeit würde sicherstellen, dass auch bereits teilzeitbeschäftigte Arbeitnehmer ihre Arbeitszeit in tatsächlicher Hinsicht nicht lediglich geringfügig verkürzen können. Eine Reduzierung der Wochenarbeitszeit von zehn auf neun Stunden – dies entspricht einer prozentualen Verringerung der zu leistenden Arbeitszeit von 10 % – wäre danach gegen den Willen des Arbeitgebers nicht durchsetzbar.

604 Begründung des Gesetzentwurfs der Bundesregierung, BT-Drs. 14/4374, S. 17.

605 Begründung des Gesetzentwurfs der Bundesregierung, BT-Drs. 14/4374, S. 17.

nach Auffassung der Bundesregierung folglich eine Begrenzung des Ausmaßes der Verringerung der Arbeitszeit aus.[606]

Diese Schlussfolgerung der Bundesregierung stößt auf Bedenken. Die Verkürzung der Arbeitszeit der zuletzt genannten Gruppe von Arbeitnehmern wird die intendierte Umverteilung des Arbeitszeitvolumens nicht spürbar fördern. Zum einen erscheint dafür der Umfang der insgesamt neu zu verteilenden Arbeitszeit zu gering. Es wird nicht nur lediglich die Arbeitszeit einer verhältnismäßig kleinen Zahl von Arbeitnehmern reduziert, sondern diese auch ausschließlich in unbedeutendem Maße. Zum anderen führt gerade die bloß geringfügige Verringerung der Arbeitszeit innerhalb der überwiegenden Mehrheit der Betriebe nicht zur Neueinstellung von Arbeitnehmern. Die verbleibende Arbeit wird vielmehr durch die Mehrarbeit der sonstigen Beschäftigten aufgefangen.

Zu berücksichtigen ist allerdings auch an dieser Stelle, dass dem Gesetzgeber bei der Ausgestaltung der Mittel zur Verwirklichung eines angestrebten Ziels ein nicht unerheblicher Prognose- und Gestaltungsspielraum zusteht.[607] Vermutet der Gesetzgeber folglich auch in der bloß geringfügigen Verkürzung der Arbeitszeit weniger Arbeitnehmer ein nicht zu vernachlässigendes Beschäftigungspotenzial, so ist dies im Rahmen der Erforderlichkeitsprüfung grundsätzlich anzuerkennen. Dies gilt insbesondere vor dem Hintergrund, dass der in zeitlicher Hinsicht uneingeschränkte Teilzeitanspruch des Arbeitnehmers nicht die Berufswahl-, sondern die Berufsausübungsfreiheit des Arbeitgebers beeinträchtigt.[608]

(2) Umfang des fortbestehenden Arbeitsverhältnisses

Wie auch die Bundesregierung im Rahmen ihres knapp fünf Monate vor dem Entwurf eines Teilzeit- und Befristungsgesetzes vorgelegten Entwurfs eines Dritten Gesetzes zur Änderung des Bundeserziehungsgeldgesetzes zum Ausdruck gebracht hat, beeinträchtigt das Fehlen einer gesetzlichen Regelung zur Begrenzung des zeitlichen Umfangs von Arbeitsverhältnissen, deren Ausmaß gegen den Willen des Arbeitgebers verringert wird, die Planungssicherheit des Arbeitgebers ganz erheblich. „Die notwendigen personellen und organisatorischen Planungen des Ar-

---

606 Begründung des Gesetzentwurfs der Bundesregierung, BT-Drs. 14/4374, S. 17.

607 BVerfG v. 6. 10. 1987, BVerfGE 77, 84, 109 f.; v. Mangoldt/Klein/Starck-*ders.*, Art. 1 GG Rdn. 244 f.; v. Mangoldt/Klein/Starck-*Manssen*, Art. 12 GG Rdn. 131.

608 BVerfG v. 22. 5. 1979, BVerfGE 51, 193, 208; v. Mangoldt/Klein/Starck-*Manssen*, Art. 12 GG Rdn. 131; *Rolfs*, RdA 2001, 129, 132 f.; Sachs-*ders.*, Art. 20 GG Rdn. 152 f.

beitgebers wären" im Fall des Fehlens einer dem § 15 Abs. 7 S. 1 Nr. 3 BErzGG entsprechenden Regelung aufgrund des besonders stark ausgeprägten Teilzeitanspruchs betreuender und erziehender Arbeitnehmer „unmöglich".[609] Fraglich ist somit, ob im Hinblick auf die Vorschrift des § 8 TzBfG das Fehlen einer dem § 15 Abs. 7 S. 1 Nr. 3 BErzGG vergleichbaren Vorschrift verfassungsrechtlich gerechtfertigt werden kann.[610] Es erscheint durchaus zweifelhaft, ob die vom Gesetzgeber angestrebte Beschäftigungsförderung gerade in diesem Zusammenhang eines uneingeschränkten Teilzeitanspruchs des Arbeitnehmers bedarf.[611]

Anders als die Schaffung eines „Mindestreduktionsumfangs" für den Teilzeitanspruch des Arbeitnehmers würde die Begrenzung des zeitlichen Umfangs des fortbestehenden Arbeitsverhältnisses dazu führen, dass auch eine erhebliche Reduzierung der Arbeitszeit im Einzelfall nicht möglich wäre. In Anlehnung an die Regelung des § 15 Abs. 7 S. 1 Nr. 3 BErzGG könnte ein Arbeitnehmer danach beispielsweise weder seine gegenwärtige Arbeitszeit von 48 auf 32 Wochenarbeitsstunden verkürzen, noch könnte er seine Wochenarbeitszeit von 35 auf 13 Arbeitsstunden reduzieren.[612] Zudem könnten zahlreiche Teilzeitbeschäftigte sich auf den Teilzeitanspruch nach § 8 TzBfG nicht berufen. Das Potenzial der Teilzeitarbeit zur Umverteilung des bestehenden Arbeitszeitvolumens bliebe in weiten Teilen ungenutzt. Der im Hinblick auf den zeitlichen Umfang des fortbestehenden Arbeitsverhältnisses uneingeschränkte Teilzeitanspruch des Arbeitnehmers ist demzufolge zur Realisierung der angestrebten Beschäftigungsförderung erforderlich.

cc. Fiktionswirkung des § 8 Abs. 5 S. 2, 3 TzBfG

Die Verfassungswidrigkeit der in § 8 Abs. 5 S. 2, 3 TzBfG geregelten Fiktionswirkung hebt *Wank* im Hinblick auf die insgesamt nur sehr geringen Anforderungen an den vom Arbeitnehmer zu stellenden Antrag hervor.

---

[609] Begründung des Gesetzentwurfs der Bundesregierung, BT-Drs. 14/3553, S. 22.

[610] Auch an dieser Stelle ist zu bedenken, dass sich – entsprechend der Beschlussempfehlung des Ausschusses für Arbeit und Sozialordnung, BT-Drs. 14/4625, S. 7 f., 20 – der Teilzeitanspruch gemäß § 8 TzBfG nicht allein auf die Verringerung der Wochenarbeitszeit erstreckt, sondern zudem „andere Formen der Arbeitszeitgestaltung" erfasst. Eine Übertragung des § 15 Abs. 7 S. 1 Nr. 3 BErzGG auf den Teilzeitanspruch nach § 8 TzBfG müsste dies berücksichtigen.

[611] *Schiefer*, DB 2000, 2118, 2120; *Wank*, EuroAS 2001, 186, 188.

[612] Eine Wochenarbeitszeit von 48 Stunden stellt nach der maßgeblichen gesetzlichen Regelung des § 3 S. 1 ArbZG die zulässige wöchentliche Höchstarbeitszeit für ein fortlaufendes Arbeitsverhältnis dar.

Neben dem Umstand, dass der Arbeitnehmer bei der Antragstellung in keiner Weise die betrieblichen Gegebenheiten berücksichtigen muss, kritisiert er vor allem das fehlende Schriftformerfordernis. Es sei verfassungsrechtlich nicht hinzunehmen, dass ein lediglich mündlich gestellter, unvernünftiger Antrag im Fall des Schweigens des Arbeitgebers automatisch zur Verringerung der Arbeitszeit führe. Zur Förderung der Teilzeitarbeit sei eine derartige Regelung nicht erforderlich. Stattdessen solle sich der Arbeitgeber ausschließlich mit solchen Anträgen auseinander setzen müssen, die nicht nur auf die betrieblichen Gegebenheiten Rücksicht nehmen, sondern außerdem auch schriftlich gestellt worden sind.[613]

(1) Berücksichtigung der betrieblichen Gegebenheiten

Dem Einwand des überwiegenden arbeitsrechtlichen Schrifttums, die Vernünftigkeit eines Antrags auf Verkürzung der Arbeitszeit werde bei der Frage nach entgegenstehenden „betrieblichen Gründen" i. S. des § 8 Abs. 4 S. 1 TzBfG ohnehin überprüft, hält *Wank* zu Recht entgegen, auf diese Weise würde der „zweite Schritt vor dem ersten" getan.[614] Um der Fiktionswirkung des § 8 Abs. 5 S. 2, 3 TzBfG entgegenzuwirken, muss sich der Arbeitgeber zunächst einmal mit dem Antrag des Arbeitnehmers auseinander setzen.

Dabei ist allerdings zu beachten, dass die Entscheidung des Arbeitgebers über einen die betrieblichen Gegebenheiten vollständig außer Acht lassenden Antrag besonderer Bemühungen gerade nicht bedarf.[615] Die Ablehnungserklärung des Arbeitgebers ist nach § 8 Abs. 5 S. 2, 3 TzBfG zwar nicht nur form-, sondern auch fristgebunden, dies belastet den Arbeitgeber jedoch nur unerheblich. Die wirksame Abweisung eines Antrags des Arbeitnehmers setzt zudem eine Begründung der Entscheidung des Arbeitgebers nicht voraus.[616] Offensichtlich unbegründete und

---

613 Hanau/Steinmeyer/Wank-*ders.*, § 18 Rdn. 246; *Wank*, EuroAS 2001, 186, 189; *ders.*, in: Blanke/Schüren/Wank/Wedde, Beschäftigungsformen, Rdn. 73, 78. Kritisch im Hinblick auf die „völlige Missachtung der konkreten betrieblichen Bedingungen" bei der Antragstellung äußert sich auch *Blanke*, AiB 2000, 729, 733.

614 *Wank*, EuroAS 2001, 186, 188 f. Ähnlich auch *Link/Fink*, AuA 2001, 4, 7. Zur Position des überwiegenden arbeitsrechtlichen Schrifttums vgl. KSchR-*Zwanziger*, § 8 TzBfG Rdn. 51; *Rolfs*, RdA 2001, 129. 132 f.; TZA-*Buschmann*, § 8 TzBfG Rdn. 7.

615 *U. Preis/Gotthardt*, DB 2000, 2065, 2068. A. A. hingegen *Wank*, EuroAS 2001, 186, 189, der feststellt, die Abweisung unvernünftiger Anträge sei nur „unter großem Verwaltungsaufwand" möglich.

616 Münch-ArbR-*Schüren*, Erg.-Bd., § 162 Rdn. 81; *Schiefer*, Teilzeitarbeit, S. 49 f. Demgegenüber bedarf die Ablehnung eines Antrags auf Verringerung der Ar-

damit unvernünftige Anträge von Arbeitnehmern kann der Arbeitgeber ohne die Berechtigung des Anspruchs im Einzelnen überprüfen zu müssen ohne weiteres ablehnen. Die Fiktionswirkung des § 8 Abs. 5 S. 2, 3 TzBfG beeinträchtigt die Rechtssphäre des Arbeitgebers folglich auch im Hinblick auf unvernünftige Anträge von Arbeitnehmern nur unwesentlich.[617]

Die Notwendigkeit der Differenzierung von Anträgen nach ihrer Vernünftigkeit würde zudem ein beträchtliches Maß an Rechtsunsicherheit verursachen. Insbesondere der Arbeitnehmer wäre infolge seiner oftmals nur eingeschränkten Möglichkeiten, die betrieblichen Gegebenheiten und damit die Vernünftigkeit seines Teilzeitbegehrens realistisch einzuschätzen, deutlich überfordert. Die Grenze zwischen vernünftigen und unvernünftigen Anträgen wäre darüber hinaus nur wenig trennscharf. Im Fall des Schweigens des Arbeitgebers wüsste der Arbeitnehmer nicht, ob sich seine Arbeitszeit nun automatisch verringert oder aber der gerichtlichen Durchsetzung bedarf. Das Erfordernis der Berücksichtigung der betrieblichen Gegebenheiten bildet demzufolge nicht nur zulasten des einzelnen Arbeitnehmers, sondern auch zulasten der angestrebten Beschäftigungsförderung ein nicht zu unterschätzendes Hemmnis. Die Arbeitnehmer könnten von der Geltendmachung ihres Teilzeitanspruchs abgehalten und somit die vom Gesetzgeber intendierte Ausweitung der Teilzeitarbeit verhindert werden. Der Fiktionswirkung des § 8 Abs. 5 S. 2, 3 TzBfG bedarf es demzufolge auch im Hinblick auf solche Anträge, welche die betrieblichen Gegebenheiten außer Acht lassen.

(2) Schriftform

Die Berechtigung des Arbeitnehmers, einen Antrag auf Reduzierung seiner Arbeitszeit auch mündlich zu stellen, erscheint im Hinblick auf die „scharfe Sanktion" der Fiktionswirkung des § 8 Abs. 5 S. 2, 3 TzBfG verfassungsrechtlich bedenklich.[618] Anders als ein schriftlicher Antrag des Arbeitnehmers gewährleistet ein bloß mündlich gestellter Antrag nicht, dass der Arbeitgeber den Teilzeitwunsch des Arbeitnehmers zur Kenntnis nimmt. Mündliche Anträge werden häufig nicht nur weniger deutlich

---

beitszeit nach dem Bundeserziehungsgeldgesetz gemäß § 15 Abs. 7 S. 2 BErzGG sehr wohl der schriftlichen Begründung. Zu den Rechtsfolgen eines Verstoßes dagegen vgl. Münch-ArbR-*Heenen*, Erg.-Bd., § 229 Rdn. 15.

617 *U. Preis/Gotthardt*, DB 2000, 2065, 2068.

618 *Wank*, EuroAS 2001, 186, 189; *ders.*, in: Blanke/Schüren/Wank/Wedde, Beschäftigungsformen, Rdn. 77.

formuliert, sondern begegnen dem Arbeitgeber zudem in Situationen, in denen er üblicherweise mit entsprechenden Anträgen nicht rechnet.[619] Die automatische Verringerung der Arbeitszeit des Antragstellers droht dem Arbeitgeber gemäß § 8 Abs. 5 S. 2, 3 TzBfG trotzdem.

Nachfolgend ist festzustellen, ob die dem § 8 TzBfG zugrunde liegende Zielvorstellung des Gesetzgebers voraussetzt, dass auch mündliche Anträge des Arbeitnehmers die Fiktionswirkung des § 8 Abs. 5 S. 2, 3 TzBfG auslösen. Bedarf die angestrebte Förderung der Teilzeitarbeit der automatischen Arbeitszeitverkürzung auch im Fall bloß mündlich gestellter Anträge oder lässt ein gesetzliches Schriftformerfordernis die Verwirklichung des gesetzgeberischen Willens unberührt?

Für die Anerkennung auch mündlicher Anträge im Rahmen des § 8 Abs. 5 S. 2, 3 TzBfG spricht die innerhalb der Begründung des Regierungsentwurfs deutlich gewordene Regelungsabsicht des Gesetzgebers. Die Verringerung der Arbeitszeit durch den Arbeitnehmer soll mittels des Teilzeitanspruchs nach § 8 TzBfG nicht nur grundsätzlich ermöglicht, sondern darüber hinaus intensiv gefördert werden. Potenziellen Hindernissen der Reduzierung der Arbeitszeit will der Gesetzgeber durch die nähere Ausgestaltung der Vorschrift von vornherein entgegenwirken.[620] Zur Erleichterung der praktischen Durchsetzbarkeit des Teilzeitanspruchs erscheint es daher aus der Perspektive des Gesetzgebers folgerichtig, die in Rede stehende Fiktionswirkung auch auf mündliche Anträge des Arbeitnehmers zu erstrecken.[621]

Durch den Verzicht auf ein gesetzliches Schriftformerfordernis im Rahmen des § 8 Abs. 5 S. 2, 3 TzBfG hat der Gesetzgeber seinen Gestaltungsspielraum zur Förderung der Teilzeitarbeit auch nicht überschritten. Zwar ist einzuräumen, dass ein entsprechendes Schriftformgebot die Entstehung zusätzlicher Teilzeitarbeitsverhältnisse nicht ähnlich stark

---

619 Kritisch äußert sich demzufolge *Hopfner*, DB 2001, 2144, 2144.

620 Vgl. die Begründung des Gesetzentwurfs der Bundesregierung, BT-Drs. 14/4374, S. 11, 16 f. Aufgrund der Intention des Gesetzgebers, durch die Schaffung eines weitgehend voraussetzungsfreien Teilzeitanspruchs des Arbeitnehmers die Beschäftigungsquote zu erhöhen, kann das Erfordernis der schriftlichen Antragstellung nach § 15 Abs. 7 S. 1 Nr. 5 BErzGG zudem nicht als Argument für die Verfassungswidrigkeit des § 8 Abs. 5 S. 2, 3 TzBfG verwendet werden. Der Teilzeitanspruch nach § 15 Abs. 7 BErzGG dient anderen Zwecken als die Vorschrift des § 8 TzBfG (vgl. den Gesetzentwurf der Bundesregierung, BT-Drs. 14/3553, S. 1 f.).

621 Ähnlich auch ArbG Nienburg v. 23. 1. 2002, NZA 2002, 382, 383; ArbG Oldenburg v. 26. 3. 2002, NZA 2002, 908, 909, die hervorheben, dem Verringerungswunsch des Arbeitnehmers sei „so weit wie möglich zur Geltung zu verhelfen".

behindern würde wie beispielsweise ein allgemeines Sachgrunderfordernis, eine die Initiative des Arbeitnehmers hemmende Wirkung kann der Notwendigkeit der Einhaltung der gesetzlichen Schriftform jedoch insgesamt nicht abgesprochen werden. Da zudem ausschließlich die Berufsausübungs-, nicht aber die Berufswahlfreiheit des Arbeitgebers beeinträchtigt wird und infolgedessen das Handeln des Gesetzgebers allein nicht evident falsch bzw. unvertretbar sein darf,[622] hält die Regelung des § 8 Abs. 5 S. 2, 3 TzBfG der Erforderlichkeitskontrolle stand.[623]

4. Angemessenheit der Regelung

Im Rahmen der Kontrolle der Angemessenheit des Teilzeitanspruchs nach § 8 TzBfG ist im Folgenden auf zwei weitere Aspekte einzugehen. Zum einen ist der Bedeutungsgehalt des Begriffs der entgegenstehenden „betrieblichen Gründe" i. S. des § 8 Abs. 4 S. 1 TzBfG zu erörtern. Zum anderen stellt sich die Frage, ob gerade kleinere Unternehmen gegen die mit dem Teilzeitanspruch verbundenen Belastungen durch die nähere Ausgestaltung des § 8 TzBfG hinreichend geschützt werden.

a. Betriebliche Gründe

Bei der Auslegung des unbestimmten Rechtsbegriffs der entgegenstehenden „betrieblichen Gründe" ist zu beachten, dass der verfassungsrechtlich gewährleistete Schutz der Berufsausübungsfreiheit des Arbeitgebers im Rahmen der Interessenabwägung in ausreichendem Maße Berücksichtigung findet. Unverhältnismäßige Einschränkungen der Entscheidungsfreiheit des Arbeitgebers sind danach ebenso zu vermeiden wie sonstige schwerwiegende Beeinträchtigungen der Berufsausübungsfreiheit. Der interpretationsfähige und –bedürftige Begriff der entgegenstehenden „betrieblichen Gründe" ist dazu verfassungskonform auszulegen.[624]

---

622 BVerfG v. 22. 5. 1979, BVerfGE 51, 193, 208. Vgl. auch v. Mangoldt/Klein/Starck-*ders.*, Art. 1 GG Rdn. 245; v. Mangoldt/Klein/Starck-*Manssen*, Art. 12 GG Rdn. 127; *Rolfs*, RdA 2001, 129, 132 f.; Sachs-*ders.*, Art. 20 GG Rdn. 152 f.

623 Davon gehen auch *Hopfner*, DB 2001, 2144, 2144; *Rolfs*, RdA 2001, 129, 134; *Schiefer*, Teilzeitarbeit, S. 28 aus. Die Autoren stellen das Fehlen eines gesetzlichen Schriftformgebots im Rahmen des § 8 Abs. 5 S. 2, 3 TzBfG zwar rechtspolitisch in Frage, sie äußern in verfassungsrechtlicher Hinsicht allerdings keine Zweifel. Ebenso *Hanau*, NZA 2001, 1168, 1170 f.

624 ArbG Nienburg v. 22. 1. 2002, NZA 2002, 382, 384; LAG Düsseldorf v. 1. 3. 2002, BB 2002, 1541, 1543. Dementsprechend äußern sich auch *Kliemt*, NZA 2001, 63, 65 f.; *U. Preis/Gotthardt*, DB 2001, 145, 148; *Rolfs*, RdA 2001, 129,

b. Kleinunternehmensklausel

Die mit dem Teilzeitanspruch des Arbeitnehmers nach § 8 TzBfG verbundenen Belastungen können von größeren Unternehmen grundsätzlich leichter aufgefangen werden als von kleineren.[625] Erfahrungsgemäß verfügen kleinere Unternehmen weder über die erforderlichen „personellen Ressourcen" zur Realisierung der Teilzeitbegehren ihrer Arbeitnehmer, noch ermöglicht eine „innere oder äußere Personalfluktuation" die Bewältigung derartiger Wünsche.[626] Die spezifischen Bedürfnisse kleinerer Unternehmen sind folglich auch im Rahmen der verfassungsrechtlichen Beurteilung des § 8 TzBfG besonders zu berücksichtigen.[627]

Ein hinreichender Schutz entsprechender Arbeitgeber könnte sich bereits aus § 8 Abs. 4 S. 1 TzBfG ergeben.[628] Maßgeblich für die Durchsetzbarkeit von Anträgen auf Verringerung der Arbeitszeit ist danach allein, inwieweit der angestrebten Veränderung der Arbeitsbedingungen „betriebliche Gründe" entgegenstehen. Es spielt demzufolge keine Rolle, ob beispielsweise die Unteilbarkeit des in Rede stehenden Arbeitsplatzes oder aber die geringe Zahl der im Unternehmen beschäftigten Arbeitnehmer die Abweisung eines Antrags auf Arbeitszeitreduzierung bedingt.

Zu bedenken ist an dieser Stelle, dass das Merkmal der entgegenstehenden „betrieblichen Gründe" kleinere Arbeitgeber lediglich davor schützt, unberechtigte Teilzeitwünsche erfüllen zu müssen. Die Unternehmen bleiben hingegen verpflichtet, sich mit entsprechenden Anträgen ihrer Arbeitnehmer auseinander zu setzen.[629] Da es anders als gemäß

---

132 f., 136; *Wank*, EuroAS 2001, 186, 190; *ders.*, in: Blanke/Schüren/Wank/Wedde, Beschäftigungsformen, Rdn. 88. Zur Bedeutung des Gebots der verfassungskonformen Auslegung für die Interpretation des § 8 Abs. 4 S. 1 TzBfG vgl. im Einzelnen § 7, C., II., 2.

625 Anders als im Rahmen des § 23 Abs. 1 S. 2 KSchG ist Bezugsgröße des § 8 Abs. 7 TzBfG nicht der Betrieb, sondern das Unternehmen. Das Gesetz stellt allein auf die Person des Arbeitgebers ab (s. dazu Münch-ArbR-*Schüren*, Erg.-Bd., § 162 Rdn. 56).

626 *Birk*, Gutachten für den 60. DJT 1994, E 81 f.

627 *Kleinsorge*, MDR 2001, 181, 182; *Link/Fink*, AuA 2001, 107, 109, 112; *Ring*, § 8 TzBfG Rdn. 121.

628 Davon ging der Referentenentwurf des Bundesministeriums für Arbeit und Sozialordnung aus (abgedruckt in: NZA 2000, 1045, 1046). Eine dem § 8 Abs. 7 TzBfG vergleichbare Klausel zum besonderen Schutz gerade kleinerer Unternehmen beinhaltete die Regelung des Teilzeitanspruchs nicht.

629 S. dazu *Bauer*, NZA 2000, 1039, 1040; *Wank*, EuroAS 2001, 186, 188 f. Vgl. in diesem Zusammenhang die Vorschrift des § 81 Abs. 5 S. 3 SGB IX. Danach wer-

den Vorschriften § 15 Abs. 7 BErzGG, § 81 Abs. 5 S. 3 SGB IX zur Verringerung der Arbeitszeit weder besonderer persönlicher Merkmale noch spezifischer Änderungsbedürfnisse des Arbeitnehmers bedarf, besteht typischerweise die Gefahr, dass gleichzeitig mehrere Mitarbeiter die Reduzierung ihrer Arbeitszeit nach § 8 TzBfG beantragen.[630] Der damit im Einzelfall verbundene, „beträchtliche bürokratische Aufwand" belastet gerade kleinere Unternehmen besonders.[631] Um entsprechende Arbeitgeber zu schützen, erscheint die Schaffung einer gesetzlichen Kleinunternehmensklausel angemessen.[632]

Dies hat der Gesetzgeber bei der näheren Ausgestaltung des § 8 TzBfG prinzipiell berücksichtigt. Gemäß Abs. 7 der Bestimmung richtet sich der Teilzeitanspruch des Arbeitnehmers allein gegen solche Arbeitgeber, die unabhängig von der Zahl der Personen in der Berufsbildung in der Regel mehr als 15 Arbeitnehmer beschäftigen. Es stellt sich somit allein die Frage, ob auch zugunsten größerer Unternehmen ein besonderer Schutzmechanismus geboten ist. In Anlehnung an den Beschluss des Bundesrates, durch die Bundesregierung überprüfen zu lassen, „ob durch die Festlegung des Schwellenwertes auf 15 Arbeitnehmer in § 8 Abs. 7 TzBfG Kleinbetriebe mit bis zu 50 Arbeitnehmern übermäßig belastet werden", könnte die gegenwärtige Kleinunternehmensklausel auszuweiten sein.[633] Die Grundrechte entsprechender Arbeitgeber könnten andernfalls verletzt werden.[634]

Insbesondere bei der Festlegung gesetzlicher Grenzwerte ist allerdings zu berücksichtigen, dass dem Gesetzgeber ein weiter Gestaltungsfreiraum eingeräumt wird.[635] Diesen hat der Gesetzgeber mit der Schaffung einer dem § 15 Abs. 7 S. 1 Nr. 1 TzBfG entsprechenden Kleinunterneh-

---

den Kleinunternehmen von der Verpflichtung zur Schaffung von Teilzeitarbeitsplätzen zugunsten Schwerbehinderter von Gesetzes wegen nicht ausgenommen. Zu berücksichtigen ist allerdings dass gemäß § 71 Abs. 1 S. 1 SGB IX ausschließlich Arbeitgeber mit mindestens 20 Arbeitsplätzen überhaupt zur Beschäftigung von Schwerbehinderten verpflichtet sind.

630 Dies deuten auch *Kliemt*, NZA 2001, 63, 65; *Waas*, NZA 2000, 583, 585 an.

631 Vgl. die an den Bundesrat gerichteten Empfehlungen des Wirtschaftsausschusses, BR-Drs. 591/1/00, S. 1 f., BR-Drs. 783/1/00 S. 1.

632 *Link/Fink*, AuA 2001, 107, 109.

633 Vgl. den Beschluss des Bundesrates, BR-Drs. 783/00, S. 1, die Bundesregierung zu bitten, die „Wirkungen" des Teilzeit- und Befristungsgesetzes zu überprüfen und zwei Jahre nach Inkrafttreten des Gesetzes einen entsprechenden Bericht vorzulegen.

634 S. dazu *Link/Fink*, AuA 2001, 107, 112.

635 Vgl. BVerfG v. 27. 1. 1998, BVerfGE 97, 169, 176.

mensklausel innerhalb des § 8 TzBfG nicht überschritten.[636] Die Annahme, dass lediglich Unternehmen mit in der Regel 15 oder weniger Arbeitnehmern des besonderen Schutzes bedürfen, ist zumindest nicht evident falsch bzw. unvertretbar.[637] Eine Erweiterung des § 8 Abs. 7 TzBfG auf Unternehmen mit in der Regel weniger als 50 Arbeitnehmern würde die Verwirklichung des gesetzgeberischen Ziels in Frage stellen.

5. Ergebnis

Die von der gesetzlichen Vorschrift des § 8 TzBfG ausgehende Beeinträchtigung der Vertragsfreiheit des Arbeitgebers kann nach dem Gesagten ebenso wie der Eingriff in dessen betriebliche Organisationsgewalt verfassungsrechtlich gerechtfertigt werden. Der Gesetzgeber hat den ihm zustehenden Beurteilungs- und Gestaltungsspielraum zwar in beträchtlichem Maße ausgeschöpft, nicht jedoch überschritten. Zur angestrebten Beschäftigungsförderung ist ein Teilzeitanspruch in Gestalt des § 8 TzBfG nicht nur geeignet, sondern auch erforderlich und angemessen. Die Bestimmung ist demzufolge verfassungsgemäß.

B. Systemwidrigkeit des § 8 TzBfG

Deutlich stärker als die Unvereinbarkeit des Teilzeitanspruchs des Arbeitnehmers mit der Verfassung wurde und wird innerhalb der arbeitsrechtlichen Literatur die Systemwidrigkeit des § 8 TzBfG kritisiert. Es stellt sich die Frage, ob die gesetzliche Regelung innerhalb des Instrumentariums zur einseitigen Änderung vertraglicher Vereinbarungen einen Fremdkörper bildet oder aber ob die gegenwärtige Rechtsordnung vergleichbare Befugnisse der Parteien auch außerhalb des Teilzeit- und Befristungsgesetzes kennt. Dies wird durch die Vertreter des arbeitsrechtlichen Schrifttums unterschiedlich bewertet.[638]

Die Systemwidrigkeit des Teilzeitanspruchs nach § 8 TzBfG wird überwiegend damit begründet, dass der änderungswillige Arbeitnehmer zur

---

636 So auch LAG Köln v. 18. 1. 2002, DB 2002, 1057, 1057; *Rolfs*, RdA 2001, 129, 134.

637 Zur Evidenz- bzw. Vertretbarkeitskontrolle s. BVerfG v. 22. 5. 1979, BVerfGE 51, 193, 208; v. Mangoldt/Klein/Starck-*ders.*, Art. 1 GG Rdn. 245; *Rolfs*, RdA 2001, 129, 132 f.; Sachs-*ders.*, Art. 20 GG Rdn. 152 f.

638 Als „umfassend neuartige", „systemfremde" oder aber „systemwidrige" Regelung beurteilen beispielsweise *Bauer*, NZA 2000, 1039, 1040; *Hromadka*, NJW 2001, 400, 400; *Ring*, § 8 TzBfG Rdn. 27; *Rolfs*, RdA 2001, 129, 133; *Wank*, EuroAS 2001, 186, 188 die Vorschrift des § 8 TzBfG. Anders äußert sich hingegen *Däubler*, ZIP 2000, 1961, 1964.

Verringerung seiner Arbeitszeit eines die Veränderung seiner Arbeitsbedingungen rechtfertigenden Sachgrundes schlechthin nicht bedarf. Stattdessen muss der Arbeitgeber betriebliche Gründe anführen, welche der Verkürzung der Arbeitszeit entgegenstehen.[639] Ein innerer Zusammenhang zwischen den Änderungsbedürfnissen des Arbeitnehmers auf der einen und seinen Änderungsbefugnissen auf der anderen Seite besteht daher nicht.[640] Im Folgenden wird untersucht, inwieweit das geltende Recht den Vertragsparteien auch außerhalb des Teilzeit- und Befristungsgesetzes entsprechende Möglichkeiten zur einseitigen Änderung von Vertragsverhältnissen eröffnet. Dabei werden neben vertraglichen auch gesetzliche Befugnisse zur Einwirkung auf den Inhalt von Vereinbarungen erörtert.

I. Vertragliche Änderungsbefugnisse

Däubler hebt im Rahmen seiner Ausführungen zum Teilzeitanspruch nach § 8 TzBfG hervor, dass auch bereits vor dem 1. Januar 2001 zugunsten des Arbeitnehmers Ansprüche bestanden haben, welche eines Änderungsgrundes in der Person des Arbeitnehmers zur Verringerung der Arbeitszeit nicht bedurften. Dies belege insbesondere die tarifvertragliche Praxis. Die vom überwiegenden arbeitsrechtlichen Schrifttum vorgetragene Kritik, die Regelung des § 8 TzBfG sei nicht nur „neuartig", sondern darüber hinaus auch „völlig systemfremd", sei demzufolge nicht berechtigt.[641]

Dieser Argumentation ist insoweit zuzustimmen, als dass entsprechende Teilzeitansprüche sowohl innerhalb geltender Tarifverträge als auch im Rahmen einzelner Individualarbeitsverträge tatsächlich existieren. Der Vergleichbarkeit dieser Ansprüche mit der Änderungsbefugnis des Arbeitnehmers nach § 8 TzBfG steht jedoch das unterschiedliche Ausmaß

---

639 Zur Unterstützung der These von der Systemwidrigkeit der Regelung des § 8 TzBfG wird von der Literatur zudem zum einen auf die Fiktionswirkung des Abs. 5 S. 2, 3 der Vorschrift abgestellt (*Ring*, § 8 TzBfG Rdn. 93 f.), zum anderen darauf verwiesen, dass dem von der einseitigen Verringerung der Arbeitszeit betroffenen Arbeitgeber – anders als sonst innerhalb des Vertragsrechts – ein Recht zur Beendigung des Schuldverhältnisses trotz der mit der Reduzierung verbundenen Mehrbelastung nicht eingeräumt wird (*Rolfs*, RdA 2001, 129, 133).

640 Dies trifft auch auf den Teilzeitanspruch des Arbeitnehmers nach Art. 2 des niederländischen Gesetzes über die Anpassung der Arbeitszeit („Wet aanpassing arbeidsduur") zu. S. dazu *Burri*, EuroAS 2001, 208, 212 f.; *Waas*, NZA 2000, 583, 583 f.

641 *Däubler*, ZIP 2000, 1961, 1964.

der Beteiligung des Arbeitgebers an der Schaffung derartiger Änderungsrechte entgegen. Vereinbaren ein Arbeitgeber und ein Arbeitnehmer einen Teilzeitanspruch des Arbeitnehmers individualarbeitsvertraglich, so hat der Arbeitgeber zur Begründung des Anspruchs unmittelbar beigetragen. Haben der zuständige Arbeitgeberverband und die zuständige Gewerkschaft den Teilzeitanspruch des Arbeitnehmers tarifvertraglich vereinbart, so kann aufgrund der Mitgliedschaft des betroffenen Arbeitgebers im entsprechenden Verband zumindest noch von einem mittelbar wirkenden Verursachungsbeitrag des tarifgebundenen Arbeitgebers gesprochen werden. Der Teilzeitanspruch des Arbeitnehmers nach § 8 TzBfG zeichnet sich hingegen dadurch aus, dass es zu seiner Entstehung der Mitwirkung des Arbeitgebers schlechthin nicht bedarf. Die Befugnis des Arbeitnehmers zur Änderung seiner Arbeitsbedingungen wird vielmehr durch den Gesetzgeber und damit von außen in das Arbeitsverhältnis hineingetragen.

Vertraglich vereinbarte Änderungsbefugnisse der Parteien sind mit der gesetzlichen Regelung des § 8 TzBfG folglich nicht vergleichbar. Ihr Bestehen kann die Systemwidrigkeit des Anspruchs des Arbeitnehmers auf Verringerung seiner Arbeitszeit weder be- noch widerlegen.

II. Gesetzliche Änderungsbefugnisse

Anders als die vertraglichen Änderungsbefugnisse der Parteien können die außerhalb des Teilzeit- und Befristungsgesetzes stehenden gesetzlichen Befugnisse zur Änderung von Verträgen grundsätzlich ohne weiteres mit der Regelung des § 8 TzBfG verglichen werden. Die Existenz von Änderungsrechten des einen Vertragspartners kann hier auf das Handeln des anderen Vertragspartners gerade nicht zurückgeführt werden. Die Befugnis des einen Vertragsteils zur Einwirkung auf das Schuldverhältnis ist dem anderen Vertragsteil somit nicht zuzurechnen. Im Hinblick auf eine mögliche Systemwidrigkeit des Teilzeitanspruchs des Arbeitnehmers nach § 8 TzBfG stellt sich demzufolge die Frage, ob den gesetzlich geregelten Befugnissen zur einseitigen Veränderung von Verträgen ein generelles Sachgrunderfordernis entnommen werden kann. Dies ist im Folgenden zu überprüfen.

Gegen ein generelles Sachgrunderfordernis könnte zunächst die nähere Ausgestaltung des Instruments der ordentlichen Änderungskündigung sprechen. Danach ist zwar beispielsweise die Änderungskündigung des Arbeitgebers innerhalb des Anwendungsbereichs des Kündigungsschutzgesetzes, nicht jedoch die Änderungskündigung des Arbeitgebers außerhalb des Kündigungsschutzgesetzes oder aber die Änderungskündigung des Arbeitnehmers vom Bestehen eines Änderungsgrundes abhängig. Das vermeintlich allgemeine Prinzip der Notwendigkeit der sachlichen Rechtfertigung einseitiger Änderungen von Verträgen könnte somit bereits an dieser Stelle durchbrochen worden sein.[642] Das Mittel der Änderungskündigung nimmt innerhalb des gesetzlichen Instrumentariums zur Veränderung vertraglicher Vereinbarungen allerdings eine Sonderrolle ein. Anders als sonstige Änderungsinstrumente zeichnet es sich gerade dadurch aus, dass die änderungswillige Vertragspartei das ursprüngliche Schuldverhältnis beendet und gleichzeitig den Abschluss eines neuen Vertrages anbietet. Soweit danach die Beendigung des Vertragsverhältnisses mittels der Kündigung zu ihrer Wirksamkeit eines rechtfertigenden Sachgrundes nicht bedarf, ist auch im Rahmen der Änderungskündigung der Nachweis eines Änderungsgrundes nicht erforderlich. Die nähere Ausgestaltung des Instruments der Änderungskündigung spricht demzufolge weder für noch gegen ein generelles Erfordernis eines die angestrebte Veränderung rechtfertigenden Sachgrundes.

Die Strukturen der allgemeinen Änderungsinstrumente der ergänzenden Vertragsauslegung, der Lehre von der Störung der Geschäftsgrundlage und der Teilkündigung sprechen demgegenüber sehr deutlich für die Notwendigkeit der Rechtfertigung einseitiger Änderungen durch die änderungswillige Vertragspartei. Auch wenn beispielsweise bei der ergänzenden Vertragsauslegung von einem Sachgrunderfordernis wie im Rahmen der Änderungskündigung des Arbeitgebers nach dem Kündigungsschutzgesetz nicht gesprochen werden kann, so ist jedoch nicht zu verkennen, dass die einseitige Änderung von Arbeitsbedingungen auch hier der sachlichen Rechtfertigung bedarf. Ebenso deuten zahlreiche spezifisch geregelte Änderungsbefugnisse darauf hin, dass es zur einseitigen Veränderung vertraglicher Bedingungen eines sachlichen Grundes bedarf. Zu erwähnen sind in diesem Zusammenhang neben den Teilzeitansprüchen des Arbeitnehmers gemäß § 15 Abs. 7 BErzGG, § 81 Abs. 5 S. 3 SGB IX beispielsweise auch die Vorschriften §§ 30 Abs. 1, 172 Abs. 1, 178 Abs. 2, 3 VVG.[643] Der Gesamtheit der gesetzlichen Än-

---

642 Dies ignoriert *Rolfs*, RdA 2001, 129, 133, indem er allein die Variante der arbeitsrechtlichen Änderungskündigung nach § 2 KSchG im Rahmen seiner Ausführungen zur Systemwidrigkeit des § 8 TzBfG thematisiert.

643 S. dazu *Kießling/T. Becker*, WM 2002, 578, 579; *Rolfs*, RdA 2001, 129, 133.

derungsbefugnisse liegt folglich ein entsprechendes allgemeines Prinzip zugrunde.[644]

III. Ergebnis

Der Teilzeitanspruch des Arbeitnehmers nach § 8 TzBfG steht somit zu den sonstigen gesetzlichen Befugnissen zur einseitigen Veränderung vertraglicher Abreden in deutlichem Widerspruch. Den allgemeinen vertragsrechtlichen Grundsatz der Notwendigkeit der Rechtfertigung von Eingriffen in bestehende Vertragsverhältnisse hat der Gesetzgeber bei der Ausgestaltung der Vorschrift vollständig außer Acht gelassen. Das Gewicht des Änderungsbedürfnisses einer Vertragspartei spielt für das Ausmaß ihrer Änderungsbefugnisse im Rahmen des § 8 TzBfG demzufolge keine Rolle. Der generelle Teilzeitanspruch des Arbeitnehmers ist zwar nicht verfassungs-, aber systemwidrig. Er bildet innerhalb des bestehenden Instrumentariums zur einseitigen Änderung von Verträgen einen Fremdkörper.

C. Effektivität des Änderungsinstruments

Nachdem die Verfassungsmäßigkeit und die Systemwidrigkeit der Regelung des § 8 TzBfG festgestellt worden sind, wird im Rahmen dieses Abschnitts die Effektivität des generellen Teilzeitanspruchs des Arbeitnehmers untersucht. Es stellt sich die Frage, ob die Bestimmung dem Arbeitnehmer ein praktikables Mittel zur Änderung seiner Arbeitszeit gewährt oder aber ausschließlich eingeschränkte Änderungsbefugnisse vermittelt. Dazu werden entsprechend dem Vorgehen innerhalb der §§ 3 bis 6 der Arbeit die Voraussetzungen des Änderungsinstruments im Einzelnen analysiert.

I. Umfang der Änderungsbefugnisse

Die Vorschrift des § 8 TzBfG gewährt dem Arbeitnehmer keine „umfassende Arbeitszeitsouveränität".[645] Zwar wird der Anspruch in zeitlicher Hinsicht weder durch eine Begrenzung des Ausmaßes der Verringerung der Arbeitszeit noch durch eine Reglementierung des Umfangs des fortbestehenden Arbeitsverhältnisses eingeschränkt, die gesetzliche Regelung kodifiziert hingegen andere Restriktionen.

---

[644] Ähnlich auch *Bauer*, NZA 2000, 1039, 1040; *U. Preis*, Vertragsgestaltung, S. 433; *Rolfs*, RdA 2001, 129, 133; *Wank*, EuroAS 2001, 186, 188.
[645] *Rieble/Gutzeit*, NZA 2002, 7, 9.

Der Teilzeitanspruch nach § 8 TzBfG zeichnet sich zunächst dadurch aus, dass er anders als beispielsweise die Bestimmung des § 15 Abs. 7 BErzGG ausschließlich eine unbefristete Verringerung der Arbeitszeit ermöglicht. Der Arbeitnehmer ist weder berechtigt noch verpflichtet, die Reduzierung seiner Arbeitszeit auf einen bestimmten Zeitraum zu begrenzen.[646] Da ein dem Teilzeitanspruch vergleichbar ausgestaltetes Recht zur Rückkehr zur Vollzeitbeschäftigung – wie es beispielsweise in den Niederlanden existiert – zudem fehlt, besteht die Gefahr, die einmal erreichte Verkürzung der Arbeitszeit nicht rückgängig machen zu können.[647] Die Verlängerung der Arbeitszeit nach § 9 TzBfG setzt voraus, dass der Arbeitgeber einen freien Arbeitsplatz überhaupt neu besetzen will.[648]

Entgegen der Ansicht *Straubs* kann der Arbeitnehmer außerdem eine alleinige Veränderung der Lage seiner Arbeitszeit – wie auch im Rahmen der Vorschriften § 15 Abs. 7 BErzGG, § 81 Abs. 5 S. 3 SGB IX – mittels des Teilzeitanspruchs nach § 8 TzBfG nicht durchsetzen.[649] Die Lage der Arbeitszeit kann vielmehr ausschließlich im Fall ihrer gleichzeitigen Reduzierung modifiziert werden.[650] Dies entspricht dem Sinn und Zweck der gesetzlichen Regelung.

Von besonderer Bedeutung ist im Hinblick auf die Reichweite der durch § 8 TzBfG vermittelten Änderungsbefugnisse, ob der Arbeitnehmer neben der Verringerung seiner Arbeitszeit allein eine seinen Wünschen entsprechende Verteilung der Arbeitszeit auf die einzelnen Arbeitstage oder aber darüber hinaus auch eine bestimmte Festlegung seiner Arbeitsstunden an jedem einzelnen Arbeitstag geltend machen kann. Der

---

646 ArbG Nienburg v. 23. 1. 2002, NZA 2002, 382, 383; *Blanke*, AiB 2000, 729, 731; *Hanau*, NZA 2001, 1168, 1174; *Schiefer*, Teilzeitarbeit, S. 24 besonders. Anders äußern sich – ohne Begründung – zu Unrecht hingegen *Worzalla/Will/Mailänder/Worch*, § 8 TzBfG Rdn. 10.

647 Vgl. Art. 2 des niederländischen Gesetzes über die Anpassung der Arbeitszeit (Wet aanpassing arbeidsduur).

648 *Rieble/Gutzeit*, NZA 2002, 7, 13 sprechen insoweit zu Recht davon, dass „das Gesetz die Rückkehr zur Vollzeit in § 9 TzBfG schwach ausgestaltet" hat. Zur Vorschrift des § 9 TzBfG s. im Einzelnen § 8.

649 *Straub*, NZA 2001, 919, 919 f. Für die Vorschrift des § 15 Abs. 7 BErzGG ergibt sich diese Einschränkung der Befugnisse des Arbeitnehmers aus S. 1 Nr. 3 der Bestimmung. Die Regelung des § 81 Abs. 5 S. 3 SGB IX bedarf gemäß ihrem Wortsinn zur Veränderung der Lage der Arbeitszeit ebenfalls ihrer Verringerung.

650 Vgl. insoweit die Begründung des Gesetzentwurfs der Bundesregierung, BT-Drs. 14/4374, S. 11 f. S. außerdem *U. Preis/Gotthardt*, DB 2001, 145, 147; *Rieble/Gutzeit*, NZA 2002, 7, 8 f.; *Rolfs*, RdA 2001, 129, 134.

gesetzliche Begriff der „Verteilung der Arbeitszeit" des § 8 Abs. 2 S. 2 TzBfG ist dazu auszulegen.

Der Wortsinn der Vorschrift eröffnet zunächst beide Möglichkeiten der Gesetzesinterpretation. In gesetzessystematischer Hinsicht kann dem Teilzeit- und Befristungsgesetz außerdem kein Argument für eine der beiden Lesarten entnommen werden. Innerhalb des Gesetzes wird der Begriff der „Verteilung der Arbeitszeit" nicht konkretisiert. Rechtssystematisch könnte dagegen die Bestimmung des § 87 Abs. 1 Nr. 2 BetrVG bei der Gesetzesauslegung weiterhelfen. Diese regelt die Mitbestimmung des Betriebsrats nicht nur bei „Beginn und Ende der täglichen Arbeitszeit", sondern zusätzlich bei der „Verteilung der Arbeitszeit auf die einzelnen Wochentage". *Rieble* und *Gutzeit* schließen daraus, dass sich der Begriff der „Verteilung der Arbeitszeit" im Rahmen des § 8 TzBfG – parallel zur Regelung des § 87 Abs. 1 Nr. 2 BetrVG – allein auf die Verteilung der Arbeitszeit auf die einzelnen Arbeitstage bezieht.[651] Ebenso ist es allerdings möglich, die in Rede stehende betriebsverfassungsrechtliche Vorschrift im Wege eines Umkehrschlusses als Argument für ein großzügigeres Verständnis des Begriffs der „Verteilung der Arbeitszeit" zu interpretieren. Anders als § 87 Abs. 1 Nr. 2 BetrVG beinhaltet § 8 TzBfG schließlich keine gesetzliche Eingrenzung. Die rechtssystematische Betrachtung der Vorschrift deutet demzufolge darauf hin, dass der Arbeitnehmer mittels des generellen Teilzeitanspruchs auch die Lage seiner Arbeitsstunden an den entsprechenden Arbeitstagen bestimmen kann.

Entgegen der Ansicht von *Rieble* und *Gutzeit* sprechen zudem Sinn und Zweck des § 8 TzBfG für eine extensive Auslegung des Begriffs der „Verteilung der Arbeitszeit". Zwar ist es richtig, dass das Ziel des Teilzeit- und Befristungsgesetzes nicht darin besteht, dem Arbeitnehmer umfassende Freiheiten im Hinblick auf die Ausgestaltung seiner Arbeitszeit einzuräumen,[652] die Verwirklichung des angestrebten Ziels der maximalen Beschäftigungsförderung soll jedoch in keinem Fall durch inhaltliche Beschränkungen des Teilzeitanspruchs gefährdet werden.[653] Um nicht an Attraktivität zu verlieren, erstreckt sich der Anspruch des Arbeitnehmers nach § 8 TzBfG folglich auch auf die Festlegung der Arbeitszeit an den

---

651 *Rieble/Gutzeit*, NZA 2002, 7, 9. S. auch TZA-*Buschmann*, § 8 TzBfG Rdn. 8.
652 *Rieble Gutzeit*, NZA 2002, 7, 9.
653 Vgl. die Begründung des Gesetzentwurfs der Bundesregierung, BT-Drs. 14/4374, S. 12, 16 f.

einzelnen Arbeitstagen.[654] Dies bestätigt die bisherige arbeitsgerichtliche Rechtsprechung, indem sie entsprechenden Klagen stattgegeben hat.[655]

II. Betriebliche Gründe

Im Rahmen der Untersuchung des gesetzlichen Merkmals entgegenstehender „betrieblicher Gründe" i. S. des § 8 Abs. 4 S. 1 TzBfG stellen sich im Hinblick auf die Eignung des Teilzeitanspruchs zur Verringerung der Arbeitszeit vor allem zwei Fragen. Zum einen ist zu erörtern, aufgrund welcher Umstände ein Antrag des Arbeitnehmers auf Reduzierung seiner Arbeitszeit durch den Arbeitgeber abgelehnt werden darf. Zum anderen ist festzustellen, inwieweit der Arbeitgeber die zur Abweisung des Antrags führenden Umstände innerhalb eines gerichtlichen Verfahrens darlegen und beweisen muss. Beide Fragen werden unter Berücksichtigung der bisherigen arbeitsgerichtlichen Rechtsprechung im Folgenden beantwortet.[656]

1. Leitgedanke des § 8 Abs. 4 S. 1 TzBfG

In Abgrenzung zur Regelung des § 8 Abs. 3 S. 1 TzBfG in der Fassung des Referentenentwurfs des Bundesministeriums für Arbeit und Sozialordnung bedarf es nach § 8 Abs. 4 S. 1 TzBfG nicht des Entgegenstehens „dringender betrieblicher Gründe", um einen Antrag auf Verringerung der Arbeitszeit abzulehnen.[657] Anders als beispielsweise die Regelung des § 15 Abs. 7 BErzGG dient die Vorschrift des § 8 TzBfG nicht der Gewährleistung verfassungsrechtlich besonders geschützter Rechtspositionen des Arbeitnehmers. Die Anforderungen an die entgegenstehenden „betrieblichen Gründe" müssen folglich spürbar geringer ausfal-

---

[654] So auch *Beckschulze*, DB 2000, 2598, 2598; KSchR-*Zwanziger*, § 8 TzBfG Rdn. 8, 12; *Rolfs*, RdA 2001, 129, 133; *Schiefer*, Teilzeitarbeit, S. 36; *Worzalla/Will/Mailänder/Worch*, § 8 TzBfG Rdn. 14 ff.

[655] ArbG Stuttgart v. 5. 7 . 2001, NZA 2001, 968, 969; ArbG Bonn v. 20. 6. 2001, NZA 2001, 973, 974; ArbG Berlin v. 12. 10. 2001, DB 2001, 2727, 2727; ArbG Arnsberg v. 22. 1. 2002, NZA 2002, 563, 564.

[656] Zur Vereinfachung der Darstellung wird innerhalb dieses Abschnitts allein von den der „Verringerung der Arbeitszeit" entgegenstehenden „betrieblichen Gründen" gesprochen. Die Ausführungen gelten für den Fall der „Verteilung der Arbeitszeit" entsprechend.

[657] Referentenentwurf des Bundesministeriums für Arbeit und Sozialordnung, abgedruckt in: NZA 2000, 1045, 1046. Vgl. zudem die Regelungen der §§ 9, 10 TzBfG, welche im Gegensatz zur Vorschrift des § 8 Abs. 4 S. 1 TzBfG ebenfalls auf „dringende betriebliche Gründe" abstellen.

len.[658] Dementsprechend äußert sich auch die Bundesregierung in der Begründung ihres Gesetzentwurfs. Danach sollen an die Abweisung eines Antrags auf Verringerung der Arbeitszeit „unzumutbare Anforderungen“ gerade nicht gestellt werden. Stattdessen sollen „rationale nachvollziehbare Gründe“ zur Ablehnung des Teilzeitbegehrens eines Arbeitnehmers „genügen“.[659] Der Gesetzgeber weist somit den Weg für eine Auslegung des Merkmals der entgegenstehenden „betrieblichen Gründe“, welche den Grundrechten des Arbeitgebers gerecht wird.

Die gesetzliche Regelung des § 8 Abs. 4 S. 2 TzBfG erhöht zudem die Anforderungen an die Abweisung von Teilzeitwünschen nicht.[660] Zwar besteht Einigkeit darüber, dass nicht jede infolge der Reduzierung der Arbeitszeit eintretende Beeinträchtigung betrieblicher Belange zur Ablehnung von Anträgen geeignet ist, die gesetzlichen Regelbeispiele konkretisieren allerdings weniger die Mindestanforderungen „betrieblicher“, als die „dringender betrieblicher Gründe“. Der Bestimmung des § 8 Abs. 4 S. 2 TzBfG kann lediglich entnommen werden, dass die Abweisung eines Antrags auf Verringerung der Arbeitszeit „jedenfalls auf einen der vier gesetzlichen Gründe gestützt werden kann“.[661] Zur Konkretisierung der Mindestanforderungen an das Merkmal entgegenstehender „betrieblicher Gründe“ i. S. des § 8 Abs. 4 S. 1 TzBfG ist die Vorschrift hingegen nicht geeignet.[662]

Die bisherige arbeitsgerichtliche Rechtsprechung folgt der dargelegten Argumentation in weiten Teilen. Ebenso wie das überwiegende arbeitsrechtliche Schrifttum hebt auch sie deutlich hervor, dass die Regelung des § 8 Abs. 4 S. 1 TzBfG gerade nicht entgegenstehende „dringende betriebliche Gründe“ zur Abweisung von Teilzeitwünschen fordert.[663] Da-

---

658 *Lindemann/Simon*, BB 2001, 146, 148 f.; Meinel/Heyn/Herms-*Heyn*, § 8 TzBfG Rdn. 54; *U. Preis/Gotthardt*, DB 2001, 145, 147 f.; *Rolfs*, RdA 2001, 129, 136; *Schiefer*, Teilzeitarbeit, S. 39 f.

659 Vgl. die Begründung des Gesetzentwurfs der Bundesregierung, BT-Drs. 14/4374, S. 17. Kritisch gegenüber dieser Begründung äußert sich *Däubler*, ZIP 2000, 1961, 1963,

660 A. A. *Blanke*, AiB 2000, 729, 731; *Link/Fink*, AuA 2001, 107, 110; TZA-*Buschmann*, § 8 TzBfG Rdn. 31; *Worzalla/Will/Mailänder/Worch*, § 8 TzBfG Rdn. 26.

661 *Rolfs*, RdA 2001, 129, 136. S. auch *Hromadka*, NJW 2001, 400, 402; *Schiefer*, Teilzeitarbeit, S. 37; *Wank*, EuroAS 2001, 186, 189.

662 A. A. *Schmidt*, AuR 2002, 245, 247 f.; TZA-*Buschmann*, § 8 TzBfG Rdn. 31; *Worzalla/Will/Mailänder/Worch*, § 8 TzBfG Rdn. 26. Ähnlich wie hier äußern sich auch *Link/Fink*, AuA 2001, 107, 110.

663 ArbG Mönchengladbach v. 30. 5. 2001, NZA 2001, 970, 972; ArbG Bonn v. 20. 6. 2001, NZA 2001, 973, 975; ArbG Stuttgart v. 5. 7. 2001, NZA 2001, 968, 969; ArbG Freiburg v. 4. 9. 2001, NZA 2002, 216, 217; ArbG Wetzlar v. 26. 9. 2001,

rüber hinaus verweist sie ebenfalls darauf, dass nach der Begründung des Regierungsentwurfs „rationale nachvollziehbare Gründe“ zur Ablehnung der Teilzeitbegehren von Arbeitnehmern „genügen“.[664] Die lediglich eingeschränkte Bedeutung der Regelbeispiele des § 8 Abs. 4 S. 2 TzBfG für die Interpretation des Merkmals entgegenstehender „betrieblicher Gründe“ verkennen hingegen zahlreiche Arbeitsgerichte. Das sich allein aufgrund des außergewöhnlich raschen Gesetzgebungsverfahrens erklärende Verhältnis der Bestimmung des § 8 Abs. 4 S. 1 TzBfG zu S. 2 der Vorschrift findet innerhalb der bislang getroffenen Entscheidungen nahezu keine Berücksichtigung.[665] Stattdessen wird aus § 8 Abs. 4 S. 2 TzBfG in zahlreichen Fällen abgeleitet, die Verringerung der Arbeitszeit müsse die betrieblichen Interessen stets „wesentlich“ oder „unverhältnismäßig“ beeinträchtigen.[666] Der Leitgedanke der gesetzlichen Vorschrift des § 8 Abs. 4 S. 1 TzBfG wird durch die Rechtsprechung folglich unzutreffend wiedergegeben.[667]

2. Einzelne Fallgruppen

Maßgeblich für die Effektivität des Teilzeitanspruchs des Arbeitnehmers ist allerdings nicht der Leitgedanke der Regelung des § 8 Abs. 4 S. 1 TzBfG. Im Vordergrund steht vielmehr die Anwendung der gesetzlichen Bestimmung durch die arbeitsgerichtliche Rechtsprechung im Einzelfall. Zur Beurteilung der durch § 8 TzBfG vermittelten Änderungsbefugnisse

---

AuR 2002, 77, 77; ArbG Berlin v. 12. 10. 2001, DB 2001, 2727, 2727; LAG Kiel v. 23. 10. 2001 (Juris-Nr. KARE600004702); ArbG Nienburg v. 23. 1. 2002, NZA 2002, 382, 384.

664 ArbG Mönchengladbach v. 30. 5. 2001, NZA 2001, 970, 972; ArbG Stuttgart v. 5. 7. 2001, NZA 2001, 968, 969; LAG Köln v. 4. 12. 2001, AuR 2002, 189, 190; LAG Kiel v. 23. 10. 2001 (Juris-Nr. KARE600004702); LAG Berlin v. 18. 1. 2002, AuR 2002, 190, 191; ArbG Nienburg v. 23. 1. 2002, NZA 2002, 382, 384.

665 Vgl. aber ArbG Mönchengladbach v. 30. 5. 2001, NZA 2001, 970, 972; ArbG Bonn v. 20. 6. 2001, NZA 2001, 973, 975 („gewisse Widersprüchlichkeit“); ArbG Nienburg v. 23. 1. 2002, NZA 2002, 382, 384.

666 ArbG Mönchengladbach v. 30. 5. 2001, NZA 2001, 970, 972; ArbG Bonn v. 20. 6. 2001, NZA 2001, 973, 975; ArbG Stuttgart v. 5. 7. 2001, NZA 2001, 968, 969; ArbG Freiburg v. 4. 9. 2001, NZA 2002, 216, 217; ArbG Wetzlar v. 26. 9. 2001, AuR 2002, 77, 77; ArbG Berlin v. 12. 10. 2001, DB 2001, 2727, 2727; ArbG Stuttgart v. 12. 11. 2001, AuR 2002, 77, 77; LAG Kiel v. 23. 10. 2001 (Juris-Nr. KARE600004702); ArbG Arnsberg v. 22. 1. 2002, NZA 2002, 563, 564.

667 Ähnlich interpretiert auch *Schiefer*, FA 2001, 358, 362 die arbeitsgerichtliche Rechtsprechung.

des Arbeitnehmers werden dazu im Folgenden drei besonders praxisrelevante Fallgruppen näher erläutert.

a. Schutz des arbeitgeberseitigen Organisationskonzepts

Die Diskussion, inwieweit die Durchsetzung eines Teilzeitanspruchs nach § 8 TzBfG die Verwirklichung eines arbeitgeberseitigen Organisationskonzepts beeinträchtigen kann, nimmt innerhalb des arbeitsrechtlichen Schrifttums besonders viel Raum ein. Der Schutz der unternehmerischen Entscheidungsfreiheit des Arbeitgebers darf nicht dazu führen, dass bereits die „schlichte Entscheidung des Arbeitgebers, bestimmte Arbeitsplätze nur mit Vollzeitbeschäftigten zu besetzen" als „betrieblicher Grund" i. S. des § 8 Abs. 4 S. 1 TzBfG anerkannt wird.[668] Auf diesem Weg würde die vom Gesetzgeber angestrebte Beschäftigungsförderung in weiten Teilen vereitelt. Der gegen den Willen des Arbeitgebers durchsetzbare Teilzeitanspruch würde somit faktisch auf einen „freiwilligen Anspruch" reduziert.[669]

Dagegen geht es aus verfassungsrechtlichen Gründen zu weit, wenn – in Anlehnung an das vermeintliche Zusammenspiel von § 8 Abs. 4 S. 1 TzBfG und S. 2 der Vorschrift – das Organisationskonzept des Arbeitgebers durch die Arbeitsgerichtsbarkeit weitgehend in Frage gestellt und demzufolge selbst Gegenstand der gerichtlichen Prüfung wird.[670] Die Kontrolle unternehmerischer Entscheidungen beschränkt sich auch im Rahmen des § 8 TzBfG allein darauf, ob die unternehmerische Entscheidung des Arbeitgebers auf der einen Seite „offensichtlich unvernünftig oder willkürlich" ist und auf der anderen Seite die Abweisung des Antrags des Arbeitnehmers erforderlich macht. Zu hohe Anforderungen an die Darlegungslast des Arbeitgebers dürfen in diesem Zusammenhang nicht zur Kontrolle des arbeitgeberseitigen Organisationskonzept führen.[671] Es

---

668 *Wank*, EuroAS 2001, 186, 190. Ebenso *Schiefer*, Teilzeitarbeit, S. 40 f.; TZA-*Buschmann*, § 8 TzBfG Rdn. 32.

669 *Däubler*, ZIP 2001, 217, 219; *Kliemt*, NZA 2001, 63, 65; KSchR-*Zwanziger*, § 8 TzBfG Rdn. 27; Meinel/Heyn/Herms-*Heyn*, § 8 TzBfG Rdn. 52; TZA-*Buschmann*, § 8 TzBfG Rdn. 32.

670 Davon geht zumindest ansatzweise allerdings TZA-*Buschmann*, § 8 TzBfG Rdn. 31 aus. Die nach seiner Auffassung erforderliche Differenzierung nach dem Gewicht des „betriebswirtschaftlichen Interesses" an der Umsetzung des Organisationskonzepts des Arbeitgebers führt mittelbar zur Überprüfung der Zweckmäßigkeit desselben.

671 Deutlich insoweit *Lindemann/Simon*, BB 2001, 146, 149; *Zerres*, Anm. zu ArbG Freiburg v. 4. 9. 2001, EWiR § 8 TzBfG 1/01, 1159, 1160.

reicht dagegen vielmehr aus, wenn der Arbeitgeber durch die Darlegung eines von plausiblen wirtschaftlichen oder unternehmenspolitischen Gründen getragenen Entschlusses nachweist, dass sich der Teilzeitwunsch des Arbeitnehmers in die betriebliche Organisation nicht einfügt.[672] Der Arbeitgeber wird durch § 8 TzBfG weder infolge der Anforderungen an das Merkmal der entgegenstehenden „betrieblichen Gründe" noch aufgrund der Anforderungen an seine Darlegungs- und Beweislast dazu verpflichtet, „ein betriebswirtschaftlich sinnvolles Konzept" aufzugeben.[673]

Die arbeitsgerichtliche Rechtsprechung berücksichtigt diese Vorgaben teilweise nur unzureichend. Zwar besteht zu Recht Einigkeit darüber, dass der Arbeitgeber die der Verringerung der Arbeitszeit entgegenstehenden betrieblichen Gründe nicht nur „schlagwortartig", sondern stattdessen „substantiiert" und vor allem einzelfallbezogen darlegen und beweisen muss,[674] teilweise werden aber auch darüber hinausgehende Anforderungen an den Vortrag des Arbeitgebers gestellt, welche mittelbar zu einer unzulässigen Überprüfung des arbeitgeberseitigen Organisationskonzepts führen.[675] Demgegenüber wird an anderer Stelle der verfassungsrechtlich gebotene Schutz der unternehmerischen Entscheidungsfreiheit in zutreffender Weise hervorgehoben. Der nur eingeschränkte Prüfungsumfang der Arbeitsgerichtsbarkeit wird in Anlehnung an das Kündigungsschutzrecht dabei ausdrücklich betont.[676]

Im Hinblick auf den Schutz unternehmerischer Konzepte des Arbeitgebers kann der arbeitsgerichtlichen Rechtsprechung zur Regelung des § 8 Abs. 4 S. 1 TzBfG bislang keine einheitliche Linie entnommen werden.

---

672 *Kliemt*, NZA 2001, 63, 65; *Lindemann/Simon*, BB 2001, 146, 149; Meinel/Heyn/Herms-*Heyn*, § 8 TzBfG Rdn. 51; *U. Preis/Gotthardt*, DB 2001, 145, 148; *Rolfs*, RdA 2001, 129, 133.

673 *Wank*, EuroAS 2001, 186, 190; *ders.*, in: Blanke/Schüren/Wank/Wedde, Beschäftigungsformen, Rdn. 98.

674 ArbG Mönchengladbach v. 30. 5. 2001, NZA 2001, 970, 972; ArbG Bonn v. 20. 6. 2001, NZA 2001, 973, 974; ArbG Stuttgart v. 5. 7. 2001, NZA 2001, 968, 969; ArbG Berlin v. 12. 10. 2001, DB 2001, 2727, 2727; LAG Köln v. 4. 12. 2001, AuR 2002, 189, 190.

675 Vgl. insoweit die Ausführungen des ArbG Bonn v. 20. 6. 2001, NZA 2001, 973, 974 f. Ähnlich strenge Anforderungen an den Vortrag des Arbeitgebers stellen auch das ArbG Mönchengladbach v. 30. 5. 2001, NZA 2001, 970, 972 und das ArbG Stuttgart v. 5. 7. 2001, NZA 2001, 968, 969.

676 Deutlich ArbG Freiburg v. 4. 9. 2001, NZA 2002, 216, 217 f. S. auch LAG Köln v. 4. 12. 2001, AuR 2002, 189, 190; LAG Berlin v. 18. 1. 2002, AuR 2002, 190, 191; ArbG Nienburg v. 22. 1. 2002, NZA 2002, 382, 384; ArbG Bielefeld v. 12. 3. 2002 (Juris-Nr. KARE600005736).

Die Entscheidungen werden derzeit noch wesentlich durch die konkreten Umstände des jeweiligen Einzelfalls geprägt. Es bleibt demzufolge abzuwarten, inwieweit sich die Rechtsprechung weiterentwickeln und verfestigen wird.

b. Unteilbarkeit des Arbeitsplatzes

Ein der Verringerung der Arbeitszeit entgegenstehender „betrieblicher Grund" i. S. des § 8 Abs. 4 S. 1 TzBfG kann sich auch daraus ergeben, dass der Arbeitsplatz eines Arbeitnehmers auf sinnvolle Weise nicht geteilt werden kann. Zwar genügt der bloße Hinweis auf die leitende Tätigkeit eines änderungswilligen Arbeitnehmers vor dem Hintergrund der Regelung des § 6 TzBfG zur Ablehnung eines Antrags auf Reduzierung der Arbeitszeit nicht,[677] anders liegt der Fall jedoch, wenn der Arbeitgeber auf die volle Arbeitskraft des Arbeitnehmers infolge dessen besonderer Sachkunde nicht verzichten kann und dies auch nachvollziehbar begründet.[678] Innerhalb der arbeitsrechtlichen Praxis dürften demzufolge vor allem der Reduzierung der Arbeitszeit von Arbeitnehmern in leitenden Positionen „betriebliche Gründe" entgegenstehen.[679]

Zu weit geht in diesem Zusammenhang allerdings die Argumentation *Beckschulzes*, die ordnungsgemäße Auftragsbearbeitung in den Bereichen Vertrieb und Verkauf stehe der Teilung von Arbeitsplätzen nicht nur im Einzelfall, sondern vielmehr regelmäßig entgegen. Er trägt vor, der Kunde erwarte üblicherweise einen Ansprechpartner über den gesamten Tag. Die Verringerung der Arbeitszeit scheide bereits deshalb aus.[680] Dem ist entgegenzuhalten, dass auch im Bereich der Auftragsbearbeitung allein die konkrete Arbeitsaufgabe des änderungswilligen Arbeitnehmers über die Notwendigkeit der Aufrechterhaltung einer Vollzeitstelle entscheidet. Dies kann gerade in den Bereichen Vertrieb und Verkauf von Fall zu Fall nicht unerheblich variieren. Wesentlich dürfte dabei der Umfang der Betreuung des einzelnen Kundenauftrags sein. Der Arbeit-

---

677 KSchR-*Zwanziger*, § 8 TzBfG Rdn. 23.

678 *Lindemann/Simon*, BB 2001, 146, 149; Meinel/Heyn/Herms-*Heyn*, § 8 TzBfG Rdn. 61; Münch-ArbR-*Schüren*, Erg.-Bd., § 162 Rdn. 73; *Wank*, EuroAS 2001, 186, 189. Das Erfordernis, einen „sinnvollen Betriebsablauf" aufrechtzuerhalten, lässt TZA-*Buschmann*, § 8 TzBfG Rdn. 31a hingegen zu Unrecht außer Acht.

679 Dementsprechend äußern sich auch *Beckschulze*, DB 2000, 2598, 2602; *Birk*, Gutachten für den 60. DJT 1994, E 58; *Schiefer*, Teilzeitarbeit, S. 42.

680 *Beckschulze*, DB 2000, 2598, 2602. Skeptisch äußern sich demgegenüber zu Recht auch Meinel/Heyn/Herms-*Heyn*, § 8 TzBfG Rdn. 61; Münch-ArbR-*Schüren*, Erg.-Bd., § 162 Rdn. 73.

geber muss demzufolge auch hier die für die Ablehnung des Antrags maßgeblichen Umstände des Einzelfalls darlegen und beweisen.[681] Entsprechend den Ausführungen zum Schutz des arbeitgeberseitigen Organisationskonzepts dürfen allerdings die Anforderungen an den Vortrag des Arbeitgebers auch insoweit aus verfassungsrechtlichen Gründen „nicht zu hoch geschraubt werden".[682]

Die arbeitsgerichtliche Rechtsprechung erkennt die Fallgruppe der Unteilbarkeit von Arbeitsplätzen ebenfalls an. Nicht nur die für die Verwirklichung eines Projekts erforderliche Sachkunde eines Arbeitnehmers, sondern auch das im Einzelfall besonders bedeutende Vertrauensverhältnis zwischen einem Mitarbeiter und dritten Personen kann der Verringerung der Arbeitszeit danach entgegenstehen.[683] Die Arbeitsgerichte überprüfen in entsprechenden Fällen mit besonderer Sorgfalt, ob der Arbeitgeber den vorgetragenen Umstand nicht nur gelegentlich, sondern vielmehr konsequent in seinem Betrieb berücksichtigt.[684] Die wenigen in diesem Zusammenhang ergangenen Entscheidungen stimmen insoweit überein.

c. Fehlen einer geeigneten Ersatzkraft

Nach der Begründung des Gesetzentwurfs der Bundesregierung ist „der Einwand des Arbeitgebers, keine geeignete zusätzliche Arbeitskraft finden zu können, nur beachtlich, wenn er nachweist, dass eine dem Berufsbild des Arbeitnehmers, der seine Arbeitszeit reduziert, entsprechende zusätzliche Arbeitskraft auf dem für ihn maßgeblichen Arbeitsmarkt nicht zur Verfügung steht".[685] Der Arbeitgeber wird folglich dazu verpflichtet, soweit keine innerbetriebliche Lösung möglich erscheint,[686] eine weitere Arbeitskraft als Teilzeitkraft einzustellen.[687] Fraglich ist somit, wel-

---

681 S. dazu im Einzelnen KSchR-*Zwanziger*, § 8 TzBfG Rdn. 22; Meinel/Heyn/Herms-*Heyn*, § 8 TzBfG Rdn. 61.

682 Vgl. die Ausführungen *Wanks*, EuroAS 2001, 186, 189 f.

683 ArbG Bonn v. 20. 6. 2001, NZA 2001, 973, 975 („Bedürfnis konstant vorhandener Bezugspersonen"); ArbG Stuttgart v. 12. 11. 2001, AuR 2002, 77, 77; LAG Köln v. 4. 12. 2001, AuR 2002, 189, 190 („Bindung bestimmter Aufgaben an die Kontinuität der Person des Arbeitnehmers").

684 S. zu dieser Fallgruppe vor allem LAG Köln v. 4. 12. 2001, AuR 2002, 189, 190. Vgl. zudem ArbG Stuttgart v. 5. 7. 2001, NZA 2001, 968, 970 („widersprüchliches Verhalten des Arbeitgebers").

685 Begründung des Gesetzentwurfs der Bundesregierung, BT-Drs. 14/4374, S. 17.

686 S. dazu im Einzelnen Meinel/Heyn/Herms-*Heyn*, § 8 TzBfG Rdn. 74.

687 ArbG Mönchengladbach v. 30. 5. 2001, NZA 2001, 970, 973; ArbG Stuttgart v. 5. 7. 2001, NZA 2001, 968, 970; ArbG Wetzlar v. 26. 9. 2001, AuR 2002, 77, 77; ArbG Arnsberg v. 22. 1. 2002, NZA 2002, 563, 564.

chen Anforderungen die Bemühungen des Arbeitgebers zur Einstellung einer solchen Ersatzkraft gerecht werden müssen.

Ausreichend erscheint zumindest die regelmäßige Nachfrage beim Arbeitsamt bei gleichzeitiger Veröffentlichung von Stellenanzeigen. Mehr kann von der Vertragspartei des Arbeitgebers unter keinen Umständen verlangt werden.[688] Zudem genügt es, wenn der Arbeitgeber auf erhebliche Schwierigkeiten bei der Besetzung einer entsprechenden Stelle in der unmittelbaren Vergangenheit verweist. Von vornherein wirkungslose Mittel muss er schlechthin nicht ergreifen.[689] Lediglich kurzzeitige Schwierigkeiten bei der Neubesetzung eines entsprechenden Arbeitsplatzes in der Vergangenheit, beträchtliche Probleme bei der Suche nach einer Ersatzkraft für einen anderen Tätigkeitsbereich oder aber Schwierigkeiten im Rahmen einer länger zurückliegenden Rekrutierungsmaßnahme entbinden den Arbeitgeber hingegen nicht davon, sich ernsthaft um eine Ersatzkraft zu bemühen. Die vom Gesetzgeber intendierte Verpflichtung des Arbeitgebers zur Einstellung einer weiteren Arbeitskraft würde andernfalls entwertet.[690]

Finden sich entsprechende Bewerber für eine neu zu besetzende Arbeitsstelle, so bedarf es zu ihrer Ablehnung einer nachvollziehbaren Begründung. Auch hier genügt ein bloß pauschaler Hinweis auf die fehlende fachliche oder persönliche Eignung des jeweiligen Bewerbers nicht.[691] Wie schon im Rahmen der anderen beiden Fallgruppen entgegenstehender „betrieblicher Gründe" i. S. des § 8 Abs. 4 S. 1 TzBfG muss sich der Arbeitgeber folglich auch hier mit den Besonderheiten des Einzelfalls intensiv beschäftigen.[692]

Die arbeitsgerichtliche Rechtsprechung hat bislang nur unzureichend konkretisiert, inwieweit sich der Arbeitgeber um eine geeignete Ersatzkraft bemühen muss.[693] Es ist hervorzuheben, dass der Arbeitgeber in-

---

688 *Lindemann/Simon*, BB 2001, 146, 148 f.; Meinel/Heyn/Herms-*Heyn*, § 8 TzBfG Rdn. 76; TZA-*Buschmann*, § 8 TzBfG Rdn. 31a. S. dazu auch KSchR-*Zwanziger*, § 8 TzBfG Rdn. 28.

689 Dies gilt insbesondere dann, wenn ein Mangel an entsprechenden Fachkräften innerhalb der arbeitsrechtlichen Praxis offensichtlich ist. S. dazu *Wank*, EuroAS 2001, 186, 190.

690 S. dazu *Däubler*, ZIP 2001, 217, 221.

691 Meinel/Heyn/Herms-*Heyn*, § 8 TzBfG Rdn. 77.

692 S. dazu *Beckschulze*, DB 2000, 2598, 2599.

693 Offen bleiben die konkreten Anforderungen an das Verhalten des Arbeitgebers beispielsweise in den Entscheidungen ArbG Mönchengladbach v. 30. 5. 2001, NZA 2001, 970, 973; ArbG Stuttgart v. 5. 7. 2001, NZA 2001, 968, 970; ArbG

nerhalb einer Entscheidung allein zur Nachfrage beim Arbeitsamt, nicht aber zur Veröffentlichung einer Stellenanzeige verpflichtet worden ist.[694] Es bleibt somit abzuwarten, welche Anforderungen die Rechtsprechung an das Handeln des Arbeitgebers in Zukunft stellen wird.

3. Ergebnis

Insgesamt kann somit festgestellt werden, dass an die Abweisung eines Antrags auf Verringerung der Arbeitszeit infolge der gesetzlichen Ausgestaltung des § 8 Abs. 4 S. 1 TzBfG und aufgrund des verfassungsrechtlich gebotenen Schutzes der Grundrechte des Arbeitgebers sowohl materiellrechtlich als auch verfahrensmäßig nicht all zu hohe Anforderungen gestellt werden dürfen. Der Arbeitgeber wird zwar verpflichtet, sich mit der Möglichkeit der Verwirklichung des Teilzeitwunsches des Arbeitnehmers im Einzelnen auseinander setzen, seine unternehmerische Entscheidungsfreiheit wird allerdings nicht unangemessen beeinträchtigt.

Durch die arbeitsgerichtliche Rechtsprechung wird die Effektivität des Teilzeitanspruchs demgegenüber in Teilbereichen weit weniger eingeschränkt als von Gesetzes wegen vorgegeben. Aufgrund der hohen Anforderungen an die Darlegungs- und Beweislast dürften Arbeitgeber derzeit Schwierigkeiten haben, die Reduzierung der Arbeitszeit zu verhindern. Die Praktikabilität des Teilzeitanspruchs des Arbeitnehmers wird durch die Regelung des § 8 Abs. 4 S. 1 TzBfG folglich nur unerheblich gemindert. Auch zulasten des Arbeitnehmers verbleibt jedoch ein nicht unwesentliches Maß an Rechtsunsicherheit.

III. Beteiligung des Betriebsrats

Die Beteiligung des Betriebsrats an der Veränderung der Arbeitszeit nach § 8 TzBfG kommt prinzipiell in zweierlei Hinsicht in Betracht. Zum einen könnte die Realisierung von Teilzeitwünschen des Arbeitnehmers mittels eines der Entscheidung des Arbeitgebers vorgelagerten förmlichen Beteiligungsverfahrens unterstützt werden. In Anlehnung an § 102 Abs. 1 S. 3 BetrVG wäre danach die Abweisung eines Antrags auf Reduzierung der Arbeitszeit ohne eine vorherige Anhörung des Betriebsrats unwirksam. Ein solches Verfahren, welches die individuelle Rechtsposi-

---

Wetzlar v. 26. 9. 2001, AuR 2002, 77, 77; ArbG Arnsberg v. 22. 1. 2002, NZA 2002, 563, 565.

694 LAG Kiel v. 23. 10. 2001 (Juris-Nr. KARE600004702).

tion des änderungswilligen Arbeitnehmers stärkt, hat der Gesetzgeber allerdings nicht vorgesehen.[695]

Zum anderen könnte die Mitbestimmung des Betriebsrats unmittelbar an die Veränderung der Arbeitszeit anknüpfen. Sowohl die Verringerung der Arbeitszeit als auch die Änderung der Arbeitszeitlage könnten eine Beteiligung des Betriebsrats gemäß den §§ 87, 99 BetrVG erforderlich machen.[696] Der Mitwirkung des Betriebsrats könnte danach im Hinblick auf die Effektivität des Teilzeitanspruchs eine nicht unerhebliche Bedeutung zukommen. Beide Vorschriften dienen zumindest auch der Wahrung der Interessen der Belegschaft.[697] Diese stehen im Einzelfall der Verwirklichung individueller Teilzeitbegehren entgegen.[698] *Schüren* vermutet infolgedessen, dass das Erfordernis der betrieblichen Mitbestimmung im Fall der Veränderung der Arbeitszeit nach § 8 TzBfG „einiges Konfliktpotenzial" in sich birgt.[699]

1. § 87 BetrVG

Die Befugnis des Betriebsrats zur Mitwirkung in Fragen der Dauer der Arbeitszeit beschränkt sich entsprechend der gesetzlichen Regelung des § 87 Abs. 1 Nr. 3 BetrVG allein auf die „vorübergehende Verkürzung oder Verlängerung der betriebsüblichen Arbeitszeit". Im Hinblick auf die unbefristete und somit dauerhafte Verringerung der Arbeitszeit nach § 8 TzBfG besteht demzufolge kein Mitbestimmungsrecht.[700]

---

695 *Schüren*, AuR 2001, 321, 324.

696 Die Beteiligung der „Arbeitnehmervertretung" – erfasst werden neben Betriebs- und Personalräten auch Mitarbeitervertretungen im kirchlichen Bereich – findet innerhalb des Teilzeit- und Befristungsgesetzes allein im Rahmen des § 7 Abs. 3 TzBfG Erwähnung. Mitbestimmungsrechte bestehen allerdings nach den allgemeinen Vorschriften auch darüber hinaus (vgl. die Begründung des Gesetzentwurfs der Bundesregierung, BT-Drs. 14/4374, S. 16; KSchR-*Zwanziger*, § 8 TzBfG Rdn. 53; *Schüren*, AuR 2001, 321, 321).

697 Zur Vorschrift des § 87 BetrVG s. insoweit Düwell-*Kothe*, § 87 BetrVG Rdn. 1 f. Zur Regelung des § 99 BetrVG vgl. Richardi-*ders./Thüsing*, § 99 BetrVG Rdn. 9.

698 Deutlich insoweit *Rieble/Gutzeit*, NZA 2002, 7, 11; *Schüren*, AuR 2001, 321, 324. S. auch *Birk*, Gutachten für den 60. DJT 1994, E 89.

699 *Schüren*, AuR 2001, 321, 321.

700 *Fitting/Kaiser/Heither/Engels*, § 87 BetrVG Rdn. 124; Meinel/Heyn/Herms-*Heyn*, § 8 TzBfG Rdn. 12; *Rieble/Gutzeit*, NZA 2002, 7, 8; *Schiefer*, Teilzeitarbeit, S. 56. Vgl. auch BAG v. 21. 11. 1978, AP Nr. 2 zu § 87 BetrVG 1972 Arbeitszeit; BAG v. 18. 8. 1987, AP Nr. 23 zu § 77 BetrVG 1972; Kittner/Zwanziger-*Schoof*, § 44 Rdn. 25; Münch-ArbR-*Matthes*, § 334 Rdn. 3; *Stege/Weinspach*, § 87 BetrVG Rdn. 62a. Anders äußert sich hingegen Däubler/Kittner/Klebe-*ders.*, § 87 BetrVG Rdn. 71 ff.

Die Verteilung der Arbeitszeit unterliegt dagegen der Mitwirkung des Betriebsrats. Erfasst wird von § 87 Abs. 1 Nr. 2 BetrVG neben der Festlegung von „Beginn und Ende der täglichen Arbeitszeit" auch die „Verteilung der Arbeitszeit auf die einzelnen Wochentage". Ein Beteiligungsrecht des Betriebsrats kommt danach auch bezüglich der Neubestimmung der Arbeitszeitlage gemäß § 8 TzBfG in Betracht. Da die Vertragsparteien die Verteilung dem Grunde nach selbst regeln, bildet die Vorschrift des § 8 TzBfG keine die Mitbestimmung des Betriebsrats ausschließende gesetzliche Regelung gemäß § 87 Abs. 1 HS. 1 BetrVG.[701]

Entscheidend für das Mitbestimmungsrecht des Betriebsrats im Rahmen des § 8 TzBfG ist demzufolge, ob die Neuverteilung der Arbeitszeit einen „kollektiven Tatbestand" i. S. des § 87 Abs. 1 BetrVG bildet. Ein Mitwirkungsrecht des Betriebsrats besteht allein unter dieser Voraussetzung.[702]

Buschmann hebt in diesem Zusammenhang hervor, die Veränderung der Lage der Arbeitszeit eines einzelnen Arbeitnehmers nach § 8 TzBfG bedürfe stets der Beteiligung des Betriebsrats gemäß § 87 Abs. 1 Nr. 2 BetrVG. „Die Arbeitszeit auch der einzelnen Arbeitnehmer steht in einem funktionellen Zusammenhang mit der Arbeitszeitlage anderer Arbeitnehmer. Der Arbeitgeber hat somit den Betriebsrat vor jeder individuellen Arbeitszeitverkürzung zu konsultieren und mit ihm eine einvernehmliche Regelung herbeizuführen."[703] Andere Vertreter des arbeitsrechtlichen Schrifttums weisen dagegen darauf hin, dass allein „die bloße Auswirkung auf die Arbeitszeit anderer Arbeitnehmer" das Erfordernis der Mitbestimmung des Betriebsrats nach § 87 Abs. 1 Nr. 2 BetrVG nicht auslöse. An einem „kollektiven Tatbestand" i. S. der Vorschrift könne es auch

---

701 So auch *U. Preis/Gotthardt*, DB 2001, 145, 149; *Rieble/Gutzeit*, NZA 2002, 7, 9 f.; *Stege/Weinspach*, § 87 BetrVG Rdn. 27; TZA-*Buschmann*, § 8 TzBfG Rdn. 36. A. A. *Schiefer*, FA 2001, 258, 259 f. Entsprechend äußern sich im Hinblick auf das Verhältnis des § 15 Abs. 7 BErzGG zu § 87 Abs. 1 Nr. 3 BetrVG auch *Gaul/Wisskirchen*, BB 2000, 2466, 2468.

702 Für die arbeitsgerichtliche Rechtsprechung vgl. insoweit BAG v. 18. 11. 1980, AP Nr. 3 zu § 87 BetrVG 1972; BAG GS v. 3. 12. 1991, AP Nr. 51 zu § 87 BetrVG 1972 Lohngestaltung. Stellvertretend für das überwiegende arbeitsrechtliche Schrifttum s. Fabricius/Kraft/Wiese/Kreutz-*Wiese*, § 87 BetrVG Rdn. 15 ff.; Richardi-*ders.*, § 87 BetrVG Rdn. 15 ff.

703 *Buschmann*, Anm. zu LAG Berlin v. 18. 1. 2002, AuR 2002, 191, 192; TZA-*Buschmann*, § 8 TzBfG Rdn. 8, 36. Ähnlich auch Münch-ArbR-*Schüren*, § 169 Rdn. 12, der darauf hinweist, dass eine „abweichende Arbeitszeitregelung im Einzelfall, von seltenen Ausnahmen abgesehen" anders als die Vereinbarung einer besonderen Vergütungsregelung zwischen Arbeitgeber und Arbeitnehmer „stets Kollektivbezug habe".

dann fehlen, wenn die Veränderung der Arbeitszeitlage eines einzelnen Arbeitnehmers die Arbeitszeit anderer Arbeitnehmer beeinflusse.[704]

Der Ansicht *Buschmanns* ist entgegenzuhalten, dass sie von der Existenz eines tatsächlich nicht bestehenden Automatismus ausgeht. Die Neuverteilung der verringerten Arbeitszeit eines einzelnen Arbeitnehmers nach § 8 TzBfG wirkt sich nicht zwangsläufig auch auf andere Arbeitsverhältnisse aus. Dafür spricht nicht zuletzt die gesetzliche Ausgestaltung des Teilzeitanspruchs, welche neben schwerwiegenden auch lediglich geringfügige Veränderungen der Arbeitszeit erlaubt. *Rieble* und *Gutzeit* führen insoweit das passende Beispiel einer Mutter an, welche mit Billigung des Arbeitgebers jeden Tag zehn Minuten später zur Arbeit kommt, um vor Arbeitsbeginn ihre Kinder zur Schule zu bringen.[705] Mit dem überwiegenden Schrifttum ist danach festzustellen, dass auch im Rahmen des § 8 TzBfG allein die Umstände des Einzelfalls über das Vorliegen eines „kollektiven Tatbestandes“ entscheiden.[706]

Wesentlich für die Annahme eines „kollektiven Tatbestands“ sind demzufolge die konkreten Anforderungen an dieses ungeschriebene Tatbestandsmerkmal. Genügt es, dass sich die Neubestimmung der Lage der Arbeitszeit eines Arbeitnehmers auch auf die Arbeitszeitlage anderer Arbeitnehmer auswirkt oder aber bestehen darüber hinaus weitere Erfordernisse?[707] Maßgeblich für das Bestehen eines „kollektiven Tatbestands“ ist sowohl nach der arbeitsgerichtlichen Rechtsprechung als auch nach dem überwiegenden Schrifttum, dass bei der Gestaltung von Arbeitsverhältnissen nicht allein solche Umstände die entsprechende Maßnahme bedingen, welche allein den einzelnen Arbeitnehmer betreffen. Stattdessen müssen darüber hinaus betriebliche Gründe den Arbeitgeber zum Handeln veranlassen. „Dient die Regelung der Befriedigung eines betrieblichen Bedürfnisses, so ist auch in einem Einzelfall das Mitbestimmungsrecht gegeben. Es besteht dagegen nicht, wenn eine Rege-

---

[704] *Wank*, EuroAS 2001, 186, 190 f. S. auch *U. Preis/Gotthardt*, DB 2001, 145, 149 f.; *Rolfs*, RdA 2001, 129, 137; *Wank*, in: FS Wiese, 617, 628 ff.

[705] *Rieble/Gutzeit*, NZA 2002, 7, 12.

[706] Däubler/Kittner/Klebe-*ders.*, § 87 BetrVG Rdn. 15 f.; *Wank*, in: FS Wiese, 617, 630 f.

[707] Zum ungeschriebenen Merkmal des „kollektiven Tatbestandes“ i. S. des § 87 Abs. 1 BetrVG vgl. insbesondere *Raab*, ZfA 2001, 31, 31 ff.; Richardi-*ders.*, § 87 BetrVG Rdn. 15 ff.; *Wank*, in: FS Wiese, 617, 617 ff.

lung nur den individuellen Besonderheiten oder Wünschen eines Arbeitnehmers Rechnung trägt."[708]

Im Hinblick auf die Mitwirkung des Betriebsrats bei der Veränderung der Arbeitszeitlage von Arbeitnehmern nach § 8 TzBfG bedeutet dies, dass es für die Beteiligung des Betriebsrats nicht genügt, dass sich die Neubestimmung der Lage der Arbeitszeit auch auf andere Arbeitsverhältnisse auswirkt. Stattdessen ist erforderlich, dass das Handeln des Arbeitgebers nicht nur der Verwirklichung des individuellen Teilzeitanspruchs dient, sondern darüber hinaus auch ein zusätzliches betriebliches Bedürfnis befriedigt.[709] Ein solches dürfte innerhalb der arbeitsrechtlichen Praxis in den meisten Fällen der Realisierung von Teilzeitwünschen nicht vorliegen. Der Arbeitgeber kommt üblicherweise allein seinen Verpflichtungen aus § 8 TzBfG nach.[710]

Entgegen der Auffassung von *Rieble* und *Gutzeit* wird die „Attraktivität der Teilzeit nach Wunsch" durch die Mitbestimmung des Betriebsrats nach § 87 Abs. 1 Nr. 2 BetrVG folglich kaum geschmälert.[711] Besteht allerdings eine Betriebsvereinbarung über die Lage der Arbeitszeit, so kann der Arbeitnehmer eine dieser widersprechende Veränderung seiner Arbeitszeitlage nach § 8 TzBfG nicht verlangen. Ein entsprechender Antrag des Arbeitnehmers ist unwirksam.[712]

---

708 Richardi-*ders.*, § 87 BetrVG Rdn. 25. S. auch BAG v. 25. 2. 1983, AP Nr. 2 zu § 23 BetrVG 1972; BAG v. 27. 6. 1989, BAGE 62, 202, 208 f.; Däubler/Kittner/Klebe-*ders.*, § 87 BetrVG Rdn. 16; Münch-ArbR-*Matthes*, § 332 Rdn. 25 f.; *Stege/Weinspach*, § 87 BetrVG Rdn. 17; *Wlotzke*, § 87 BetrVG S. 254. Unzutreffend interpretiert in diesem Zusammenhang hingegen *Raab*, NZA 1993, 193, 196 die arbeitsgerichtliche Rechtsprechung.

709 *U. Preis/Gotthardt*, DB 2001, 145, 149 f.; *Rolfs*, RdA 2001, 129, 137; *Wank*, EuroAS 2001, 186, 190 f. Ähnlich insoweit auch TZA-*Buschmann*, § 87 BetrVG Rdn. 8, der für den Fall der „Verwirklichung eines außerhalb des Betriebs liegenden persönlichen Freizeitinteresses des Arbeitnehmers" ebenfalls das Vorliegen eines kollektiven Tatbestands verneint.

710 Vgl. die entsprechenden Ausführungen bei Meinel/Heyn/Herms-*Heyn*, § 8 TzBfG Rdn. 12; *U. Preis/Gotthardt*, DB 2001, 145, 149 f.; *Rolfs*, RdA 2001, 129, 137; *Schiefer*, FA 2001, 258, 260; *Wank*, EuroAS 2001, 186, 190 f. A. A. hingegen KSchR-*Zwanziger*, § 8 TzBfG Rdn. 54; Richardi/Annuß, BB 2000, 2201, 2203; TZA-*Buschmann*, § 87 BetrVG Rdn. 8.

711 *Rieble/Gutzeit*, NZA 2002, 7, 12 f.

712 *Wank*, EuroAS 2001, 186, 190. *Fitting/Kaiser/Heither/Engels*, § 87 BetrVG Rdn. 125; *U. Preis/Gotthardt*, DB 2001, 145, 149; TZA-*Buschmann*, § 8 TzBfG Rdn. 36 interpretieren die entsprechende Betriebsvereinbarung demgegenüber als entgegenstehenden „betrieblichen Grund" i. S. des § 8 Abs. 4 S. 1 TzBfG.

2. § 99 BetrVG

Die Veränderung der Arbeitszeit nach § 8 TzBfG könnte zudem als personelle Einzelmaßnahme der Zustimmung des Betriebsrats nach § 99 BetrVG bedürfen. Sie könnte sowohl als „Versetzung" i. S. des § 95 Abs. 3 BetrVG als auch als „Einstellung" einzuordnen sein.[713]

Die Maßnahme der „Versetzung" zeichnet sich gemäß § 95 Abs. 3 BetrVG dadurch aus, dass dem Arbeitnehmer ein anderer Arbeitsbereich als der bisherige zugewiesen wird. Erforderlich ist danach, dass sich der Gegenstand der geschuldeten Arbeitsleistung, der Inhalt der Arbeitsaufgabe und das Gesamtbild der Tätigkeit ändern.[714] Der gegen den Willen des Arbeitgebers durchsetzbare Teilzeitanspruch bewirkt dies gerade nicht. Der Arbeitnehmer kann nach § 8 TzBfG allein seine Arbeitszeit verringern und diese anschließend neu positionieren. Eine „Versetzung" i. S. des § 95 Abs. 3 liegt deshalb nicht vor.[715] *Rolfs* weist außerdem darauf hin, dass der Versetzungsbegriff an die Zuweisung eines anderen Arbeitsbereichs und damit an die „Initiative des Arbeitgebers" anknüpft. Im Rahmen des § 8 TzBfG geht die Initiative hingegen von der Vertragspartei des Arbeitnehmers aus.[716]

Eine „Einstellung" i. S. des § 99 BetrVG stellt die Veränderung der Arbeitszeit nach § 8 TzBfG entgegen der Auffassung *Schürens* ebenfalls nicht dar.[717] Auch dieser räumt zwar ein, es liege „keine für eine Einstel-

---

713 Die Qualifizierung einer bloßen Veränderung der Arbeitszeit als „Umgruppierung" i. S. des § 99 BetrVG scheidet hingegen von vornherein aus. Die Umgruppierung setzt voraus, dass nicht nur die Arbeitzeit des Arbeitnehmers geändert wird, sondern darüber hinaus eine Neueinstufung des Arbeitnehmers in eine andere betriebliche oder tarifliche Lohn- bzw. Gehaltsgruppe stattfindet (s. dazu *Fitting/Kaiser/Heither/Engels*, § 99 BetrVG Rdn. 86 ff.; *Stege/Weinspach*, §§ 99-101 BetrVG Rdn. 128a).

714 BAG v. 29. 2. 2000, AP Nr. 36 zu § 95 BetrVG 1972; BAG v. 28. 3. 2000, AP Nr. 39 zu § 95 BetrVG 1972; Meinel/Heyn/Herms-*Heyn*, § 8 TzBfG Rdn. 13; *Stege/Weinspach*, §§ 99-101 BetrVG Rdn. 155.

715 *Fitting/Kaiser/Heither/Engels*, § 99 BetrVG Rdn. 126 f.; KSchR-*Zwanziger*, § 8 Rdn. 54; *Hanau*, NZA 2001, 1168, 1172; *Kliemt*, NZA 2001, 63, 70; *Lakies*, DZWIR 2001, 1, 5; *U. Preis/Gotthardt*, DB 2001, 145, 150; *Rolfs*, RdA 2001, 129, 137 f.; *Schiefer*, Teilzeitarbeit, S. 59. Vgl. zudem *Eich*, Anm. zu LAG Frankfurt a. M. v. 14. 6. 1988, BB 1989, 145, 146; Richardi-*ders./Thüsing*, § 99 BetrVG Rdn. 107; *Stege/Weinspach*, §§ 99-101 BetrVG Rdn. 158a.

716 *Rolfs*, RdA 2001, 129, 138. Vgl. auch BAG v. 20. 9. 1990, AP Nr. 84 zu § 99 BetrVG 1972; BAG v. 19. 2. 1991, AP Nr. 26 zu § 95 BetrVG 1972.

717 So auch *Fitting/Kaiser/Heither/Engels*, § 99 BetrVG Rdn. 40; *Kliemt*, NZA 2001, 63, 70; Meinel/Heyn/Herms-*Heyn*, § 8 TzBfG Rdn. 14; *Wank*, EuroAS 2001, 186, 191. Vgl. zudem LAG Frankfurt a. M. v. 14. 6. 1988, BB 1989, 145, 145; Richardi-

lung typische erstmalige Eingliederung in den Betrieb" vor, stattdessen bewirke jedoch die Reduzierung des Arbeitszeitumfangs eine so „gewichtige Änderung wesentlicher Bedingungen der Eingliederung", dass die Verkürzung der Arbeitszeit nach § 8 TzBfG betriebsverfassungsrechtlich als „Einstellung" zu bewerten sei. Es bedürfe demzufolge stets der Zustimmung des Betriebsrats.[718] Wie bereits *Buschmann* im Rahmen der Untersuchung der Mitbestimmung nach § 87 Abs. 1 Nr. 2 BetrVG, so berücksichtigt auch *Schüren* nicht hinreichend, dass die Verringerung der Arbeitszeit nach § 8 TzBfG nicht in allen Fällen das Arbeitsverhältnis spürbar verändert. Von einer „gewichtigen Änderung wesentlicher Bedingungen der Eingliederung" kann demzufolge – sollte dies überhaupt möglich sein – nur in Einzelfällen gesprochen werden.[719]

Es bestehen allerdings erhebliche Zweifel an der grundsätzlichen Zulässigkeit der Einordnung der Arbeitszeitverringerung als „Einstellung" i. S. des § 99 BetrVG. Der Hinweis *Schürens*, die Reduzierung der Arbeitszeit führe zu einer Veränderung der „Bedingungen der Eingliederung" und damit zugleich zu einer Änderung der für die Zustimmungsverweigerung maßgeblichen Umstände, trifft nicht zu.[720] Die Maßnahme der „Einstellung" zeichnet sich ebenso wie die der „Versetzung" durch die Zuweisung eines funktionalen und räumlichen Arbeitsbereichs aus. Erst mittels dieser wird der Arbeitnehmer in den Betrieb eingegliedert.[721] Der Arbeitsbereich eines bereits beschäftigten Arbeitnehmers ändert sich allerdings dann nicht, wenn allein der Umfang oder die Lage der Arbeitszeit modifiziert wird.[722] Die Umwandlung eines Vollzeit- in ein Teilzeitar-

---

ders./Thüsing, § 99 BetrVG Rdn. 29, 44, 47; *Schiefer*, Teilzeitarbeit, S. 59; *Stege/ Weinspach*, §§ 99-101 BetrVG Rdn. 19h.

718 Münch-ArbR-*Schüren*, Erg.-Bd., § 164 Rdn. 47 f.; *Schüren*, AuR 2001, 321, 324 f.

719 Diese Ansicht teilt auch *Lakies*, DZWIR 2001, 1, 5, indem er feststellt, dass „eine grundlegende Änderung der Umstände der Beschäftigung" eine Einstellung i. S. des § 99 BetrVG „darstellen kann". Ähnlich auch BAG v. 28. 4. 1998, AP Nr. 22 zu § 99 BetrVG 1972 Einstellung, wonach der Begriff der Einstellung eine „grundlegende Veränderung der Umstände der Beschäftigung" voraussetzt.

720 Münch-ArbR-*Schüren*, Erg.-Bd., § 164 Rdn. 47 f.; *Schüren*, AuR 2001, 321, 324 f.

721 BAG v. 25. 10. 1994, AuR 2001, 146, 147. Deutlich insoweit auch LAG Niedersachsen v. 12. 9. 2000, AP Nr. 29 zu § 99 BetrVG 1972 Einstellung, welches die „Verwirklichung des arbeitstechnischen Zwecks des Betriebs" betont.

722 BAG v. 25. 10. 1994, AuR 2001, 146, 147; A. A. für den Fall der Verlängerung der Arbeitszeit hingegen BVerwG v. 21. 7. 1994, ZTR 1995, 187, 187 f.; LAG Niedersachsen v. 12. 9. 2000, AP Nr. 29 zu § 99 BetrVG 1972 Einstellung. Zur

beitsverhältnis oder aber die Verringerung der Arbeitszeit eines schon bislang Teilzeitbeschäftigten stellt folglich keine „Einstellung" i. S. des § 99 BetrVG dar.[723] Ein anderes Ergebnis würde den Bedeutungsgehalt des gesetzlichen Begriffs der Einstellung unzulässiger Weise „überdehnen".[724]

Die Reduzierung der Arbeitszeit nach § 8 TzBfG bildet weder eine „Versetzung" noch eine „Einstellung" i. S. des § 99 BetrVG. Bei der Veränderung der Arbeitszeit bestehen allein nach § 87 Abs. 1 Nr. 2 BetrVG und selbst hier ausschließlich in wenigen Ausnahmefällen Mitbestimmungsrechte des Betriebsrats. Die Effektivität des Teilzeitanspruchs des Arbeitnehmers wird trotz der im Einzelfall nicht unerheblichen Auswirkungen auf die Arbeitsverhältnisse anderer Mitarbeiter durch das Recht der Beteiligung des Betriebsrats üblicherweise nicht beeinträchtigt.

IV. Verfahrensmäßige Ausgestaltung der Arbeitszeitverringerung

Die verfahrensmäßige Ausgestaltung der Reduzierung der Arbeitszeit nach § 8 TzBfG beeinflusst die Effektivität des Teilzeitanspruchs insgesamt nicht unerheblich. Zwar bedarf es zur Durchsetzung des Teilzeitanspruchs im Fall des Schweigens des Arbeitgebers infolge der Fiktionswirkung des § 8 Abs. 5 S. 2, 3 TzBfG eines arbeitsgerichtlichen Verfahrens gerade nicht,[725] andere Beschränkungen bestehen allerdings.

Zulasten des Arbeitnehmers wirken sich vor allem die hohen Anforderungen an die Durchsetzung des Teilzeitanspruchs im Rahmen des vorläufigen Rechtsschutzes aus. Wegen der üblicherweise nicht unerheblichen Dauer eines entsprechenden arbeitsgerichtlichen Hauptsacheverfahrens ist die Befugnis des Arbeitnehmers, die Reduzierung seiner Arbeitszeit im Wege der einstweiligen Verfügung zu verfolgen, von enormer Bedeutung.[726] Entgegen der Auffassung einzelner Vertreter des ar-

---

berechtigten Kritik an der letztgenannten Entscheidung s. *Schiefer*, Teilzeitarbeit, S. 64 f.

[723] Richardi-*ders./Thüsing*, § 99 BetrVG Rdn. 29, 44, 47; *Schiefer*, FA 2001, 258, 261. S. auch *Fitting/Kaiser/Heither/Engels*, § 99 BetrVG Rdn. 127.

[724] *Wank*, EuroAS 2001, 186, 191.

[725] Lehnt der Arbeitgeber die Verringerung der Arbeitszeit hingegen form- und fristgemäß ab, so muss der Arbeitnehmer zur Reduzierung seiner Arbeitszeit Klage vor dem Arbeitsgericht erheben. Im Fall der eigenmächtigen Verringerung droht dem Arbeitnehmer die Kündigung seines Arbeitsvertrages (s. dazu im Einzelnen *Beckschulze*, DB 2000, 2598, 2604 f.).

[726] Deutlich *Grobys/Bram*, NZA 2001, 1175, 1175; *Hinrichs*, AiB 2001, 65, 69 f.

beitsrechtlichen Schrifttums ist ein solches Vorgehen auch prinzipiell zulässig.[727]

Die Anordnung einer einstweiligen Verfügung bedarf sowohl nach der arbeitsgerichtlichen Rechtsprechung als auch nach der überwiegenden Literatur der Abwehr „wesentlicher Nachteile" des Arbeitnehmers.[728] Dies ist beispielsweise der Fall, wenn zwingende familiäre Verpflichtungen die Verringerung der Arbeitszeit bedingen.[729] Der Arbeitnehmer muss glaubhaft machten, dass den erwarteten Nachteilen auf keine andere Weise entgegengetreten werden kann. Er wird somit verpflichtet, im Voraus „alle zumutbaren Anstrengungen" auf sich zu nehmen.[730] Anders als im arbeitsgerichtlichen Hauptsacheverfahren bedarf es zur Reduzierung der Arbeitszeit nach § 8 TzBfG im Rahmen des vorläufigen Rechtsschutzes folglich eines sachlichen Grundes für die Einwirkung des Arbeitnehmers auf das bestehende Arbeitsverhältnis.[731] Die dargelegte Systemwidrigkeit der gesetzlichen Regelung schlägt sich demnach an dieser Stelle nicht nieder.

Die Vorschrift des § 8 Abs. 5 S. 4 TzBfG ermöglicht dem Arbeitgeber, die im Zusammenhang mit der Verkürzung der Arbeitszeit erfolgte Festlegung der Verteilung der Arbeitszeit gegen den Willen des Arbeitnehmers zu modifizieren.[732] Trotz der dazu erforderlichen Veränderung des

---

727 Die Zulässigkeit der Verfolgung des Teilzeitanspruchs im Wege der einstweiligen Verfügung lehnen *Lakies*, DZWIR 2001, 1, 5; *Rolfs*, RdA 2001, 129, 136; *Schiefer*, Teilzeitarbeit, S. 54 f. ab. Befürworter eines solchen Vorgehens sind hingegen *Beckschulze*, DB 2000, 2598, 2606; *Däubler*, ZIP 2001, 217, 219; *Diller*, NZA 2001, 589, 590; *Kliemt*, NZA 2001, 63, 67 f.; Meinel/Heyn/Herms-*Heyn*, § 8 TzBfG Rdn. 128; *Straub*, NZA 2001, 919, 925.

728 ArbG Berlin v. 12. 19. 2001, DB 2001, 2727, 2728 f.; LAG Köln v. 5. 3. 2002, AuR 2002, 317, 317; LAG Rheinland-Pfalz v. 12. 4. 2002, NZA 2002, 856, 857 f.; *Kliemt*, NZA 2001, 63, 67 f. Zu weit dehnen demgegenüber KSchR-*Zwanziger*, § 8 TzBfG Rdn. 58; TZA-*Buschmann*, § 8 TzBfG Rdn. 40 die Möglichkeiten des vorläufigen Rechtsschutzes aus. Ihrer Ansicht nach genügt der allgemeine Hinweis darauf, es sei prinzipiell unzumutbar, das Hauptsacheverfahren abzuwarten.

729 ArbG Berlin v. 12. 10. 2001, DB 2001, 2727, 2728 f.; Rheinland-Pflalz v. 12. 4. 2002, NZA 2002, 856, 857 f.; *Gotthardt*, NZA 2001, 1183, 1186; *Lindemann/Simon*, BB 2001, 146, 150 f.; Meinel/Heyn/Herms-*Heyn*, § 8 TzBfG Rdn. 128.

730 ArbG Oldenburg v. 26. 3. 2002, NZA 2002, 908, 910; *Kliemt*, NZA 2001, 63, 67.

731 Dies heben auch *Grobys/Bram*, NZA 2001, 1175, 1181 hervor.

732 Der Wortsinn der Vorschrift erstreckt das Gestaltungsrecht des § 8 Abs. 5 S. 4 TzBfG allein auf die Fälle der einvernehmlichen Verteilung der Arbeitszeit nach Abs. 3 S. 2 der Bestimmung und auf die infolge der Fiktionswirkung des Abs. 5 S. 3 der Vorschrift eingetretene Verteilung. Erfasst wird allerdings außerdem die Verteilung der Arbeitszeit im Fall ihrer gerichtlichen Durchsetzung. Die Interessenlagen der Beteiligten stimmen insoweit überein (*U. Preis/Gotthardt*, DB 2001,

Arbeitsvertrages braucht der Arbeitgeber die strengen Voraussetzungen der Änderungskündigung nicht erfüllen.[733] Stattdessen muss sein betriebliches Änderungsinteresse das Interesse des Arbeitnehmers an der Beibehaltung der gegenwärtigen Verteilung „erheblich überwiegen".[734] Der Schutz der nach § 8 TzBfG erfolgten Verteilung der Arbeitszeit fällt demzufolge deutlich geringer aus als der Schutz der entsprechenden Verringerung der Arbeitszeit.[735]

Selbst wenn im Rahmen der Antragstellung die gewünschte Verringerung und die geforderte Verteilung der Arbeitszeit im Einzelfall durch den Arbeitnehmer konditional miteinander verknüpft worden sind,[736] eröffnet die Regelung des § 8 Abs. 5 S. 4 TzBfG dem Arbeitgeber die Möglichkeit, diese Verbindung nachträglich zu lösen. Die Reduzierung der Arbeitszeit nach § 8 TzBfG beinhaltet folglich ein gewisses Gefahrenpotenzial zulasten des Arbeitnehmers. Er kann nicht darauf vertrauen, dass die für ihn im Einzelfall besonders bedeutsame Festlegung der Verteilung der Arbeitszeit nach § 8 TzBfG allein unter den strengen Voraussetzungen der Änderungskündigung durch den Arbeitgeber verändert werden darf.

Die gesetzliche Regelung des § 8 Abs. 6 TzBfG fungiert zugunsten der Vertragspartei des Arbeitgebers darüber hinaus als zeitlich befristete Veränderungssperre.[737] Ein änderungswilliger Arbeitnehmer sollte sich bereits vor der Antragstellung nach § 8 TzBfG fragen, inwieweit aufgrund seiner individuellen Lebensplanung innerhalb von zwei Jahren und drei Monaten nach der Entscheidung über seinen Antrag eine weitergehende

---

145, 148; Meinel/Heyn/Herms-*Heyn*, § 8 TzBfG Rdn. 99; a. A. hingegen *Däubler*, ZIP 2001, 217, 221; KSchR-*Zwanziger*, § 8 TzBfG Rdn. 46; TZA-*Buschmann*, § 8 TzBfG Rdn. 42).

733 Meinel/Heyn/Herms-*Heyn*, § 8 TzBfG Rdn. 104. A. A. hingegen TZA-*Buschmann*, § 8 TzBfG Rdn. 29, 42.

734 Vgl. im Einzelnen Meinel/Heyn/Herms-*Heyn*, § 8 TzBfG Rdn. 101 f. Kritisch gegenüber dieser Voraussetzung äußert sich *Hromadka*, NJW 2001, 400, 403.

735 Deutlich *Rieble/Gutzeit*, NZA 2002, 7, 12 f. Vgl. auch *U. Preis/Gotthardt*, DB 2001, 145, 148. *Straub*, NZA 2001, 919, 920 erstreckt die Änderungsbefugnis des Arbeitgebers nach § 8 Abs. 5 S. 4 TzBfG zudem auf Teilzeitarbeitsverhältnisse, welche zwar ebenfalls durch die Verringerung der ursprünglich geschuldeten Arbeitszeit, nicht jedoch nach § 8 TzBfG zustande gekommen sind. Er verkennt folglich den eingeschränkten Anwendungsbereich des § 8 Abs. 5 S. 4 TzBfG.

736 S. dazu LAG Berlin v. 18. 1. 2002, AuR 2002, 190, 190 f.; *Buschmann*, Anm. zu LAG Berlin v. 18. 1. 2002, AuR 2002, 191, 192; *Rieble/Gutzeit*, NZA 2002, 7, 12 f., TZA-*Buschmann*, § 8 TzBfG Rdn. 23.

737 *Lindemann/Simon*, BB 2001, 146, 150; Meinel/Heyn/Herms-*Heyns*, § 8 TzBfG Rdn. 105 ff.

Verringerung seiner Arbeitszeit nach § 8 TzBfG erforderlich erscheint.[738] Im genannten Zeitraum ist eine erneute Reduzierung gegen den Willen des Arbeitgebers auch dann nicht möglich, wenn der Veränderung keine „betrieblichen Gründe" i. S. des § 8 Abs. 4 S. 1 TzBfG entgegenstehen. Die Regelung des § 8 Abs. 6 TzBfG lässt zudem nur eine weitere Verkürzung der Arbeitszeit gemäß § 8 TzBfG nach Ablauf der Veränderungssperre zu.[739]

D. Ergebnis zur Verringerung der Arbeitszeit gemäß § 8 TzBfG

Der Teilzeitanspruch des Arbeitnehmers nach § 8 TzBfG ist zwar nicht verfassungswidrig, er widerspricht jedoch dem allgemeinen Prinzip, für nicht vertraglich vorbehaltene Änderungen von Vereinbarungen sachliche Gründe zu fordern und bildet folglich einen Fremdkörper innerhalb des Instrumentariums zur einseitigen Änderung von Verträgen. Der Gesetzgeber sollte von einer derartigen Regelung Abstand nehmen.

Der Verzicht auf eine dem § 8 TzBfG entsprechende Vorschrift würde in weiten Teilen weder die Verwirklichung des mit dem Teilzeit- und Befristungsgesetz angestrebten Ziels der Beschäftigungsförderung vereiteln, noch würden die Änderungsbefugnisse des Arbeitnehmers dadurch zwangsläufig eingeschränkt werden. In Anlehnung an § 8 Abs. 3 TzBfG könnte Arbeitnehmern, welche keine schützenswerten Interessen für die Reduzierung ihrer Arbeitszeit geltend machen können, auch weiterhin ein Anspruch auf Erörterung der Möglichkeit einer Teilzeitbeschäftigung eingeräumt werden. Ein derartiger Anspruch würde auch den Vorgaben des § 5 Abs. 3 lit. a RV-TZ gerecht. Die Änderungsbefugnisse von Arbeitnehmern, welche dagegen schützenswerte Interessen für eine Veränderung ihrer Arbeitsverhältnisse darlegen, könnten zudem auf andere Weise erweitert werden. Die Befugnisse des Arbeitnehmers zur einseitigen Änderung seiner Arbeitsbedingungen würden somit dessen Bedürfnissen angepasst.

Der Teilzeitanspruch nach § 8 TzBfG gewährt dem Arbeitnehmer nach dem Gesagten zwar keine umfassende Gestaltungsfreiheit im Hinblick auf seine Arbeitszeit, insgesamt stellt er nach der gegenwärtigen arbeits-

---

738 Die Wartezeit von zwei Jahren und drei Monaten ergibt sich aus der Addition der Zeiträume des § 8 Abs. 6 TzBfG und des Abs. 2 S. 1 der Vorschrift. Nach § 8 Abs. 6 TzBfG kann der Arbeitgeber erst nach zwei Jahren überhaupt einen neuen Antrag auf Verringerung seiner Arbeitszeit stellen. Die Verwirklichung des erneuten Teilzeitbegehrens dauert somit mindestens 27 Monate (*Schiefer*, Teilzeitarbeit, S. 60).

739 *Hanau*, NZA 2001, 1168, 1169.

gerichtlichen Rechsprechung allerdings ein prinzipiell geeignetes Instrument zur Verringerung der Arbeitszeit dar. Begehrt der Arbeitnehmer die unbefristete Verringerung seiner Arbeitszeit, so können der Realisierung des Teilzeitwunsches allein „betriebliche Gründe“ i. S. des § 8 Abs. 4 S. 1 TzBfG entgegenstehen. Mitbestimmungsrechte des Betriebsrats, welche die Veränderung von Arbeitsbedingungen beispielsweise im Fall der Änderungskündigung des Arbeitgebers nicht selten unterbinden oder verzögern, bestehen bezüglich der Reduzierung der Arbeitszeit nach § 8 TzBfG üblicherweise nicht. Entscheidend für die Effektivität des Teilzeitanspruchs ist demzufolge, wie sich die Anforderungen an das Merkmal der entgegenstehenden „betrieblichen Gründe“ und die entsprechende Darlegungs- und Beweislast des Arbeitgebers im Rahmen der Rechtsprechung der Arbeitsgerichte fortentwickeln werden. Nehmen diese den gesetzgeberischen Leitgedanken des § 8 Abs. 4 S. 1 TzBfG zukünftig ernst, so wird die Praktikabilität des Änderungsinstruments nicht unerheblich beeinträchtigt werden. Derzeit kann der änderungswillige Arbeitnehmer allerdings darauf hoffen, dass in Teilbereichen weiterhin zu hohe Anforderungen an das Merkmal der entgegenstehenden „betrieblichen Gründe“ gestellt werden.

§ 8 Verlängerung der Arbeitszeit gemäß § 9 TzBfG

Die der Umsetzung des § 5 Abs. 3 lit. b RV-TZ dienende Vorschrift des § 9 TzBfG räumt dem teilzeitbeschäftigten Arbeitnehmer erstmals einen allgemeinen gesetzlichen Anspruch auf bevorzugte Berücksichtigung bei der Besetzung von Arbeitsstellen mit größerem Arbeitzeitvolumen ein.[740] Derartige Ansprüche bestanden bislang ausschließlich in wenigen Spezialgesetzen oder innerhalb einzelner Tarifverträge.[741] Teile des arbeitsrechtlichen Schrifttums leiteten eine entsprechende Verpflichtung des Ar-

---

[740] Hingegen gewährt die Bestimmung des § 9 TzBfG bereits vollzeitbeschäftigten Arbeitnehmern keinen Anspruch auf Verlängerung ihrer Arbeitszeit (Begründung des Gesetzentwurfs der Bundesregierung, BT-Drs. 14/4374, S. 18). Zudem begrenzt der zeitliche Umfang eines entsprechenden tariflichen oder betrieblichen Vollzeitarbeitsverhältnisses – in Übereinstimmung mit dem Sinn und Zweck der gesetzlichen Regelung – den Anspruch des Arbeitnehmers (*U. Preis/Gotthardt*, DB 2001, 145, 150; *Ring*, § 9 TzBfG Rdn. 10; *Rolfs*, RdA 2001, 129, 139; *Straub*, NZA 2001, 919, 925).

[741] Als in seinen Grundzügen vergleichbarer gesetzlicher Anspruch ist § 15 Abs. 5 S. 2 BErzGG zu nennen. Zu entsprechenden tarifvertraglichen Ansprüchen s. Meinel/Heyn/Herms-*Heyn*, § 9 TzBfG Rdn. 3; TZA-*Buschmann*, § 9 TzBfG Rdn. 7 ff.

beitgebers zudem in Ausnahmefällen aus dessen individualarbeitsvertraglicher Fürsorgepflicht her.[742]

A. Umfang der Änderungsbefugnisse

Entgegen der Auffassung *Buschmanns* gewährt die Bestimmung des § 9 TzBfG dem Arbeitnehmer keinen Anspruch auf Verlängerung seiner Arbeitszeit, sofern der Arbeitgeber einen Arbeitsplatz noch nicht ausgeschrieben bzw. angeboten hat. Dem Arbeitnehmer steht es nicht zu, eine Erhöhung der Anzahl seiner Arbeitsstunden allein deshalb zu fordern, weil ein vom Arbeitgeber im Voraus „definierter Besetzungsbedarf" besteht. Eine derartige Interpretation des § 9 TzBfG gebietet die richtlinienkonforme Auslegung nicht.[743]

Buschmann ist zwar zuzustimmen, dass die für die Verlängerung der Arbeitszeit maßgebliche Bestimmung des § 5 Abs. 3 lit. b RV-TZ anders als § 5 Abs. 3 lit. a RV-TZ den Anspruch des Arbeitnehmers nicht ausdrücklich auf „ein im Betrieb zur Verfügung stehendes Arbeitsverhältnis" beschränkt, dies erklärt sich jedoch weniger mit einer differierenden Regelungsabsicht des europäischen Gesetzgebers als mit dem unterschiedlichen Anwendungsbereich der beiden Vorschriften. Da die Bestimmung des § 5 Abs. 3 lit. b RV-TZ begrifflich nicht allein den Wechsel des teilzeitbeschäftigten Arbeitnehmers in ein Vollzeitarbeitsverhältnis, sondern darüber hinaus auch jede sonstige Erhöhung der Arbeitszeit umfasst, konnte die Regelung gerade nicht entsprechend dem § 5 Abs. 3 lit. a RV-TZ formuliert werden. Um beide Fallgruppen der Verlängerung der Arbeitszeit zu erfassen, stellte der europäische Gesetzgeber folglich darauf ab, dass sich eine entsprechende „Möglichkeit" zur Beschäftigung des Arbeitnehmers „ergibt".

Zudem belegt das Zusammenspiel von § 5 Abs. 3 lit. b RV-TZ und § 5 Abs. 3 lit. c RV-TZ, dass die in Rede stehende Formulierung des § 5 Abs. 3 lit. b RV-TZ nicht anders interpretiert werden darf als die Beschränkung des Anspruchs auf „ein im Betrieb zur Verfügung stehendes Arbeitsverhältnis". Wie der deutsche so betrachtet auch der europäische Gesetzgeber den individuellen Anspruch auf Arbeitszeitverlängerung als

---

[742] Vgl. dazu *Hinrichs*, AiB 2001, 65, 72.

[743] So aber *Buschmann*, Anm. zu BAG v. 25. 10. 1994, AuR 2001, 148, 148; TZA-*Buschmann*, § 9 TzBfG Rdn. 1 f., 21 f. Seine Interpretation des § 9 TzBfG führt dazu, „dass die Vorschrift auch die Erhöhung der Arbeitszeit auf demselben, von dem Arbeitnehmer bisher ausgeübten Arbeitsplatz einschließt". Ähnlich auch KSchR-*Zwanziger*, § 9 TzBfG Rdn. 4.

notwendige Konsequenz der in § 5 Abs. 3 lit. c RV-TZ geregelten Informationsansprüche des Arbeitnehmers.[744] Beide Anspruchsgrundlagen vermitteln dem Arbeitnehmer insoweit folglich identische Befugnisse. Von den verschiedenen Formulierungen der Bestimmungen kann nicht auf einen unterschiedlichen Regelungsgehalt der Vorschriften geschlossen werden.

Auch die richtlinienkonforme Auslegung des § 9 TzBfG räumt dem Arbeitnehmer somit keinen Anspruch auf Verlängerung seiner Arbeitszeit ein, wenn eine entsprechende Stelle vom Arbeitgeber nicht bereits ausgeschrieben bzw. angeboten worden ist. Anders als die allgemeinen Änderungsinstrumente oder aber der Teilzeitanspruch nach § 8 TzBfG gewährt die Bestimmung des § 9 TzBfG einer änderungswilligen Vertragspartei demnach kein Initiativrecht zur Veränderung ihrer Arbeitsbedingungen.[745] Die gesetzliche Regelung ist bereits deshalb zur einseitigen Änderung von Arbeitsverhältnissen weit weniger geeignet als die bislang untersuchten allgemeinen und besonderen Änderungsinstrumente.

Wie bereits der Teilzeitanspruch nach § 8 TzBfG so erlaubt auch die Vorschrift des § 9 TzBfG dem Arbeitnehmer eine Veränderung seiner Arbeitszeitlage ausschließlich dann, wenn auch der Umfang der Arbeitszeit modifiziert wird. Die gegenteilige Auffassung *Buschmanns*, wonach auch „die bevorzugte Beschäftigung des Teilzeitbeschäftigten bei der Besetzung eines entsprechenden freien Arbeitsplatzes mit gleicher Arbeitsdauer als mindere Belastung und Verpflichtung des Arbeitgebers" von diesem zu dulden sei, trifft nicht zu.[746] Anhaltspunkte für eine derartige Interpretation der Vorschrift finden sich weder im Gesetz noch innerhalb der Gesetzesmaterialien. Im Vordergrund steht vielmehr die Verlängerung der Arbeitszeit.[747]

§ 9 TzBfG räumt dem änderungswilligen Arbeitnehmer somit ohne Rücksicht auf die Anzahl der im Unternehmen Beschäftigten oder aber die Dauer seiner eigenen Beschäftigung lediglich einen Anspruch auf be-

---

744 *Ring*, § 9 TzBfG Rdn. 1; *Schmidt*, NZA 1998, 576, 580. Im Hinblick auf das Zusammenspiel der Vorschriften der §§ 7 bis 9 TzBfG betonen dies zudem die Bundesregierung im Rahmen der Begründung ihres Gesetzentwurfs, BT-Drs. 14/4374, S. 16; Meinel/Heyn/Herms-*Heyn*, § 9 TzBfG Rdn. 2; TZA-*Buschmann*, § 9 TzBfG Rdn. 4.

745 BAG v. 13. 11. 2001, NZA 2002, 1047, 1048; *Hanau*, NZA 2001, 1168, 1174; *Lakies*, DZWIR, 1, 6; *U. Preis/Gotthardt*, DB 2001, 145, 150; *Rolfs*, RdA 2001, 129, 139; *Schiefer*, Teilzeitarbeit, S. 62.

746 TZA-*Buschmann*, § 9 TzBfG Rdn. 13.

747 Begründung des Gesetzentwurfs der Bundesregierung, BT-Drs. 14/4374, S. 18; *Hanau*, NZA 2001, 1168, 1174.

vorzugte Berücksichtigung bei der Neubesetzung eines entsprechenden freien Arbeitsplatzes ein. Der Arbeitgeber kann nicht nur darüber entscheiden, ob er überhaupt neue Arbeitsstellen schafft bzw. bereits bestehende wiederbesetzt, sondern außerdem zur Wahrung seiner Interessen Verlängerungswünsche von Arbeitnehmern unter bestimmten Voraussetzungen ablehnen.[748] Verfassungsrechtliche Bedenken im Hinblick auf die Vereinbarkeit der Vorschrift mit den Grundrechten des Arbeitgebers bestehen demzufolge nicht.[749] Anders als der Teilzeitanspruch nach § 8 TzBfG bildet die Vorschrift des § 9 TzBfG trotz des Fehlens eines Sachgrunderfordernisses für die Veränderung der Arbeitszeit infolge ihrer gesetzlichen Ausgestaltung zudem keine systemwidrige Regelung.[750]

B. Anspruchsvoraussetzungen

Ein Anspruch auf Verlängerung der Arbeitszeit steht dem änderungswilligen Arbeitnehmer nach § 9 TzBfG lediglich unter engen Voraussetzungen zu. Diese werden im Folgenden nachgezeichnet.

I. Entsprechender Arbeitsplatz

Zur Erhöhung der Arbeitszeit nach § 9 TzBfG ist zunächst erforderlich, dass der Arbeitgeber nicht nur einen Arbeitsplatz neu besetzen will, sondern dass dieser zudem dem „zeitlichen Zuschnitt" des änderungswilligen Arbeitnehmers genügt. Ebenso wenig wie der Arbeitgeber dazu verpflichtet ist, überhaupt freie Arbeitsplätze zu schaffen, so muss er einen solchen den Arbeitszeitwünschen des teilzeitbeschäftigten Arbeitneh-

---

748 *Hanau*, NZA 2001, 1168, 1174; *Lakies*, DZWIR 2001, 1, 6; *Viethen*, Bundesarbeitsblatt 2001, Heft 2, 5, 6

749 Vgl. die Ausführungen des BAG v. 25. 10. 1994, AuR 2001, 146, 146 zu einer weitgehend inhaltsgleichen tarifvertraglichen Vorschrift. S. auch *Birk*, Gutachten für den 60. DJT 1994 E 59; *Buschmann*, Anm. zu BAG v. 25. 10. 1994, AuR 2001, 148, 148; *Hanau* , NZA 2001, 1168, 1169; *U. Preis/Gotthardt*, DB 2000, 2065, 2068; *Rolfs*, RdA 2001, 129, 140. Skeptisch gegenüber der Verfassungsmäßigkeit der Regelung äußern sich hingegen in Ansätzen *Link/Fink*, AuA 2001, 155, 155 f.; *Ring*, § 9 TzBfG Rdn. 5 f.; *Schiefer*, Teilzeitarbeit, S. 63.

750 Entgegen der Bestimmung des § 8 TzBfG beinhaltet der Verlängerungsanspruch des Arbeitnehmers nach § 9 TzBfG kein Initiativrecht zur Veränderung vertraglicher Arbeitsbedingungen. Die Vorschrift kann mit den bislang untersuchten gesetzlichen Befugnissen zur einseitigen Änderung von Verträgen demzufolge nicht verglichen werden. Anders als der Teilzeitanspruch des Arbeitnehmers nach § 8 TzBfG bildet sie damit keinen Fremdkörper im System der Instrumente zur einseitigen Veränderung vertraglicher Vereinbarungen.

mers anpassen.[751] Je offener der Arbeitnehmer folglich sein Verlängerungsbegehren ausgestaltet, desto größer ist die Wahrscheinlichkeit zukünftig mehr Arbeitsstunden leisten zu dürfen.[752]

Darüber hinaus muss die zu besetzende Arbeitsstelle „dem vertraglich vereinbarten Tätigkeitsbereich des Arbeitnehmers, seiner Eignung, Qualifikation und Leistung entsprechen".[753] Entgegen der Ansicht verschiedener Vertreter des arbeitsrechtlichen Schrifttums bestimmt sich das gesetzliche Merkmal des „entsprechenden Arbeitsplatzes" nicht allein „nach dem angezeigten Wunsch des Arbeitnehmers".[754] Vielmehr ist die Vorschrift des § 9 TzBfG so zu interpretieren, dass vom Arbeitgeber zwar eine Verlängerung der Arbeitszeit, nicht jedoch ein beruflicher Auf-, Ab- oder Umstieg verlangt werden kann.[755] Dafür spricht neben der Begründung des Gesetzentwurfs der Bundesregierung auch die Verwendung des Merkmals des „entsprechenden Arbeitsplatzes" in § 7 Abs. 2 TzBfG. Der Arbeitgeber soll danach gerade nicht dazu verpflichtet werden, einem Arbeitnehmer auch solche Arbeitsplätze anzubieten, die nicht nur eine Veränderung der bisherigen Arbeitszeit, sondern zudem eine Änderung sonstiger wesentlicher Arbeitsbedingungen voraussetzen.[756] Ein „entsprechender Arbeitsplatz" i. S. des § 9 TzBfG liegt demzufolge lediglich dann vor, wenn der vom Arbeitgeber angebotene Arbeitsplatz nicht nur den zeitlichen Vorstellungen des Arbeitnehmers, sondern zudem auch dessen gegenwärtigem Leistungs- und Tätigkeitsprofil entspricht.

II. Gleiche Eignung des änderungswilligen Arbeitnehmers

Kommt die Besetzung des ausgeschriebenen Arbeitsplatzes mit dem änderungswilligen Arbeitnehmer in Betracht, so bedarf es – sofern weitere Bewerbungen vorliegen – des Vergleichs der verschiedenen Kandidaten.

---

[751] *Ring*, § 9 TzBfG Rdn. 3, 5. Deutlich insoweit auch *Hanau*, NZA 2001, 1168, 1174; *Link/Fink*, AuA 2001, 155, 155; Meinel/Heyn/Herms-*Heyn*, § 9 TzBfG Rdn. 18; *Schiefer*, Teilzeitarbeit, S. 62 f.

[752] S. dazu TZA-*Buschmann*, § 9 TzBfG Rdn. 15 ff.

[753] Meinel/Heyn/Herms-*Heyn*, § 9 TzBfG Rdn. 20; Münch-ArbR-*Schüren*, Erg.-Bd., § 162 Rdn. 98; *Rolfs*, RdA 2001, 129, 139; *Schüren*, AuR 2001, 321, 323.

[754] So aber KSchR-*Zwanziger*, § 9 TzBfG Rdn. 5; TZA-*Buschmann*, § 7 TzBfG Rdn. 22, § 9 TzBfG Rdn. 19 ff.

[755] Deutlich *Rolfs*, RdA 2001, 129, 139.

[756] Vgl. die Begründung des Gesetzentwurfs der Bundesregierung, BT-Drs. 14/4374, S. 18. Danach trifft den Arbeitgeber allein „eine Informationspflicht, den teilzeitbeschäftigten Arbeitnehmer, der seine Arbeitszeit verlängern möchte, über freie Arbeitsplätze, für die der Arbeitnehmer nach seiner Ausbildung und Qualifikation geeignet ist, zu unterrichten". Ähnlich auch *Ring*, § 9 TzBfG Rdn. 13.

Es ist festzustellen, ob der die Verlängerung seiner Arbeitszeit begehrende Teilzeitbeschäftigte zur ordnungsgemäßen Ausfüllung des angebotenen Arbeitsplatzes ebenso geeignet ist wie die sonstigen Bewerber. Davon kann nur dann gesprochen werden, wenn er „im Vergleich zu dem besten Mitbewerber über insgesamt dieselben persönlichen und fachlichen Fähigkeiten, theoretischen und praktischen Kenntnisse, Erfahrungen und Fertigkeiten verfügt und im bisherigen Berufsleben dieselben Leistungen wie dieser erbracht hat".[757]

Aufgrund der zahlreichen Faktoren, welche die Tauglichkeit des Arbeitnehmers insoweit beeinflussen, betont das arbeitsrechtliche Schrifttum zu Recht die Schwierigkeiten des änderungswilligen Arbeitnehmers, seine entsprechende Eignung im Einzelfall darzulegen und zu beweisen.[758] *Rolfs* bezeichnet das gesetzliche Erfordernis der „gleichen Eignung" demzufolge als das „sicherlich in der Praxis am schwierigsten nachzuvollziehende" Merkmal des § 9 TzBfG. Zwar könne grundsätzlich auf die Auslegung des Kriteriums innerhalb verschiedener Gleichstellungsgesetze des Bundes und der Länder verwiesen werden, „die dort entwickelten Maßstäbe sind aber wegen des von der Privatwirtschaft grundlegend abweichenden Beurteilungswesens des öffentlichen Dienstes nicht übertragbar".[759] In Anlehnung an *Lakies* dürfte die Beurteilung der Eignung des änderungswilligen Arbeitnehmers durch den Arbeitgeber somit zulasten des Teilzeitbeschäftigten nur eingeschränkt gerichtlich überprüfbar sein.[760]

III. Dringende betriebliche Gründe

Der Verlängerung der Arbeitszeit des änderungswilligen Arbeitnehmers dürfen zudem keine „dringenden betrieblichen Gründe" entgegenstehen. Der gesetzliche Versagungstatbestand ist insoweit deutlich enger gefasst als im Rahmen des § 8 TzBfG. Da jedoch allein „die personelle Besetzung einer vom Arbeitgeber bereits geschaffenen Stelle in Rede steht", werden die Grundrechte des Arbeitgebers insgesamt weniger beeinträchtigt als durch den Teilzeitanspruch des Arbeitnehmers.[761]

---

757 *Rolfs*, RdA 2001, 129, 140. Vgl. zudem *Lindemann/Simon*, BB 2001, 146, 151; Meinel/Heyn/Herms-*Heyn*, § 9 TzBfG Rdn. 21 f.

758 *Schiefer*, Teilzeitarbeit, S. 63; *Link/Fink*, AuA 2001, 155, 155.

759 *Rolfs*, RdA 2001, 129, 140.

760 *Lakies*, DZWIR 2001, 1, 6. Ähnlich auch *Hanau*, NZA 2001, 1168, 1174; KSchR-*Zwanziger*, § 9 TzBfG Rdn. 7; Meinel/Heyn/Herms-*Heyn*, § 9 TzBfG Rdn. 22.

761 *Hanau*, NZA 2001, 1168, 1169; *Rolfs*, RdA 2001, 129, 140.

Als „dringende betriebliche Gründe" i. S. des § 9 TzBfG kommen neben gewichtigen Erfordernissen der Organisation, des Arbeitsablaufs und der Sicherheit im Betrieb beispielsweise auch vorrangige Rechtsansprüche Dritter auf den ausgeschriebenen Arbeitsplatz in Betracht.[762] Der Arbeitgeber muss z. B. einen Auszubildenden, welcher zum Ende seiner Ausbildung einen tarifvertraglichen Einstellungsanspruch geltend macht, vorrangig berücksichtigen.[763] Es bedarf zur Ablehnung eines Verlängerungsbegehrens nach § 9 TzBfG folglich stets einer nicht unerheblichen Zwangswirkung der „betrieblichen Gründe".[764] Entsprechend der Regelung des § 15 Abs. 7 S. 1 Nr. 4 BErzGG genügen bloß nachvollziehbare betriebliche Gründe den gesetzlichen Anforderungen nicht.[765]

IV. Arbeitszeitwünsche anderer Teilzeitbeschäftigter

Ferner können die Arbeitszeitwünsche anderer Teilzeitbeschäftigter die individuelle Arbeitszeiterhöhung verhindern. Prinzipiell sind die Arbeitszeitwünsche mehrerer teilzeitbeschäftigter Arbeitnehmer vom Arbeitgeber im Rahmen des § 9 TzBfG gleich zu behandeln. Dieser ist weder berechtigt die teilzeitbeschäftigten Bewerber insgesamt von der Besetzung der ausgeschriebenen Arbeitsstelle auszuschließen, noch ist er verpflichtet, zu ihren Gunsten weitere Arbeitsplätze einzurichten.[766] Anders als nach dem Gesetzentwurf der Bundesregierung besteht zulasten des Arbeitgebers keine Verpflichtung, eine Auswahl unter den teilzeitbeschäftigten Bewerbern „nach sozialen Gesichtspunkten" vorzunehmen.[767] Stattdessen kann der Arbeitgeber über die Besetzung der Arbeitsstelle mit einem der internen teilzeitbeschäftigten Bewerber frei entscheiden.[768]

---

762 *Schiefer*, Teilzeitarbeit, S. 63; TZA-*Buschmann*, § 9 TzBfG Rdn. 26.

763 *Rolfs*, RdA 2001, 129, 140.

764 *Lindemann/Simon*, BB 2001, 146, 151; Meinel/Heyn/Herms-*Heyn*, § 9 TzBfG Rdn. 23; Münch-ArbR-*Schüren*, Erg.-Bd., § 162, Rdn. 103; *Schüren*, AuR 2001, 321, 322.

765 TZA-*Buschmann*, §§ 15, 16 BErzGG Rdn. 14.

766 Münch-ArbR-*Schüren*, Erg.-Bd., § 162 Rdn. 102; *Rolfs*, RdA 2001, 129, 140; TZA-*Buschmann*, § 9 TzBfG Rdn. 29.

767 Vgl. die Fassung des § 9 TzBfG in Gestalt des Regierungsentwurfs, BT-Drs. 14/4374, S. 8.

768 Münch-ArbR-*Schüren*, Erg.-Bd., § 162 Rdn. 102; *Schüren*, AuR 2001, 321, 322; *Wank*, in: Blanke/Schüren/Wank/Wedde, Beschäftigungsformen, Rdn. 99. TZA-*Buschmann*, § 9 TzBfG Rdn. 29 betont hingegen wider die Entstehungsgeschichte der Bestimmung die Notwendigkeit der besonderen Berücksichtigung sozialer Gesichtspunkte.

V. Ergebnis

Die gesetzlichen Voraussetzungen der Verlängerung der Arbeitszeit eines teilzeitbeschäftigten Arbeitnehmers nach § 9 TzBfG sind insgesamt hoch. Insbesondere die Merkmale des „entsprechenden Arbeitsplatzes" und der „gleichen Eignung" des änderungswilligen Arbeitnehmers eröffnen dem Arbeitgeber in zahlreichen Fällen die Möglichkeit, eine ihm unliebsame Erhöhung der Arbeitszeit zu unterbinden. „Um unerwünschte Teilzeitkräfte von der Berücksichtigung nach § 9 TzBfG herauszunehmen, kann der Arbeitgeber das Anforderungsprofil an die neu zu besetzende Stelle entsprechend ausgestalten."[769] Gesetzesverstöße des Arbeitgebers sind im Rahmen der Beurteilung der Eignung der verschiedenen Bewerber zudem „nur schwerlich feststellbar".[770]

Das erst nachfolgend zu überprüfende, strenge Erfordernis der entgegenstehenden „dringenden betrieblichen Gründe" nützt dem änderungswilligen Arbeitnehmer demzufolge nur wenig. Es wird außerdem durch eine freie Auswahlentscheidung des Arbeitgebers eingeschränkt, soweit sich mehrere teilzeitbeschäftigte Arbeitnehmer um den in Rede stehenden Arbeitsplatz bewerben.

C. Beteiligung des Betriebsrats

Eine Beteiligung des Betriebsrats an der Verlängerung der Arbeitszeit eines teilzeitbeschäftigten Arbeitnehmers nach § 9 TzBfG kommt ausschließlich im Rahmen der §§ 87, 99 BetrVG in Betracht. Dabei ist zu berücksichtigen, dass eine mitbestimmungspflichtige Angelegenheit i. S. des § 87 Abs. 1 BetrVG auch insoweit das Bestehen eines „kollektiven Tatbestands" voraussetzt. Ein solcher liegt im Fall der Verlängerung der Arbeitszeit nach § 9 TzBfG regelmäßig nicht vor.[771] Ebenso wenig wie die bloße Verringerung bildet die alleinige Erhöhung der Arbeitszeit eine zustimmungsbedürftige personelle Einzelmaßnahme i. S. des § 99 BetrVG. Es fehlt an der sowohl für die „Einstellung" als auch für die „Versetzung" erforderlichen Zuweisung eines anderen Arbeitsbereichs durch den Arbeitgeber. Die wesentlichen Bedingungen der betrieblichen Ein-

---

769 *Ring*, § 9 TzBfG Rdn. 9. Vgl. auch *Hanau*, NZA 2001, 1168, 1174; *Rolfs*, RdA 2001, 129, 139.

770 *Lakies*, DZWIR 2001, 1, 6; *Link/Fink*, AuA 2001, 155, 155.

771 Meinel/Heyn/Herms-*Heyn*, § 9 TzBfG Rdn. 6. Zum Merkmal des „kollektiven Tatbestands" im Zusammenhang mit der Veränderung der Arbeitszeit vgl. die Ausführungen in § 7, C., III., 1.

gliederung des Arbeitnehmers werden durch die Veränderung der Arbeitszeit nicht modifiziert.[772]

Von Bedeutung ist hingegen die Mitbestimmung des Betriebsrats im Fall der Besetzung der ausgeschriebenen Arbeitsstelle mit einem anderen Bewerber.[773] Entgegen der weitgehend einheitlich urteilenden Literatur bedarf es hier der Unterscheidung verschiedener Situationen der Neubesetzung des Arbeitsplatzes.[774] Wird die Arbeitsstelle mit einem externen Bewerber oder aber einem bereits im Betrieb beschäftigten Arbeitnehmer besetzt, für den der angebotene Arbeitsplatz einen beruflichen Auf-, Ab- oder Umstieg bedeutet, so liegt eine zustimmungsbedürftige „Einstellung" bzw. „Versetzung" i. S. des § 99 BetrVG vor.[775] Bekommt dagegen ein interner Mitbewerber den Zuschlag und verändert dieser infolgedessen lediglich seine Arbeitszeit, so bedarf die Maßnahme nicht der Beteiligung des Betriebsrats.[776]

Die Rechtsposition des abgelehnten, änderungswilligen Teilzeitbeschäftigten wird durch das Mitwirkungsrecht des Betriebsrats nach § 99 BetrVG folglich allein im Rahmen der erstgenannten Situationen gestärkt. Die Effektivität des Vorgehens teilzeitbeschäftigter Arbeitnehmer nach § 9 TzBfG wird durch die Mitbestimmung des Betriebsrats somit insgesamt nur unerheblich gefördert.

D. Verfahrensmäßige Ausgestaltung der Arbeitszeitverlängerung

Auch die Verlängerung der Arbeitszeit nach § 9 TzBfG bedarf zunächst einer entsprechenden Anzeige durch den Arbeitnehmer. Wie schon der Antrag auf Verringerung der Arbeitszeit ist auch diese Anzeige weder formgebunden noch vom Arbeitnehmer zu begründen.[777] Anders als nach § 8 TzBfG ist der änderungswillige Arbeitnehmer nicht dazu verpflichtet, das Ausmaß der angestrebten Veränderung der Arbeitszeit im

---

[772] S. dazu im Einzelnen § 7, C., III., 2.

[773] *Hromadka*, NJW 2001, 400, 403; KSchR-*Zwanziger*, § 9 TzBfG Rdn. 20; *Lakies*, DZWIR 2001, 1, 6; *Link/Fink*, AuA 2001, 155, 156; *Ring*, § 9 TzBfG Rdn. 15; *Rolfs*, RdA 2001, 129, 140; TZA-*Buschmann*, § 9 TzBfG Rdn. 32.

[774] Ähnlich auch *Lakies*, DZWIR 2001, 1, 6; *Schüren*, AuR 2001, 321, 323.

[775] Vgl. im Einzelnen Münch-ArbR-*Schüren*, Erg.-Bd., § 164 Rdn. 45; *Schüren*, AuR 2001, 321, 323 f.

[776] A. A. Münch-ArbR-*Schüren*, Erg.-Bd., § 164 Rdn. 46; *Schüren*, AuR 2001, 321, 323 f. der auch insoweit einen Fall der mitbestimmungspflichtigen „Einstellung" annimmt.

[777] Meinel/Heyn/Herms-*Heyn*, § 9 TzBfG Rdn. 14; TZA-*Buschmann*, § 9 TzBfG Rdn. 15 f.

Einzelnen zu benennen. Er kann auch eine „ungefähre Zeitspanne" für die Erhöhung seiner Arbeitszeit angeben. Die Anzeige der angestrebten Verlängerung der Arbeitszeit muss dem Arbeitgeber allerdings vor der Besetzung des freien Arbeitsplatzes mit einem anderen Bewerber zugehen.[778]

Eine dem § 8 Abs. 5 S. 2, 3 TzBfG entsprechende Fiktionswirkung beinhaltet die Vorschrift des § 9 TzBfG zugunsten des Arbeitnehmers nicht. Anders als die Verringerung bedarf die Verlängerung der Arbeitszeit gegen den Willen des Arbeitgebers demzufolge stets des arbeitsgerichtlichen Vorgehens des Arbeitnehmers. Einzelne Arbeitnehmer könnten dadurch von der Durchsetzung ihrer Rechte abgehalten werden.[779] Der änderungswillige Arbeitnehmer kann seine Rechte aus § 9 TzBfG im Wege der Leistungsklage verfolgen. Liegen die gesetzlichen Voraussetzungen der Erhöhung der Arbeitszeit vor, so hat er gegen seinen Arbeitgeber einen Anspruch auf Annahme des von ihm angebotenen Änderungsvertrags. Ergeht ein rechtskräftiges Urteil der Arbeitsgerichtsbarkeit, so gilt die Erklärung des Arbeitsgebers nach § 894 ZPO als abgegeben.[780]

Für eine „faktische Verlängerung der Arbeitszeit" im Wege des vorläufigen Rechtsschutzes dürfte nach § 9 TzBfG noch seltener Raum sein als für eine entsprechende Verringerung im Rahmen des § 8 TzBfG. Die für den Erlass einer einstweiligen Verfügung erforderlichen „erheblichen Gründe für eine umgehende Arbeitszeitverlängerung" sind nur schwer vorstellbar.[781] Beabsichtigt der Arbeitgeber jedoch den ausgeschriebenen Arbeitsplatz mit einem anderen Bewerber zu besetzen, so kann der davon bedrohte Arbeitnehmer einen Anspruch auf Unterlassung der Einstellung üblicherweise auch vorläufig durchsetzen.[782] Hat der Arbeitgeber einen anderen Bewerber bereits eingestellt, so wandelt sich der Anspruch des Arbeitnehmers auf Verlängerung der Arbeitszeit nach § 9 TzBfG in einen Schadensersatzanspruch.[783] Auch hier gilt der allgemeine vertragsrechtliche Grundsatz, dass eine unmögliche Leistung vom

---

778 Meinel/Heyn/Herms-*Heyn*, § 9 TzBfG Rdn. 13.

779 Vgl. dazu *Däubler*, ZIP 2000, 1961, 1963, *Kliemt*, NZA 2001, 63, 67.

780 S. dazu KSchR-*Zwanziger*, § 9 TzBfG Rdn. 14; Meinel/Heyn/Herms-*Heyn*, § 9 TzBfG Rdn. 33.

781 Meinel/Heyn/Herms-*Heyn*, § 9 TzBfG Rdn. 38 f.

782 *Buschmann*, Anm. zu BAG v. 25. 10. 1994, AuR 2001, 148, 148; Meinel/Heyn/Herms-*Heyn*, § 9 TzBfG Rdn. 40; *Rolfs*, RdA 2001, 129, 140; TZA-*Buschmann*, § 9 TzBfG Rdn. 30 f. Vgl. BAG v. 22. 6. 1999, NZA 2000, 606, 607 f.

783 KSchR-*Zwanziger*, § 9 TzBfG Rdn. 17, 19; *Schüren*, AuR 2001, 321, 322 f.; TZA-*Buschmann*, § 9 TzBfG Rdn. 30. A. A. hingegen Meinel/Heyn/Herms-*Heyn*, § 9 TzBfG Rdn. 34 f.

Schuldner nicht erbracht werden kann. Der Verlängerungsanspruch des Arbeitnehmers ist vielmehr an einen aktuell freien Arbeitsplatz gebunden.[784]

Anders als nach § 8 Abs. 6 TzBfG besteht im Hinblick auf die Verlängerung der Arbeitszeit keine den änderungswilligen Arbeitnehmer einschränkende Sperrfrist. Solange seine Arbeitszeit kürzer als die eines vergleichbaren Vollzeitbeschäftigten ist, steht dem Arbeitnehmer der Anspruch auf bevorzugte Berücksichtigung bei der Besetzung entsprechender Stellen selbst dann zu, wenn eine gegen den Willen des Arbeitgebers erfolgte Erhöhung seiner Arbeitszeit erst kurze Zeit zurückliegt.[785]

E. Ergebnis zur Verlängerung der Arbeitszeit gemäß § 9 TzBfG

Die aus § 9 TzBfG resultierenden Änderungsbefugnisse des teilzeitbeschäftigten Arbeitnehmers sind lediglich gering. Schwer wiegt vor allem der Umstand, dass der änderungswillige Arbeitnehmer die Verlängerung seiner Arbeitszeit nicht selbst initiieren kann. Hinzu kommen die strengen Anforderungen der Bestimmung an einen „entsprechenden Arbeitsplatz" und die „gleiche Eignung" des Bewerbers. Unbeschadet der prinzipiell vorhandenen prozessualen Möglichkeiten zur Durchsetzung des Anspruchs nach § 9 TzBfG bildet die Vorschrift insgesamt kein effektives Instrument zur Änderung von Arbeitsbedingungen. Dennoch sollte sie zur Erhöhung der Attraktivität von Teilzeitarbeit und der damit intendierten Beschäftigungsförderung aufrechterhalten werden.

---

784 Deutlich insoweit Münch-ArbR-*Schüren*, Erg.-Bd., § 162 Rdn. 104, 106; *Schüren*, AuR 2001, 321, 323.

785 Münch-ArbR-*Schüren*, Erg.-Bd., § 162 Rdn. 96.

4. Kapitel: Gesamtheit der Änderungsinstrumente

Nachdem im Rahmen der vorangegangenen beiden Kapitel die verschiedenen Möglichkeiten der Individualarbeitsvertragsparteien zur einseitigen Änderung von Arbeitsbedingungen getrennt voneinander untersucht worden sind, wird innerhalb dieses Kapitels das Änderungsinstrumentarium in seiner Gesamtheit betrachtet. Für die änderungswillige Vertragspartei ist es irrelevant, auf welche Art und Weise die angestrebte Änderung des Arbeitsverhältnisses herbeigeführt werden kann. Entscheidend ist allein, dass die beabsichtigte Veränderung der Arbeitsbedingungen auch gegen den Willen des Vertragspartners durchsetzbar ist – im Idealfall unter möglichst geringen Voraussetzungen und ohne zeitliche Verzögerungen.

Nachfolgend wird zunächst das Änderungspotenzial des bestehenden Instrumentariums zur einseitigen Änderung von Arbeitsverhältnissen ermittelt. In diesem Zusammenhang wird u. a. untersucht, inwieweit die Handlungsmöglichkeiten von Arbeitnehmern und Arbeitgebern durch eine angemessene, juristische Beratung – beispielsweise durch Rechtsanwälte, Gewerkschaften, Arbeitgeberverbände oder Kammern – erweitert werden können. Die wesentlichen Anforderungen an eine entsprechende Rechtsberatung werden nachgezeichnet. Im Anschluss daran wird eine mögliche Reform des gegenwärtigen Rechts der einseitigen Änderung von Arbeitsverhältnissen thematisiert. Nachdem ein entsprechender Bedarf verdeutlicht und mögliche Anknüpfungspunkte diskutiert worden sind, wird abschließend ein Vorschlag zur Reform der Änderungsbefugnisse von Arbeitnehmern und Arbeitgebern unterbreitet.

§ 9 Effektivität des bestehenden Änderungsinstrumentariums

Im Rahmen der Beurteilung der Effektivität des derzeit bestehenden Änderungsinstrumentariums finden die ergänzende Vertragsauslegung und die Lehre von der Störung der Geschäftsgrundlage keine weitere Berücksichtigung. Beide Mittel eröffnen den Vertragsparteien infolge ihrer Grundkonzeption und ihrer Voraussetzungen im Ergebnis nahezu keine Möglichkeiten zur einseitigen Änderung von Arbeitsbedingungen.[786] Das Potenzial der allgemeinen Änderungsinstrumente richtet sich demzufolge allein danach, inwieweit die Änderungskündigung, die Teilkündigung und der Änderungsvorbehalt den Parteien praktikable Befugnisse einräumen.

---

[786] Vgl. die Ausführungen in § 4.

A. Befugnisse des Arbeitnehmers

Neben den Instrumenten der Kündigung und des Änderungsvorbehalts kommen für die einseitige Veränderung von Arbeitsverhältnissen durch den Arbeitnehmer auch einzelne spezialgesetzliche Regelungen in Betracht. Diese könnten in ihrer Funktion als besondere Änderungsinstrumente die Bedeutung der allgemeinen Instrumente für den Arbeitnehmer verringern.

I. Allgemeine Änderungsinstrumente

Die allgemeinen Änderungsinstrumente gewähren dem Arbeitnehmer praktisch keine Möglichkeiten zur Änderung seiner Arbeitsbedingungen gegen den Willen des Arbeitgebers. Insbesondere arbeitsvertragliche Änderungsvorbehalte bestehen zugunsten der Partei des Arbeitnehmers üblicherweise nicht. Unabhängig von einer dem Abschluss des Arbeitsvertrages vorausgehenden Rechtsberatung des Arbeitnehmers, kann dieser infolge seiner regelmäßig nur schwach ausgeprägten Verhandlungsposition Änderungsvorbehalte in den Arbeitsvertrag nicht einführen.[787] Da zudem die Änderungskündigung infolge ihrer Grundstruktur und die Teilkündigung aufgrund ihrer Nichtanerkennung durch die Rechtsprechung dem Arbeitnehmer in der arbeitsrechtlichen Praxis ebenfalls nicht zur Verfügung stehen, ist dieser mit Ausnahme der nachfolgend zu untersuchenden besonderen Änderungsinstrumente nicht in der Lage, auf den Inhalt seines Arbeitsverhältnisses einzuwirken.[788]

Erkennt man hingegen auch die Teilkündigung des Arbeitsverhältnisses als prinzipiell zulässiges Mittel zur einseitigen Änderung von Arbeitsbedingungen an, so stärkt auch dies die Änderungsbefugnisse des Arbeitnehmers nur unerheblich. Der Arbeitnehmer hat danach zwar die Möglichkeit, eine Veränderung seiner Arbeitsbedingungen im Wege der außerordentlichen Teilkündigung durchzusetzen, diese unterliegt allerdings ausnahmslos den strengen Voraussetzungen der außerordentlichen Änderungskündigung. Zudem erlaubt auch die außerordentliche Teilkündigung des Arbeitsverhältnisses weder die inhaltliche Neugestaltung von Arbeitsbedingungen noch einen Eingriff in das arbeitsvertragliche Äquivalenz- und Ordnungsgefüge. Die Änderungsbefugnisse des Ar-

---

787 S. dazu § 6, B.

788 Zur Änderungskündigung des Arbeitnehmers vgl. insoweit § 3, B. Zur Teilkündigung des Arbeitnehmers s. § 5, C., II.

beitnehmers im Rahmen der allgemeinen Änderungsinstrumente sind folglich auch bei Anerkennung der Teilkündigung sehr gering.[789]

II. Besondere Änderungsinstrumente

Anders als die allgemeinen eröffnen die besonderen Änderungsinstrumente lediglich einem bestimmten Kreis von Personen die Möglichkeit zur einseitigen Änderung ihrer Arbeitsbedingungen. Vorschriften wie § 15 Abs. 7 BErzGG, § 81 Abs. 4 S. 1 Nr. 1, Abs. 5 S. 3 SGB IX räumen zwar beispielsweise erziehenden oder schwerbehinderten Arbeitnehmern, nicht hingegen sonstigen Beschäftigten oder aber dem Arbeitgeber spezifische Änderungsbefugnisse ein.[790]

Die Effektivität des Teilzeitanspruchs nach § 15 Abs. 7 BErzGG wird zudem dadurch eingeschränkt, dass der erziehende Arbeitnehmer gemäß § 15 Abs. 2 S. 1 HS. 1 BErzGG ausschließlich innerhalb der ersten drei Lebensjahre eines Kindes seine Arbeitszeit gegen den Willen des Arbeitgebers verringern kann.[791] Der Anwendungsbereich der Bestimmung wird darüber hinaus durch eine dem § 8 Abs. 7 TzBfG entsprechende Kleinunternehmensklausel in § 15 Abs. 7 S. 1 Nr. 1 BErzGG begrenzt. Der Teilzeitanspruch erziehender Arbeitnehmer steht demzufolge allein Beschäftigten größerer Betriebe oder Unternehmen zu.[792]

Die innerhalb des dritten Kapitels erörterten Vorschriften der §§ 8, 9 TzBfG bewirken außerdem keine wesentliche Erweiterung der Änderungsbefugnisse des Arbeitnehmers. Zwar setzen beide Bestimmungen weder besondere persönliche Merkmale noch spezifische Änderungsbedürfnisse des änderungswilligen Arbeitnehmers voraus,[793] die danach bestehenden Möglichkeiten zur einseitigen Änderung von Arbeitsbedingungen sind allerdings im Vergleich zu den Befugnissen der Bestimmungen § 15 Abs. 7 BErzGG, § 81 Abs. 4 S. 1 Nr. 1, Abs. 5 S. 3 SGB IX schwach ausgeprägt. Zur Abweisung eines Antrags nach § 8 TzBfG ist

---

[789] Zu den Änderungsbefugnissen des Arbeitnehmers im Rahmen der Teilkündigung vgl. zusammenfassend § 5, D.

[790] Zu den Möglichkeiten werdender oder stillender Mutter, ihre Arbeitsbedingungen gegen den Willen des Arbeitgebers zu verändern s. Meisel/Sowka-*Meisel*, § 4 MuSchG Rdn. 65 f.; Zmarzlik/Zipperer/Viethen/Vieß-*Zmarzlik*, § 4 MuSchG Rdn. 6 f.; *Wank*, EuroAS 2001, 186, 186.

[791] Zu den wenigen Ausnahmeregelungen vgl. insoweit § 15 Abs. 2 S. 1 HS. 2, S. 2, 3 BErzGG.

[792] Münch-ArbR-*Heenen*, Erg.-Bd., § 229 Rdn. 12.

[793] § 9 TzBfG fordert insoweit lediglich, dass der änderungswillige Arbeitnehmer teilzeitbeschäftigt ist.

der Arbeitgeber weder verpflichtet, „dringende betriebliche Gründe" darzulegen, noch muss er beweisen, dass die Reduzierung der Arbeitszeit für ihn „unzumutbar" bzw. „mit unverhältnismäßigen Aufwendungen verbunden" ist. Stattdessen genügt allein der Nachweis entgegenstehender „betrieblicher Gründe".[794] Die Vorschrift des § 9 TzBfG zeichnet sich zudem dadurch aus, dass sie ein Initiativrecht des Arbeitnehmers zur Verlängerung seiner Arbeitszeit gerade nicht gewährt. Zugunsten des Arbeitgebers besteht außerdem sowohl im Rahmen der Ausschreibung einer Arbeitsstelle als auch bei der anschließenden Bewerberauswahl ein nicht zu unterschätzender Entscheidungsspielraum.[795]

Das eingeschränkte Änderungspotenzial der verschiedenen spezialgesetzlichen Regelungen resultiert außerdem daraus, dass die genannten Vorschriften mit Ausnahme des § 81 Abs. 4 S.1 Nr. 1 SGB IX allein die Verringerung bzw. die Verlängerung der Arbeitszeit erlauben.[796] Die einseitige Änderung anderer Arbeitsbedingungen durch die Vertragspartei des Arbeitnehmers ist danach ebenso wenig möglich wie die bloße Veränderung der Lage der Arbeitszeit.[797] Die gegenwärtig bestehenden besonderen Änderungsinstrumente vermitteln dem Arbeitnehmer somit insgesamt lediglich in wenigen Fällen praktikable Möglichkeiten zur Änderung seiner Arbeitsbedingungen gegen den Willen des Arbeitgebers.

B. Befugnisse des Arbeitgebers

Anders als für die Partei des Arbeitnehmers bestehen zugunsten des Arbeitgebers keine spezialgesetzlich geregelten Befugnisse zur einseitigen Änderung von Arbeitsbedingungen. Dieser kann ausschließlich auf die allgemeinen Änderungsinstrumente zurückgreifen. Veränderungen von Arbeitsverhältnissen sind ihm danach nicht nur theoretisch, sondern zu-

---

794 S. dazu § 7, C., II.

795 Vgl. § 8, B.

796 Lediglich dem schwerbehinderten Arbeitnehmer werden nach § 81 Abs. 4 S.1 Nr. 1 SGB IX weitergehende Änderungsbefugnisse eingeräumt. Sinkt beispielsweise seine Leistungsfähigkeit im Laufe der Zeit, so hat er einen Anspruch darauf, dass ihm leichtere Tätigkeiten zugewiesen werden (BAG v. 10. 7. 1991, EzA Nr. 69 zu § 615 BGB; BAG v. 13. 5. 1992, EzA Nr. 3 zu § 14 SchwbG 1986; LAG v. 29. 9. 1966, BB 1966, 1395, 1395). Ebenso hat er einen einklagbaren Anspruch auf Beschäftigung mit höherwertiger Arbeit, sofern er für diese geeignet ist und dem Arbeitgeber die Zuweisung zuzumuten ist (BAG v. 7. 8. 1964, AP Nr. 3 zu § 12 SchwbeschG). Zum Anspruch eines schwerbehinderten Arbeitnehmers auf Beförderung vgl. Großmann/Schimanski/Dopatka/Spiolek-*Großmann*, § 14 SchwbG Rdn. 334 ff.).

797 S. dazu § 7, C., I., § 8, A.

dem auch praktisch grundsätzlich möglich. Entsprechend der Vorstellung des Gesetzgebers ist der Arbeitgeber zur Verfolgung seiner schützenswerten Interessen nicht auf die Existenz besonderer Änderungsinstrumente angewiesen.[798] Für das Ausmaß der Änderungsbefugnisse des Arbeitgebers ist – anders als für den Arbeitnehmer – der Zeitpunkt und die Qualität seiner rechtlichen Beratung von entscheidender Bedeutung. Innerhalb der arbeitsrechtlichen Praxis bestehen insoweit erhebliche Unterschiede zwischen den verschiedenen Arbeitgebern.[799]

I. Nicht beratener Arbeitgeber

Vor allem den Inhabern kleinerer Betriebe oder Unternehmen wird im Hinblick auf die Änderung von Arbeitsbedingungen juristische Beratung regelmäßig nicht zuteil.[800] Üblicherweise werden Rechtsanwälte, Arbeitgeberverbände oder Kammern von den Arbeitgebern erst dann zur Unterstützung herangezogen, wenn ein Arbeitnehmer sich gegen die Veränderung seiner Arbeitsbedingungen arbeitsgerichtlich zur Wehr setzt. Grund für dieses Verhalten ist zum einen die fehlende Kenntnis von der immensen Bedeutung der frühzeitigen Rechtsberatung in diesem Bereich des Arbeitsvertragsrechts, zum anderen aber auch das Bestreben, die Kosten einer solchen Rechtsberatung zu vermeiden.[801]

Das Mittel des Änderungsvorbehalts, welches insgesamt weitaus geringeren Anforderungen als die Änderungskündigung unterliegt, steht dem nicht beratenen Arbeitgeber zur einseitigen Veränderung von Arbeitsbedingungen danach üblicherweise nicht zur Verfügung. Arbeitgeber, die selbst vor der Durchführung konkreter Maßnahmen zur Änderung von Arbeitsverhältnissen juristische Beratung nicht in Anspruch nehmen, beauftragen gewöhnlich erst recht nicht im Zeitraum vor Abschluss des entsprechenden Arbeitsvertrages Rechtsanwälte, Arbeitgeberverbände oder Kammern. Nach der Rechtsprechung des Bundesarbeitsgerichts und der herrschenden Auffassung innerhalb des arbeitsrechtlichen Schrifttums

---

798 Vgl. die Begründung des Gesetzentwurfs der Bundesregierung, BT-Drs. 14/4374, S. 11 f.

799 *Henssler*, in: Henssler/Moll, Kündigungsschutz, 89, 109; Münch-ArbR-*Wank*, § 118 Rdn. 50; *U. Preis*, Vertragsgestaltung, S. 434; *Wank*, in: Junker/Oechsler/Steckhan/Wank, Zukunft, 87, 98.

800 Zur Abhängigkeit des Ausmaßes der Inanspruchnahme rechtlicher Beratung von der Beschäftigtenzahl der verschiedenen Arbeitgeber s. *Bauer*, NZA 2002, 529, 531; *U. Preis*, Vertragsgestaltung, S. 434.

801 *U. Preis*, Vertragsgestaltung, S. 434.

verbleibt dem Arbeitnehmer folglich allein die Möglichkeit der Änderungskündigung.[802]

Die Änderungskündigung zeichnet sich insbesondere im häufig eröffneten Anwendungsbereich des Kündigungsschutzgesetzes durch eine Vielzahl von hohen Anforderungen an die Wirksamkeit bzw. Durchsetzbarkeit der intendierten Änderung – und damit auch an das Vorgehen des änderungswilligen Arbeitgebers – aus. Auch wenn in nicht wenigen Fällen eine Prognose der arbeitsgerichtlichen Beurteilung der beabsichtigten Änderungskündigung selbst bei entsprechender vorheriger Beratung nicht zuverlässig erstellt werden kann,[803] erscheint die rechtliche Beratung des Arbeitgebers insbesondere im Hinblick auf die betriebsbedingte Individual- oder Massenänderungskündigung unbedingt empfehlenswert. Aufgrund des Umstandes, dass der Arbeitgeber hier die im Rahmen eines möglichen Prozesses zu belegenden Vorgänge selbst steuern kann, erhöht eine adäquate juristische Beratung seine Erfolgsaussichten nicht unwesentlich. Der rechtlich nicht beratene Arbeitgeber läuft zudem Gefahr, die Wirksamkeit bzw. Durchsetzbarkeit der intendierten Änderung dadurch zu beeinträchtigen, dass er eine der zahlreichen Voraussetzungen der Änderungskündigung übersieht.

Die Änderungsmöglichkeiten von Arbeitgebern, welche weder vor Abschluss des entsprechenden Arbeitsvertrages noch vor Ausspruch der beabsichtigten Änderungskündigung rechtliche Beratung in Anspruch nehmen, sind demzufolge gering. Regelmäßig wird die Verwirklichung der angestrebten Änderung selbst in einfach gelagerten Fällen – soweit sich der Arbeitnehmer zur Wehr setzt – zumindest zeitlich verzögert.

II. Unzureichend beratener Arbeitgeber

Als unzureichend beratene Arbeitgeber werden im Rahmen dieser Untersuchung solche Arbeitgeber qualifiziert, die zwar vor der Erklärung einer Änderungskündigung, nicht jedoch bereits vor Abschluss des entsprechenden Arbeitsvertrages juristische Beratung in Anspruch nehmen. Wie bereits für die nicht beratenen Arbeitgeber scheidet auch für diese Gruppe die besonders praktikable Variante der einseitigen Veränderung von Arbeitsverhältnissen im Wege der Ausübung arbeitsvertraglicher Ände-

---

802 Die nach der hier vertretenen Auffassung in Teilbereichen zulässige Teilkündigung des Arbeitsverhältnisses durch den Arbeitgeber eröffnet diesem infolge ihrer Voraussetzungen ebenfalls keine weitergehenden Änderungsbefugnisse. S. dazu § 5, C., I.

803 Vgl. in diesem Zusammenhang die Ausführungen in § 3, C., I., 1., b.

rungsvorbehalte üblicherweise aus. Aufgrund des mangelnden Wissens um die Vorteile dieser Art der Änderung von Arbeitsbedingungen fehlt es in der Regel an entsprechenden Vereinbarungen. Dem Arbeitgeber verbleibt somit allein die Möglichkeit des Ausspruchs der Änderungskündigung.

In Anlehnung an die vorangegangenen Ausführungen gewährleistet allerdings auch eine qualitativ hochwertige Rechtsberatung des Arbeitgebers keine umfassend zuverlässige Prognose der Beurteilung der beabsichtigten Änderungskündigung durch die arbeitsgerichtliche Rechtsprechung. Infolge des Erfordernisses der Berücksichtigung nahezu jeglicher Umstände des Einzelfalls im Rahmen der sozialen Rechtfertigung von Änderungen nach § 2 KSchG bleibt die rechtliche Bewertung der Änderungskündigung innerhalb des Anwendungsbereichs des Kündigungsschutzgesetzes nicht selten ungewiss.[804] Die Position des änderungswilligen Arbeitgebers wird durch dessen rechtliche Beratung in entsprechenden Fällen folglich nicht verbessert.

Trotzdem erscheint die auch nach Vertragsschluss erfolgte Beratung des Arbeitgebers im Zeitraum vor der Erklärung einer Änderungskündigung insgesamt äußerst sinnvoll. Neben den bereits bei der Gruppe der nicht beratenen Arbeitgeber dargelegten Vorteilen bietet die Inanspruchnahme von Beratungsleistungen eines mit der arbeitsrechtlichen Praxis vertrauten Rechtsanwalts, Arbeitgeberverbands- oder Kammervertreters dem Arbeitgeber nicht nur Informationen über mögliche Prozessrisiken, sondern zudem auch den Hinweis auf die im Einzelfall nicht unerheblichen finanziellen Konsequenzen eines verlorenen Änderungs- bzw. Kündigungsschutzprozesses.[805] Außerdem kann die Beratung dem Arbeitgeber zumindest für den zukünftigen Abschluss von Arbeitsverträgen den besonderen Nutzen arbeitsvertraglicher Änderungsvorbehalte verdeutlichen. Die Chancen der Erklärung einer von vornherein wirksamen bzw. durchsetzbaren Änderungskündigung werden – soweit eine solche trotz der strengen Voraussetzungen des Änderungsinstruments im Einzelfall in Betracht kommt – ebenfalls erheblich erhöht. Die aus der Rechtsbera-

---

[804] Zur Rechtsunsicherheit des Arbeitgebers vgl. in diesem Zusammenhang § 3, C., I., 1., b., bb., (2).

[805] Von besonderer Bedeutung sind vor allem die bei langjährigen Prozessen entstehenden, regelmäßig sehr hohen Lohnansprüche des Arbeitnehmers einschließlich der entsprechenden Sozialabgaben (*Bauer*, NZA 2002. 529, 529; *Willemsen*, NJW 2000, 2779, 2782). Zur fehlenden Kalkulierbarkeit der Kosten bei der Beendigung von Arbeitsverhältnissen s. auch *Hanau*, Gutachten für den 63. DJT 2000, C 66; *Kleinhenz*, Gutachten für den 63. DJT 2000, B 65 f.

tung resultierende realistischere Einschätzung der eigenen Handlungsmöglichkeiten führt zudem nicht selten dazu, dass unwirksame Änderungskündigungen unterbleiben und demzufolge unnötige Störungen des Betriebsablaufs und damit verbundene Kosten verhindert werden.

III. Hinreichend beratener Arbeitgeber

Die Rechtsberatung des hinreichend juristisch beratenen Arbeitgebers zeichnet sich vor allem dadurch aus, dass sie im Hinblick auf zukünftige Änderungsbedürfnisse des Arbeitgebers nicht erst nach, sondern bereits vor Abschluss des entsprechenden Arbeitsvertrages einsetzt. Der beauftragte Rechtsanwalt, Arbeitgeberverbands- oder Kammervertreter wird von dem in der Regel größeren Arbeitgeber nicht ausschließlich punktuell in Anspruch genommen, sondern begleitet diesen vielmehr fortlaufend.[806] Auf diese Weise kann sowohl auf Veränderungen der gesetzlichen Grundlagen – wie beispielsweise durch die Einbeziehung des Arbeitsvertrages in das Recht der allgemeinen Geschäftsbedingungen – als auch auf Entwicklungen der Rechtsprechung umgehend reagiert werden. Arbeitsvertragliche Klauseln können den veränderten Umständen kurzerhand angepasst werden.

Wichtigstes Änderungsinstrument des vorausschauenden Arbeitgebers ist danach das Mittel des Änderungsvorbehalts. Der Arbeitgeber kann sich auf diese Weise eine nicht unerhebliche Zahl von Veränderungen der Arbeitsbedingungen vertraglich vorbehalten.[807] Er wird folglich ausschließlich in solchen Fällen dazu veranlasst, auf das Instrument der Änderungskündigung zurückzugreifen, in denen das Arbeitsverhältnis besonders einschneidend verändert werden soll.[808] Die Befugnisse des hinreichend beratenen Arbeitgebers zur einseitigen Änderung von Arbeitsverhältnissen unterscheiden sich folglich von denen des nur unzureichend oder gar nicht beratenen Arbeitgebers ganz erheblich. Nach der gegenwärtigen Rechtslage ist für den Arbeitgeber vor allem entscheidend, ob im Hinblick auf die angestrebte Veränderung ein Änderungsvor-

---

806 *Wank*, in: Junker/Oechsler/Steckhan/Wank, Zukunft, 87, 98. Die Parallele zwischen der Größe des Unternehmens und der Verbreitung der Inanspruchnahme frühzeitiger Rechtsberatung hebt auch *U. Preis*, Vertragsgestaltung, S. 434 zu Recht hervor.

807 *Sievers*, NZA 2002, 1182, 1188.

808 Zu den Möglichkeiten und Grenzen des Änderungsinstruments des Änderungsvorbehalts vgl. § 6, C. Die zunehmende Verbreitung von Änderungsvorbehalten zugunsten des Arbeitgebers betonen *Isenhardt*, in: FS Hanau, 221, 231; *U. Preis*, Vertragsgestaltung, S. 433.

behalt vereinbart wurde. Ist dies nicht der Fall, so bleibt dem Arbeitgeber allein das auch bei ordnungsgemäßer juristischer Beratung in der arbeitsrechtlichen Praxis wenig praktikable Instrument der Änderungskündigung.

§ 10 Reform des bestehenden Änderungsinstrumentariums

Nachdem im Rahmen der §§ 3 bis 9 der Arbeit der Ist-Zustand der Änderungsbefugnisse der Individualarbeitsvertragsparteien untersucht worden ist, wird innerhalb dieses Abschnitts der Soll-Zustand der Änderungsmöglichkeiten von Arbeitnehmern und Arbeitgebern erörtert. Es stellt sich die Frage, inwieweit die gegenwärtig bestehenden Befugnisse zur einseitigen Änderung von Arbeitsbedingungen den Änderungsbedürfnissen der Parteien gerecht werden.

A. Befugnisse des Arbeitnehmers

Durch die Vorschriften § 15 Abs. 7 BErzGG, § 81 Abs. 4 S. 1, Abs. 5 S. 3 SGB IX werden derzeit allein die spezifischen Änderungsbedürfnisse erziehender und schwerbehinderter Arbeitnehmer von Gesetzes wegen privilegiert.[809] Im Folgenden wird untersucht, inwieweit darüber hinaus schützenswerte Änderungsinteressen des Arbeitnehmers existieren. Soweit der gebotene Schutz des Arbeitgebers einer entsprechenden Erweiterung der Änderungsbefugnisse des Arbeitnehmers nicht entgegensteht, sind dem Arbeitnehmer zusätzliche Möglichkeiten zur einseitigen Änderung seiner Arbeitsbedingungen einzuräumen.

I. Änderungsbedürfnisse des Arbeitnehmers

Die schützenswerten Änderungsbedürfnisse des Arbeitnehmers werden nachfolgend im Rahmen zweier aufeinander folgender Schritte ermittelt. Zunächst stellt sich die Frage, aufgrund welcher Umstände der Arbeitnehmer überhaupt zur einseitigen Änderung seiner Arbeitsbedingungen berechtigt sein sollte. Bedarf es eines allgemeinen Änderungsrechts, welches die Veränderung von Arbeitsbedingungen aus einer Vielzahl verschiedener Gründe erlaubt, oder genügt es, wenn kraft Gesetzes lediglich spezifische Änderungsgründe privilegiert werden? Anschließend ist zu erörtern, welchen Inhalt die entsprechende Änderung der Arbeits-

---

[809] Vgl. die Begründung des Gesetzentwurfs der Bundesregierung, BT-Drs. 14/3553, S. 21. S. auch *Birk*, Gutachten für den 60. DJT 1994, E 72 f.; Münch-ArbR-*Cramer*, Erg.-Bd., § 236 Rdn. 45, 48.

bedingungen haben sollte. In Betracht kommt zum einen ein Recht des Arbeitnehmers, jegliche Arbeitsbedingungen zur Verfolgung seiner schützenswerten Interessen zu modifizieren, zum anderen eine Beschränkung seiner Änderungsbefugnisse allein auf die Veränderung einzelner Arbeitsbedingungen. Darüber hinaus ist festzustellen, ob das Änderungsrecht des Arbeitnehmers lediglich bestimmte Änderungen der in Rede stehenden Arbeitsbedingungen ermöglichen oder aber diese uneingeschränkt der einseitigen Veränderung durch die Vertragspartei des Arbeitnehmers unterwerfen sollte.

1. Gründe für die Änderung der Arbeitsbedingungen

Als schützenswerte, von der gegenwärtigen Arbeitsrechtsordnung nicht erfasste Beweggründe für die einseitige Änderung von Arbeitsbedingungen durch die Vertragspartei des Arbeitnehmers drängen sich in Anlehnung an die Regelung des § 15 Abs. 7 BErzGG vor allem familiäre Verpflichtungen des Arbeitnehmers auf. Wie die Begründung des Gesetzentwurfs der Bundesregierung zum Teilzeit- und Befristungsgesetz verdeutlicht, existieren darüber hinaus allerdings zahlreiche sonstige Änderungsinteressen des Arbeitnehmers.[810] Fraglich ist, ob auch deren Verfolgung den Arbeitnehmer zur Einwirkung auf sein Arbeitsverhältnis gegen den Willen des Arbeitgebers berechtigen sollte.

a. Anerkennung eines abstrakten Änderungserfordernisses

Von der Erforderlichkeit der Anerkennung elementar verschiedener Änderungsgründe des Arbeitnehmers geht *U. Preis* aus. Indem er gerade für den Arbeitnehmer „eine beschränkte Zulassung der Teilkündigung" fordert, stellt er klar, dass ein abschließender Katalog von Änderungsgründen den Erfordernissen der arbeitsrechtlichen Praxis nicht gerecht wird. Gerade die Befugnis des Arbeitnehmers zur ordentlichen Teilkündigung könnte nach seiner Auffassung „einen Beitrag zur Wiederherstellung der Vertragsparität" leisten.[811] Zweifelhaft erscheint diese Argumentation, weil konkrete Beispiele für die Existenz schützenswerter Änderungsgründe des Arbeitnehmers von *U. Preis* nicht genannt werden. Im Folgenden wird deshalb untersucht, inwieweit die interessengerechte Lö-

---

810 Innerhalb der Begründung des Gesetzentwurfs der Bundesregierung, BT-Drs. 14/4374, S. 1 wird beispielsweise auf den „Wunsch, verstärkt ehrenamtliche Aufgaben wahrzunehmen", und auf die „Motivation, die durch Teilzeitarbeit gewonnene Zeit zu Aus- und Weiterbildungszwecken zu nutzen", verwiesen.

811 *U. Preis*, Vertragsgestaltung, S. 434.

sung typischer Situationen der gegenwärtigen Arbeitswelt die gesetzliche Anerkennung eines abstrakten Änderungserfordernisses des Arbeitnehmers voraussetzt.

Zur Anpassung seiner arbeitsvertraglichen Verpflichtungen an das alters- oder krankheitsbedingte Nachlassen seiner Leistungsfähigkeit bedarf der Arbeitnehmer keiner Befugnis zur Einwirkung auf sein Arbeitsverhältnis. Ist der Arbeitnehmer als Vertragspartner zur Erfüllung ihrer Verpflichtungen nicht in der Lage, so ist der vertragliche Anspruch des Arbeitgebers auf deren Leistung gemäß § 275 Abs. 1 BGB ausgeschlossen.[812] Soweit eine Anpassung der Arbeitsbedingungen an die verminderte Leistungsfähigkeit des Arbeitnehmers zudem möglich ist, kann der Arbeitgeber das Arbeitsverhältnis infolge der Nichtleistung des Arbeitnehmers nicht beenden. Er ist vielmehr dazu verpflichtet die Arbeitsbedingungen des Arbeitnehmers und dessen Leistungsfähigkeit aufeinander abzustimmen.[813]

Strebt der Arbeitnehmer eine Veränderung hingegen wegen Mobbings durch andere Mitarbeiter,[814] infolge der Verletzung von Arbeitsschutzvorschriften oder aber aufgrund sonstiger Umstände an, denen der Arbeitgeber kraft seiner Fürsorgepflicht entgegenwirken muss, so bedarf der Arbeitnehmer ebenfalls nicht der Befugnis zur einseitigen Veränderung ihrer Arbeitsbedingungen. Der Verletzung der Fürsorgepflicht des Arbeitgebers kann der Arbeitnehmer – in Abhängigkeit von der Intensität der Beeinträchtigung seiner Interessen – die Einrede des § 275 Abs. 3 BGB oder aber ein Zurückbehaltungsrecht i. S. des § 273 Abs. 1 BGB entgegensetzen. Er braucht seinen arbeitsvertraglichen Verpflichtungen dann nicht nachzukommen.[815]

Ein Änderungsrecht des Arbeitnehmers zur Reaktion auf außerbetriebliche Umstände erscheint zudem allein zur Erfüllung einzelner familiärer Verpflichtungen des Arbeitnehmers geboten. Weniger schwerwiegende, verfassungsrechtlich nicht besonders geschützte Änderungsinteressen

---

812 Zum Streit um die Anerkennung einer Teilarbeitsunfähigkeit des Arbeitnehmers vgl. Münch-ArbR-*Boecken*, § 83 Rdn. 48 ff.

813 S. dazu GK-*U. Preis*, Grundl. K Rdn. 73.

814 Zu den verschiedenen Fallkonstellationen des Mobbings und zu den Problemen einer effektiven Bekämpfung solcher Verhaltensweisen s. *Schaub*, Arbeitsrecht, § 108 Rdn. 57 ff. Nach einer repräsentativen Studie, welche das Bundesarbeitsministerium am 12. 6. 2002 vorgestellt hat, wird in Deutschland etwa jeder neunte Arbeitnehmer im Laufe seines Arbeitslebens mindestens einmal „gemobbt“ (FAZ v. 13. 6. 2002).

815 Zur Fürsorgepflicht des Arbeitgebers vgl. Münch-ArbR-*Blomeyer*, § 94 Rdn. 1 ff.; *Schaub*, Arbeitsrecht, § 108 Rdn. 11.

des Arbeitnehmers können dagegen einen Eingriff in das Arbeitsverhältnis zulasten des Arbeitgebers üblicherweise nicht rechtfertigen.[816] Das Bestreben, sich beispielsweise verstärkt „der ehrenamtlichen Arbeit widmen zu können",[817] bildet ebenso wenig einen entsprechend gewichtigen Änderungsgrund wie die Absicht sich weiterzubilden.[818] Die arbeitsvertragliche Bindungswirkung sollte in diesen Fällen durch den Arbeitnehmer nicht in Frage gestellt werden können.

Anders als der Arbeitgeber, dessen betriebliche Organisationsgewalt weit reichende Änderungsbefugnisse erforderlich macht,[819] bedarf der Arbeitnehmer folglich keines über einzelne Änderungsgründe hinausgehenden Rechts zur Veränderung seiner Arbeitsbedingungen. Die gesetzliche Anerkennung eines abstrakten Änderungserfordernisses des Arbeitnehmers ist demzufolge nicht geboten.

b. Privilegierung konkreter Änderungsgründe

Erforderlich erscheint hingegen eine Erweiterung der Änderungsbefugnisse des Arbeitnehmers zur Erfüllung einzelner familiärer Verpflichtungen. Zwar steht außer Frage, dass ein Arbeitnehmer entsprechend der Vorschrift des § 15 Abs. 7 BErzGG gerade zur angemessenen Betreuung und Erziehung seines Kindes innerhalb der „für die spätere Entwicklung besonders prägenden" ersten drei Lebensjahre zur Verringerung seiner Arbeitszeit berechtigt sein sollte,[820] problematisch ist jedoch, dass die in Rede stehende gesetzliche Regelung dem Arbeitnehmer ein Änderungsrecht zum einen nur für einen Zeitraum von bis zu drei Jahren, zum

---

[816] Ähnlich auch KR-*Etzel*, § 18 BErzGG Rdn. 2 f.; *Link/Fink*, AuA 2001, 107, 110; *Neue Richtervereinigung*, AuR 2001, 179, 179; *Rolfs*, RdA 2001, 129, 131 f.; *Wank*, EuroAS 2001, 186, 187. Auch die Bundesregierung bezeichnet innerhalb der Begründung ihres Gesetzentwurfs zum Teilzeit- und Befristungsgesetz, BT-Drs. 14/4374, S. 11 den Wunsch, mehr Zeit für die Familie zu haben, als den „wichtigsten Beweggrund, die Arbeitszeit zu reduzieren".

[817] So aber verschiedene Vertreter der Gewerkschaften im Rahmen einer Podiumsdiskussion anlässlich einer Tagung der IG Metall am 14. 6. 2002 (FAZ v. 15. 6. 2002). Ähnlich auch *Viethen*, Bundesarbeitsblatt 2001, Heft 2, 5, 5.

[818] Vgl. aber die Begründung des Gesetzentwurfs der Bundesregierung, BT-Drs. 14/4374, S. 11.

[819] Zu der sich aus der betrieblichen Organisationsgewalt des Arbeitgebers ergebenden Risikoverteilung zwischen Arbeitgeber und Arbeitnehmer s. Münch-ArbR-*Richardi*, § 30 Rdn. 2 f.

[820] Vgl. insoweit die Begründung des Gesetzentwurfs der Bundesregierung, BT-Drs. 14/3553, S. 21. Ähnlich äußern sich *Birk*, Gutachten für den 60. DJT 1994, E 70, 72; Münch-ArbR-*Heenen*, Erg.-Bd., § 229 Rdn. 7.

anderen allein für die Betreuung und Erziehung jüngerer Kinder einräumt.[821]

Anders als in der Bundesrepublik Deutschland wird beispielsweise durch die italienische Arbeitsrechtsordnung auch das Bestreben eines Elternteils geschützt, ein zu Hause lebendes Kind nach der Vollendung seines dritten Lebensjahres zu betreuen und zu erziehen, falls dieses schwerbehindert ist. Unbeschadet des Alters des pflegebedürftigen Kindes wird dem Elternteil zwar kein Teilzeitanspruch i. S. des § 15 Abs. 7 BErzGG eingeräumt, ihm steht jedoch dauerhaft ein Anspruch auf Freistellung von der Arbeit von drei Tagen im Monat zu.[822] Die Arbeitsrechtsordnung der Deutschen Demokratischen Republik beinhaltete darüber hinaus einen Teilzeitanspruch zur Erfüllung besonderer familiärer Verpflichtungen. Auf die danach privilegierten Änderungsgründe konnten sich allerdings allein weibliche Beschäftigte berufen.[823]

Das Grundrecht des Art. 6 Abs. 1 GG schützt nach der Rechtsprechung des Bundesverfassungsgerichts die Familie als Lebensgemeinschaft umfassend.[824] Art. 6 Abs. 2 GG gewährleistet die Pflege und Erziehung von Kindern nicht allein für einen eng begrenzten Zeitraum, sondern entsprechend dem jeweiligen Bedarf des Kindes auch darüber hinaus.[825] Ausdruck findet dieser Gedanke innerhalb des § 15 BErzGG u. a. darin, dass nach Abs. 2 S. 2 der Vorschrift die Arbeitszeit zum Zweck der Erziehung und Betreuung angenommener und in Adoptionspflege genommener Kinder gegen den Willen des Arbeitgebers auch nach Vollendung des dritten Lebensjahres des Kindes verringert werden kann. Berücksichtigt wird damit das Erfordernis einer besonderen Be-

---

821 Gemäß § 15 Abs. 2 S. 1 BErzGG besteht der Teilzeitanspruch des Arbeitnehmers prinzipiell allein bis zur Vollendung des dritten Lebensjahres eines Kindes. Bei einem angenommenen Kind und bei einem Kind in Adoptionspflege kann die Arbeitszeit darüber hinaus nach § 15 Abs. 2 S. 2 BErzGG für einen Zeitraum von höchstens drei Jahren ab der Inobhutnahme, längstens bis zur Vollendung des achten Lebensjahres, verringert werden.

822 Art. 33 Legge n. 104/1992 nell' assistenza, l'integrazione sociale e il diritto delle persone handicappate. S. dazu *Birk*, Gutachten für den 60. DJT 1994, E 34.

823 Vgl. § 160 Abs. 4 S. 2 des Arbeitsgesetzbuches der Deutschen Demokratischen Republik (GBl. I, 1977, S. 208).

824 BVerfG v. 29. 7. 1959, BVerfGE 10, 59, 66.

825 BVerfG v. 9. 2. 1982, BVerfGE 59, 360, 382; BVerfG v. 18. 4. 1989, BVerfGE 80, 81, 90; Zur rechtlichen Bedeutung der Veränderung des Bedürfnisses eines älter werdenden Kindes nach Pflege und Erziehung durch seine Eltern vgl. v. Mangoldt/Klein/Starck-*Robbers*, Art. 6 GG Rdn. 159 f., 292.

treuungsleistung durch einen der Elternteile.[826] Der Schutzbereich des Art. 6 Abs. 1 GG umfasst zudem auch das Verhältnis erwachsener Familienangehöriger zueinander.[827]

Infolge der dargelegten Weite des Schutzbereichs des Art. 6 Abs. 1, 2 GG erscheint die gegenwärtige einfachgesetzliche Ausgestaltung des Teilzeitanspruchs nach § 15 Abs. 7 BErzGG zur Erfüllung schützenswerter familiärer Verpflichtungen des Arbeitnehmers in weiten Teilen unzureichend. Es erscheint bedenklich, dass ein Elternteil zwar zur Betreuung und Erziehung eines dreijährigen, nicht aber eines vier- oder fünfjährigen Kindes seine Arbeitszeit gegen den Willen des Arbeitgebers reduzieren kann, sofern „dringende betriebliche Gründe“ nicht entgegenstehen. Gleiches gilt zudem für die Pflege eines schwerbehinderten Kindes oder eines gleichermaßen bedürftigen Familienangehörigen durch ein anderes Familienmitglied.[828]

In Anlehnung an die Ausführungen *Birks* zur Verbesserung der Vereinbarkeit von Berufstätigkeit und Familie bildet demzufolge nicht allein die Betreuung und Erziehung von Kindern innerhalb ihrer ersten drei Lebensjahre einen anerkennenswerten Grund für die einseitige Änderung von Arbeitsbedingungen.[829] Ähnlich schützenswert ist darüber hinaus das Bestreben eines Elternteils, sich seinem Kind auch danach intensiv zu widmen. Die zeitliche Untergrenze entsprechender Gesetzgebungsvorschläge beläuft sich insofern auf die Vollendung des sechsten Lebensjahres des Kindes.[830] Unter Berücksichtigung des in der Praxis häufig unterschiedlichen Schulbeginns von Kindern erscheint hingegen parallel zur Vorschrift des § 15 Abs. 2 S. 1 HS. 2, S. 2 HS. 2 BErzGG eine Verlängerung des Anspruchszeitraums bis zur Vollendung des achten Le-

---

826 Vgl. dazu die Begründung des Gesetzesentwurfs der Bundesregierung, BT-Drs. 14/3553, S. 21; Zmarzlik/Zipperer/Viethen/Vieß-*Viethen*, § 15 BErzGG Rdn. 2.

827 BVerfG v. 5. 2. 1981, BVerfGE 57, 170, 178; v. Mangoldt/Klein/Starck-*Robbers*, Art. 6 GG Rdn. 83.

828 Vgl. § 8 Abs. 1 S. 1 lit. b des Entwurfs eines Gesetzes über Teilzeitarbeit und befristete Arbeitsverträge des Freistaats Bayern, BR-Drs. 591/2/00, S. 1.

829 *Birk*, Gutachten für den 60. DJT 1994, E 72.

830 *Birk*, Gutachten für den 60. DJT 1994, E 72 (Vollendung des sechsten Lebensjahres); § 8 Abs. 1 S. 1 lit. a des Entwurfs eines Gesetzes über Teilzeitarbeit und befristete Arbeitsverträge des Freistaats Bayern, BR-Drs. 591/2/00, S. 1 (Vollendung des zehnten Lebensjahres); § 3 des Entwurfs eines Gesetzes zur Freistellung und Reduzierung von Erwerbsarbeitszeit für Erziehende der Fraktion Bündnis 90/Die Grünen, BT-Drs. 11/8423, S. 5 (Vollendung des zwölften Lebensjahres). Vgl. zudem den gesetzlichen Teilzeitanspruch des Nachtarbeitnehmers nach § 6 Abs. 4 S. 1 lit. b ArbZG (Vollendung des zwölften Lebensjahres).

bensjahres zweckmäßig. Dies gewährleistet einen störungsfreien Übergang von der Kindergarten- in die Schulzeit.[831] Die temporäre oder dauerhafte Pflege eines pflegebedürftigen Familienangehörigen durch ein anderes Familienmitglied sollte ebenfalls von Gesetzes wegen privilegiert werden.[832]

2. Inhalt der Änderung der Arbeitsbedingungen

Zur adäquaten Erfüllung der genannten familiären Verpflichtungen bedarf der Arbeitnehmer ausschließlich der Befugnis zur einseitigen Veränderung seiner Arbeitszeit. Sonstige vertraglich vereinbarte Arbeitsbedingungen wie beispielsweise der Inhalt der vom Arbeitnehmer zu verrichtenden Tätigkeiten spielen in diesem Zusammenhang keine Rolle. Die Schaffung eines umfassenden Änderungsrechts des Arbeitnehmers ist demzufolge nicht erforderlich.[833] Fraglich ist allein, auf welche Art und Weise der Arbeitnehmer auf seine Arbeitszeit einwirken können sollte. Neben der für die arbeitsrechtliche Praxis besonders bedeutsamen Verringerung der Arbeitszeit kommen auch die Freistellung des Arbeitnehmers von der Arbeit, die alleinige Veränderung der Lage seiner Arbeitzeit sowie die Schaffung eines Rückkehrrechts des teilzeitbeschäftigten Arbeitnehmers zur Vollzeit in Betracht.

Aufgrund der zeitlichen Dimension der Betreuung und Erziehung eines Kindes bis zur Vollendung seines achten Lebensjahres bzw. der im Einzelfall dauerhaften Pflege eines schwerbehinderten Familienangehörigen scheidet ein Anspruch des Arbeitnehmers auf Freistellung von der Arbeit entsprechend der Vorschrift des § 45 Abs. 3 S. 1 SGB V zur sachgerechten Erweiterung der Änderungsbefugnisse des Arbeitnehmers von vornherein aus. Dem Arbeitnehmer ist stattdessen die Möglichkeit zu eröffnen, neben seinen familiären auch seine arbeitsvertraglichen Verpflichtungen zu erfüllen.[834] Hierzu bedarf es der Schaffung eines gegen den Willen des Arbeitgebers durchsetzbaren Teilzeitanspruchs.

In Anlehnung an den Regelungsvorschlag des Freistaats Bayern sollte eine entsprechende Verkürzung der Arbeitszeit vom Arbeitnehmer sowohl befristet als auch unbefristet beantragt werden können. Eine Befris-

---

[831] So auch die Begründung des Gesetzentwurfs der Bundesregierung, BT-Drs. 14/3553, S. 2, 12.

[832] Vgl. § 8 Abs. 1 S. 1 lit. b des Entwurfs eines Gesetzes über Teilzeitarbeit und befristete Arbeitsverträge des Freistaats Bayern, BR-Drs. 591/2/00, S. 1.

[833] Ähnlich auch *Birk*, Gutachten für den 60. DJT 1994, E 53.

[834] S. dazu die Ausführungen *Birks*, Gutachten für den 60. DJT 1994, E 42 f., 79.

tung bietet sich beispielsweise für einen von vornherein absehbaren Zeitraum von bis zu fünf Jahren an. Dieser Zeitraum sollte zudem ausnahmsweise verlängert werden können.[835] Die unbefristete Verringerung der Arbeitszeit sollte zugunsten des Arbeitnehmers außerdem durch einen Anspruch auf Rückkehr zur bisherigen Arbeitszeit in Gestalt des § 9 TzBfG abgesichert werden. Die Schaffung eines generellen Anspruchs des Arbeitnehmers auf Verlängerung seiner Arbeitszeit erscheint hingegen nicht geboten.[836]

Da sich die angestrebte Erweiterung der Änderungsbefugnisse des Arbeitnehmers anders als das Teilzeit- und Befristungsgesetz zudem nicht am Ziel der Beschäftigungsförderung, sondern vielmehr an den Änderungsbedürfnissen des Arbeitnehmers orientiert, sollte dieser parallel zu seinem Anspruch auf Verkürzung der Arbeitszeit einen isolierten Anspruch auf Veränderung seiner Arbeitszeitlage erhalten.[837] Zwar ist ein entsprechendes Begehren des Arbeitnehmers gegenwärtig auch im Rahmen der Bestimmungen § 15 Abs. 7 BErzGG, § 81 Abs. 5 S. 3 SGB IX nicht durchsetzbar,[838] die Vereinbarkeit von Berufstätigkeit und Familie könnte von der Schaffung eines solchen Anspruchs allerdings erheblich profitieren.[839] Es erscheint zweifelhaft, dass ein Arbeitnehmer, welcher allein die Veränderung der Lage seiner Arbeitszeit beabsichtigt, durch die gesetzliche Ausgestaltung der bestehenden Änderungsinstrumente dazu veranlasst wird, im Einzelfall stärker auf den Inhalt seines Arbeitsverhältnisses einzuwirken, als es aus seiner Perspektive erforderlich erscheint. Ein Anspruch auf Veränderung der Arbeitszeitlage würde insbesondere die adäquate Erfüllung familiärer Verpflichtungen von bereits teilzeitbeschäftigten Arbeitnehmer unterstützen.[840]

---

835 Vgl. § 8 Abs. 1 S. 2, 3 des Entwurfs eines Gesetzes über Teilzeitarbeit und befristete Arbeitsverträge des Freistaats Bayern, BR-Drs. 591/2/00, S. 1.

836 Ähnlich äußert sich *Birk*, Gutachten für den 60 DJT. 1994, E 58 f. Vgl. auch § 8 Abs. 3 des Entwurf eines Gesetzes über Teilzeitarbeit und befristete Arbeitsverträge des Freistaats Bayern, BR-Drs. 591/2/00, S. 2.

837 Zur Zielsetzung des Teilzeitanspruchs nach § 8 TzBfG vgl. § 7, A., II., 1.

838 Für die Vorschrift des § 15 Abs. 7 BErzGG ergibt sich dies aus S. 1 Nr. 3 der Bestimmung. Die Durchsetzung des „Anspruchs auf Teilzeitbeschäftigung" nach § 81 Abs. 5 S. 3 HS. 1 SGB IX setzt ebenfalls eine Verkürzung der Arbeitszeit des Arbeitnehmers voraus.

839 *Birk*, Gutachten für den 60. DJT 1994, E 61 ff. Im Hinblick auf vergleichbare tarifvertragliche Ansprüche betont dies *Colneric*, RdA 1994, 65, 67.

840 Der alleinigen Veränderung der Arbeitszeitlage vollzeitbeschäftigter Arbeitnehmer werden dagegen oftmals betriebliche Interessen entgegenstehen. Soweit die Arbeitszeit – wie beispielsweise in den Bereichen Verkauf und Vertrieb – nahezu

II. Berücksichtigung der Interessen des Arbeitgebers

Bei der Schaffung der den Änderungsbedürfnissen des Arbeitnehmers entsprechenden Befugnisse dürfen die Interessen des Arbeitgebers aufgrund verfassungsrechtlicher Erwägungen nicht unberücksichtigt bleiben. Im Folgenden wird deshalb untersucht, inwieweit die Verwirklichung der Änderungsbedürfnisse des Arbeitnehmers bereits von Gesetzes wegen zu begrenzen ist. Ein Reformvorschlag für diesen Teilbereich des Rechts der einseitigen Änderung von Arbeitsbedingungen kann erst danach unterbreitet werden.

1. Verringerung und Verteilung der Arbeitszeit

Im Hinblick auf die nähere Ausgestaltung des Anspruchs des Arbeitnehmers, seine Arbeitszeit zu reduzieren bzw. deren Lage zu verändern, stellen sich vor allem zwei Fragen. Zum einen ist zu prüfen, von welchem Gewicht die vom Arbeitgeber vorzutragenden „betrieblichen Gründe" sein sollten, welche die Abweisung eines entsprechenden Antrags des Arbeitnehmers rechtfertigen, zum anderen ist darzulegen, ob sich der Anspruch des Arbeitnehmers entsprechend den Vorschriften § 15 Abs. 7 S. 1 Nr. 1, § 8 Abs. 7 TzBfG allein gegen Arbeitgeber mit einer bestimmten Mindestanzahl von Arbeitnehmern oder aber gegen alle Arbeitgeber richten sollte.

a. Dringende betriebliche Gründe

Nach § 8 Abs. 1 S. 1 des Regelungsvorschlags des Freistaats Bayern genügen zur Ablehnung eines aus familiären Gründen gestellten Antrags auf Reduzierung der Arbeitszeit entgegenstehende „betriebliche Belange".[841] Dies entspricht in der Sache den gesetzlichen Vorgaben des § 8 Abs. 4 S. 1 TzBfG. Demgegenüber stellt die Vorschrift des § 15 Abs. 7 S. 1 Nr. 4 BErzGG an die Abweisung eines entsprechenden Verringerungsbegehrens des Arbeitnehmers strengere Anforderungen. Der Arbeitgeber kann der Verkürzung der Arbeitszeit allein „dringende betriebliche Gründe" entgegensetzen.[842]

---

ausschließlich durch Ladenöffnungs- oder Bürozeiten bestimmt wird, erscheint eine separate Änderung der Lage der Arbeitszeit regelmäßig nicht realisierbar.

[841] § 8 Abs. 1 S. 1 des Entwurfs eines Gesetzes über Teilzeitarbeit und befristete Arbeitsverträge des Freistaats Bayern, BR-Drs. 591/2/00, S. 1.

[842] S. dazu Münch-ArbR-*Heenen*, Erg.-Bd., § 229 Rdn. 15 ff.

Fraglich ist demzufolge, welche Anforderungen an einen über die Regelung des § 15 Abs. 7 BErzGG hinausgehenden, ebenfalls familiär bedingten Anspruch des Arbeitnehmers auf Verringerung bzw. Umverteilung der Arbeitszeit gestellt werden sollten. Erscheint es auch hier gerechtfertigt, die Ablehnung eines entsprechenden Antrags allein im Fall des Entgegenstehens „dringender betrieblicher Gründe" zuzulassen oder sollten vielmehr in Anlehnung an die Bestimmung des § 8 Abs. 4 S. 1 TzBfG bereits „betriebliche Gründe" zur Abweisung des Antrags genügen?

Anders als der Teilzeitanspruch nach § 8 TzBfG setzt der in Rede stehende Änderungsanspruch des Arbeitnehmers die Verfolgung besonders schützenswerter familiärer Interessen voraus. In verfassungsrechtlicher Hinsicht kann der Beeinträchtigung der Vertrags- und Berufsausübungsfreiheit des Arbeitgebers demzufolge nicht allein ein legitimes öffentliches Interesse, sondern zudem der grundrechtlich gewährleistete Schutz der Familie nach Art. 6 Abs. 1, 2 GG entgegengesetzt werden. Die Anforderungen an die Ablehnung eines Antrags durch den Arbeitgeber sind gegenüber der Vorschrift des § 8 Abs. 4 S. 1 TzBfG folglich zu erhöhen.[843]

Infolge der Schwere der dargelegten gesetzlich zu privilegierenden Änderungsgründe des Arbeitnehmers erscheint es zudem angemessen, den strengen Prüfungsmaßstab des § 15 Abs. 7 S. 1 Nr. 4 BErzGG auf den Anspruch des Arbeitnehmers auf Verringerung seiner Arbeitszeit bzw. Veränderung seiner Arbeitszeitlage zu übertragen.[844] Das Bestreben eines Arbeitnehmers, sein schwerbehindertes zwölf Jahre altes Kind zumindest teilweise selbst zu pflegen, ist ebenso schutzwürdig wie die Absicht eines Arbeitnehmers, sein dreijähriges gesundes Kind zu betreuen und zu erziehen. Die Abweisung eines entsprechenden Antrags sollte dem Arbeitgeber demzufolge nur dann gestattet werden, wenn „dringende betriebliche Gründe" i. S. des § 15 Abs. 7 S. 1 Nr. 4 BErzGG der Veränderung der Arbeitszeit entgegenstehen.

---

843 So auch *Birk*, Gutachten für den 60. DJT 1994, E 78 ff., Münch-ArbR-*Heenen*, Erg.-Bd., § 229 Rdn. 16; *Rolfs*, RdA 2001, 129, 131.

844 Kritisch demgegenüber äußert sich die arbeitsrechtliche Abteilung des 59. Deutschen Juristentages 1992 innerhalb ihres Beschlusses Nr. 5 (der Einzelempfehlungen). Der Vorschlag, „bei der Gestaltung der Arbeitszeit auf die Erfüllung familiärer Pflichten Rücksicht zu nehmen, soweit nicht betriebliche Gründe zwingend entgegenstehen" wurde mit 143 Stimmen, bei 104 Gegenstimmen und 23 Enthaltungen abgelehnt (abgedruckt in: Sitzungsberichte des 59. DJT 1992, P 203).

b. Kleinunternehmensklausel

Festzustellen ist darüber hinaus, ob sich der Anspruch erziehender, betreuender und pflegender Arbeitnehmer auf Verringerung bzw. Veränderung der Lage ihrer Arbeitszeit gegen alle oder aber allein eine bestimmte Gruppe von Arbeitgebern richten sollte. Insbesondere die Änderungsbefugnisse der Arbeitnehmer kleinerer Unternehmen könnten in Anlehnung an § 15 Abs. 7 S. 1 Nr. 1 BErzGG von Gesetzes wegen einzuschränken sein.[845] Arbeitnehmer in Unternehmen mit in der Regel 15 oder weniger Arbeitnehmern wären danach trotz bestehender familiärer Verpflichtungen nicht berechtigt, auf den Umfang und die Lage ihrer Arbeitszeit gegen den Willen des Arbeitgebers einzuwirken. Dies entspricht einem Anteil von rund 25 % der sozialversicherungspflichtig Beschäftigten und somit 6,7 Millionen Menschen insgesamt.[846]

Die Änderungsbedürfnisse der Arbeitnehmer kleinerer Unternehmen unterscheiden sich von denen größerer Unternehmen nicht. Unabhängig von der Größe eines Unternehmens ist z. B. das Bestreben eines Elternteils, sein sechsjähriges Kind zu betreuen und zu erziehen, als außerbetrieblicher Änderungsgrund ebenso anzuerkennen wie die Absicht eines Ehepartners, seinen schwerbehinderten Ehepartner zumindest teilweise selbst zu pflegen. Es erscheint demzufolge fragwürdig, dass auch im Fall des Fehlens entgegenstehender „dringender betrieblicher Gründe" i. S. des § 15 Abs. 7 S. 1 Nr. 4 BErzGG die Verwirklichung eines entsprechenden Änderungswunsches des Arbeitnehmers gegen den Willen des

---

[845] Vgl. in diesem Zusammenhang den Gesetzgebungsvorschlag *Birks*, Gutachten für den 60. DJT 1994, E 81 ff. Zur verbesserten Rechtsdurchsetzung von Änderungswünschen der Arbeitnehmer kleinerer und mittlerer Unternehmen schlägt dieser vor, überbetriebliche Arbeitgeber-Verbundsysteme zu schaffen. Die arbeits- und sozialrechtliche Abteilung des 60. Deutschen Juristentages 1994 ist diesem Vorschlag im Rahmen ihrer Beschlussfassung gefolgt (Beschluss Nr. 7, abgedruckt in: Sitzungsberichte des 60. DJT 1994, O 89 (angenommen mit 66 Stimmen, bei 43 Gegenstimmen und 19 Enthaltungen)).

[846] Entsprechend der Begründung des Gesetzentwurfs der Bundesregierung, BT-Drs. 14/3553, S. 22 stehen nach § 15 Abs. 7 S. 1 Nr. 1 BErzGG den Beschäftigten von rund 1,8 Millionen Kleinunternehmen mit regelmäßig 15 oder weniger Arbeitnehmern – dies entspricht 87 % der Unternehmen bundesweit – keine spezifischen Befugnisse zur Änderung ihrer Arbeitsverhältnisse aus familiären Gründen zu. Rund 6,7 Millionen und damit 25 % der sozialversicherungspflichtigen Beschäftigten sind infolgedessen auf eine einvernehmliche Lösung mit ihrem Arbeitgeber angewiesen.

Arbeitgebers von vornherein ausscheidet. *Birk* warnt in diesem Zusammenhang vor der Entstehung eines „Zwei-Klassen-Arbeitsrechts“.[847]

Anders als im Rahmen des § 8 TzBfG kann bei einem ausschließlich auf die Erfüllung bestimmter familiärer Verpflichtungen ausgerichteten Anspruch des Arbeitnehmers ein unverhältnismäßig hoher bürokratischer Aufwand infolge der Notwendigkeit der Bearbeitung entsprechender Anträge zulasten kleinerer Unternehmen nicht angenommen werden.[848] Der dargelegte Anspruch auf Verringerung bzw. Veränderung der Lage der Arbeitszeit kommt zugunsten änderungswilliger Arbeitnehmer lediglich dann in Betracht, wenn sie einen der gesetzlich besonders privilegierten Änderungsgründe geltend machen können. Von einer unzumutbaren Belastung des Arbeitgebers infolge der Verpflichtung, sich mit den Anträgen der Arbeitnehmer zu befassen, kann folglich nicht ausgegangen werden. Offensichtlich unvernünftige Anträge kann auch ein kleineres Unternehmen ohne das Begehren im Einzelnen überprüfen zu müssen ohne weiteres ablehnen.

Entsprechend ausgestaltet ist gegenwärtig der Änderungsanspruch schwerbehinderter Arbeitnehmer nach § 81 Abs. 4 S. 1 Nr. 1, Abs. 5 S. 3 SGB IX. Anders als die Vorschriften § 15 Abs. 7 BErzGG, § 8 TzBfG beinhaltet die Bestimmung keine Ausnahmeregelung zugunsten kleinerer Unternehmen. Deren besonderes Schutzbedürfnis wird stattdessen ausschließlich im Rahmen der Kontrolle der Unzumutbarkeit der angestrebten Veränderung bzw. bei der Frage danach, ob die Erfüllung des Änderungswunsches mit unverhältnismäßigen Aufwendungen verbunden ist, berücksichtigt.[849] Zu beachten ist in diesem Zusammenhang allerdings, dass eine Verpflichtung zur Duldung der Änderung von Arbeitsbedingungen Schwerbehinderter gemäß § 81 Abs. 4 S. 1 Nr. 1, Abs. 5 S. 3 SGB IX nahezu ausschließlich Unternehmen mit mindestens 20 Arbeitsplätzen trifft. Allein diese sind gemäß § 71 Abs. 1 S. 1 SGB IX überhaupt dazu verpflichtet, schwerbehinderte Arbeitnehmer zu beschäftigen.

Insgesamt kann somit festgestellt werden, dass die spezifischen Probleme kleinerer Unternehmen bei der Verwirklichung familiär bedingter Veränderungswünsche von Arbeitnehmern entgegen der Regelung des § 15 Abs. 7 S. 1 Nr. 1 BErzGG im Rahmen der Überprüfung des Entgegenstehens „dringender betrieblicher Gründe“ hinreichende Berücksichti-

---

[847] *Birk*, Gutachten für den 60. DJT 1994, E 81.

[848] Zu den praktischen Auswirkungen der Geltendmachung von Teilzeitansprüchen nach § 8 TzBfG auf kleinere Unternehmen vgl. § 7, A., II., 4., b.

[849] S. dazu im Einzelnen Münch-ArbR-*Cramer*, Erg.-Bd., § 236 Rdn. 49.

gung finden können. Auf diese Weise wird zum einen der erforderliche Schutz der entsprechenden Unternehmen gegen die für sie besonders folgenschweren Veränderungen der Arbeitszeit gewährleistet, zum anderen wird eine sachlich nicht zu rechtfertigende, pauschale Benachteiligung der Arbeitnehmer kleinerer Unternehmen ausgeschlossen. Ohne die grundrechtlich geschützte Position der Inhaber kleinerer Unternehmen zu verletzen, können folglich auch schützenswerte Änderungsinteressen von Angehörigen kleinerer Unternehmen interessengerecht beurteilt werden. Ihre Position als Grundrechtsträger i. S. des Art. 6 Abs. 1, 2 GG wird damit auf angemessene Art und Weise gestärkt.

2. Verlängerung der Arbeitszeit

Ein über die Regelung des § 9 TzBfG hinausgehender Anspruch des teilzeitbeschäftigten Arbeitnehmers auf Verlängerung seiner Arbeitszeit ist dem Arbeitgeber hingegen auch dann nicht zuzumuten, wenn der änderungswillige Arbeitnehmer darlegen kann, dass der für die ursprüngliche Verringerung seiner Arbeitszeit maßgebliche Änderungsgrund nachträglich weggefallen ist.[850] Wurde eine unbefristete Reduzierung der Arbeitszeit zwischen Arbeitgeber und Arbeitnehmer vereinbart,[851] so kann ein Recht auf Verlängerung der Arbeitszeit allein als Anspruch auf bevorzugte Berücksichtigung bei der Neubesetzung entsprechender Arbeitsplätze ausgestaltet werden.[852] Anders als im Hinblick auf die Verringerung der Arbeitszeit bedarf es folglich nicht der Schaffung eines über die gegenwärtigen gesetzlichen Vorschriften hinausgehenden Änderungsrechts des Arbeitnehmers. Auch zulasten von Arbeitnehmern, die ihre Arbeitszeit aus familiären Gründen für einen unbefristeten Zeitraum verkürzt haben, besteht demzufolge die Gefahr, zu ihrer ursprünglichen Arbeitszeit nicht zurückkehren zu können.

---

850 Ähnlich *Birk*, Gutachten für den 60. DJT 1994, E 58 f., der insoweit die Notwendigkeit des Schutzes der „personalpolitischen Vorstellungen" des Arbeitgebers betont.

851 Für den Fall der zeitlich befristeten Verringerung der Arbeitszeit sollte demgegenüber auch zukünftig ein Rückkehrrecht des Arbeitnehmers entsprechend § 15 Abs. 5 S. 2 BErzGG bestehen. S. dazu im Einzelnen Münch-ArbR-*Heenen*, Erg.-Bd., § 229 Rdn 24 f.

852 So auch § 8 Abs. 3 des Entwurfs eines Gesetzes über Teilzeitarbeit und befristete Arbeitsverträge des Freistaats Bayern, BR-Drs. 591/2/00, S. 2, wonach allerdings in Anlehnung an den Anspruch auf Verringerung der Arbeitszeit der Anspruch auf bevorzugte Berücksichtigung bei der Neubesetzung von Arbeitsplätzen allein ehemals vollzeitbeschäftigten Arbeitnehmern gewährt wird.

III. Reformvorschlag

Das gegenwärtige Recht der einseitigen Änderung von Arbeitsbedingungen durch den Arbeitnehmer weist an verschiedenen Stellen erheblichen Reformbedarf auf. Unverändert sollten zwar auch zukünftig neben den allgemeinen Änderungsinstrumenten des Arbeitnehmers die spezifischen Änderungsbefugnisse des schwerbehinderten Arbeitnehmers nach § 81 Abs. 4 S. 1 Nr. 1, Abs. 5 S. 3 SGB IX und der Anspruch des teilzeitbeschäftigten Arbeitnehmers auf bevorzugte Berücksichtigung bei der Neubesetzung „entsprechender Arbeitsplätze" gemäß § 9 TzBfG bleiben, verschiedene andere gesetzliche Regelungen sollten hingegen zur Anpassung der Befugnisse des Arbeitnehmers an dessen Bedürfnisse modifiziert werden.

Der auch trotz des Fehlens schützenswerter Änderungsinteressen gegen den Willen des Arbeitgeber durchsetzbare Teilzeitanspruch nach § 8 TzBfG sollte zulasten von Arbeitnehmern, welche ein entsprechendes Interesse an der Verringerung ihrer Arbeitszeit nicht geltend machen können, auf einen bloßen Anspruch auf Erörterung der Möglichkeit einer Teilzeitbeschäftigung i. S. des § 8 Abs. 3 S. 1 TzBfG reduziert werden.[853] Im Gegenzug ist zugunsten von Arbeitnehmern, welche besonders schützenswerte familiäre Verpflichtungen erfüllen, der Anspruch auf Verkürzung der Arbeitszeit nach § 15 Abs. 7 BErzGG in mehrfacher Hinsicht zu erweitern. Wesentlich erscheint insoweit vor allem die gesetzliche Anerkennung des Bestrebens eines Arbeitnehmers, sein Kind nicht nur bis zur Vollendung des dritten, sondern vielmehr des achten Lebensjahres zu betreuen und zu erziehen. Darüber hinaus sollte der Gesetzgeber auch die Pflege eines bedürftigen Familienangehörigen als schützenswertes Änderungsinteresse des Arbeitnehmers kodifizieren. Entsprechenden Änderungswünschen des Arbeitnehmers sollte der Arbeitgeber allein „dringende betriebliche Gründe" i. S. des § 15 Abs. 7 S. 1 Nr. 4 BErzGG entgegensetzen können.

Der Anspruch des Arbeitnehmers sollte zudem neben der Reduzierung der Arbeitszeit auch die alleinige Veränderung der Lage der Arbeitszeit erfassen. Die Verringerung der Arbeitszeit sollte zudem nicht nur befristet, sondern vielmehr auch unbefristet durchgesetzt werden können. Entgegen der Vorschrift des § 15 Abs. 7 S. 1 Nr. 1 BErzGG ist außerdem

---

[853] Vgl. § 8 Abs. 2 des Entwurfs eines Gesetzes über Teilzeitarbeit und befristete Arbeitsverträge des Freistaats Bayern, BR-Drs. 591/2/00, S. 2. S. zudem LAG Düsseldorf v. 1. 3. 2002, BB 2002, 1541, 1545.

auch den Arbeitnehmern kleinerer Unternehmen ein Recht zur Veränderung ihrer Arbeitszeit aus familiären Gründen einzuräumen.

B. Befugnisse des Arbeitgebers

Wie bereits die Untersuchung der allgemeinen Änderungsinstrumente innerhalb der §§ 3 bis 6 der Arbeit veranschaulicht hat, bedarf die Partei des Arbeitgebers deutlich weit reichender Befugnisse zur einseitigen Änderung von Arbeitsbedingungen als der Arbeitnehmer. Der Arbeitgeber kann im Fall der Veränderung der für das Arbeitsverhältnis maßgeblichen Umstände nicht darauf vertrauen, dass auftretende Schwierigkeiten durch seinen Vertragspartner bewältigt werden.

Den Änderungsbedürfnissen des Arbeitgebers stellt das geltende Recht grundsätzlich umfangreichere Befugnisse zur Einwirkung auf den Inhalt von Arbeitsverhältnissen gegenüber als den Änderungswünschen des Arbeitnehmers. Dabei ist jedoch zu berücksichtigen, dass sich die verschiedenen Änderungsinstrumente mit Ausnahme des arbeitsvertraglich vereinbarten Änderungsvorbehalts prinzipiell nicht zur Änderung von Arbeitsbedingungen eignen. Insbesondere zur Durchsetzung bloß geringer Veränderungen erscheinen die Anforderungen unangemessen hoch.[854] Die Änderungsbefugnisse des Arbeitgebers bedürfen folglich der Reform.[855]

I. Reformbedarf

Benachteiligt werden durch die derzeitige Ausgestaltung des Rechts der einseitigen Änderung von Arbeitsverhältnissen vor allem die nicht bzw. nur unzureichend juristisch beratenen Arbeitgeber. Wie innerhalb des § 9 der Arbeit im Einzelnen dargelegt worden ist, wirkt sich insbesondere der Zeitpunkt der rechtlichen Beratung von Arbeitgebern auf deren Änderungsmöglichkeiten aus. Entscheidend ist danach, ob sich der änderungswillige Arbeitgeber die einseitige Veränderung von Arbeitsbedingungen arbeitsvertraglich vorbehalten hat oder nicht. Fehlt es an einer entsprechenden Vereinbarung, so kann er allein auf die wenig effektiven

---

[854] Die besondere Bedeutung geringer Veränderungen von Arbeitsbedingungen für den Arbeitgeber betont in diesem Zusammenhang *Kittner*, NZA 1997, 968, 974 f.

[855] So auch *Fastrich*, in: FS Wiedemann, 251, 261 ff.; GK-*U. Preis*, Grundl. B Rdn. 48; *Hiersemann*, ArbRGeg. Bd. 6 (1968), 67, 74 f.; *Stindt*, Sitzungsberichte des 63. DJT 2000, L 114; *Wolf*, Anm. zu BAG v. 7. 10. 1982, AP Nr. 5 zu § 620 BGB Teilkündigung.

Instrumente der ergänzenden Vertragsauslegung, der Störung der Geschäftsgrundlage, der Änderungs- und der Teilkündigung zurückgreifen.

Die massive Ungleichbehandlung der verschiedenen Gruppen von Arbeitgebern durch das geltende Recht kann in ihrer gegenwärtigen Ausgestaltung mit dem Hinweis auf die naturgemäße Besserstellung hinreichend beratener Vertragsparteien nicht gerechtfertigt werden. Anders als im Rahmen der bloßen Gesetzesanwendung spielt diese Überlegung bei der Frage nach der Anpassung der Rechtsordnung an die Bedürfnisse der Wirklichkeit keine Rolle.[856] Auch dem nicht bzw. nur unzureichend beratenen Arbeitgeber muss infolge der zwingenden Notwendigkeit der Änderung von Arbeitsbedingungen die Möglichkeit eröffnet werden, gegen den Willen von Arbeitnehmern auf deren Arbeitsverhältnisse einzuwirken.[857] Seine Änderungsbefugnisse sind folglich denen des hinreichend beratenen Arbeitgebers anzunähern.

Dafür spricht auch die Erkenntnis, dass das Arbeitsverhältnis selbst durch einen ausgeprägten Bestandsschutz gegen wirtschaftliche Instabilitäten nicht „abgeschottet" werden kann. Entsprechend den Ausführungen *Hanaus* sind „die wirtschaftlichen Kräfte stärker als der Entlassungsschutz." Die Stabilität des Arbeitsverhältnisses kann demzufolge nur dadurch bewahrt werden, dass der wirtschaftliche Druck von dessen Bestand auf dessen Inhalt gelenkt wird.[858] Erforderlich erscheint es deshalb, dem Arbeitgeber unabhängig von seiner Beratung durch Rechtsanwälte, Arbeitgeberverbände oder Kammern praktikable Instrumente zur einseitigen Änderung von Arbeitsbedingungen zur Verfügung zu stellen.

II. Ausgangspunkt einer Reform

Zur näheren Ausgestaltung erweiterter Änderungsbefugnisse des Arbeitgebers kommen prinzipiell zwei unterschiedliche Regelungsmodelle in Betracht. Einerseits könnten in Anlehnung an verschiedene Entscheidun-

---

[856] *Fastrich*, in: FS Wiedemann, 251, 263 f. Zur entsprechenden Argumentation im Rahmen der Diskussion um die Zulässigkeit der Teilkündigung vgl. GK-*Künzl*, § 2 KSchG Rdn. 75; *v. Hoyningen-Huene/Linck*, § 2 KSchG Rdn. 29b.

[857] *Hiersemann*, ArbRGeg. Bd. 6 (1968), 67, 74 f.; *Krämer*, Widerruf, S. 88 f. Kritisch gegenüber einer Erweiterung der Befugnisse des Arbeitgebers zur nicht vertraglich vorbehaltenen Änderung von Arbeitsbedingungen äußert sich hingegen *Kittner*, NZA 1997, 968, 971 f.

[858] *Hanau*, Deregulierung, S. 17; *ders.*, Gutachten für den 63. DJT 2000, C 73 ff. Vgl. auch *Fastrich* , in: FS Wiedemann, 251, 256; GK-*U. Preis*, Grundl. B Rdn. 48; *Hromadka*, RdA 1992, 234, 259; *Isenhardt*, in: FS *Hanau*, 221, 221 f.; *Stindt*, Sitzungsberichte des 63. DJT 2000, L 114.

gen der arbeitsgerichtlichen Rechtsprechung nicht vorhandene Änderungsvorbehalte zugunsten des Arbeitgebers in verstärktem Maße „normativ substituiert“ werden,[859] andererseits könnte dem Arbeitgeber ein zusätzliches gesetzliches Änderungsrecht eingeräumt werden.

1. Substitution von Änderungsvorbehalten

Die Bemühungen um eine Erweiterung der Änderungsbefugnisse des Arbeitgebers im Wege der Substitution von Änderungsvorbehalten basieren auf dem Grundgedanken der bereits innerhalb des § 4 der Arbeit vorgestellten Änderungsinstrumente der ergänzenden Vertragsauslegung und der Störung der Geschäftsgrundlage. Es wird der Versuch unternommen, den Beschränkungen des Rechts der nachträglichen Änderung von Arbeitsbedingungen dadurch zu entfliehen, dass entgegen der ursprünglichen Abrede Änderungsvorbehalte zugunsten des Arbeitgebers letztendlich doch in den Arbeitsvertrag hineingelesen werden. Die strengen Anforderungen an die nicht vertraglich vorbehaltene Änderung von Arbeitsverhältnissen sollen auf diese Weise beispielsweise in Fällen wirtschaftlicher Schwierigkeiten des Arbeitgebers umgangen werden.[860]

Einer derartigen Vorgehensweise ist zunächst entgegenzuhalten, dass sie die allgemein anerkannten vertragsrechtlichen Grenzen der Änderungsbefugnisse von Vertragsparteien missachtet. Soweit einer Partei neben der einfachen und der ergänzenden Vertragsauslegung auch das für Ausnahmesituationen geschaffene Institut der Störung der Geschäftsgrundlage keine Möglichkeit zur Einwirkung auf den Vertragsinhalt eröffnet, sollte die einseitige Änderung von Arbeitsbedingungen auf der Grundlage der vertraglichen Abrede ausscheiden. Die Vertragspartner

---

[859] *Wank*, Anm. zu BAG v. 3. 11. 1987, EzA Nr. 20 zu § 77 BetrVG 1972. S. dazu BAG GS v. 16. 9. 1986, EzA Nr. 17 zu § 77 BetrVG 1972; BAG v. 3. 11. 1987, EzA Nr. 20 zu § 77 BetrVG 1972; BAG v. 14. 11. 1990, AP Nr. 25 zu § 611 BGB Arzt-Krankenhaus-Vertrag. Vgl. zudem *Ascheid*, in: Hromadka, Änderung, 109, 109 f.; *Hromadka*, RdA 1992, 234, 259 f.; *Krämer*, Widerruf, S. 74 f., 195 ff.; *Lieb*, gemeinsame Anm. zu BAG v. 12. 8. 1982 und BAG v. 8. 12. 1982, SAE 1983, 130, 132.

[860] Deutlich wird dieses Bestreben insbesondere bei *Hromadka*, RdA 1992, 234, 259 f. Dieser beabsichtigt den Anwendungsbereich der Lehre von der Störung der Geschäftsgrundlage zugunsten der Vertragspartei des Arbeitgebers gerade deshalb auszudehnen, um die nicht vertraglich vorbehaltene Änderung von Arbeitsbedingungen – zumindest im Hinblick auf betriebliche Einheitsregelungen – von den Voraussetzungen des § 622 BGB und den Beschränkungen durch den Sonderkündigungsschutz zu befreien. S. dazu auch *Coester*, BB 1984, 797, 800; *Krämer*, Widerruf, S. 200 ff.

sollten stattdessen allein auf gesetzliche Änderungsrechte zurückgreifen dürfen.[861]

Hinzu tritt der Umstand, dass die Substitution von Änderungsvorbehalten praktisch mit erheblichen Schwierigkeiten verbunden ist. Wie bereits im Rahmen der ergänzenden Vertragsauslegung und nach § 313 BGB ist zur Bestimmung der Änderungsbefugnisse des Arbeitgebers die Interessenlage der Parteien bei Abschluss des Arbeitsvertrages im Einzelnen zu ermitteln. Der Rechtsanwender muss die Frage beantworten, inwieweit die in Rede stehende Veränderung der Arbeitsbedingungen dem mutmaßlichen Willen der Parteien bei Vertragsschluss entspricht. Dies verursacht oftmals beträchtliche Probleme.[862]

Abschließend ist zudem darauf hinzuweisen, dass die intendierte Reform der Änderungsbefugnisse des Arbeitgebers nicht allein das Ziel verfolgt, dessen Möglichkeiten zur einseitigen Veränderung von Arbeitsbedingungen interessengerecht zu erweitern. Vielmehr soll darüber hinaus dem derzeit bestehenden gesetzlichen Regelungsdefizit entgegenwirkt werden. Das Modell der Substitution von Änderungsvorbehalten ist demzufolge abzulehnen.

2. Gesetzliches Änderungsrecht

Der Gesetzgeber kann ein neu zu schaffendes Änderungsrecht des Arbeitgebers auf unterschiedliche Art und Weise inhaltlich ausgestalten. Zur Erweiterung der Änderungsmöglichkeiten kommt nicht allein die Schaffung eines zusätzlichen Gestaltungsrechts des Arbeitgebers in Betracht. Außerdem könnte der Arbeitnehmer verpflichtet werden, einer vom Arbeitgeber vorgeschlagenen Änderung der Arbeitsbedingungen zuzustimmen.

a. Zustimmungspflichten des Arbeitnehmers

Die gesetzliche Regelung von Zustimmungspflichten des Arbeitnehmers befürwortet *Fastrich*. Nach seiner Auffassung sind derartige Verpflichtungen zur Erweiterung der Änderungsbefugnisse des Arbeitgebers besonders geeignet. Er unterscheidet dazu zwischen der „Anpassung zur Wiederherstellung eines gestörten Äquivalents", der „Anpassung an persönli-

---

861 *Wank*, Anm. zu BAG v. 3. 11. 1987, EzA Nr. 20 zu § 77 BetrVG 1972. Ähnlich auch *Krämer*, Widerruf, S. 249.

862 S. dazu § 4, A.

che oder organisatorische Veränderungen“ und der „Anpassung an eine ungünstige Wirtschaftslage des Arbeitgebers“.[863]

Gegen die Schaffung gesetzlicher Zustimmungspflichten des Arbeitnehmers spricht zunächst der Umstand, dass sich Ansprüche auf Zustimmung zur Veränderung von Arbeitsverhältnissen derzeit allein gegen die Partei des Arbeitgebers richten.[864] Anders als die Änderungsrechte des Arbeitnehmers hat der Gesetzgeber die Änderungsbefugnisse des Arbeitgebers überwiegend in Form von Gestaltungsrechten geregelt.

Die Begründung gesetzlicher Zustimmungspflichten des Arbeitnehmers würde zudem dazu führen, dass der änderungswillige Arbeitgeber Änderungen von Arbeitsbedingungen gegen den Willen des Arbeitnehmers ausschließlich im Wege der arbeitsgerichtlichen Klage durchsetzen kann.[865] Dies erscheint wenig praktikabel. Insbesondere zu der von *Fastrich* angestrebten Erleichterung „weniger gravierender“ und bloß „vorübergehender“ Änderungen von Arbeitsverhältnissen erscheint ein derartiges Verfahren unangemessen.[866] Die Effektivität eines neu zu schaffenden Änderungsinstruments des Arbeitgebers würde folglich erheblich beeinträchtigt.

b. Gestaltungsrecht des Arbeitgebers

Als Anknüpfungspunkt für die nähere Ausgestaltung eines zusätzlichen Gestaltungsrechts des Arbeitgebers kommen vor allem die Änderungs- und die Teilkündigung des Arbeitsverhältnisses in Betracht. Beide Instrumente ermöglichen dem Arbeitgeber die einseitige Veränderung von Arbeitsbedingungen, ohne dass es der arbeitsvertraglichen Vereinbarung eines Änderungsrechts bedarf.

---

863 *Fastrich*, in: FS Wiedemann, 251, 266 f. Vgl. auch *Lettl*, AcP 2002, 3, 5 ff.

864 S. dazu beispielsweise die Vorschriften §§ 8, 9 TzBfG, § 15 Abs. 7 BErzGG. Die Vorschrift des § 313 BGB räumt der änderungswilligen Partei hingegen keinen Anspruch auf Zustimmung zur Vertragsänderung ein. Eine entsprechende Klage ist vielmehr auf die nach dem veränderten Vertragsinhalt geschuldete Leistung zu richten (Begründung des Entwurfs eines Gesetzes zur Modernisierung des Schuldrechts der Regierungsfraktionen SPD und Bündnis 90/Die Grünen, BT-Drs. 14/6040, S. 175; BGH v. 30. 3. 1984, BGHZ 91, 33, 36 f.; Palandt-*Heinrichs*, Erg.-Bd., § 313 BGB Rdn. 29).

865 Zu den strengen Voraussetzungen der gerichtlichen Anordnung einer einstweiligen Verfügung s. § 7, C., IV.

866 *Fastrich*, in: FS Wiedemann, 251, 267.

aa. Änderungskündigung

Das Mittel der Änderungskündigung eignet sich infolge seiner Grundstruktur nicht als Fundament eines über die gegenwärtigen Änderungsmöglichkeiten des Arbeitgebers hinausgehenden Änderungsrechts. Infolge der zwingenden Vorgaben des Rechts der Beendigungskündigung ist das Änderungspotenzial der Änderungskündigung äußerst gering.[867]

Die Änderungskündigung zeichnet sich vor allem dadurch aus, dass der Arbeitgeber den Inhalt des Arbeitsverhältnisses – anders als beispielsweise durch die Teilkündigung – nicht nur unwesentlich, sondern auch wesentlich verändern kann. Dem Arbeitgeber wird die Möglichkeit eröffnet, Arbeitsbedingungen in einem solchen Maße umzugestalten, dass von dem ursprünglichen Arbeitsverhältnis nichts übrig bleibt. Der formell als bloße Veränderung von Arbeitsbedingungen bezeichneten Maßnahme kommt somit materiell im Einzelfall beendigungsgleiche Wirkung zu.[868]

Die daraus resultierende Nähe der Änderungs- zur Beendigungskündigung bewirkt eine wechselseitige Abhängigkeit der Voraussetzungen beider Instrumente. Um den durch die strengen Anforderungen an die Beendigungskündigung des Arbeitgebers gewährleisteten Bestandsschutz im Wege der Änderungskündigung nicht zu gefährden, können die Voraussetzungen der Änderungskündigung ohne eine entsprechende Reduzierung der Anforderungen an die Beendigung des Arbeitsverhältnisses nicht verringert werden.[869] Eine separate Erweiterung der Befugnisse des Arbeitgebers im Rahmen der Änderungskündigung würde

---

867 Ähnlich äußert sich *Fastrich*, in: FS Wiedemann, 251, 264 f. A. A. ist dagegen *Hromadka*, NZA 1996, 1, 14, der „eine Änderung des Rechts der Änderungskündigung" ausdrücklich in Erwägung zieht. Vgl. zudem GK-*U. Preis*, Grundl. B Rdn. 48, welcher fordert, „die verfehlte Bezugnahme des § 2 KSchG auf § 1 KSchG aufzugeben".

868 *Gumpert*, BB 1969, 409, 409; *Gutekunst*, Teilkündigung, S. 42 f.

869 Dem Gleichlauf der Anforderungen an die Änderungs- und die Beendigungskündigung des Arbeitgebers steht nicht entgegen, dass bei der Änderungskündigung – anders als bei der Beendigungskündigung – nicht die Kündigung, sondern die Änderung der Arbeitsbedingungen den Ausgangspunkt der Prüfung der sozialen Rechtfertigung bildet (§ 3, C., I., 1., a.). Zum Schutz des Arbeitnehmers vor einer Umgehung der zwingenden Vorgaben des Bestandsschutzes ist ausschließlich erforderlich, dass für die Veränderung von Arbeitsbedingungen die gleichen Voraussetzungen wie für die Kündigung gelten. Verwiesen sei beispielsweise darauf, das auch für die Änderungskündigung ein Kündigungsgrund erforderlich ist (§ 3, C., I., 1., b., aa.) und das Verhältnismäßigkeitsprinzip gilt (§ 3, C., I., b., bb.).

das gebotene Gleichgewicht zwischen Änderungs- und Beendigungskündigung beeinträchtigen.[870]

Dieser grundsätzlichen Überlegung entgegen werden innerhalb des arbeitsrechtlichen Schrifttums verschiedene Versuche unternommen, die Voraussetzungen der Änderungskündigung gegenüber denen der Beendigungskündigung zu reduzieren.[871] Beispielhaft soll hier der Gesetzgebungsvorschlag *Heinzes* diskutiert werden, der in Gestalt des Beschlusses Nr. 18a von der arbeits- und sozialrechtlichen Abteilung des 63. Deutschen Juristentages 2000 befürwortet wurde.[872] *Heinze* empfiehlt eine Anpassung der Erfordernisse der sozialen Rechtfertigung der Änderung der Arbeitsbedingungen an die Zumutbarkeitskriterien des § 121 SGB III. Dadurch solle nicht nur der in weiten Teilen fehlenden Abstimmung der Bereiche des Arbeits- und des Sozialrechts entgegengewirkt, sondern darüber hinaus ein „aberwitziger" Widerspruch aufgelöst werden. Gegenwärtig sei es durchaus möglich, dass eine Änderungskündigung des Arbeitgebers nach § 2 KSchG zwar als sozial ungerechtfertigt qualifiziert werden müsse, der entsprechende Arbeitnehmer sich allerdings im Fall einer späteren Beendigung des Arbeitsverhältnisses aufgrund der Regelung des § 121 SGB III gerade auf den vom Arbeitgeber zu einem früheren Zeitpunkt angebotenen Arbeitsplatz verweisen lassen müsse.[873]

Heinze ist zuzustimmen, dass der dargelegte Widerspruch zwischen dem Recht der Änderungskündigung und dem Recht der Arbeitsförderung tatsächlich existiert. In Anlehnung an die Ausführungen *Gagels* ist jedoch mehr als zweifelhaft, ob dieser Widerspruch gerade dadurch aufgelöst werden sollte, dass das Verhältnis zwischen der Änderungs- und

---

[870] Zu den verschiedenen Überlegungen des arbeitsrechtlichen Schrifttums, das Kündigungsschutzrecht insgesamt zu reformieren vgl. *Bauer*, NZA 2002, 529, 529 ff.; *Buchner*, NZA 2002, 533, 533 ff.; *v. Hoyningen-Huene*, in: FS Arbeitsgerichtsbarkeit Rheinland-Pfalz, 215, 215 ff.; *Schiefer*, NZA 2002, 770, 770 ff.; *Willemsen*, NJW 2000, 2779, 2779 ff. Die Veränderung der Anforderungen an die Änderung von Arbeitsbedingungen – beispielsweise durch die Anerkennung eines selbstständigen Teilkündigungsrechts des Arbeitgebers – wird insoweit allerdings nicht thematisiert.

[871] *Hromadka*, NZA 2002, 783, 784 schlägt beispielsweise vor, die Vorschriften über den Sonderkündigungsschutz auf die Änderungskündigung nicht anzuwenden (vgl. § 2 Abs. 3 seines „Entwurfs für ein neues, modernes Kündigungsschutzgesetz"). Vgl. auch GK-*U. Preis*, Grundl. B Rdn. 48; *Krämer*, Widerruf, S. 88 f.

[872] Abgedruckt in: Sitzungsberichte des 63. DJT 2000, L 61 (angenommen mit 82 Stimmen, bei 65 Gegenstimmen und fünf Enthaltungen).

[873] *Heinze*, Referat für den 63. DJT 2000, L 40 f.; *ders.*, Sitzungsberichte des 63. DJT 2000, L 132, 188.

der Beendigungskündigung verändert wird.[874] Als wesentliche Bestandteile des geltenden Kündigungsschutzrechts stehen sich diese beiden Instrumente deutlich näher als die von unterschiedlichen Prinzipien geprägten Bereiche des Kündigungsschutzrechts und der Arbeitsförderung.[875] Eine Erweiterung der Änderungsbefugnisse des Arbeitgebers auf der Grundlage der Änderungskündigung scheidet somit aus.

bb. Teilkündigung

Die Voraussetzungen der Beendigungskündigung spielen für eine Reform des Instruments der Teilkündigung infolge dessen Grundkonzeption keine Rolle. Zum einen wird durch die Teilkündigung der Bestand des Arbeitsverhältnisses nicht in Frage gestellt, zum anderen können damit allein unwesentliche Veränderungen von Arbeitsbedingungen gegen den Willen des Arbeitnehmers durchgesetzt werden. Das Instrument der Teilkündigung bildet demzufolge eine tragfähige Basis für ein zusätzliches Gestaltungsrecht des Arbeitgebers.

(1) Rechtsfolge des Änderungsinstruments

Problematisch erscheint im Hinblick auf die angestrebte Flexibilisierung der Änderungsbefugnisse des Arbeitgebers allerdings die Rechtsfolge der Teilkündigung. Danach kann der Arbeitgeber nur auf solche Arbeitsbedingungen einwirken, deren Fortbestand das entsprechende Vertragsverhältnis nicht zwingend voraussetzt. Die Teilkündigung ermöglicht zwar die Beseitigung, nicht jedoch die inhaltliche Veränderung von Arbeitsbedingungen.[876]

---

874 *Gagel*, Sitzungsberichte des 63. DJT 2000, L 167 f. hebt in diesem Zusammenhang das Ziel der Vermeidung neuer bei der Beseitigung alter Widersprüche hervor. Beabsichtigt der Gesetzgeber das gegenwärtige Recht zu verändern, so darf er auf keinen Fall außer Acht lassen, „welche Prinzipien hinter den geltenden Regelungen stehen und in welche Systematik sie eingebunden sind".

875 Zur Zielsetzung des Arbeitsförderungsrechts s. Lohre/Mayer/Stevens-Bartol-*Mayer*, § 1 SGB III Rdn. 1 ff.; *U. Preis*, NZA 1998, 449, 449 ff.; *Ruhm*, Arbeitsförderungsrecht, Rdn. 262. Bemerkenswert erscheint in diesem Zusammenhang, dass das Zusammenspiel des Rechts der Änderungs- und der Beendigungskündigung innerhalb der Diskussion der arbeits- und sozialrechtlichen Abteilung des 63. Deutschen Juristentages 2000 nicht einmal ansatzweise thematisiert wurde. Dies verwundert besonders, weil neben dem Bereich der „Abänderbarkeit von Arbeitsbedingungen" (Beschlüsse Nr.18a bis 19) auch der Bereich des „Kündigungsschutzes" Gegenstand der Beschlüsse der Abteilung (Beschlüsse Nr. 13 bis 17) war (abgedruckt in: Sitzungsberichte des 63. DJT 2000, L 60 f.).

876 Vgl. dazu im Einzelnen § 5, A.

Ein bewegliches, den Interessen des Arbeitgebers gerecht werdendes Änderungsrecht des Arbeitgebers muss sich von dieser Beschränkung lösen. Der genannten Privilegierung einzelner Arbeitsbedingungen bedarf es weder zum Schutz des Arbeitnehmers, noch aus Gründen der Rechtssicherheit.[877] Zum einen sind die Arbeitsbedingungen, auf welche mittels der Teilkündigung aufgrund ihrer Rechtsfolge nicht eingewirkt werden kann, nicht generell schutzwürdiger als andere, zum anderen belastet eine vom Arbeitgeber klar definierte Veränderung einzelner Arbeitsbedingungen die Rechtsposition des Arbeitnehmers nicht stärker als deren Beseitigung.

(2) Schutz des vertraglichen Äquivalenz- und Ordnungsgefüges

Die Einschränkung des Änderungspotenzials der Teilkündigung durch den Schutz des vertraglichen Äquivalenz- und Ordnungsgefüges ist hingegen auch auf ein neu zu schaffendes Gestaltungsrecht des Arbeitgebers zu übertragen.[878] Anders als im Fall der Vereinbarung eines Änderungsvorbehalts haben die Parteien auch hier den Arbeitsvertrag vorbehaltlos geschlossen. Veränderungen von Arbeitsbedingungen, welche das vertragliche Äquivalenz- und Ordnungsgefüge beeinträchtigen, sollte der Arbeitgeber durch die Ausübung eines erweiterten Änderungsrechts nicht durchsetzen können. Seine Änderungsbefugnisse bleiben folglich hinter denen im Fall der Vereinbarung eines arbeitsvertraglichen Änderungsvorbehalts zurück.

Auch zukünftig kommt danach eine Verringerung des leistungsbezogenen Entgelts des Arbeitnehmers ebenso wie eine Verkürzung seiner Arbeitszeit ausschließlich durch die Erklärung der Änderungskündigung oder im Wege der Ausübung eines vertraglichen Vorbehalts in Betracht. Mittels des neu zu schaffenden Änderungsrechts kann der Arbeitgeber allein solche Zahlungen reduzieren, welche er zusätzlich zum leistungsbezogenen Entgelt des Arbeitnehmers bewilligt. Erfasst wird demzufolge der gesamte Bereich der Gewährung von Sozialleistungen durch den Arbeitgeber.[879]

Anders als die Teilkündigung ermöglicht das erweiterte Änderungsrecht dem Arbeitgeber zudem, die für das Äquivalenz- und Ordnungsge-

---

[877] So auch *Hueck*, RdA 1968, 201, 204, nach dessen Auffassung die „Ausfüllung" entsprechender Lücken der vertraglichen Vereinbarung „keine besonderen Schwierigkeiten bereitet".

[878] Zum Schutz des vertraglichen Äquivalenz- und Ordnungsgefüges vgl. § 5, B., III.

[879] S. dazu im Einzelnen § 5, B., III., 2., b., bb.

füge des Arbeitsvertrages unerheblichen Modalitäten der Erfüllung der vertraglichen Hauptleistungspflichten zu verändern.[880] Zulässig ist demzufolge zwar nicht die Verlegung einer Tages- in eine Nachtschicht, die geringfügige Veränderung der Lage der Arbeitszeit ist üblicherweise jedoch ebenso möglich wie beispielsweise die Veränderung der Auszahlungsmodalitäten des leistungsbezogenen Entgelts.

Der Schutz des Äquivalenz- und Ordnungsgefüges des Arbeitsvertrages bewirkt in diesem Zusammenhang außerdem, dass bei der Veränderung von Arbeitsbedingungen mittels des neu zu schaffenden Änderungsrechts die Interessenlage der Parteien bei Abschluss des Arbeitsvertrages zwar weitgehend, nicht jedoch vollständig außer Acht gelassen werden darf. Anders als im Fall der Substitution von Änderungsvorbehalten ist es nicht erforderlich, dass sich der Rechtsanwender über die bestehende vertragliche Vereinbarung hinaus mit dem mutmaßlichen Willen der Vertragsparteien beschäftigt. Er muss jedoch feststellen, ob die intendierte Veränderung des Arbeitsverhältnisses das vertragliche Äquivalenz- und Ordnungsgefüge beschädigt.

cc. Ergebnis

Zur Erweiterung der Änderungsbefugnisse des Arbeitgebers kommt nach dem Gesagten allein ein gesetzliches Gestaltungsrecht auf der Grundlage der Teilkündigung in Betracht. Eine Reform des Rechts der Änderungskündigung scheidet dagegen aus.

III. Reformvorschlag

Nachdem innerhalb des vorangegangenen Abschnitts neben der Rechtsfolge auch das Änderungspotenzial eines neu zu schaffenden Änderungsrechts des Arbeitgebers bestimmt worden ist, werden im Folgenden dessen einzelne Voraussetzungen konkretisiert. Leitgedanke der Ausgestaltung des Änderungsinstruments ist dabei die Überlegung, dass der Arbeitnehmer – auch im Fall des Fehlens eines vertraglichen Änderungsvorbehalts – gegenüber unwesentlichen Veränderungen seines Arbeitsverhältnisses eines den Anforderungen der Änderungskündigung entsprechenden Inhaltsschutzes nicht bedarf. Die Änderungsbefugnisse des nicht bzw. nur unzureichend beratenen Arbeitgebers werden den Änderungsmöglichkeiten des hinreichend beratenen Arbeitgebers demzufolge weitgehend angenähert.

---

[880] Vgl. insoweit § 10, B., II., 2., b., bb., (1).

1. Prüfungsmaßstab der Rechtfertigung

In Anlehnung an den Beschluss Nr. 18b der arbeits- und sozialrechtlichen Abteilung des 63. Deutschen Juristentages 2000 sind die Anforderungen eines erweiterten Änderungsrechts des Arbeitgebers an die Rechtfertigung von Veränderungen gegenüber den Voraussetzungen der sozialen Rechtfertigung der Änderungskündigung nach § 2 KSchG deutlich zu reduzieren.[881] Als Prüfungsmaßstab der Rechtfertigung der Änderung von Arbeitsverhältnissen kommt danach neben dem Kriterium der Zumutbarkeit i. S. des § 121 SGB III und der Missbrauchskontrolle von Änderungskündigungen außerhalb des Kündigungsschutzgesetzes anhand des § 242 BGB insbesondere der Kontrollmaßstab der Ausübung arbeitsvertraglicher Änderungsvorbehalte in Betracht. Jeder dieser Maßstäbe würde die nicht vertraglich vorbehaltene Veränderung von Arbeitsbedingungen zugunsten des änderungswilligen Arbeitgebers nicht unerheblich erleichtern.[882]

Gegen die Ausgestaltung der Rechtfertigungsprüfung des neu zu schaffenden Änderungsrechts des Arbeitgebers mittels des Zumutbarkeitskriteriums des Arbeitsförderungsrechts spricht allerdings, dass das Recht der Änderung von Arbeitsbedingungen um einen weiteren, außerhalb des Arbeitsvertragsrechts stehenden Kontrollmaßstab ergänzt und infolgedessen belastet würde. Die schon bislang stark eingeschränkte Übersichtlichkeit und Praktikabilität des in Rede stehenden Rechtsbereichs würde nicht nur zulasten des änderungswilligen Arbeitgebers, sondern auch zum Nachteil des betroffenen Arbeitnehmers weiter beeinträchtigt. Dies erscheint nicht erstrebenswert.[883]

Die Übertragung der Vorgaben der Missbrauchskontrolle der Änderungskündigung außerhalb des Anwendungsbereichs des Kündigungsschutzgesetzes auf das erweiterte Änderungsrecht des Arbeitgebers würde zudem den Inhaltsschutz von Arbeitsverhältnissen unverhältnismäßig stark verringern. Der Arbeitnehmer würde nur noch gegen solche

---

[881] Abgedruckt in: Sitzungsberichte des 63. DJT 2000, L 61 (angenommen mit 82 Stimmen, bei 65 Gegenstimmen und sechs Enthaltungen). Ähnlich äußern sich zudem GK-*U. Preis*, Grundl. B Rdn. 48; *Hiersemann*, ArbRGeg. Bd. 6 (1968), 67, 75; KR-*Wolf*, 3. A., Grunds. Rdn. 147.

[882] Zum Zumutbarkeitskriterium des § 121 SGB III vgl. Lohre/Mayer/Stevens-Bartol-*ders.*, § 121 SGB III Rdn. 1 ff.; *Ruhm*, Arbeitsförderungsrecht, Rdn. 271 ff.

[883] Vorzugswürdig erscheint vielmehr die Ausrichtung des Prüfungsmaßstabs des erweiterten Änderungsrechts des Arbeitgebers an einem innerhalb des Rechts der Änderung von Arbeitsbedingungen bereits bestehenden Kontrollmaßstab. Ähnlich äußert sich *Gagel*, Sitzungsberichte des 63. DJT 2000, L 167 f.

Veränderungen seiner Arbeitsbedingungen geschützt, welche auf sachfremden Erwägungen des Arbeitgebers beruhen.[884] Dies schafft keinen gerechten Ausgleich zwischen dem Flexibilisierungsbedürfnis des Arbeitgebers und dem Schutzinteresse des Arbeitnehmers.

Zweckmäßig erscheint zur Angleichung der Änderungsbefugnisse des Arbeitgebers im Fall des Fehlens und im Fall des Bestehens arbeitsvertraglich vereinbarter Änderungsvorbehalte dagegen die Anwendung des Kontrollmaßstabs der Ausübung von Änderungsvorbehalten. Danach wird die einseitige Änderung von Arbeitsbedingungen an den Maßstab des „billigen Ermessens" gebunden. Voraussetzung der Veränderung von Arbeitsverhältnissen mittels des erweiterten Änderungsrechts des Arbeitgebers ist demzufolge, dass nicht nur sachliche Gründe für dessen Ausübung bestehen, sondern zudem die wesentlichen Umstände des Einzelfalls sowie die beiderseitigen Interessen der Parteien angemessen berücksichtigt und abgewogen werden.[885]

2. Sonderkündigungsschutz

Die verschiedenen Vorschriften des Sonderkündigungsschutzes haben entsprechend ihrem Sinn und Zweck für die Ausübung des erweiterten Änderungsrechts des Arbeitgebers keine Bedeutung. Durch eine entsprechende Änderung von Arbeitsbedingungen wird weder der Bestand besonders schützenswerter Arbeitsverhältnisse gefährdet, noch wird das Äquivalenz- und Ordnungsgefüge der dazugehörigen Arbeitsverträge beeinträchtigt.[886] Der änderungswillige Arbeitgeber wird durch die Vorgaben der unterschiedlichen Bestimmungen folglich nicht belastet.[887]

3. Form und Frist

Die Erklärung des Arbeitgebers, die Arbeitsbedingungen des Arbeitnehmers mittels des in Rede stehenden Änderungsrechts zu verändern, be-

---

884 S. dazu § 3, C., I., 1., b.

885 Zum Maßstab der Ausübung arbeitsvertraglicher Änderungsvorbehalte zugunsten des Arbeitgebers vgl. § 6, C., III., 1. Einen ähnlichen Kontrollmaßstab erachtet auch *Hiersemann*, ArbRGeg. Bd. 6 (1968), 67, 75 für unwesentliche Änderungen von Arbeitsbedingungen als interessengerecht.

886 Zum Sinn und Zweck der verschiedenen Bestimmungen des Sonderkündigungsschutzes vgl. § 3, C., I., 2., b.

887 Zum besonderen Inhaltsschutz von Teilzeitarbeitsverhältnissen durch § 18 BErzGG im Rahmen der Elternzeit vgl. die Ausführungen in § 6, C., III., 2., a. Dieser ist auch im Rahmen der Ausübung des erweiterten Änderungsrechts des Arbeitgebers zu beachten.

darf nicht der gesetzlichen Schriftform gemäß § 126 Abs. 1 BGB. Für eine entsprechende Änderung des Arbeitsverhältnisses gilt weder die Vorschrift des § 623 BGB, noch erscheint die Einhaltung der gesetzlichen Schriftform aus anderen Gründen geboten. Wie schon die Ausübung arbeitsvertraglich vereinbarter Änderungsvorbehalte so ist auch die Ausübung des erweiterten Änderungsrechts des Arbeitgebers formfrei möglich.[888]

Eine kurze gesetzliche Änderungsfrist muss der Arbeitgeber hingegen auch bei der Veränderung von Arbeitsbedingungen im Wege des neu zu schaffenden Änderungsrechts berücksichtigen. Infolge des eingeschränkten Änderungspotenzials des Instruments bedarf das Arbeitsverhältnis zwar nicht des Inhaltsschutzes durch die verlängerten Fristen des § 622 Abs. 2 BGB,[889] die Einhaltung einer kurzen Änderungsfrist i. S. des § 622 Abs. 1 BGB sollte zum Schutz des Arbeitnehmers allerdings auch hier Voraussetzung der Durchsetzbarkeit der intendierten Änderung sein.[890] Die Ausübung des erweiterten Änderungsrechts des Arbeitgebers unterscheidet sich insoweit von der Ausübung vertraglich vorbehaltener Änderungsbefugnisse.[891]

4. Beteiligung des Betriebsrats

Eine Anhörung des Betriebsrats entsprechend dem § 102 BetrVG erscheint im Vorfeld der Erklärung der Veränderung von Arbeitsbedingungen mittels des in Rede stehenden Änderungsrechts des Arbeitgebers nicht erforderlich.[892] Wie innerhalb des § 3 der Arbeit im Einzelnen dargelegt worden ist, dient das Anhörungsverfahren zum einen dem Schutz des Arbeitnehmers gegen besonders einschneidende Eingriffe in seine Arbeits- und Lebensbedingungen, zum anderen zur Überprüfung gerade solcher Maßnahmen des Arbeitgebers durch den Betriebsrat, welche die

---

888 Zu den ohnehin nur geringen Auswirkungen des gesetzlichen Schriftformerfordernisses auf die Änderungsbefugnisse des Arbeitgebers s. § 3, C., I., 3., a.

889 Zum Sinn und Zweck der Regelung des § 622 Abs. 2 BGB vgl. die Ausführungen in § 3, C., I., 3., b., bb.

890 Ähnlich auch *Hiersemann*, ArbRGeg. Bd. 6 (1968), 67, 75.

891 Zum vertraglich vereinbarten Teilkündigungsrecht als Sonderform des arbeitsvertraglichen Änderungsvorbehalts vgl. allerdings § 6, A.

892 Vgl. insoweit den Gesetzgebungsvorschlag *Bauers*, NZA 2002, 529, 531, 533, die Verpflichtung des Arbeitgebers zur Anhörung des Betriebsrats durch eine Verpflichtung zur „rechtzeitigen Unterrichtung“ zu ersetzen. S. aber auch *Wolf*, Anm. zu BAG v. 7. 10. 1982, AP Nr. 5 zu § 620 BGB Teilkündigung. Nach dessen Auffassung findet die Vorschrift des § 102 BetrVG auch auf ein erweitertes Änderungsrecht des Arbeitgebers Anwendung.

personelle Zusammensetzung der Belegschaft modifizieren. Beides ist aufgrund des uneingeschränkten Schutzes des arbeitsvertraglichen Äquivalenz- und Ordnungsgefüges im Rahmen der Ausübung des neu zu schaffenden Änderungsrechts nicht möglich.[893]

Die Beteiligungsrechte des Betriebsrats gemäß den §§ 87, 99 BetrVG finden dagegen auch auf das erweiterte Änderungsrecht des Arbeitgebers Anwendung. Wie bereits für die Teilkündigung des Arbeitgebers hat die Vorschrift des § 99 BetrVG infolge des Verbots der wesentlichen Veränderung von Arbeitsverhältnissen allerdings nahezu keine praktische Bedeutung. Sowohl eine Versetzung i. S. des § 95 Abs. 3 BetrVG als auch eine Umgruppierung i. S. des § 99 BetrVG setzen üblicherweise einen Eingriff in das arbeitsvertragliche Äquivalenz- und Ordnungsgefüge voraus. Einen solchen erlaubt das neu zu schaffende Änderungsrecht des Arbeitgebers nicht.[894]

5. Ablauf des Rechtsschutzverfahrens

Zur Ausgestaltung des Rechtsschutzes gegen Veränderungen von Arbeitsbedingungen mittels des erweiterten Änderungsrechts des Arbeitgebers ist auf das Verfahren im Fall der Ausübung arbeitsvertraglicher Änderungsvorbehalte zu verweisen. Der Arbeitnehmer kann danach die Rechtmäßigkeit der Änderung seines Arbeitsverhältnisses im Wege der allgemeinen Feststellungsklage arbeitsgerichtlich überprüfen lassen.[895] Der Einhaltung der Klagefrist des § 4 KSchG bedarf es hierzu nicht.[896] Beruft sich der Arbeitgeber zur Veränderung von Arbeitsbedingungen zu Unrecht auf das neu zu schaffende gesetzliche Änderungsrecht, so ist seine Erklärung nicht nur unverbindlich, sondern kann darüber hinaus auch nicht in eine Änderungskündigung umgedeutet werden.[897]

---

893 So auch *Hiersemann*, ArbRGeg. Bd. 6 (1968), 67, 75. Ähnlich äußert sich im Hinblick auf den „Verzicht auf die Anwendung des § 102 BetrVG" zudem Däubler/Kittner/Klebe-*Kittner*, § 102 BetrVG Rdn. 14.

894 Im Fall der Veränderung der Arbeitsbedingungen eines schwerbehinderten Arbeitnehmers ist zudem die Schwerbehindertenvertretung gemäß § 95 Abs. 2 S. 1 SGB IX zu beteiligen.

895 Ausführlich zum Rechtsschutzverfahren äußern sich insoweit *Weber/Ehrich*, BB 1996, 2246, 2250 f.

896 S. dazu BAG v. 7. 10. 1982, AP Nr. 5 zu § 620 BGB Teilkündigung; KR-*Rost*, § 2 KSchG Rdn. 50.

897 Vgl. KPK-*Bengelsdorf*, Teil H, § 2 KSchG Rdn. 53; KR-*Rost*, § 2 KSchG Rdn. 50.

6. Realisierung massenhafter Änderungen von Arbeitsbedingungen

Die gleichförmige Änderung einer Vielzahl von Arbeitsverhältnissen wird durch das erweiterte Änderungsrecht des Arbeitgebers erheblich erleichtert. Entsprechend der Situation bei der Massenänderungskündigung orientiert sich zwar auch hier die Überprüfung der Wirksamkeit bzw. Durchsetzbarkeit der angestrebten Veränderung prinzipiell an den Umständen des Einzelfalls, aufgrund der dargelegten Voraussetzungen des neu zu schaffenden Änderungsrechts beeinträchtigen zahlreiche individuelle Aspekte der verschiedenen Arbeitsverhältnisse die „massenhafte" Änderung von Arbeitsbedingungen allerdings nicht.[898] Der Inhaltsschutz der unterschiedlichen Arbeitsverhältnisse wird für den Bereich der unwesentlichen Veränderung von Arbeitsbedingungen vielmehr in weiten Teilen vereinheitlicht. Die Gefahr der Verhinderung bzw. Verzögerung der Verwirklichung des vom Arbeitgeber ausgearbeiteten Regelungskonzepts wird infolgedessen wesentlich reduziert.

7. Ergebnis

Die Anerkennung eines erweiterten Änderungsrechts bewirkt, dass die Änderungsbefugnisse des Arbeitgebers im Fall des Fehlens arbeitsvertraglicher Änderungsvorbehalte den Änderungsmöglichkeiten im Fall der Vereinbarung entsprechender Regelungen weitgehend angenähert werden. Infolgedessen wird zum einen die Rechtsposition des üblicherweise mittellosen nicht bzw. nur unzureichend beratenen Arbeitgebers in angemessenem Umfang gestärkt, zum anderen die praktische Bedeutung vertraglich vereinbarter Änderungsrechte nicht unerheblich reduziert.

Der hinreichend beratene Arbeitgeber wird allerdings auch weiterhin dadurch privilegiert, dass er im Wege der Ausübung arbeitsvertraglicher Änderungsvorbehalte nicht nur intensiver als sonstige Arbeitgeber auf die Arbeitsbedingungen des Arbeitnehmers einwirken kann, sondern zudem auch die für das neu zu schaffende Gestaltungsrecht geltende gesetzliche Änderungsfrist nicht berücksichtigen muss. Die Entscheidung der Parteien, die Änderungsbefugnisse des Arbeitgebers vertraglich zu erweitern, wird folglich auch zukünftig durch die Ausgestaltung des Rechts der Änderung von Arbeitsbedingungen respektiert.

Der Arbeitnehmer wird zudem durch das in Rede stehende Änderungsrecht nicht unangemessen benachteiligt. Zum einen wird zugunsten des

---

[898] Zur Problematik der Massenänderungskündigung des Arbeitgebers vgl. § 3, C., II., 1.

Arbeitgebers ausschließlich die Veränderung unwesentlicher Arbeitsbedingungen erleichtert, zum anderen wirkt sich die Extension der Änderungsmöglichkeiten sowohl auf die Situation bereits Beschäftigter als auch auf die Situation Arbeitssuchender durchaus positiv aus. Das erweiterte Änderungsrecht des Arbeitgebers trägt dazu bei, bestehende Arbeitsverhältnisse dauerhaft zu stabilisieren und Neueinstellungen von Mitarbeitern bzw. die Gewährung zusätzlicher Vergünstigungen mit deutlich weniger Risiken zulasten des Arbeitgebers zu verknüpfen als bislang.

Das auch weiterhin anzustrebende einheitliche Arbeitsvertragsgesetz sollte folglich in Ergänzung des Diskussionsentwurfs des *Arbeitskreises Deutsche Rechtseinheit im Arbeitsrecht* nicht allein die einseitige Änderung von Arbeitsbedingungen durch die Ausübung arbeitsvertraglicher Änderungsvorbehalte (§ 112 EArbVG), infolge des Zweckfortfalls bzw. der Änderung von Umständen (§ 113 EArbVG) und durch die Änderungskündigung (§ 114 EArbVG) kodifizieren, sondern darüber hinaus das in Rede stehende erweiterte Änderungsrecht des Arbeitgebers regeln.

5. Kapitel: Zusammenfassung der Ergebnisse

I. Die gegenwärtige Ausgestaltung des Rechts der Änderung von Arbeitsbedingungen wird dessen Bedeutung für die arbeitsrechtliche Praxis nicht gerecht. Die Möglichkeiten und Grenzen der Veränderung von Arbeitsverhältnissen sollten nicht durch die arbeitsgerichtliche Rechtsprechung, sondern vielmehr durch den Gesetzgeber festgelegt werden.

II. Der Statik des Arbeitsvertrages steht die Dynamik der sich während seiner Laufzeit wandelnden Außenwelt unmittelbar gegenüber. Zur Wahrung ihrer schützenswerten Interessen sind Arbeitgeber und Arbeitnehmer darauf angewiesen, Arbeitsbedingungen nicht nur einvernehmlich, sondern auch gegen den Willen ihres Vertragspartners verändern zu dürfen.

III. Die Änderungskündigung ermöglicht infolge ihrer Grundstruktur allein dem Arbeitgeber die einseitige Veränderung von Arbeitsbedingungen. Aufgrund der zwingenden Vorgaben des Rechts der Beendigungskündigung sind die Anforderungen an die Änderung von Arbeitsverhältnissen äußerst streng. Sowohl die Individual- als auch die Massenänderungskündigung stellen keine effektiven Instrumente zur Veränderung von Arbeitsbedingungen dar.

IV. Das Mittel der ergänzenden Vertragsauslegung eignet sich zur Änderung von Arbeitsverhältnissen ebenso wenig wie der Rückgriff auf die Grundsätze über die Störung der Geschäftsgrundlage nach § 313 BGB. Beide Änderungsinstrumente erlauben es nicht, von den ursprünglichen Vorstellungen der Vertragsparteien abzuweichen. Die Ermittlung der Vorstellungen von Arbeitgeber und Arbeitnehmer ist zudem üblicherweise mit beachtlichen Schwierigkeiten verbunden.

V. Mittels der Teilkündigung kann das arbeitsvertragliche Äquivalenz- und Ordnungsgefüge nicht verändert werden. Innerhalb des Anwendungsbereichs des Kündigungsschutzgesetzes steht der Teilkündigung des Arbeitgebers außerdem die Sperrwirkung des § 2 KSchG entgegen.

1. Für die Teilkündigung des Arbeitgebers gelten uneingeschränkt die strengen Voraussetzungen der Änderungskündigung. Die Veränderung von Arbeitsbedingungen gegen den Willen des Arbeitnehmers wird gegenüber der Änderungskündigung folglich nicht erleichtert.

2. Die Anforderungen an die Teilkündigung des Arbeitnehmers werden durch das geltende Recht allein für den Fall der außerordentlichen Teilkündigung hinreichend konkretisiert. Insoweit ist auf die einschränkenden Voraussetzungen der außerordentlichen Änderungskündigung zurückzugreifen. Die ordentliche Teilkündigung des Arbeitnehmers wird hingegen durch das gegenwärtige Recht nur unzureichend ausgestaltet. Der Arbeitnehmer kann seine Arbeitsbedingungen auf diesem Wege nicht verändern.

VI. Arbeitsvertragliche Änderungsvorbehalte bestehen in der Praxis nahezu ausschließlich zugunsten von Arbeitgebern. Dabei ist zwischen Änderungsvorbehalten in Gestalt allgemeiner Geschäftsbedingungen und individuell vereinbarten Änderungsvorbehalten zu differenzieren.

1. Die Anforderungen an die wirksame Vereinbarung arbeitsvertraglicher Änderungsvorbehalte i. S. des § 305 Abs. 1 S. 1 BGB unterscheiden sich von den Wirksamkeitsvoraussetzungen individuell vereinbarter Änderungsvorbehalte lediglich in geringem Umfang. Aufgrund der gesetzlichen Sonderregelung des § 310 Abs. 4 S. 2 HS. 1 BGB gelten die Vorgaben des Rechts der allgemeinen Geschäftsbedingungen für arbeitsvertragliche Abreden nicht umfassend. Über die bisherige arbeitsgerichtliche Rechtsprechung hinaus bedarf ein arbeitsvertraglicher Änderungsvorbehalt i. S. des § 305 Abs. 1 S. 1 BGB allein der vertraglichen Fixierung des Maßstabs seiner Ausübung. Zum Schutz der Interessen des Arbeitnehmers sind ausschließlich solche Vereinbarungen wirksam, welche das Handeln des Arbeitgebers an den Maßstab des „billigen Ermessens" binden. Der Arbeitgeber kann sich demzufolge sowohl im Rahmen allgemeiner Geschäftsbedingungen als auch innerhalb individueller Vereinbarungen weiterhin zahlreiche Änderungen von Arbeitsbedingungen vertraglich vorbehalten.

2. Die rechtmäßige Ausübung beider Arten von Änderungsvorbehalten setzt eine Entscheidung des Arbeitgebers nach „billigem Ermessen" voraus. Der arbeitsvertragliche Änderungsvorbehalt bildet zugunsten des Arbeitgebers somit auch zukünftig ein praktikables Instrument, auf den Inhalt von Arbeitsverhältnissen einzuwirken.

VII. Der Teilzeitanspruch des Arbeitnehmers nach § 8 TzBfG stellt zwar eine systemwidrige, nicht jedoch eine verfassungswidrige gesetzliche Regelung dar. Nach der gegenwärtigen arbeitsgerichtlichen Rechtsprechung bildet er ein geeignetes Mittel, die Arbeitszeit auch gegen den Willen des Arbeitgebers zu reduzieren.

1. Bei der Ausgestaltung des Teilzeitanspruchs hat der Gesetzgeber den ihm zustehenden Beurteilungsspielraum zwar in weiten Teilen ausgeschöpft, nicht jedoch dessen Grenzen überschritten. Zur Verfolgung des Ziels, die Beschäftigung durch die Schaffung zusätzlicher Teilzeitarbeitsverhältnisse zu fördern, erscheint die Vorschrift des § 8 TzBfG in verfassungsrechtlicher Hinsicht geeignet, erforderlich und angemessen. Da der Teilzeitanspruch des Arbeitnehmers allein die Berufsausübungsfreiheit des Arbeitgebers beeinträchtigt, werden die Entscheidungen des Gesetzgebers lediglich im Rahmen einer Evidenz- bzw. Vertretbarkeitskontrolle überprüft.
2. Der Teilzeitanspruch nach § 8 TzBfG bildet innerhalb des Instrumentariums zur einseitigen Änderung vertraglicher Vereinbarungen einen Fremdkörper. Veränderungen gegen den Willen des Vertragspartners bedürfen entgegen der allgemeinen Regel nicht der sachlichen Rechtfertigung durch die änderungswillige Partei. Ein innerer Zusammenhang zwischen den Änderungsbedürfnissen des Arbeitnehmers auf der einen und seinen Änderungsbefugnissen auf der anderen Seite besteht demzufolge nicht.
3. Die Effektivität des Teilzeitanspruchs zur Verringerung der Arbeitszeit wird vor allem durch die Auslegung des § 8 Abs. 4 S. 1 TzBfG bestimmt. Nimmt man den der Vorschrift zugrunde liegenden gesetzgeberischen Leitgedanken ernst und berücksichtigt die verfassungsrechtlich geschützten Interessen des Arbeitgebers in angemessenem Umfang, so wird die Praktikabilität des Änderungsinstruments in erheblichem Maße eingeschränkt. Stellt man demgegenüber in Anlehnung an die Mehrheit der bisherigen arbeitsgerichtlichen Entscheidungen sowohl an das Merkmal der „betrieblichen Gründe" als auch an die Darlegungs- und Beweislast des Arbeitgebers zu hohe Anforderungen, so wird die Effektivität des Teilzeitanspruchs nur unwesentlich gemindert.

VIII. Die Vorschrift des § 9 TzBfG gewährt dem teilzeitbeschäftigten Arbeitnehmer ausschließlich einen Anspruch auf bevorzugte Berücksichtigung bei der Besetzung von Arbeitsstellen mit größerem Arbeitszeitvolumen. Die Anforderungen an die Verlängerung der Arbeitszeit sind insgesamt hoch. Die Vorschrift stellt zugunsten des Arbeitnehmers kein effektives Mittel zur Veränderung seiner Arbeitszeit dar.

IX. Die geltende Rechtsordnung vermittelt dem Arbeitnehmer lediglich stark eingeschränkte Änderungsbefugnisse. Nur wenige Bestimmungen räumen dem Arbeitnehmer überhaupt ein Recht zur Veränderung von Arbeitsbedingungen gegen den Willen des Arbeitgebers ein. Die verschiedenen Vorschriften ermöglichen zudem fast ausschließlich die Veränderung der Arbeitszeit.

X. Die Änderungsmöglichkeiten des Arbeitgebers gehen über die des Arbeitnehmers deutlich hinaus. Der Arbeitgeber kann mittels der allgemeinen Änderungsinstrumente auf den Inhalt von Arbeitsverhältnissen auf unterschiedliche Art und Weise einwirken. Der Umfang seiner Änderungsbefugnisse wird maßgeblich durch den Zeitpunkt der Inanspruchnahme rechtlicher Beratung bestimmt.

1. Der nicht oder erst nach Abschluss eines Arbeitsvertrages beratene Arbeitgeber kann zur einseitigen Veränderung von Arbeitbedingungen in der arbeitsrechtlichen Praxis lediglich auf das wenig praktikable Instrument der Änderungskündigung zurückgreifen. Seine Änderungsbefugnisse sind demzufolge gering.
2. Dem bereits vor Vertragsschluss juristisch beratenen Arbeitgeber stehen demgegenüber üblicherweise vertraglich vereinbarte Änderungsvorbehalte zur Änderung von Arbeitsverhältnissen zur Verfügung. Er kann damit Arbeitsbedingungen gegen den Willen des Arbeitnehmers unter deutlich geringeren Voraussetzungen modifizieren.

XI. Anders als der Arbeitgeber bedarf der Arbeitnehmer zur Wahrung seiner schützenswerten Interessen nicht der Befugnis zur Änderung der unterschiedlichen Arbeitsbedingungen aus verschiedenen Gründen. Es erscheint ausschließlich erforderlich, die Möglichkeiten des Arbeitnehmers zur Veränderung seiner Arbeitszeit aus familiären Gründen zu erweitern.

XII. Die Änderungsbefugnisse des nicht oder erst nach Abschluss eines Arbeitsvertrages beratenen Arbeitgebers sind den Änderungsmöglichkeiten des frühzeitig beratenen Arbeitgebers anzunähern. Auf der Grundlage der Teilkündigung ist dem Arbeitgeber ein gesetzliches Gestaltungsrecht einzuräumen, welches zwar wesentliche Veränderungen von Arbeitsbedingungen ausschließt, andere Änderungen aber von den strengen Voraussetzungen des Rechts der Beendigungskündigung entbindet.

Literaturverzeichnis

Amtrup, Willers: Die Rechtsfigur der Änderungskündigung im Arbeitsrecht, Hamburg 1964, zugl.: Univ., Hamburg, Diss., 1963 (zit.: *Amtrup*, Änderungskündigung)

Annuß, Georg: AGB-Kontrolle im Arbeitsrecht: Wo geht die Reise hin?, BB 2002, S. 458 ff.

Appel, Clemens / *Kaiser*, Brigitte: Gesetz zur Beschleunigung des arbeitsgerichtlichen Verfahrens, AuR 2000, S. 281 ff.

Arbeitskreis Deutsche Rechtseinheit im Arbeitsrecht: Welche wesentlichen Inhalte sollte ein nach Art. 30 des Einigungsvertrages zu schaffendes Arbeitsvertragsgesetz haben?, Gutachten D für den 59. Deutschen Juristentag 1992, in: Ständige Deputation des Deutschen Juristentages: Verhandlungen des 59. Deutschen Juristentages, Bd. 1, München 1992, D 1 ff. (zit.: *Arbeitskreis Deutsche Rechtseinheit im Arbeitsrecht*, Gutachten für den 59. DJT 1992)

Arbeitsrechtsausschuss des Deutschen Anwaltvereins: Gesetz über Teilzeitarbeit und befristete Arbeitsverträge und zur Änderung und Aufhebung arbeitsrechtlicher Bestimmungen – Stellungnahme des Arbeitsrechtsausschusses des DAV zum Gesetzentwurf der Bundesregierung, DB 2000, S. 2223 ff.

Ascheid, Reiner: Änderung der Geschäftsgrundlage und wirtschaftliche Notlage, in: Hromadka, Wolfgang: Änderung von Arbeitsbedingungen, Heidelberg 1989/90, S. 109 ff. (zit.: *Ascheid*, in: Hromadka, Änderung)

ders.: Kündigungsschutzrecht, Stuttgart, Berlin, Köln 1993 (zit.: *Ascheid*, Kündigungsschutzrecht)

Ascheid, Reiner / *Preis*, Ulrich / *Schmidt*, Ingrid: Großkommentar zum Kündigungsrecht, München 2000 (zit.: GK-*Bearbeiter*)

Bartels, Dirk: Rechtsfolgen betriebsverfassungswidriger Versetzungen auf die Wirksamkeit der arbeitsvertraglichen Gestaltungsform unter besonderer Berücksichtigung der Änderungskündigung, Frankfurt a. M. 2000, zugl.: Fernuniv., Hagen, Diss., 1999 (zit.: *Bartels*, Versetzung)

Barth, Beat: Die Änderungskündigung im Arbeitsrecht, Zürich 1990, zugl.: Univ., Zürich, Diss., 1990 (zit.: *Barth*, Änderungskündigung)

Bartz, Alexander: „AGB"-Kontrolle nun auch im Arbeitsrecht, AuA 2002, S. 62 ff.

Bauer, Jobst-Hubertus: Arbeitsrechtliche Aufhebungsverträge – Arbeits-, gesellschafts-, steuer- und sozialversicherungsrechtliche Hinweise zur einvernehmlichen Beendigung von Dienst- und Arbeitsverhältnissen, 6. A., München 1999 (zit.: *Bauer*, Aufhebungsverträge)

ders.: Die Sozialauswahl als Stolperstein betriebsbedingter Kündigungen, in: Henssler, Martin / Moll, Wilhelm: Kündigung und Kündigungsschutz in der betrieblichen Praxis, Köln 2000, S. 117 ff. (zit.: *Bauer*, in: Henssler/Moll, Kündigungsschutz)

ders.: Neue Spielregeln für Teilzeitarbeit und befristete Arbeitsverträge, NZA 2000, S. 1039 ff.

ders.: Ein Vorschlag für ein modernes und soziales Kündigungsschutzrecht, NZA 2002, S. 529 ff.

ders.: Sofortprogramm für mehr Sicherheit im Arbeitsrecht, NZA 2002, S. 1001 ff.

Bauer, Jobst-Hubertus / *Kock*, Martin: Arbeitsrechtliche Auswirkungen des neuen Verbraucherschutzrechts, DB 2002, S. 42 ff.

Baumbach, Adolf / *Lauterbach*, Wolfgang / *Albers*, Jan / *Hartmann*, Peter: Zivilprozessordnung mit Gerichtsverfassungsgesetz und anderen Nebengesetzen, 60. A., München 2002 (zit.: Baumbach/Lauterbach/Albers/Hartmann-*Bearbeiter*)

Becker, Friedrich / *Etzel*, Gerhard: Gemeinschaftskommentar zum Kündigungsschutzgesetz und zu sonstigen kündigungsschutzrechtlichen Vorschriften, 3. A., Neuwied 1989 (zit.: KR-*Bearbeiter*, 3. A.)

dies.: Gemeinschaftskommentar zum Kündigungsschutzgesetz und zu sonstigen kündigungsschutzrechtlichen Vorschriften, 5. A., Neuwied, Kriftel 1998 (zit.: KR-*Bearbeiter*, 5. A.)

dies.: Gemeinschaftskommentar zum Kündigungsschutzgesetz und zu sonstigen kündigungsschutzrechtlichen Vorschriften, 6. A., Neuwied, Kriftel 2002 (zit.: KR-*Bearbeiter*)

Berger-Dehley, Ulf: Betriebsbedingte Änderungskündigung: Gestaltungsmittel der Sanierung oder Zwang zur Pleite?, DB 1991, S. 1571 ff.

Berkowsky, Wilfried: Der „doppelte Vorbehalt" bei der Änderungskündigung, BB 1999, S. 1266 ff.

ders.: Die betriebsbedingte Änderungskündigung, Baden-Baden 2000, zugl.: Univ., Halle/Wittenberg, Diss., 1999 (zit.: *Berkowsky*, Änderungskündigung)

Berkowsky, Wilfried: Die betriebsbedingte Änderungskündigung und ihr Streitgegenstand, NZA 2000, S. 1129 ff.

ders.: Schuldrecht – was ändert die Reform im Arbeitsrecht?, AuA 2002, S. 11 ff.

Betz, Gernot: Die Änderungskündigung des Arbeitgebers – ihre Stellung im System der arbeitsrechtlichen Anpassungsrechtsbehelfe und im Recht der Kündigung, Erlangen 1972, zugl.: Univ., Mannheim, Diss., 1972 (zit.: *Betz*, Änderungskündigung)

Bezani, Thomas / *Müller*, Christoph Johannes: Das Gesetz über Teilzeitarbeit und befristete Arbeitsverträge, DStR 2001, S. 87 ff.

Birk, Rolf: Welche Maßnahmen empfehlen sich, um die Vereinbarkeit von Berufstätigkeit und Familie zu verbessern?, Gutachten E für den 60. Deutschen Juristentag 1994, in: Ständige Deputation des Deutschen Juristentages: Verhandlungen des 60. Deutschen Juristentages, Bd. 1, München 1994, E 1 ff. (zit.: *Birk*, Gutachten für den 60. DJT 1994)

Blanke, Thomas: Der Gesetzentwurf der Bundesregierung über Teilzeitarbeit und befristete Arbeitsverträge, AiB 2000, S. 729 ff.

Boemke, Burkhard: Schuldvertrag und Arbeitsverhältnis, München 1999, zugl.: Univ., Heidelberg, Habil.-Schrift, 1996 (zit.: *Boemke*, Schuldvertrag)

Boewer, Dietrich: Streitgegenstand und Prüfungsmaßstab der Änderungskündigung, BB 1996, S. 2618 ff.

Böhm, Wolfgang: § 623 BGB: Risiken und Nebenwirkungen, NZA 2000, S. 561 ff.

Bornhagen, Viktoria: Die Zumutbarkeit als Rechtsgedanke im Arbeitsrecht, Frankfurt a. M. 1999, zugl.: Univ., Göttingen, Diss., 1999 (zit.: *Bornhagen*, Zumutbarkeit)

Brenneis, Dieter: Der Maßstab der sozialen Rechtfertigung einer Änderungskündigung im Lichte legislativen Wollens und kündigungsschutzrechtlicher Prinzipien, Bonn 1998, zugl.: Univ., Bonn, Diss., 1998 (zit.: *Brenneis*, Änderungskündigung)

Buchner, Herbert: Keine Entgeltänderung mittels der Änderungskündigung?, in: Hönn, Günther / Konzen, Horst / Kreutz, Peter: Festschrift für Alfons Kraft zum 70. Geburtstag, Neuwied, Kriftel 1998, S. 23 ff. (zit.: *Buchner*, in: FS Kraft)

Buchner, Herbert: Notwendigkeit und Möglichkeiten einer Deregulierung des Kündigungsschutzrechts, NZA 2002, S. 533 ff.

Burri, Susanne: Part-time work in the Netherlands, EuroAS 2001, S. 208 ff.

Buschmann, Rudolf: Anm. zu BAG v. 25. 10. 1994, AuR 2001, S. 148 f.

ders.: Anm. zu LAG Berlin v. 18. 1. 2002, AuR 2002, S. 191 f.

Buschmann, Rudolf / *Dieball*, Heike / *Stevens-Bartol*, Eckart: TZA, das Recht der Teilzeitarbeit, 2. A., Frankfurt a. M. 2001 (zit.: TZA-*Bearbeiter*)

Coester, Michael: Zur Ablösung einheitsvertraglicher Leistungsordnungen, BB 1984, S. 797 ff.

Colneric, Ninon: Tarifvertragliche und betriebliche Regelungen zur besseren Vereinbarkeit von Familie und Beruf, RdA 1994, S. 65 ff.

Dassau, Anette: Die allgemeine Interessenabwägung im Rahmen des § 1 Abs. 2 S. 1 KSchG unter besonderer Berücksichtigung der Rechtsprechung des Bundesarbeitsgerichts, Köln 1988, zugl.: Univ., Köln, Diss., 1988 (zit.: *Dassau*, Interessenabwägung)

Dau, Dirk H. / *Düwell*, Franz Josef / *Haines*, Hartmut: Rehabilitation und Teilhabe behinderter Menschen, Lehr- und Praxiskommentar, Baden-Baden 2002 (zit.: Dau/Düwell/Haines-*Bearbeiter*)

Däubler, Wolfgang: Abbau der Arbeitslosigkeit durch Umverteilung des Arbeitsvolumens – Beiträge des Arbeitsrechts?, AuR 2000, S. 7 ff.

ders.: Obligatorische Schriftform für Kündigungen, Aufhebungsverträge und Befristungen, AiB 2000, S. 188 ff.

ders.: Das geplante Teilzeit- und Befristungsgesetz, ZIP 2000, S. 1961 ff.

ders.: Das neue Teilzeit- und Befristungsgesetz, ZIP 2001, S. 217 ff.

ders.: Die Auswirkungen der Schuldrechtsmodernisierung auf das Arbeitsrecht, NZA 2001, S. 1329 ff.

Däubler, Wolfgang / *Kittner*, Michael / *Klebe*, Thomas: Betriebsverfassungsgesetz, 8. A., Frankfurt a. M. 2002 (zit.: Däubler/Kittner/Klebe-*Bearbeiter*)

Dauner-Lieb, Barbara: Kodifikation von Richterrecht, in: Ernst, Wolfgang / Zimmermann, Reinhard: Zivilrechtswissenschaft und Schuldrechtsreform, Zum Diskussionsentwurf eines Schuldrechtsmodernisierungsgesetzes des Bundesministeriums der Justiz, Tübingen 2001, S. 305 ff. (zit. *Dauner-Lieb*, in: Ernst/Zimmermann, Schuldrechtsreform)

Degenhardt, Christoph: Die allgemeine Handlungsfreiheit des Art. 2 Abs. 1 GG, JuS 1990, S. 161 ff.

Dieterich, Thomas / *Hanau*, Peter / *Schaub*, Günter: Erfurter Kommentar zum Arbeitsrecht, 2. A., München 2001 (zit.: ErfK-*Bearbeiter*)

Diller, Martin: Unternehmerische Entscheidungsfreiheit versus Kündigungsschutz, in: U. Preis / Heinz Josef Willemsen: Umstrukturierung von Betrieb und Unternehmen im Arbeitsrecht, Köln 1999, S. 157 ff. (zit.: *Diller*, in: U. Preis/Willemsen, Umstrukturierung)

ders.: Der Teilzeitwunsch im Prozess: Maßgeblicher Beurteilungszeitpunkt, insbesondere bei nachfolgenden Tarifverträgen nach § 8 Abs. 4 S. 3 TzBfG, NZA 2001, S. 589 ff.

Dörner, Heinrich / *Ebert*, Ina / *Eckert*, Jörn / *Hoeren*, Thomas / *Kemper*, Rainer / *Saenger*, Ingo / *Schulte-Nölke*, Hans / *Schulze*, Reiner / *Staudinger*, Ansgar von: Bürgerliches Gesetzbuch, 2. A., Baden-Baden 2002 (zit.: Dörner/Ebert/Eckert/Hoeren-*Bearbeiter*)

Dreier, Horst: Grundgesetz, Bd. 1: Art. 1 bis 19, Tübingen 1996 (zit.: Dreier-*Bearbeiter*)

Düwell, Franz Josef: Betriebsverfassungsgesetz, Handkommentar, Baden-Baden 2002 (zit.: Düwell-*Bearbeiter*)

Eich, Rolf-Achim: Anm. zu LAG Frankfurt a. M. v. 14. 6. 1988, BB 1989, S. 145 ff.

Erman: Bürgerliches Gesetzbuch, Bd. 1: §§ 1 bis 853 BGB, ProdHG, VerbrKrG, HausTWG, SchuldRAnpG, Bd. 2: §§ 854 bis 2385 BGB, AGBG, ErbbauVO, HausratsVO, SachenRBerG, 10. A., Köln 2000 (zit.: Erman-*Bearbeiter*)

Fabricius, Fritz / *Kraft*, Alfons / *Wiese*, Günther / *Kreutz*, Peter / *Oetker*, Hartmut / *Raab*, Thomas / *Weber*, Christoph: Betriebsverfassungsgesetz, Bd. 2: §§ 74 bis 132 mit Kommentierung des BetrVG 1952, 7. A., Neuwied, Kriftel 2002 (zit. Fabricius/Kraft/Wiese/Kreutz-*Bearbeiter*)

Fastrich, Lorenz: Bestandsschutz und Vertragsinhaltsschutz im Arbeitsrecht, in: Wank, Rolf / Hirte, Heribert / Frey, Kaspar / Fleischer, Holger / Thüsing, Gregor: Festschrift für Herbert Wiedemann zum 70. Geburtstag, München 2002, S. 251 ff. (zit.: *Fastrich*, in: FS Wiedemann)

Fenn, Herbert: Formulararbeitsverträge, gesamteinheitliche Arbeitsbedingungen und das AGBG, in: Köbler, Gerhard / Heinze, Meinhard / Hromadka, Wolfgang: Europas universale rechtsordnungspolitische Aufgabe im Recht des dritten Jahrtausends, Festschrift für Alfred Söllner zum 70. Geburtstag, München 2000, S. 333 ff. (zit.: *Fenn*, in: FS Söllner)

Fiebig, Stefan / *Gallner*, Inken / *Pfeiffer*, Gerhard: Kündigungsschutzgesetz, Handkommentar, Baden-Baden 2000 (zit.: Fiebig/Gallner/Pfeiffer-*Bearbeiter*)

Fischermeier, Ernst: Die betriebsbedingte Änderungskündigung, NZA 2000, S. 737 ff.

Fitting, Karl / *Kaiser*, Heinrich / *Heither*, Friedrich / *Engels*, Gerd / *Schmidt*, Ingrid: Betriebsverfassungsgesetz, 21. A., München 2002 (zit.: *Fitting/Kaiser/Heither/Engels*)

Franz, Wolfgang: Chancen und Risiken einer Flexibilisierung des Arbeitsrechts aus ökonomischer Sicht, ZfA 1994, S. 439 ff.

Franz, Wolfgang / *Rüthers*, Bernd: Arbeitsrecht und Ökonomie, Mehr Beschäftigung durch Flexibilisierung des Arbeitsrechts, RdA 1999, S. 32 ff.

Gaul, Björn / *Wisskirchen*, Gerlind: Änderung des Bundeserziehungsgeldgesetzes, BB 2000, S. 2466 ff.

Gerstner, Karl Josef: Die Massenänderungskündigung im Arbeitsrecht, Würzburg 1969, zugl.: Univ., Würzburg, Diss., 1969 (zit.: *Gerstner*, Massenänderungskündigung)

Gotthardt, Michael: Teilzeitanspruch und einstweiliger Rechtsschutz, NZA 2001, S. 1183 ff.

ders.: Der Arbeitsvertrag auf dem AGB-rechtlichen Prüfstand, ZIP 2002, S. 277 ff.

Grobys, Marcel / *Bram*, Rainer: Die prozessuale Durchsetzung des Teilzeitanspruchs, NZA 2001, S. 1175 ff.

Großmann, Ruprecht / *Schimanski*, Werner / *Dopatka*, Friedrich-Wilhelm / *Spiolek*, Ursula / *Steinbrück*, Hans-Joachim: Gemeinschaftskommentar zum Schwerbehindertengesetz, 2. A., Neuwied, Kriftel 1999 (zit.: Großmann/Schimanski/Dopatka/Spiolek-*Bearbeiter*)

Gumpert, Jobst: Teilkündigung, Änderungskündigung und Widerruf, BB 1969, S. 409 ff.

Gutekunst, Dieter: Die Rechtswirkungen der Änderungskündigung und der Teilkündigung im Arbeitsrecht, Würzburg 1958, zugl.: Univ., Würzburg, Diss., 1958 (zit.: *Gutekunst*, Teilkündigung)

ders.: Zur Teilkündigung, RdA 1959, S. 369 ff.

Haas, Lothar / *Medicus*, Dieter / *Rolland*, Walter / *Schäfer*, Carsten / *Wendtland*, Holger: Das neue Schuldrecht, München 2002 (zit.: Haas/Medicus/Rolland/Schäfer-*Bearbeiter*)

Hanau, Peter: Deregulierung des Arbeitsrechts – Ansatzpunkte und verfassungsrechtliche Grenzen, Berlin, New York 1997

ders.: Die Zukunft des Arbeitsrechts, RdA 1999, S. 159 ff.

ders.: Welche arbeits- und ergänzenden sozialrechtlichen Regelungen empfehlen sich zur Bekämpfung der Arbeitslosigkeit?, Gutachten C für den 63. Deutschen Juristentag 2000, in: Ständige Deputation des Deutschen Juristentages: Verhandlungen des 63. Deutschen Juristentages, Bd. 1, München 2000, C 1 ff. (zit.: *Hanau*, Gutachten für den 63. DJT 2000)

ders.: Offene Fragen zum Teilzeitgesetz, NZA 2001, S. 1168 ff.

Hanau, Peter / *Steinmeyer*, Heinz-Dietrich / *Wank*, Rolf: Handbuch des europäischen Arbeits- und Sozialrechts, München 2002 (zit.: Hanau/Steinmeyer/Wank-*Bearbeiter)*

Henssler, Martin: Kündigungsschutz und unternehmerische Entscheidungsfreiheit, in: Henssler, Martin / Moll, Wilhelm: Kündigung und Kündigungsschutz in der betrieblichen Praxis, Köln 2000, S. 89 ff. (zit.: *Henssler*, in: Henssler/Moll, Kündigungsschutz)

ders.: Arbeitsrecht und Schuldrechtsreform, RdA 2002, S. 129 ff.

Henssler, Martin / *Westphalen*, Friedrich Graf von: Praxis der Schuldrechtsreform, Recklinghausen 2002 (zit.: Henssler/v. Westphalen-*Bearbeiter*)

Herschel, Wilhelm: Zur Frage der Teilkündigung, BB 1958, S. 160 ff.

Hess, Harald / *Schlochauer*, Ursula / *Glaubitz*, Werner: Betriebsverfassungsgesetz, 5. A., Neuwied, Kriftel, Berlin 1997 (zit.: Hess/Schlochauer/Glaubitz-*Bearbeiter*)

Hiersemann, Walter: Änderungskündigung – Teilkündigung – Widerrufsvorbehalt, ein Beitrag zur Problematik der Vertragsfreiheit im Arbeitsrecht, ArbRGeg. Bd. 6 (1968), S. 67 ff.

Hilbrandt, Christian: Massenänderungskündigung und Arbeitskampf, Heidelberg 1996, zugl.: Univ., Hamburg, Diss., 1996 (zit.: *Hilbrandt*, Massenänderungskündigung)

Hinrichs, Werner: Neue gesetzliche Regelungen zur Teilzeitarbeit, AiB 2001, S. 65 ff.

Hopfner, Sebastian: Formelle Wirksamkeitserfordernisse des Antrags des Arbeitnehmers auf Teilzeitarbeit, DB 2002, S. 2144 f.

Hoyningen-Huene, Gerrick von: Muß das Kündigungsschutzrecht reformiert werden?, in: Schmidt, Klaus: Arbeitsrecht und Arbeitsgerichtsbarkeit: Bilanz und Perspektiven an der Schwelle zum Jahr 2000, Festschrift zum 50-jährigen Bestehen der Arbeitsgerichtsbarkeit in Rheinland-Pfalz, Neuwied, Kriftel 1999, S. 215 ff. (zit.: *v. Hoyningen-Huene*, in: FS Arbeitsgerichtsbarkeit Rheinland-Pfalz)

Hoyningen-Huene, Gerrick von / *Linck*, Rüdiger: Kündigungsschutzgesetz, 13. A., München 2002 (zit.: *v. Hoyningen-Huene/Linck*)

Hromadka, Wolfgang: Änderung von Arbeitsbedingungen, RdA 1992, S. 234 ff.

ders.: Das Leistungsbestimmungsrecht des Arbeitgebers, DB 1995, S. 1609 ff.

ders.: Möglichkeiten und Grenzen der Änderungskündigung, NZA 1996, S. 1 ff.

ders.: Anpassung der Arbeitsbedingungen bei der Umstrukturierung, in: Preis, Ulrich / Willemsen, Heinz Josef: Umstrukturierung von Betrieb und Unternehmen im Arbeitsrecht, Köln 1999, S. 266 ff. (zit.: *Hromadka*, in: U. Preis/Willemsen, Umstrukturierung)

ders.: Das neue Teilzeit- und Befristungsgesetz, NJW 2001, S. 400 ff.

ders.: Entwurf für ein neues, modernes Kündigungsschutzgesetz, NZA 2002, S. 783 f.

ders.: Schuldrechtsmodernisierung und Vertragskontrolle im Arbeitsrecht, NJW 2002, S. 2523 ff.

Huber, Peter / *Faust*, Florian: Schuldrechtsmodernisierung, München 2002 (zit.: Huber/Faust-*Bearbeiter*, Schuldrechtsmodernisierung)

Hueck, Götz: Die Teilkündigung im Arbeitsrecht, RdA 1968, S. 201 ff.

Hümmerich, Klaus / *Mauer*, Reinhold: Neue BAG-Rechtsprechung zur Anhörung des Betriebsrats bei Kündigungen, DB 1997, S. 165 ff.

Isenhardt, Udo: Individualrechtliche Flexibilisierung von Arbeitsbedingungen, in: Isenhardt, Udo / Preis, Ulrich: Arbeitsrecht und Sozialpartnerschaft, Festschrift für Peter Hanau, Köln 1999, S. 221 ff. (zit.: *Isenhardt*, in: FS Hanau)

Isensee, Josef / *Kirchhof*, Paul: Handbuch des Staatsrechts der Bundesrepublik Deutschland, Bd. 5: Allgemeine Grundrechtslehren, 2. A., Heidelberg 2000 (zit.: Isensee/Kirchhof-*Bearbeiter)*

Joachim, Hans G.: Kann die Änderung des Arbeitsvertrages auch durch eine Teilkündigung erfolgen?, RdA 1957, S. 326 ff.

Junker, Abbo: Arbeitsvertragliche Gestaltungen als Mittel der Anpassung von Arbeitsbedingungen, in: Bopp, Peter / Düwell, Franz Josef / Färber, Peter / Junker, Abbo: Änderung von Arbeitsbedingungen, Münster 1995, S. 13 ff. (zit.: *Junker*, in: Bopp/Düwell/Färber/Junker, Änderung)

Kassen, Dirk: Die Möglichkeiten der Weiterbeschäftigung gemäß § 1 Abs. 2 S. 2 und 3 KSchG als Alternativen zur Beendigungskündigung, Bochum 2000, zugl.: Univ., Bochum, Diss., 1999 (zit.: *Kassen*, Weiterbeschäftigung)

Katzenstein, Dietrich: Abweichende Meinung zu BVerfG v. 16. 11. 1982, AP Nr. 16 zu § 622 BGB

Kaup, Clemens: Die Individual-Änderungskündigung im Arbeitsrecht, Köln 1975, zugl.: Univ., Köln, Diss., 1975 (zit.: *Kaup*, Änderungskündigung)

Keller, Berndt / *Seifert*, Hartmut: Flexicurity – Das Konzept für mehr soziale Sicherheit flexibler Beschäftigung, WSI-Mitteilungen 2000, S. 291 ff.

Kiel, Heinrich / *Koch*, Ulrich: Die betriebsbedingte Kündigung, München 2000 (zit.: *Kiel/Koch*, Kündigung)

Kießling, Erik / *Becker*, Thomas: Die Teilkündigung von Dauerschuldverhältnissen, WM 2002, S. 578 ff.

Kittner, Michael: Leichter kündigen als änderungskündigen?, NZA 1997, S. 968 ff.

Kittner, Michael / *Zwanziger*, Bertram: Arbeitsrecht – Handbuch für die Praxis, Frankfurt a. M. 2001 (zit.: Kittner/Zwanziger-*Bearbeiter*)

Kittner, Michael / *Däubler*, Wolfgang / *Zwanziger*, Bertram: Kündigungsschutzrecht: Kommentar zum Kündigungsschutzgesetz und zu den anderen Kündigungsvorschriften, 5. A., Frankfurt a. M. 2001 (zit.: KSchR-*Bearbeiter*)

Kleemann, Karlheinz: Die Rechtsnatur der Massenänderungskündigung, Bad Homburg 1970, zugl.: Univ., Frankfurt a. M., Diss., 1969 (zit.: *Kleemann*, Massenänderungskündigung)

Kleinhenz, Gerhard: Welche arbeits- und ergänzenden sozialrechtlichen Regelungen empfehlen sich zur Bekämpfung der Arbeitslosigkeit?, Gutachten B für den 63. Deutschen Juristentag 2000, in: Ständige Deputation des Deutschen Juristentages: Verhandlungen des 63. Deutschen Juristentages, Bd. 1, München 2000, B 1 ff. (zit.: *Kleinhenz*, Gutachten für den 63. DJT 2000)

Kleinsorge, Georg: Teilzeitarbeit und befristete Arbeitsverträge – ein Überblick über die Neuregelung, MDR 2001, S. 181 ff.

Kliemt, Michael: Der neue Teilzeitanspruch, NZA 2001, S. 63 ff.

Koppenfels, Katharina von: Die außerordentliche arbeitgeberseitige Kündigung bei einzel- und tarifvertraglich unkündbaren Arbeitnehmern, Berlin 1998, zugl.: Univ., Münster, Diss., 1998 (zit.: *v. Koppenfels*, Unkündbare Arbeitnehmer)

dies.: Vertragsstrafen im Arbeitsrecht nach der Schuldrechtsmodernisierung, NZA 2002, S. 598 ff.

Köster, Hans-Wilhelm / *Schiefer*, Bernd / *Überacker*, Friedrich: Arbeits- und sozialversicherungsrechtliche Fragen des Bundeserziehungsgeldgesetzes, DB 1994, S. 2341 ff.

Kraft, Alfons: Arbeitsrecht in einer sozialen Marktwirtschaft, ZfA 1995, S. 419 ff.

Krämer, Andrea: Der Widerruf im Arbeitsrecht, Berlin 1998, zugl.: Univ., Erlangen/Nürnberg, Diss., 1995 (zit.: *Krämer*, Widerruf)

Krauß, Michael: Der Widerruf von Arbeitgeberleistungen, Berlin 1997, zugl.: Univ., Heidelberg, Diss., 1996 (zit.: *Krauß*, Widerruf)

Kühl, Oliver: Kodifikation steht weiter aus, AuA 2000, S. 68 ff.

Küttner, Wolfdieter: Ausgewählte Probleme der Änderungskündigung, in: Henssler, Martin / Moll, Wilhelm: Kündigung und Kündigungsschutz in der betrieblichen Praxis, Köln 2000, S. 171 ff. (zit.: *Küttner*, in: Henssler/Moll, Kündigungsschutz)

Lakies, Thomas: Das Teilzeit- und Befristungsgesetz, DZWIR 2001, S. 1 ff.

Larenz, Karl / *Canaris*, Claus-Wilhelm: Methodenlehre der Rechtswissenschaft, 3. A., Berlin, Heidelberg, New York 1995 (zit.: *Larenz/Canaris*, Methodenlehre)

Leder, Tobias / *Morgenroth*, Sascha: Die Vertragsstrafe im Formulararbeitsvertrag, NZA 2002, S. 952 ff.

Lepke, Achim: Kündigung bei Krankheit, Handbuch für die betriebliche, anwaltliche und gerichtliche Praxis, 10. A., Berlin 2000 (zit.: *Lepke*, Krankheit)

Lettl, Tobias: Die Anpassung von Verträgen des Privatrechts, JuS 2001, S. 144 ff., 248 ff.

ders.: Die Anpassung von Personengesellschaftsverträgen (GbR, oHG) aufgrund von Zustimmungspflichten der Gesellschafter, AcP 2002 (2002), S. 3 ff.

Lieb, Manfred: Gemeinsame Anm. zu BAG v. 12. 8. 1982 und BAG v. 8. 12. 1982, SAE 1983, S. 130 ff.

Lindemann, Achim / *Simon*, Oliver: Neue Regelungen zur Teilzeitarbeit im Gesetz über Teilzeitarbeit und befristete Arbeitsverträge, BB 2001, S. 146 ff.

Lingemann, Stefan: Allgemeine Geschäftsbedingungen und Arbeitsvertrag, NZA 2002, S. 181 ff.

Link, Peter / *Fink*, Martin: Gesetz über Teilzeitarbeit und befristete Arbeitsverträge, AuA 2001, S. 4 ff.

dies.: Teilzeitarbeit – Anspruch auf Verringerung der Arbeitszeit, AuA 2001, S. 107 ff.

dies.: Teilzeitarbeit – Ende der unternehmerischen Entscheidungsfreiheit?, AuA 2001, S. 155 ff.

Link, Peter / *Boneberger*, Simone / *Flachmeyer*, Stefanie: „Lieber befristet beschäftigt als unbefristet arbeitslos“, AuA 2002, S. 359 ff.

Lohre, Werner / *Mayer*, Udo / *Stevens-Bartol*, Eckart: Arbeitsförderungsrecht, 3. A., Frankfurt a. M. 2000 (zit.: Lohre/Mayer/Stevens-Bartol-*Bearbeiter*)

Löwisch, Manfred: Kündigungsschutzgesetz, 8. A., Heidelberg 2000 (zit.: *Löwisch*)

Löwisch, Manfred: Mögliche arbeits- und sozialrechtliche Beiträge zur Bekämpfung der Arbeitslosigkeit, JZ 2000, S. 806 ff.

Mangoldt, Hermann von / *Klein*, Friedrich / *Starck*, Christian: Das Bonner Grundgesetz, Bd. 1: Präambel, Artikel 1 bis 19, 4. A., München 1999 (zit.: v. Mangoldt/Klein/Starck-*Bearbeiter)*

Mayer, Udo: Gemeinsame Anm. zu ArbG Stuttgart v. 5. 7. 2001 und ArbG Mönchengladbach v. 30. 5. 2001, AiB 2001, S. 731 f.

Meinel, Gernod / *Heyn*, Judith / *Herms*, Sascha: Teilzeit- und Befristungsgesetz, München 2002 (zit.: Meinel/Heyn/Herms-*Bearbeiter)*

Meisel, Peter / *Sowka*, Hans Harald: Mutterschutz und Erziehungsurlaub, Kommentar zum Mutterschutzgesetz, zu den Leistungen bei Schwangerschaft und Mutterschaft nach der RVO und zum Bundeserziehungsgeldgesetz, 5. A., München 1999 (zit.: Meisel/Sowka-*Bearbeiter*)

Monjau, H.: Senkung außertariflicher Löhne, DB 1959, S. 707 ff.

Müller, Christoph Johannes: Die Berufsfreiheit des Arbeitgebers, Einwirkungen des Art. 12 Abs. 1 GG auf das Individual- und Kollektivarbeitsrecht, Köln 1996, zugl.: Univ., Köln, Diss., 1996 (zit.: *Müller*, Berufsfreiheit)

Müller-Glöge, Rudi / *v. Senden*, Ulrike: Gesetzliche Schriftform für Kündigung, Auflösungsvertrag und Befristung, AuA 2000, S. 199 ff.

Münch, Ingo von / *Kunig*, Philip: Grundgesetz, Bd. 1: Präambel bis Art. 19, 5. A., München 2000 (zit.: v. Münch/Kunig-*Bearbeiter*)

Münchener Kommentar: Bürgerliches Gesetzbuch, Bd. 1: Allgemeiner Teil, §§ 1 bis 240 BGB, AGB-Gesetz, 4. A., München 2001 (zit. MüKo-*Bearbeiter*)

Neue Richtervereinigung: Stellungnahme der Fachgruppe Arbeitsrecht zum Gesetz über Teilzeitarbeit und befristete Arbeitsverträge, AuR 2001, S. 179 f.

Oetker, Hartmut: Anm. zu BAG v. 8. 9. 1988, SAE 1989, S. 302 ff.

ders.: Das Dauerschuldverhältnis und seine Beendigung, Tübingen 1994, zugl.: Univ., Kiel, Habil.-Schrift, 1993/94 (zit.: *Oetker*, Dauerschuldverhältnis)

Olzen, Dirk / *Wank*, Rolf: Die Schuldrechtsreform – Eine Einführung, Köln, Berlin, Bonn, München 2002 (zit.: *Olzen/Wank*, Schuldrechtsreform)

Otto, Björn: Die Änderungskündigung zur Entgeltreduzierung, Lohmar, Köln 2001, zugl.: Univ., Köln, Diss., 2000 (zit.: *Otto*, Änderungskündigung)

Palandt, Otto: Bürgerliches Gesetzbuch, 61. A., München 2002 (zit.: Palandt-*Bearbeiter)*

ders.: Gesetz zur Modernisierung des Schuldrechts, Ergänzungsband zu Palandt, Otto: Bürgerliches Gesetzbuch, 61. A., München 2002 (zit.: Palandt-*Bearbeiter*, Erg.-Bd.)

Pollmann, Michael: Die Sozialauswahl bei der betriebsbedingten Kündigung, ein Vergleich der Auswahlkriterien von Beendigungs- und Änderungskündigung, Münster 1996, zugl.: Univ., Münster, Diss., 1996 (zit.: *Pollmann*, Änderungskündigung)

Precklein, Tiziana: Prüfungsmaßstab bei der Änderungskündigung, Berlin 1995, zugl.: Univ., München, Diss., 1994 (zit.: *Precklein*, Änderungskündigung)

Preis, Bernd: Rahmen und Grenzen der Sozialauswahl, DB 1984, S. 2244 ff.

Preis, Ulrich: Prinzipien des Kündigungsrechts bei Arbeitsverhältnissen, München 1987, zugl.: Univ., Köln, Diss., 1987 (zit.: *U. Preis*, Prinzipien)

ders.: Grundfragen der Vertragsgestaltung im Arbeitsrecht, Neuwied, Kriftel, Berlin 1993, zugl.: Univ., Köln, Habil.-Schrift, 1992 (zit.: *U. Preis*, Vertragsgestaltung)

ders.: Beschäftigungsförderung durch Arbeitsrecht?, in: Bayer-Stiftung für Deutsches und Internationales Arbeits- und Wirtschaftsrecht: Die Reform der Arbeitsförderung, Fachtagung am 30. November 1995, München 1997, S. 71 ff. (zit.: *U. Preis*, in: Bayer-Stiftung für Deutsches und Internationales Arbeits- und Wirtschaftsrecht, Arbeitsförderung)

ders.: Die Verantwortung des Arbeitgebers und der Vorrang betrieblicher Maßnahmen vor Entlassungen (§ 2 Abs. 1 Nr. 2 SGB III), NZA 1998, S. 449 ff.

ders.: Anm. zu BAG v. 13. 12. 2000, RdA 2002, S. 42 ff.

Preis, Ulrich / *Gotthardt*, Michael: Neuregelung der Teilzeitarbeit und befristeten Arbeitsverhältnisse, DB 2000, S. 2065 ff.

dies.: Das Teilzeit- und Befristungsgesetz, DB 2001, S. 145 ff.

Raab, Thomas: Mitbestimmung des Betriebsrats bei der Einführung und Ausgestaltung von Krankengesprächen, NZA 1993, S. 193 ff.

Raab, Thomas: Individualrechtliche Auswirkungen der Mitbestimmung des Betriebsrats gemäß den §§ 99, 102 BetrVG, ZfA 1995, S. 479 ff.

ders.: Der kollektive Tatbestand als Voraussetzung der Mitbestimmung des Betriebsrats in sozialen Angelegenheiten, ZfA 2001, S. 31 ff.

Ramm, Thilo: Entwürfe zu einem Deutschen Arbeitsvertragsgesetz, Frankfurt a. M. 1992 (zit.: *Ramm*, Arbeitsvertragsgesetz)

Ratajczak, Thomas: Die Änderungskündigung des Arbeitgebers, Heidelberg 1984, zugl.: Univ., Heidelberg, Diss., 1984 (zit.: *Ratajczak*, Änderungskündigung)

Reinecke, Gerhard: Kontrolle Allgemeiner Arbeitsbedingungen nach dem Schuldrechtsmodernisierungsgesetz, DB 2002, S. 583 ff.

Reuter, Dieter: Möglichkeiten und Grenzen einer Deregulierung des Arbeitsrechts, in: Wank, Rolf / Hirte, Heribert / Frey, Kaspar / Fleischer, Holger / Thüsing, Gregor: Festschrift für Herbert Wiedemann zum 70. Geburtstag, München 2002, S. 449 ff. (zit.: *Reuter*, in: FS Wiedemann)

Richardi, Reinhard: Betriebsverfassungsgesetz, 8. A., München 2002 (zit.: Richardi-*Bearbeiter*)

ders.: Gestaltung der Arbeitsverträge durch Allgemeine Geschäftsbedingungen nach dem Schuldrechtsmodernisierungsgesetz, NZA 2002, S. 1057 ff.

Richardi, Reinhard / *Annuß*, Georg: Der neue § 623 BGB – eine Falle im Arbeitsrecht?, NJW 2000, S. 1231 ff.

dies.: Gesetzliche Neuregelung von Teilzeit und Befristung, BB 2000, S. 2201 ff.

Richardi, Reinhard / *Wlotzke*, Otfried: Münchener Handbuch zum Arbeitsrecht, Bd. 1: §§ 1 bis 110, Individualarbeitsrecht I, Bd. 2: §§ 111 bis 232, Individualarbeitsrecht II, Bd. 3: §§ 233 bis 383, Kollektivarbeitsrecht , 2. A., München 2001 (zit.: Münch-ArbR-*Bearbeiter*)

dies.: Münchener Handbuch zum Arbeitsrecht, Ergänzungsband Individualarbeitsrecht, München 2001 (zit.: Münch-ArbR-*Bearbeiter*, Erg.-Bd.)

Richardt, Winfried: Arbeitsvertragliche Flexibilisierung von Entgeltbedingungen, Köln 1998, zugl.: Univ., Köln, Diss., 1997 (zit.: *Richardt*, Flexibilisierung)

Rieble, Volker: Arbeitsmarkt und Wettbewerb: der Schutz von Vertrags- und Wettbewerbsfreiheit im Arbeitsrecht, Berlin 1996, zugl.: Univ., Freiburg, Habil.-Schrift, 1995/96 (zit.: *Rieble*, Vertragsfreiheit)

Rieble, Volker / *Gutzeit*, Martin: Teilzeitanspruch nach § 8 TzBfG und Arbeitszeitmitbestimmung, NZA 2002, S. 7 ff.

Riesenhuber, Karl: Anspruch auf Teilzeitbeschäftigung nach § 15b BAT?, NZA 1995, S. 56 ff.

Ring, Gerhard: Gesetz über Teilzeitarbeit und befristete Arbeitsverträge, Bonn 2001 (zit.: *Ring*)

Rolfs, Christian: Das neue Recht der Teilzeitarbeit, RdA 2001, S. 129 ff.

Ruhm, Ingo: Arbeitsförderungsrecht SGB III, München 2000 (zit.: *Ruhm*, Arbeitsförderungsrecht)

Sachs, Michael: Grundgesetz, 2. A., München 1999 (zit.: Sachs-*Bearbeiter*)

Schaub, Günter: Die Änderungskündigung, in: Hromadka, Wolfgang: Änderung von Arbeitsbedingungen, Heidelberg 1989/90, S. 73 ff. (zit.: *Schaub*, in: Hromadka, Änderung)

ders.: Arbeitsrechts-Handbuch, 9. A., München 2000 (zit.: *Schaub*, Arbeitsrecht)

ders.: Gesetz zur Vereinfachung und Beschleunigung des arbeitsgerichtlichen Verfahrens, NZA 2000, S. 344 ff.

Schiefer, Bernd: Entwurf eines Gesetzes über Teilzeitarbeit und befristete Arbeitsverhältnisse und zur Änderung und Aufhebung arbeitsrechtlicher Bestimmungen, DB 2000, S. 2118 ff.

ders.: Teilzeitarbeit, Düsseldorf 2001 (zit.: *Schiefer*, Teilzeitarbeit)

ders.: Mitbestimmungsproblematik bei der Verteilung der Arbeitszeit gemäß § 8 TzBfG, FA 2001, S. 258 ff.

ders.: Verringerung und Neuverteilung der Arbeitszeit gemäß § 8 TzBfG, FA 2001, S. 358 ff.

ders.: Kündigungsschutz und Unternehmerfreiheit – Auswirkungen des Kündigungsschutzes auf die betriebliche Praxis, NZA 2002, S. 770 ff.

Schleßmann, Karl: Änderung eines Teils des Arbeitsverhältnisses durch Teilkündigung, DB 1959, S. 977 f.

Schlochauer, Ursula: Die Mitbestimmung des Betriebsrats, in: Hromadka, Wolfgang: Änderung von Arbeitsbedingungen, Heidelberg 1989/90, S. 221 ff. (zit.: *Schlochauer*, in: Hromadka, Änderung)

Schmidt, Marlene: Die neue EG-Richtlinie zur Teilzeitarbeit, NZA 1998, S. 576 ff.

dies.: Neue Probleme der Teilzeitarbeit, AuR 2002, S. 245 ff.

Schrooten, Klaus: Die Teilkündigung als Gestaltungsrecht im Bereich der Dauerschuldverhältnisse, Köln 1965, zugl.: Univ., Köln, Diss., 1965 (zit.: *Schrooten*, Teilkündigung)

Schüren, Peter: Die Mitbestimmung des Betriebsrats bei der Änderung der Arbeitszeit nach dem TzBfG, AuR 2001, S. 321 ff.

Schwerdtner, Peter: Kündigungsschutzrechtliche und betriebsverfassungsrechtliche Probleme der Änderungskündigung, in: Gamillscheg, Franz / Hueck, Götz / Wiedemann, Herbert: Festschrift 25 Jahre Bundesarbeitsgericht, München 1979, S. 555 ff. (zit.: *Schwerdtner*, in: FS 25 Jahre BAG)

ders.: Beendigung von Arbeitsverhältnissen, Jura 1985, S. 207 ff.

Seidel, Rainer: Der Kündigungsschutz für schwerbehinderte Menschen im Arbeitsleben (SGB IX), 2. A., Stuttgart, München, Hannover, Berlin, Weimar, Dresden 2001 (zit.: *Seidel*, SGB IX)

Sievers, Jochen: Individualrechtliche Möglichkeiten und Grenzen der Entgeltreduzierung, NZA 2002, S. 1182 ff.

Soergel, Hs. Th.: Bürgerliches Gesetzbuch, Bd. 3, §§ 433 bis 515 BGB, AGB-Gesetz, AbzG, EAG, EKG, Un-KaufAbk, 12. A., Stuttgart 1991 (zit.: Soergel-*Bearbeiter*)

ders.: Bürgerliches Gesetzbuch, Bd. 2, §§ 104 bis 240 BGB, 13. A., Stuttgart 1999 (zit.: Soergel-*Bearbeiter*, 13. A.)

Söllner, Alfred: Einseitige Leistungsbestimmung im Arbeitsverhältnis, Mainz, Wiesbaden 1966, zugl.: Univ., Mainz, Habil.-Schrift, 1966 (zit.: *Söllner*, Leistungsbestimmung)

ders.: Die Änderung von Arbeitsbedingungen durch Weisung, in: Hromadka, Wolfgang: Änderung von Arbeitsbedingungen, Heidelberg 1989/90, S. 13 ff. (zit.: *Söllner*, in: Hromadka, Änderung)

ders.: Grundriss des Arbeitsrechts, 12. A., München 1998 (zit.: *Söllner*, Arbeitsrecht)

Sowka, Hans-Harald: Kündigungsschutzgesetz, Kölner Praxiskommentar unter Berücksichtigung sozialrechtlicher Bezüge, 2. A., Köln 2000 (KPK-*Bearbeiter*)

Stahlhacke, Eugen / *Preis*, Ulrich / *Vossen*, Reinhard: Kündigung und Kündigungsschutz im Arbeitsverhältnis, 8. A., München 2002 (zit.: Stahlhacke/U. Preis/Vossen-*Bearbeiter*, Kündigungsschutz)

Staudinger, Julius von: Bürgerliches Gesetzbuch mit Einführungsgesetz und Nebengesetzen, Gesetz zur Regelung des Rechts der Allgemeinen Geschäftsbedingungen, 13. Bearbeitung, Berlin 1998 (zit.: Staudinger-*Bearbeiter*)

Stege, Dieter / *Weinspach*, Friedrich Karl: Betriebsverfassungsgesetz, Handbuch für die betriebliche Praxis, 8. A., Köln 1999 (zit.: *Stege/ Weinspach*)

Steinhäuser, Eike: Änderungskündigung gegenüber Arbeitnehmervertretern, Mainz 1979, zugl.: Univ., Mainz, Diss., 1979 (zit.: *Steinhäuser*, Änderungskündigung)

Straub, Dieter: Erste Erfahrungen mit dem Teilzeit- und Befristungsgesetz, NZA 2001, S. 919 ff.

Stückmann, Roland: Arbeiten trotz AUB: Wer entscheidet darüber?, AuA 1996, S. 197 ff.

Thüsing, Gregor: Gedanken zur Vertragsfreiheit im Arbeitsrecht, in: Wank, Rolf / Hirte, Heribert / Frey, Kaspar / Fleischer, Holger / Thüsing, Gregor: Festschrift für Herbert Wiedemann zum 70. Geburtstag, München 2002, S. 559 ff. (zit.: *Thüsing*, in: FS Wiedemann)

ders.: Was sind die Besonderheiten des Arbeitsrechts?, NZA 2002, S. 591 ff.

Ulmer, Peter / *Brandner*, Erich / *Hensen*, Horst-Diether / *Schmidt*, Harry: AGB-Gesetz, Kommentar zum Gesetz zur Regelung des Rechts der Allgemeinen Geschäftsbedingungen, 9. A., Köln 2001 (zit.: Ulmer/ Brandner/Hensen/Schmidt-*Bearbeiter*)

Urban, Sandra: Der Kündigungsschutz außerhalb des Kündigungsschutzgesetzes: das Arbeitsverhältnis zwischen Kündigungsfreiheit und Kündigungsschutz, Berlin 2001, zugl.: Univ., Bochum, Diss., 2000 (zit.: *Urban*, Kündigungsschutz)

Viethen, Peter: Paradigmenwechsel im Arbeitsrecht, Bundesarbeitsblatt 2001, Heft 2, S. 5 ff.

Waas, Bernd: Gesetzlicher Anspruch auf Teilzeitarbeit in den Niederlanden, NZA 2000, S. 583 ff.

Walden, Jörg: Änderungskündigung, unternehmerische Entscheidungsfreiheit und Prognoseprinzip, Münster 1993, zugl.: Univ., Münster, Diss., 1993 (zit.: *Walden*, Änderungskündigung)

Wallner, Franz X.: Die ordentliche Änderungskündigung des Arbeitgebers, Berlin 2001, zugl.: Univ., Passau, Diss., 2000 (zit.: *Wallner*, Änderungskündigung)

Wank, Rolf: Grenzen richterlicher Rechtsfortbildung, Berlin 1978, zugl.: Univ., Köln, Diss., 1976/77 (zit.: *Wank*, Rechtsfortbildung)

ders.: Die juristische Begriffsbildung, München 1985, zugl.: Univ., Köln, Habil.-Schrift, 1982/83 (zit.: *Wank*, Begriffsbildung)

ders.: Die Teilzeitbeschäftigung im Arbeitsrecht, RdA 1985, S. 1 ff.

ders.: Anm. zu BAG v. 3. 11. 1987, EzA Nr. 20 zu § 77 BetrVG 1972

ders.: Rechtsfortbildung im Kündigungsschutzrecht, RdA 1987, S. 129 ff.

ders.: Einvernehmliche Änderung von Arbeitsbedingungen, in: Hromadka, Wolfgang: Änderung von Arbeitsbedingungen, Heidelberg 1989/90, S. 35 ff. (zit.: *Wank*, in: Hromadka, Änderung)

ders.: Arbeiter und Angestellte, Berlin, New York 1992 (zit.: *Wank*, Arbeiter)

ders.: Die Reform des Kündigungsrechts und der Entwurf eines Arbeitsvertragsgesetzes 1992, RdA 1992, S. 225 ff.

ders.: Tendenzen der BAG-Rechtsprechung zum Kündigungsrecht, RdA 1993, S. 79 ff.

ders.: Die neuen Kündigungsfristen für Arbeitnehmer (§ 622 BGB), NZA 1993, S. 961 ff.

ders.: Kostensenkung bei der Arbeitsvergütung, in: Junker, Abbo / Oechsler, Walter A. / Steckhan, Hans-Werner / Wank, Rolf: Die Zukunft der Arbeitswelt – Flexibilisierung von Arbeitsbedingungen, Münster 1995, S. 87 ff. (zit.: *Wank*, in: Junker/Oechsler/Steckhan/Wank, Zukunft)

ders.: Der kollektive Tatbestand als ungeschriebenes Tatbestandsmerkmal des § 87 Abs. 1 BetrVG, in: Hanau, Peter / Lorenz, Egon /Matthes, Hans-Christoph: Festschrift für Günther Wiese zum 70. Geburtstag, Neuwied, Kriftel 1998, S. 617 ff. (zit.: *Wank*, in: FS Wiese)

Wank, Rolf: Die Kündigung außerhalb des Kündigungsschutzgesetzes, in: Isenhardt, Udo / Preis, Ulrich: Arbeitsrecht und Sozialpartnerschaft, Festschrift für Peter Hanau, Köln 1999, S. 295 ff. (zit.: *Wank*, in: FS Hanau)

ders.: Die Auslegung von Gesetzen, 2. Auflage, Köln, Berlin, Bonn, München 2001 (zit.: *Wank*, Auslegung)

ders.: Teilzeitarbeit in Deutschland aus arbeitsrechtlicher Sicht, EuroAS 2001, S. 186 ff.

ders.: Teilzeitarbeit, in: Blanke, Thomas / Schüren, Peter / Wank, Rolf / Wedde, Peter: Neue Beschäftigungsformen, Baden-Baden 2002, S. 89 ff. (zit.: *Wank*, in: Blanke/Schüren/Wank/Wedde, Beschäftigungsformen)

Weber, Ulrich / *Ehrich*, Christian: Direktionsrecht und Änderungskündigung bei Veränderungen im Arbeitsverhältnis, BB 1996, S. 2246 ff.

Westphalen, Friedrich Graf von: AGB-Recht ins BGB – Eine erste Bestandsaufnahme, NJW 2002, S. 12 ff.

Wiedemann, Herbert: Subjektives Recht und sozialer Besitzstand nach dem Kündigungsschutzgesetz, RdA 1961, S. 1 ff.

ders.: Tarifvertragsgesetz, 6. A., München 1999 (zit.: Wiedemann-*Bearbeiter*)

Wiesinger, Kai: Altverträge auf dem Prüfstand, AuA 2002, S. 354 ff.

Willemsen, Heinz Josef: Kündigungsschutz – vom Ritual zur Rationalität, Gedanken zu einer grundlegenden Reform, NJW 2000, S. 2779 ff.

Wisskirchen, Gerlind: Novellierung arbeitsrechtlicher Vorschriften in der Gewerbeordnung, DB 2002, S. 1886 ff.

Wlotzke, Otfried: Betriebsverfassungsgesetz, 2. A., München 1992 (zit.: *Wlotzke*)

Wolf, Manfred: Anm. zu BAG v. 7. 10. 1982, AP Nr. 5 zu § 620 BGB Teilkündigung

Wolf, Manfred / *Horn*, Norbert / *Lindacher*, Walter F.: Gesetz zur Regelung des Rechts der Allgemeinen Geschäftsbedingungen, 4. A., München 1999 (zit.: Wolf/Horn/Lindacher-*Bearbeiter*)

Worzalla, Michael / *Will*, Patricia / *Mailänder*, Uwe / *Worch*, Andrea / *Heise*, Dietmar: Teilzeitarbeit und befristete Arbeitsverträge, Freiburg 2001 (zit.: *Worzalla/Will/Mailänder/Worch*)

Yu, Seoung-Jae: Die Kodifikation des Arbeitsvertragsrechts, Bochum 1997, zugl.: Univ., Bochum, Diss., 1996 (zit.: *Yu*, Arbeitsvertragsrecht)

Zachert, Ulrich: Flexicurity im Arbeitsrecht – eine schwierige Balance, WSI-Mitteilungen 2000, S. 283 ff.

Zerres, Thomas: Anm. zu ArbG Freiburg v. 4. 9. 2001, EWiR § 8 TzBfG 1/01, S. 1159 f.

Zmarzlik, Johannes / *Zipperer*, Manfred / *Viethen*, Peter / *Vieß*, Gerhard: Mutterschutzgesetz, Mutterschaftsleistungen, Bundeserziehungsgeldgesetz mit Mutterschutzverordnung, 8. A., Köln, Berlin, Bonn, München 1999 (zit.: Zmarzlik/Zipperer/Viethen/Vieß-*Bearbeiter*)

Zöllner, Wolfgang: Vorsorgende Flexibilisierung durch Vertragsklauseln, NZA 1997, S. 121 ff.

Zöllner, Wolfgang / *Loritz*, Karl Georg: Arbeitsrecht, 5. A., München 1998 (zit.: *Zöllner/Loritz*, Arbeitsrecht)

FSC
www.fsc.org
MIX
Papier | Fördert
gute Waldnutzung
FSC® C083411

Kolibri 360 GmbH
Ferdinand-Jühlke-Straße 7
99095 Erfurt, Deutschland
produktsicherheit@kolibri360.de

Druck:
CPI Druckdienstleistungen GmbH
im Auftrag der
Kolibri 360 GmbH
Ferdinand-Jühlke-Str. 7
99095 Erfurt